萧军传

闫鹏　宋力军　著

北方联合出版传媒(集团)股份有限公司
春风文艺出版社
·沈阳·

图书在版编目（CIP）数据

萧军传/闫鹏，宋力军著. —沈阳：春风文艺出版社，2023.5（2024.8重印）
ISBN 978 - 7 - 5313 - 6211 - 1

Ⅰ. ①萧… Ⅱ. ①闫… ②宋… Ⅲ. ①萧军（1907—1988）—传记 Ⅳ. ①K825.6

中国版本图书馆CIP数据核字（2022）第229900号

北方联合出版传媒（集团）股份有限公司
春风文艺出版社出版发行
沈阳市和平区十一纬路25号　邮编：110003
永清县晔盛亚胶印有限公司印刷

责任编辑：姚宏越		助理编辑：周珊伊	
责任校对：张华伟		封面设计：黄　宇	
印制统筹：刘　成		幅面尺寸：170mm × 240mm	
字　　数：478千字		印　　张：28	
版　　次：2023年5月第1版		印　　次：2024年8月第2次	
书　　号：ISBN 978-7-5313-6211-1			
定　　价：78.00元			

目　录

第一章　第一故乡的童年岁月

过了小年过大年，该是春天了。可是，1908年的辽西山区，竟然一丝春意都没有。寒冷的大北风摇曳着稀疏干枯的树枝，不时卷起地上的枯叶和沙尘，抽打在行人的脸上。人们紧裹着身上单薄的棉衣，用戴着棉手巴掌（即棉手套）的手捂着口鼻，呼出的白色哈气使眼睫毛、帽檐下露出的头发，都凝上了一层霜。他们歪着脖子，低着头东倒西歪地行走着……陡峭的悬崖，幽深的沟谷，如羊肠子一般的崎岖山路，曲曲弯弯，坡坡坎坎，石头压着石头，石头挨着石头，满山遍野的石头哇！哪里有路哇？应了鲁迅先生的一句话，"走的人多了，也便成了路"。完全可以想象，这样的路，人走上去怎么能不颠颠簸簸、磕磕绊绊，甚至是东倒西歪呢？要坚定不移地走下去，只有努力拼搏呀！

一头灰黑色的瘦骨嶙峋的老驴，喘着粗气，四蹄奋力地向山上攀登着，登上了一个大陡坡，接着又下了一个大山梁，就这样上坡下岭，一个山梁接着一段山坡……

骑驴的是一位十三四岁的俊俏的小姑娘，怀里缠裹着一个包着棉被的男婴，小姑娘两手合围紧紧地搂着他，一只手还紧紧地拉着驴的缰绳。走在驴后的是一位面容憨厚的青年男子，手里拿着一根红荆条，不时地抽打着、吆喝着老驴赶路……他们是萧军的四叔和五姑，顶着北风，冒着严寒，抱着刚刚七个月大的萧军，骑着毛驴到外屯去"赶奶"。这就是萧军《我的童年》中呈现给读者那令人心酸的一幕。

一、萧军的故乡、故居、家族

萧军本姓刘，1907年7月3日（即农历五月二十三）出生在锦州城西北35

公里处的一个小山村。

那是一个风雨凄迷的凌晨，狂风大作，一股急速翻腾的云浪，从西南方滚滚而来……天低云暗，乌云像赶集似的前拥后挤着，一个劲儿地压向低空。云层越来越厚，天宇越来越低，仿佛伸手就会触到，让人透不过气来……

无边的黑暗像贪婪的恶魔一样，似乎要把整个世界吞咽掉。远处的大山，近处的房子都被笼罩在烟雾里，迷蒙一片、不可分辨……突然，一道强光划过了天际，震人心魄的雷鸣伴着刺眼的闪电隆隆响起。俄顷，大雨倾盆而下，起伏绵延的松岭山脉像大海的波涛在风雨中滚滚荡荡、起起伏伏。门、窗被雨水拍打得啪啪作响，树枝树叶哗哗地彼此撞击着，咔嚓一声，粗大的柳树上一根枯枝被雷雨折断了……

"哇——哇——哇——"一声声极具穿透力的畅快淋漓的哭声，从位于下碾盘沟村最南端、中间的刘家小院里传出来。

"生了！生了！"

"是个大胖小子呀！"踮着小脚儿的女眷们欣喜地传递着消息。

这时，只见刚出生的男婴紧闭着小眼睛，张大嘴巴哇哇地哭着，这哭声似乎向世人宣告：下碾盘沟里蹦出了一个石头疙瘩，中国现代文学史增加了一位具有传奇色彩的著名革命作家！

男婴的祖母急急忙忙解开袄褂那宽大的大襟，把宝贝孙子兜裹在怀里。这小生命来到人世上，得到的第一次温暖竟是祖母的体温哪！刘家的女人们围着他，望着他，指指点点，轻声轻语地议论着、夸赞着；男人们在外间屋转悠着（当地风俗是男人不得进入女人的产房），人人脸上都洋溢着喜庆的笑容。这可是刘家的长房长孙哪！当即，男婴的祖父就给他起了乳名，叫"欢气儿"（欢喜意）。后来起了大号叫刘鸿霖，家里人除了称他乳名"欢气儿"外，还亲切地叫他"小林"。（"萧军"这个笔名是1934年10月，他27岁那年，在青岛给鲁迅先生写第一封信时开始使用的。）

"披肩大笠故形容" 萧军60岁生日照

萧军的第一故乡，也即他的出生地——下碾盘沟，深藏在松岭山脉万山丛中的褶皱里，是个贫瘠、荒蛮的小山村。早年，这一带是开凿碾盘的石场，因而得名"碾盘沟"。又因距此八里之外，逆着山势往上行，还有一个小山沟，叫"上碾盘沟"，所以它自然屈称"下碾盘沟"了。星移斗转，日月轮回，当年的碾盘石场不知何年何月已经荡然无存了，可山民们仍在上、下碾盘沟繁衍生息，延续至今。从清代到新中国成立前，上、下碾盘沟一直归属离这里45公里远的义州（现辽宁义县）管辖，属义县沈家台镇。1949年后行政区域重新划分，沈家台镇和所辖的村子一并划给锦县（现凌海市），现在的全称是凌海市沈家台镇大碾村（上、下碾盘沟村合在一起成为一个村）。

下碾盘沟村依山傍河，东西各有一个不高的山峦，高高矮矮、参差错落的房舍，就分布在两山之间略为隆起的平川上。村前是小凌河的一条无名支流，是条"季节河"，辽西人统称其为"河套"。

这河套足有一里多宽，从东到西贯穿着，横亘在村南，除了洪水季节外，平时大部分时间是干涸的。各色圆滚滚的河卵石，还有被冲磨得很光滑的石片、碎石等充满了河床。

在干涸的河床中间，有一条约莫五丈宽、二尺深的小河经常在流着。河水清澈见底，河底的卵石、苔藓，游动着的一些小鱼都清晰可见。平时，人们总是徒涉过河，或是在临时叠起的石块桥上过来过去。村中的女人们常在河边洗衣服，那清脆的捶衣棒声和青年女子们"打水仗"时发出的咯咯、呵呵的闹笑声，伴着那溅起的银白色的水花，在青山碧波的映衬下，蛮有些江南水乡西施浣纱的味道呢。

河流在崖角转弯处汇成了深潭，这可成了小男孩们的乐园。炎炎烈日下，他们脱掉身上的破旧衣服，一个一个像青蛙似的扑通扑通跳入潭中，吵嚷打闹，游泳嬉戏。当然，他们也常常被家长们阻止着、骂着：不要到那水里去玩哪！淹死鬼儿会拉你见阎王老爷的！不想活了吗？××家的小子不是大肚漂洋白瞪眼（淹死的意思）了吗！

当夏季下起了大暴雨时，雨声、雷声在山谷中轰鸣，简直像天崩地裂一般。山洪冲下来了，这河流便狂涨起来。汹涌澎湃、滚滚滔滔的河水，如同万马奔腾一般，肆无忌惮地漫过河堤，涌入村庄。萧军的家和许多邻居的家，都曾房倒屋塌，被河水洗劫一空过。

在那贫穷、落后、蒙昧的旧时代，人们对大自然残酷暴力侵袭的解释往往带有迷信色彩。萧军回忆录中记载："老人们是相信有河神的，他们认真地描写着当河水暴涨时候的情景：像千军万马在那里喊叫啊！到处是红灯，到处是戴红缨帽子的人。神在喊叫着什么人的田地，什么人的房屋该不该冲的……他们把鼋叫作河神，平常凡是河边有田地或有房屋的人，他们总要用石头叠成一座小庙，用木牌写着'河神之位'在供奉着。轻易是不喊'王八'这两个字眼儿的……"（《我的童年》第7—8页，黑龙江人民出版社，1982。本书所引《我的童年》皆为此版本，以下只注明书名页码）人们这么做，无非是想同所谓的河神拉拉关系，套套近乎，以便河神在发大水的时候留些情面，发些慈悲，给自己家一些关照。贫穷、落后、黑暗的旧社会呀，下碾盘沟村该有多少闰土、祥林嫂式的劳动者呀！

在河床南岸，由东向西是起伏连绵、高高低低的山岭，它属于努鲁儿虎山的支脉松岭山脉。正对着村庄有一架由若干小山丘拱叠成的一座很端正，像埃及的金字塔，又像一尊跌坐着的弥勒佛似的大山。这山正中间有一条长长的沟谷，一直伸长到村南河边。无雨的季节它静悄悄地干涸着，到了雨季，山上的雨水就由这条长谷"一泻千里"般地倾流到河里来。

"村庄，是位置在河这岸一带较低的山岭前边的平原上。从上边投视下来，它就像一具贴着地面灰色或绿色的大蝙蝠，两翅狭长而尖锐地伸展着，后身一直延伸到山脚，村中的树木就像它的绒毛一样……"（《我的童年》第8页）

当年萧军的家正处在这蝙蝠的头，宅院大门正对着从南山伸下来的那条谷口，因此村子里的人全说：这是个不祥的地方，这是个容易冲来灾祸的家宅，要出不祥的子弟云云……但萧军的祖父、祖母和家里人并不在乎这些说法。

历史上的辽西山区曾经山林茂密、郁郁葱葱。清中期以后随着关内移民到此，毁林、刈草、垦荒，朝廷采办木植，官、民乱砍滥伐，加之封建军阀统治和百余年的兵灾战火、匪患民变，使辽西生态环境发生了恶性改变，森林资源枯竭，水土流失加剧，土地严重沙化，自然灾害频仍，十年九旱，成为一片贫瘠荒凉的山野。下碾盘沟更是典型的荒凉破败的村庄。

绿树掩映的山岭变成了"和尚头"，不用说青松翠柏，就是杨柳榆槐也是十分稀少，只有绛紫的荆条和灌木丛以及稀疏淡绿的小草，在昏暗的天宇下唱着凄凉的歌。每当深秋，万丈沙尘从西北的蒙古高原铺天盖地而来，大有"轮台九月风夜吼，一川碎石大如斗，随风满地石乱走"的气势。昔日神秘的孤竹国、丰饶的古营州在人们的视野中永远地消失了。随之而来的是荒山、枯水、贫穷、愚昧、枪声、火光、饥饿、逃荒……对于下碾盘沟人来说，现实和大自然实在是太吝啬太严酷了。

萧军在《我的童年》中曾经写道："我的故乡并不美丽，只因为它曾经生养过我，有时还怀念它。"(《我的童年》第7页) 其实，萧军对于家乡的怀念之情岂止是"有时"呢？应该说，即使是颠簸在不能自主的命运峰谷之间，即使是奔波在远离家乡的天涯海角之时，也没有任何力量能够割断他与故乡下碾盘沟的浓情厚谊。家乡人不会忘记，晚年复出的萧军，多次扶病归乡省亲；不会忘记，他在弥留之际，一再叮嘱要回故乡"安息"；不会忘记，他那灼人的话语和诗章；不会忘记，他把自己一生的全部创作和珍藏，都献给了家乡。

萧军的故居是萧军的祖父刘荣创建的。他用半辈子的积蓄建起了五间正房，是典型的辽西民房建筑格局，正中间是南、北"遥遥相对"的房门，通常人们把南门叫"前门"，北门叫"后门"，因为房子是坐北朝南的。前、后两门中间的空间一般都习惯称为外屋地，外屋地的两侧是灶台，既能生火做饭又能供卧室取暖。东西各两间是卧室，卧室的门一般叫"过道儿门"，进了过道儿门，只见卧室南半部盘着土炕，北半部通常都是摆放着家具。

房子是木石结构的，房顶由檩子、椽子、房梁、苇子篷组成。墙是石头垒砌的，缝隙间勾抹了黄泥。房门是木制的，两扇对开，带有门闩。窗户也是木制的，打着整齐的木格子，外边糊上了纸，为防雨，使窗户纸结实些，一般用一根长鸡毛蘸上豆油掸到纸上，常言道"关东三大怪，窗户纸糊在外"，一点也不假。

萧军就出生在这故居正房西屋的火炕上（现在陈列着萧军的一些遗物）。据考证，萧军出生的这个院子为"中院"。留在萧军童年记忆中的门前有两棵大柳树的院子就是"中院"。后来，萧军的三叔、四叔成家后，家中又分别在"中院"两侧各建了五间正房，称为东院、西院，而且在整个院子的两侧，各盖上了三间东西厢房，形成三家连在一起的、拥有十五间正房的"刘家大院"。萧军的二叔因入绿林为匪不在家中，故没有房产，后到长春谋生而且留下了一支血脉。萧军的三叔刘清山因在日伪时期曾当过伪保长，有权有势，不但圈起了高大的石灰围墙，还修了大门洞，"刘家大院"成了宽敞、阔气的四合院。1946年后，下碾盘沟成立了农会，刘清山和四叔刘清香都逃到外地，萧军父亲刘清廉一直在长春，所以，三家房产全部被划为公有。

几经变迁，到1979年8月，萧军第一次回到阔别五十年的故乡时，其他房屋早已倒塌，只剩下刘清香院的老房，也已破烂不堪。2006年夏，因大雨，东院墙倒塌，仅留下一段百年老墙。萧军曾记得的门前的两棵老柳树也早已不见，不过当年大门前的拴马石、上马石，院内的碾子、辘轳井和风车等至今还保存完好。萧军对房产之事从来没有求真过①。

刘家是个大家族，据说祖籍山东，据《萧军家谱》②所载：萧军出生时，刘家迁到辽西开荒占草至少有十代了。萧军在《我的童年》中说："（下碾盘沟）大概和附近的村庄历史差不多，全是由关里山东、河南、直隶一带来的移民或被发配的罪犯们所开创起来的。我的祖先据说是从山东移来……"（《我的童年》第7页）

据《萧军家谱》记载：一世祖为刘致远，二世祖是他的两个儿子，即长子刘成贵、次子刘成利。刘成贵有二子，叫刘天良、刘天柱；刘成利有一子，叫刘天玉，为三世祖。到第四代分别由长子一脉传下的有刘宽、刘亮、刘文和次子一脉传下的刘明四兄弟。到第五代，两脉共有九个兄弟，长门为刘世智、刘世壮、刘世公、刘世美、刘世刚，次门为刘世龙、刘世强、刘世俊、刘世杰。第六代两脉传下刘正等十兄弟。第七代为"德"字辈，共有十八个男孩，成家立业后，开始构成村中一个不可小觑的较大的家族。到第八代共有二十二个男孩，可谓人丁兴旺。

二、萧军的祖父、祖母

萧军的祖父叫刘荣，为刘家的第八代，是个佃农。在萧军的记忆中，他"身材高大，像一个老年的英国人或是犹太人。他有一个拱起的大鼻子，脸色又很黑，也很爱钱"（《我的童年》第9页）。他从来不大笑，也不随便说话，更不轻易发脾气。尤其是走起路来，不管是闲忙，始终是同一快慢。两只眼睛虽然

---

① 张栋、张国岩：《锦州人——萧军》，锦州政协《建言》杂志，2014年第4期。
② 张栋、张国岩：《萧军早年故乡生活资料的发现与考证》，锦州政协《建言》杂志，2014年第4期。

不算小，可是那眼睑是厚而沉重的，上眼皮永远下垂着，轻易不抬起来看一看任何人或任何事物。

平日在家里，他就像"一个客人似的坐在炕沿边，身子勾下着，用他那长着鸟啄角似的指甲的大手指，掐着自己那半长不短的旱烟管，说话或回答时，很少把眼睛抬起来。他似乎一生总在那里盘算着，沉思着……"（《我的童年》第37页）他给人的印象是沉静、自尊，无论什么时候全有着自己一定的主张，因此，在村中是个颇有声望的男子汉。他以弹棉花、卖酒、租种菜园、冬天用驴驮煤贩卖为生。祖父是疼爱萧军的，萧军也真诚地爱着祖父，但萧军说，他一直不愿学祖父那样的人。比较起来，他更爱祖母，更喜欢祖母的性格和为人。

萧军的祖母宋氏"和祖父恰恰是一切相反的；她身材短小，热心肠，明快，勇敢，喜欢讲话，容易发善心，爱流泪……她具有着一幅端正、明亮、宽大的前额，一条高而直的鼻子和一双深而亮棕色的鸽子似的小眼睛。在我记得她的时候，牙齿已经开始在脱落了，头发已近乎灰白，脸色黄黄的……"（《我的童年》第9页）萧军的祖父与祖母一共养育了九个子女，五个女儿和四个儿子（生了十个，其中一个夭折了）。每天"鸡鸣入机织，夜夜不得息"，夫妻俩奋力支撑着这个穷困的多子女之家。在萧军童年的记忆中，祖父、祖母"虽然全是六十左右的老年人，却永远像一对少年夫妇那样彼此不相让：争着，吵着，相骂着，以至于殴打起来。结果常常是由他们的儿女组成临时'法庭'，评判是非"（《我的童年》第9页）。"祖父和祖母几乎什么全像是对立的。所有长相，性情，对人的态度，说话的声音……如果说祖父是一个冷静的哲学家，祖母应该是个热情奔腾的诗人。人们虽然尊敬着怕着祖父，但对他却缺乏爱；对祖母却不同了……全知道她心肠热，全是无隔阂地爱着她。这是个有名的'心慈面软''刀子嘴巴豆腐心肠'的人。我的父亲和大姑母就承受了她这体性，在这一点上，我也禀赋了祖母若干这性情。因此在这人生的路上，我也遭受了若干的误解和创痛！"（《我的童年》第10页）

萧军的祖母"是位稀有的勇敢、泼辣、明理、乐观、善于言辞的人"（《我的童年》第11页）。凡是家中遇到较大的变故或是在什么难解的关头，萧军的祖父和家中的其他男人出自畏惧害怕或是事不关己，或是缺少办法对付等等原因，一个个全都悄悄地溜走了，躲避了。这时萧军的祖母却挺身而出，独立支撑着局面，像是一个仗剑荷戟、冲锋陷阵的将军、勇士一样，单枪匹马左冲右突着！"直到她杀开了一条血路，或是天下太平了，祖父他们这才走出来，这时候的祖母又将被批评，被嘲弄……直到气得她大骂起来。……但是下一次她并不为此而失却了勇气或是灰心。"（《我的童年》第11页）

因为萧军的二叔上山当了"胡匪"，周围的亲戚朋友们和他们家都疏远了，债主们又催讨欠债，萧军父亲在沈家台镇上经营的小作坊也因此处于困窘的境地，于是萧军的祖父和萧军的父亲等家人们都对萧军的二叔表示怨恨和不满。这时，只有萧军的祖母公开站出来护卫二叔，理直气壮地喊出令周围人胆战心惊的话："'上马'（指当胡匪）……这是好小子干的呀！我看你们就没有这样骨头，你们敢吗？"并且说："你们……是狗崽子……只配在狗窝里汪汪叫……人一跺脚只能夹着尾巴哼着跑！……你们天生只配啃骨头的东西，吃人屎！……"（《我的童年》第46页）

当萧军的二叔被官军围剿受了重伤时，家里人犹豫着，埋怨着，一筹莫展，只有祖母力排众议，全力保护二叔，果断地吩咐三叔立即把二叔送到锦州城里疗伤。这老妇人的勇气、胆识，关键时刻的果敢是超过一般女人的，甚至超过了有些男人。这在萧军的性格上似乎也留下了明显的烙印。

萧军八岁的时候，父亲在沈家台镇上的商号一夜之间破产了，债主把门市和家里所有的东西抢夺一空。这时萧军的祖父和父亲都已经逃得无影无踪了。而祖母宋氏这个矮小的老妇人却敢"孤军奋战"。她开始时向债主们乞求、哀告，希望他们能发一点恻隐之心。当她发现乞求、哀告无效的时候，竟转而破口大骂，谴责债主们的见利忘义。只见她手指着萧军的姨姥爷（即萧军母亲的姨父）骂道："你这狼心狗肺的东西，你真是吃红肉拉白屎的牲口啊！难为你的外甥姑爷（指萧军的父亲）怎么瞎了眼，鬼蒙了心窍……一年三百六十天像祖宗那样供养你，大吃大喝，如今看他一倒台，不说抬扶一把，反倒火上浇油，趁火打劫起来！你拍拍你的良心何在吧？"（《我的童年》第85页）

祖母这位老妇人，为求给儿孙们争得一席存活的余地，她简直是用生命来跟厄运搏斗哇。萧军记得，就在破产的那年年关将近时，家里要柴没柴，要米没米，钱无分文，凉锅冷灶，四壁透霜，老小妇孺，嗷嗷待哺。二叔从外地寄来一笔钱，因怕债主们发现而被讨债、抢夺，没敢直接寄到家里，而是寄到萧军三婶母的娘家。没想到三婶母竟是个贪心的女人，把钱独吞了，一文也没拿出来。她安稳地住在娘家，把钱放到她的大舅父家中，"一个小康人家放债吃利息"去了。

祖母知道了这个消息后，气得几乎骂了一夜。第二天是农历腊月二十三，祖母做了一番布置，带着孙子萧军和一个比萧军稍大一点的外孙子（萧军四姑姑的儿子），到三婶母的大舅父黄家去索讨，这老妇人竟以赴死的精神冲锋陷阵哪！

三婶母的大舅父长得人高马大又凶横，根本没把萧军祖母这个矮小的老太婆放在眼里，只听他歇斯底里地狂叫着、结巴着："滚！滚出去！别……别……别到我家来……来撒野……"祖母不仅没被他的野蛮吓倒，反倒怒发冲冠地把炕上装满灰火、用于取暖的火盆一脚端翻到地上。只听嘭的一声，泥制的火盆碎裂了，火和灰洒落出来，一股夹着灰火的烟雾冲向了屋顶，弥漫了整个房间。人们被烟雾呛得捂着口鼻，不停地咳嗽。接着祖母冲下了炕，大喊着："我就冲你要钱！你是你爹的种子，你就打死我！"还未等祖母冲到那个男人面前，就被周围的"帮横儿"、围观的人们七手八脚地拦住了，混乱中萧军只见祖母用手在自己前额上拂摆了两下，一条殷红的血竟流了下来，再用手一"扑拉"，立即整个脸庞成了血葫芦（其实是用碗碴子划破了自己的额头）。

看见祖母的额头出血了，在场的小萧军再也不能忍受了，自己是堂堂的男子汉，要保护祖母，不能让祖母受屈！于是，他抓起一根擀面杖也朝那个凶横的男人冲了过去，却被祖母撕裂一般的声音吆喝住了："你赶快给我滚回家去！大人们的事，小孩子家掺和什么？我要死在他们这里！"然后她用那燃烧着火焰似的眼睛，示意萧军和萧军的小表兄赶快离开……然后她便一仰身躺倒在炕上，再也不出声了。见到这个架势，屋子里的人全乱套了。趁着混乱，萧军和小表兄溜出黄家的院子，朝着一条小路往家跑。这是祖母事先安排的：只要一争吵起来或是她被打了，他们立即跑回家通告四叔。

懦弱的四叔把两个加在一起也没到二十岁的孩子，送到上碾盘沟的警察分驻所的大门口，他就躲起来了，他让两个孩子到警察所去告状。这个警察所正管辖三婶母舅舅家那个村子——小红石碴子村，村子距离警察所二三里路远，只需爬过一道山梁。

警察所在村中的关帝庙中办公，萧军和小表兄在关帝庙大门口张望。只见院子里面有两个警察，一个穿着灰色长袍，正举着一支步枪，斜眼单吊线，对着高大的松树瞄准，做出准备射击的样子；另一个穿黑色军衣，斜挎着匣子枪，一只手撑着腰眼，一只手对着天空指指点点着什么。只有八岁的小萧军开始看到警察感到非常紧张，心脏跳动加快，然而想到祖母脸上的血，想到那被人羞辱的难堪，他豁出去了！"走，进去！"他拉着小表兄的手勇敢地闯进了警察所，并带着哭声言辞凿凿地告了状。

两个闲得手痒痒的警察一听有闹事的，立即在两个孩子的带领下赶到现场，这时太阳快落山了。

"当我们领着那两个警兵，走进了黄家的院中，这俨然是一阵秋天的风，所有的人声，全像树叶似的纷纷凋落了，最后剩下的只是一片寂静！我和表兄都感到一种胜利者的骄傲，俨然是一个不可触犯的大人了。这出乎他们的意料，我们这两个泥鳅似的孩子，竟兴起了这样的风波——敢于去控告，而且真的搬来了官兵！"（《我的童年》第108页）三婶母的舅父——那个凶横的男人和其他"帮横儿"的人，怎么也想不到会惊动警察。而警察看到的是炕上躺着一个满脸是血又不言声，似乎是死了的老妇人。事闹大了，要出人命，自然事情的结局也就不言而喻了。最终那个凶横的亲戚退给了萧军家一些粮食和钱。

胜利了，有了钱粮，一家老小可以过年了，这是祖母的鲜血和搏斗换来的呀！一直到许多年后，祖母前额上那划过的伤痕，还依然鲜明地存在着，准确地说，是在萧军的心上鲜明地存在着。虽然，萧军清楚地认识到：为了一点钱和粮，祖母不惜划破自己的额头，而诬陷别人殴打自己，这是怎样一种可耻的人间哪！但这是为了儿孙们能活下去，同恶人战斗而留下的光荣战绩呀！对于祖母，萧军说："不管她有多少缺点，但对于老人那种英勇不屈、热情愉快、伟大的战斗精神，坚强的生活意志，开朗的性格，豪情四溢的生活作风，我始终是敬佩的！我不愿成为有愧于这位老人的子孙。"（《我的童年》第110页）

1928年春节，是萧军考入东北陆军讲武堂候补生队学习初级军事的第一个春节，学校只放七天假。他昼夜兼程，从沈阳赶到锦州城，下了火车后，又经过夜行七十余里的跋涉，到凌晨二时终于赶到了下碾盘沟，为的是能够在过大年之时拜谒祖母的陵墓。

北风怒号，荒草凄然，在祖母墓前，萧军连磕三个头，然后笔直地跪在那里，两行热泪滚落下来，他呼唤着："祖母哇，祖母！你还认得你的小孙孙吗？""祖母哇！你是第一个给我勇气和雄心以及向人生战斗力量的人哪！我永远怀念着你呀！"此时此景，正如他的《谒墓》诗所写：

萱堂墓畔草离离，祖母坟前木已枝！

冷酒三杯一掬泪，灵兮认否小孙儿？

（《萧军全集·14卷》第188页，华夏出版社，2008。本书所引《萧军全集》皆为此版本，以下只注明书名卷数页码）

可见萧军对祖母的怀念之情和崇敬之心是何等地深厚哇！

是呀，不得不说，岁月是一位智者，该留住的留住，该忘却的忘却。那些留存心底的必然是最珍贵的最不能忘记的人与事。红尘万丈，逝水汤汤，萧军童年的许多往事早已经模糊了，淡忘了，湮没了，但对于把勇敢和温暖撒播在自己幼小心灵上的祖母，她的许多故事，却深深铭记在萧军心中，永远也忘不了，每当想起来，就像发生在昨天一样。

三、萧军的父亲、母亲

萧军的父亲叫刘清廉，是刘家的第九代。在刘荣和宋氏的九个子女中排行第四，在四个儿子中是长子。在萧军的笔下，父亲长着"近乎三角形的脸"，"生有一双单眼皮近乎三角形棕色的小眼睛，一条直鼻子"（《我的童年》第4页）。

刘清廉开始时以耕种土地为生，后来学得一手过硬的木工本领，成了远近闻名的细木玻璃匠人。他打制的箱子、柜子、梳妆台等在当地非常畅销。他对种地、土里刨食毫无感情，而热衷于开作坊、办商号，这在20世纪初荒芜闭塞的辽西，无疑是一种具有"野性"的开拓者。

他性格开朗，为人热诚，慷慨大气，富有正义感和爱国主义思想。他还当过骑兵，1931年九一八事变，日本入侵东北后，他和弟弟们一道，参加过短期的抗日义勇军。刘清廉虽然对人热情、性格豪爽，但脾气暴躁，点火就着，大男子主义、夫权、父道尊严等封建思想极其严重。他认为妻子、孩子应该无条件地服从他，他有控制妻子、孩子一切的权力。因此，动辄发雷霆之怒，有时还对妻子、孩子大打出手。

刘清廉被乡邻们认为是一个"命硬""妨妻"之人，他一生曾有过五次婚姻。他的原配妻子高氏，婚后称为刘高氏。需要说明的一点是，在"男尊女卑"

的封建社会，按辽西地区的风俗习惯，女孩子是没有大名的，在娘家随便起个乳名，出嫁到了婆家，在自己家的姓的前边冠上丈夫的姓，在自己家的姓的后边挂上一个"氏"字，这就是她的大名。

刘高氏比刘清廉年龄稍大些，因出天花脸上留下了麻斑。虽然长得不算美丽，但她人品好，和蔼大方，善于为人处世，又因有着做"千总"①的哥哥，娘家可谓有权有势，所以，获得婆家人的普遍尊重。丈夫刘清廉虽然不爱她，却尊敬她，刘清廉的大男子主义行为在刘高氏面前从来没有施展过。

特别是萧军的祖父刘荣，这个从来不轻易发表个人观点的"公爹"，常常在后来的儿媳面前夸奖刘高氏："这才是一个好人哪！她从来不发怒，也不多言多语，可是讲起话来却是条条是理；做起事来也是有始有终……如果我们家有这样一个人活着……那要不同！为什么这样的好人，却活得这般短呢？"（《我的童年》第34—35页）

刘荣说的这些话，一方面表达了他对这位儿媳的怀念，同时明显表达出对后来的儿媳们是不太满意的。

可惜，刘高氏婚后生下一个女孩后便病逝了。这个女孩比萧军大六岁，一直寄居在外祖父高家，由外祖母抚养，十五岁时嫁到朝阳松岭门村。刘家几乎很少有人提起她，简直成了家族以外的人。可萧军与这位唯一的同父异母的姐姐感情却很深，参军后每次回乡都要步行三十多里路去看望姐姐。1979年8月，刚刚复出的萧军，带着二女儿萧耘、次子萧燕从北京赶到锦州拜访家乡父老，首先到松岭门看望姐姐，以后与姐姐一直保持着亲密联系。

1979年8月萧军与姐姐（左）和堂姑的合影

萧军的生母顾氏，是义县城南董家屯人，出身于清朝地方官宦人家。顾氏的祖父人称"顾庆老

---

① 千总：官名。明初京军三大营设置"把总"，嘉靖中增置"千总"，皆以功臣担任。至清为武职中的下级，位次于守备。

爷"，清朝时曾做过义州城的"四门提督"（中级武官）。家里曾有过宏大的城堡似的院墙，庙宇似的房屋，还有一片圈着围墙的大坟场，萧军儿时曾见到过：虽然垣墙已经荒凉残破了，但坟场内的还是松柏森森。

顾氏的父亲读过书，做过"师爷"之类的小文官，一生清廉正派，十分痛恨腐败的社会现实，后来得了疯病，临终时留下遗嘱，让女儿嫁给一个平民百姓。待到顾氏出嫁时，她的祖父和父亲早已故去，家贫宅卖，只留下三间小房居住。萧军记得他有一位走街串巷的"货郎担"舅舅。

顾氏十七岁时嫁到刘家，给刘清廉做了续弦。萧军在《我的童年》中回忆说："妈妈长得什么样呢？我不知道。因为她并没有照相或画像留下来，只是偶尔从邻人或者和她有关的亲属以及姊妹行那里，听到一些零零碎碎关于她的描述：'这孩子的眉毛和嘴巴有点像她妈，眼睛却不像了。他妈妈是一双长睫毛大眼睛，又黑又亮，眉毛和头发黑得像墨染过一样，这孩子的鼻子和眼睛却像他那丑爹。'"（《我的童年》第4页）

每当听到这些话，萧军小小的心灵里就会引起极为复杂的情绪，他多么希望自己完全像母亲的模样，最好一丝一毫也不要像"那丑爹"呀。因为萧军憎恶、仇恨他的父亲，是父亲害死了他的母亲哪！

那是1907年萧军出生这年的腊月二十三的早晨，家家户户过小年，可萧军的父亲却非要这天出门办事。他叫妻子刘顾氏帮他收拾东西，而此时刘顾氏正忙着喂孩子。于是，刘清廉的暴脾气发作了，拿起了马鞭，不顾头不顾脚地把刘顾氏鞭挞一顿，然后扬长而去。

刘顾氏被丈夫打得遍体鳞伤，她抱着儿子，泪水涟涟，浑身颤抖。倔强的她不堪受辱，再也不想忍气吞声地活下去了。她想到了死，只有死才能永远离开这黑暗、可恶的人间，摆脱残暴、可恶的丈夫。同时她不愿心爱的儿子独自留下来，留给无情的丈夫刘清廉。于是，自己吞食了大量的鸦片之后，也往萧军的嘴里塞了许多鸦片，大概是味道太苦，或是命不该绝吧，萧军哭叫着，头摆晃着不肯吃，只是抹了满嘴巴。这时，萧军的五姑听到了萧军的哭叫声，跑进屋来，把他抱走了。当时这个十三四岁的女孩，并不知道大嫂刘顾氏吞食了鸦片哪！

直到吃早饭的时候，祖母见刘顾氏苍白的脸色中泛着青紫，以为她刚刚哭过，心情不好，也就没有多问。刘顾氏喝了两口米汤便起身向外走，而后哇的一声全都呕吐出来。这时，祖母才猛悟：大概是吞食了毒物！于是，紧随着刘顾氏到她的房间去询问："媳妇！你吃了什么啦？快说呀！"祖母焦急得不知如何是好，大声连问，可顾氏到死也未曾回答过一句。这时家里的女眷们全都乱套了，她们强行在刘顾氏身上用尽了所有蠢笨的解毒、排毒和催吐的办法，如灌鸭子血、猪胰子①水，甚至是狗屎汤等等。因为鸦片吃得太多了，刘顾氏，萧军的母亲——这位十九岁的美丽少妇没有抢救过来，就在刚刚落过大雪的腊月二十三，在家家户户过小年的爆竹声中，悲惨地、永远地离开了人世，离开了她心爱的儿子⋯⋯

等到人们从路上把萧军的父亲叫回来时，已经万事停当，只待安葬了。其实，并没有什么重要的非要赶在过小年的时候去办的事，刘清廉去义州城是为了代别人"担保"，去付保证金的。

刘清廉捶胸顿足，悔恨不已："是我害死了她呀！"这个大男人开始嗷嗷地哭起来了，哭得很伤心，一把鼻涕一把泪地哭着。可是一切已经为时太晚了，人死不能复活呀！

刘家人有些恐惧了，害怕了，担心顾氏的娘家人知道真相后会来寻仇。于是备上礼品，哀求顾氏的姨父，即当年刘清廉和顾氏的媒人，人称"红眼边"的杨广元，请他代做假见证，主动去给顾氏的娘家人送信，就说顾氏是暴病而死的，由他亲眼所见入的殓⋯⋯

顾氏父母早已亡故，娘家只有一位哥哥了。又因刚刚下了大雪，路不好走，年关近了，路上常有土匪出没抢劫，等等，所以，萧军的舅舅对亲姨父杨广元的话深信不疑，也就没到刘家来过问妹妹刘顾氏的死因，一场人命关天的大事就这样瞒天过海了。长大以后的萧军知道了这件事情的来龙去脉，他仰天长叹、感慨万端："我就一直怀疑着我的舅舅对于母亲是否还有一些兄妹之情？这是多么凉薄的人间啊！"（《我的童年》第12页）

刘顾氏出殡时，刘清廉腰间系着白腰带，抱着穿戴着小小白衣白帽仅有七个月大的儿子，他一边泪雨滂沱，一边代儿子为亡妻顾氏手执"灵头幡"。在哀凉、凄楚的鼓乐喇叭声中，顾氏的棺材被送出了家门，送出了村庄，送到祖坟场外右前方一处小山包上，一座孤坟如土丘一样伴着干枯的荆条和灌木⋯⋯

---

① 猪胰子：猪的胰脏切碎捣烂加火碱，用手工做成的肥皂。

刘家在下碾盘沟村后一带山岗中间，虽有一处很大的坟场，却没有刘顾氏的一席之地。因为刘顾氏是"横死"的，按照本地风俗，凡属非正常死亡的均称为"横死"，横死是不能入葬祖坟的。再因下葬时是天寒地冻的冬季，土地冻凝得像顽石一样坚硬，镐、锹刨掘不下去，加上石头又多，棺材又大，只能浅浅地埋下了。当时家里人寄希望于萧军长大后做了"将军"，等到父亲刘清廉去世时，再给父母合葬，那时候刘顾氏的骨殖就可以光明正大地进入祖坟了。从此，不再因"无主"而被欺辱，孤魂野鬼才算找到了归宿……

虽然，萧军成人后没能当上"将军"，也没能实现为父母合葬的愿望，母亲的亡魂一直在四处飘荡……然而，这却给萧军上了人生的第一课，让他"开始懂得这人间！一颗小小复仇的灵魂，它开始由柔软到坚硬，由暗晦到晶明，在我的血液中被滋养，被壮大起来了！"（《我的童年》第6页）

一个七个月大的婴儿失去了母亲，他又怎么活下来的呢？这就出现了本书开篇的一幕："由五姑和四叔抱着我到每一家有乳儿的女人那里去'赶奶'……有时本村的奶赶不到了，就把我和五姑骑在驴背上，由四叔赶着驮到附近邻村去。为了吃一顿奶，常常要往返二三十里的路。"（《我的童年》第13页）

所谓"赶奶"，就是求得那些哺乳期的妇女给褟褓里没娘疼、没奶吃的孩子吃上几口奶。当然，要等待人家把自己家的孩子奶完了，还有剩余的奶水再给"赶奶"的孩子吃一吃。如果在第一家吃不足就再到第二家。

"行行好，可怜可怜孩子，给吃一口吧！"五姑和四叔要永远向人家赔着笑脸。"他们竟像一对行乞者，挨门询问，凡有带乳儿的人家就去请求。因此本村和附近村庄，全知道我家有一个七个月没了娘靠吃'官奶'的娃娃。"（《我的童年》第13页）

宽厚仁爱的辽西妇女很是心疼小萧军，她们说：这孩子太可怜了！这么小就没有了亲娘！她们以伟大的母爱赋予小萧军以甜美的乳汁，她们其中，有的是一只奶头奶着自己的孩子，另一只奶头奶着小萧军，有的甚至是宁可给自己的孩子少吃一些，也让小萧军吃个饱。萧军说："我就是吃着众人的奶血长大起来的！因此我一生也不能忘了'众人'。人奶吃不到的时候，我也吃过牛奶，马奶，驴奶，羊奶以至狗奶。"（《我的童年》第14页）

到了夜间，嗷嗷待哺的小萧军，只能等着祖母和二婶母给他打（熬的意思）糨糊吃。一般都是用高粱米、玉米、小米碾成面给缺奶的孩子打糨糊，再放些红糖，如果买不起糖，就放点盐。打糨糊的小锅，一般是架在一个火盆上，火盆里点燃干透的苘麻①的茎，俗称"麻秆儿"。它燃点高、火头硬而且没有烟。如果没有这种烧柴，也就只好用其他的柴草代替了。因为柴草不好烧，萧军的祖母和二婶母总是被烟熏得淌眼泪，打一次糨糊就像伤心哭透的泪人儿一样。在东北的数九寒天的季节里，每个晚上要打三次糨糊喂小萧军。而且，祖母还要把熬熟了的糨糊先含到自己嘴里，觉得温度适宜了再嘴对嘴喂给小孙子，否则，小萧军就不吃。萧军说她祖母："她因为奶水不足，曾经这样喂过自己十个儿女。到了老年她的全部牙齿动摇而且常常疼痛得几夜和几天！有什么人还敢藐视这样伟大的献身的'母性'吗？"（《我的童年》第14页）

四、萧军的乳母、继母

白天到处去"赶奶"，晚上要打三次糨糊，对于一个未满周岁的婴儿终究不是办法。眼见着孩子瘦得像个"小干瘪猫"，怎么办？于是家里人四处打听，求亲托友，终于为孩子寻到了一位乳娘。

乳娘姓郝，身材高挑，身子骨硬朗，当时只有三十岁左右，她家也是在一个贫瘠的小山村里，距离下碾盘沟有几十里路。她的儿子刚出生不久便夭折了，丈夫是个瘫子，不能劳动。她只好带着一个三四岁的女儿到刘家做乳娘来养家，刘家人都称谓她为"郝妈"。

初来刘家时，郝妈脾气很大，挑剔吃喝，一般的米饭不愿意沾嘴，要吃面和肉一类，而且吃得还比较多，说是为了增加营养，促使奶水多些。否则，就说营养跟不上没奶水了，或者干脆说"不干了"。因为乳娘不好找，家里人只好一切顺从于她。

后来，乳娘对小萧军竟认真地爱起来，视为己出，也不再发脾气挑吃喝了。萧军回忆说：到萧军五岁与乳娘郝妈分别时，乳娘几次爬上驴背又几次哭着爬下来，她不想离开小萧军，说要看着萧军长大。甚至提出不仅可以不要工钱，还要自觉地为刘家做零活。

小萧军更是离不开乳娘，他哭滚在地上不让乳娘走。家里人哄他，恐吓

---

① 苘麻：一年生草本植物，别称青麻、白麻、野棉花等，籽可入药。

他，拦阻他，全都无济于事。他像一只疯狂的小狼，嗥着，哭着，咬着每只阻拦他的手，抓着地上的泥土，又去抱着驴腿，哭叫着："我要'郝妈'呀！我要'郝妈'……"乳娘放声大哭着赶路了，小萧军在后面追赶着，家里人紧紧地抱住了他。"一直到村树快遮过她的身影，但是我还看到她的脸一直是无改变地向回看望着……"（《我的童年》第15页）多少年以后，每每回忆这段往事，萧军仍然忍不住流下泪水。

萧军母亲顾氏过世后，曾陆续有过三位继母过门。

萧军的父亲三十岁左右时，娶了萧军的第一位继母刘阎氏，当时她只有十五岁。在那个女人缠足、小脚儿为美的时代，她是个公认的美人。而且无论是模样还是举止都有一种古典美，就像那戏台上的花旦一样，别人都在背后称她为"戏子"。但是美中不足，她的嘴唇的左上方生了一颗不算小的黑真真的小痣。人们对于这痣看法是一致的，全认为这是一个不祥的女人。以祖母为首的家中所有人全都反对刘清廉娶她，除祖父外，祖母等家里人全都骂刘阎氏为"妖精""狐狸精""小老婆""阎婆惜的女儿"等等。

刘阎氏刚过门时，虽然还只是个十五六岁的小姑娘，却很懂事，对萧军很好，给他做了鞋子等很多东西，还绣上了花。萧军也很喜欢这位继母，亲切地叫她"妈妈"。不长时间，刘阎氏就不怎么关心萧军了，萧军回忆说，因为祖母和家里其他人歧视她，排挤她，甚至是"仇恨"她，她们教唆小萧军说："那不是你的亲妈呀！那是你的后妈！……不要向她叫妈！……叫她'阎婆惜的女儿'！……小老婆！"小萧军照做了，骂了。因为他是祖母"一党"的，对祖母忠心耿耿、言听计从啊。但同时他也对自己骂继母的行为感到一种羞耻，甚至要哭。七十年后（即1981年），萧军在重新校对《我的童年》时，"心情还是感到很悲怆和羞惭！羞惭的是自己年幼无知，竟对于这位善良而美丽的继母进行了谩骂"，并且说："这是一种不可宽恕的罪过！"（《我的童年》第42页）后来刘阎氏又有了自己的儿子，自然就更不关心萧军了。

这位继母也是十九岁时过世的。怎样安葬她，家里曾乱作一团。萧军回忆说，父亲刘清廉哭着命令着："向棺材里装啊！尽力装！我的'眼珠子'全去了，还要'眼眶子'做什么呀？"很明显，刘清廉的意思是说：心爱的人已经死了，还珍惜这些物件做什么呢？可见刘清廉与刘阎氏的夫妻感情是很深厚的。

刘清廉不仅放声大哭，而且拍着棺材板呼唤着哭！下葬后他又到坟前喝酒打着滚儿地哭，以致浑身和脸模糊得成了泥土人，坟前一片地被他滚得溜平，坟脚还掏成两个洞……当家里人把他抬回家，他身子僵直，牙关紧闭，呼吸似乎完全断绝了。经过呼唤和救治，到第二天天明他才睁开眼睛。刘清廉此举成了下碾盘沟村远近疯传的故事和笑柄，让人们议论着、耻笑着……

为什么呢？"那时候社会风俗，男人死了女人，不但不应该放声地哭，甚至连眼泪全不应该流一滴。并且应该装作没事人一般，面带笑容照料参加丧事的宾客，这才被人们所称赞"，"老婆死了还不如失掉一根汗毛""老婆好比墙面泥，去了旧的换新的……"这几乎成了那个时代封建家长和男人的口头禅。封建吃人制度吞咽了多少劳动妇女的美丽和青春！对此萧军不无感慨地说："这是一个多么残酷的现实呀！是一个多么不合理、不平等的社会呀！一个多么凉薄无爱的人间哪！"

萧军的第二位继母刘邵氏，是刘阎氏去世第二年的冬天进了刘家门的，"她虽然只有十八岁，但却胖得像个成年妇人。起始人们全说她是福气相，不比那死的'戏子'妈妈瘦得不像样。可是她过门将满两个月，父亲所有的商号就全破了产，被债主们分干净了，一直到最后一只水桶，最后一扇门"（《我的童年》第41—42页）。萧军的祖母憎恶地"说她犯了破败星"。

儿时的萧军对这位继母是比较反感的。因为她总是挑唆父亲痛骂和毒打他。继母有时还故意制造事端，把有气味变质的隔夜饭菜给萧军吃，萧军不吃，她就到丈夫那里告状，说萧军如何如何难伺候。刘清廉听后不分青红皂白就把小萧军按在门槛上，用一绺绺绊驴用的新麻绳狠狠地抽打，直打得小萧军浑身都是一道道红红紫紫的伤痕。

每当萧军在外边同孩子们打了架或闯了什么祸，刘邵氏总是不怀好意地恶笑，还阴阳怪气地挖苦萧军说："好！这才是英雄的孩子咧！"天真无邪的小萧军怎么也捉摸不透"为什么人全喜欢在别人的不幸中，显示他们的愉快呢！"每当这时，小萧军厌恶气愤得"真想在继母那厚大的屁股上给她一脚，踹她个狗抢屎"（《我的童年》第117页）。

小萧军从来没有向父亲和这位继母屈服过。他们的行为反而促使他从小对表面颟顸、宽厚而心地阴险、狡诈的人增加了厌恶，失去了尊敬。

尽管如此，长大成人后的萧军对继母们却没有什么怨恨。他在回忆录《我的童年》中说："虽然她们不曾亲手虐待过我，但那种森凉的'后娘之爱'，这是我永远不能从我的灵魂深处使它们除净！虽然如今我对那些后娘们毫无怨毒之情，却也没有什么太多的真诚的怀念。这只是人的偶尔遇合而已……本来一个十几岁的姑娘，你要责成她给一个比自己小不了几岁的男女孩子做'娘'，而且还要做得好，这确是一种难于演好的戏剧呢！因此后来我不独同情有后娘的人，我也更懂得做后娘的人——这全是不容易的啊！"（《我的童年》第34页）

刘邵氏新中国成立后病故，她生下的一儿一女，即萧军同父异母的弟弟妹妹，他们一直在长春市北宋洼子居住。1983年5月，吉林省的萧军创作生涯五十周年学术研讨会在吉林大学召开时，萧军还看望了弟弟，并与之合影留念。

萧军的第三位继母刘侯氏与前两位继母就不同了。她是沈家台镇赵花店村人，是萧军父亲刘清廉的晚年伴侣。刘清廉曾带她到长春、北京生活。刘清廉病故后，侯氏一直没有离开萧军家。1962年的困难时期，尽管萧军工作无着，儿女又多，生活困窘，却千方百计让刘侯氏吃饱穿暖，享乐晚年，真像对待自己亲生母亲一样孝敬她，为她养老送终。

五、萧军的叔父、姑母

萧军有三位叔父，即二叔、三叔和四叔。

萧军的二叔叫刘清泉，号鉴泉。在萧军笔下他也是个奇人。看脸谱，眉清目秀；观举止，温和安静。虽说是个男子，但举手投足却"给人一种很愉快、安静而亲切的女性感觉"（《我的童年》第43页）。为此，村子里的人们送他个绰号"二姑娘"。"二姑娘"有个好朋友叫杨正，长他三四岁，也是个远近闻名帅气十足的美男子。而且，有一副好嗓子，每当过年，村子里组织秧歌队时，杨正总是扮成"白蛇"[①]。

性格与外表迥异，外柔内刚，极富反抗精神的两个青年男子，情投意合，插香、歃血为盟，八拜之交，结下了金兰之好，建立了生死情谊。他们在一起

---

① 戏曲《白蛇传》中的一号女主角白素贞，惯称"白蛇"。

经过商、当过兵，又一起啸聚山林，跨马提枪，威震四方。那风度、那气质、那容貌，简直使方圆百里的姑娘们为之倾倒！小时候的萧军对他们的潇洒英俊、豪杰举动艳羡极了，萧军说："我曾记得他们俩从军队回来，穿着很整齐的灰色军衣：帽子上有着很宽的红条，裤腿上有着两条直直的红条，袖头上也有着红条，皮鞋，白手套，白领衬……两个人并排由村东到村西缓缓地一面谈一面走着……"（《我的童年》第44页）童年时的萧军多么企盼自己快些长大，像二叔和杨正一样当兵扛枪，威风凛凛。

20世纪初的辽西，生态条件恶劣，民族关系复杂，特别是残酷的阶级压迫，使得这里的山民坚忍刚烈，民风剽悍，崇尚武功，百折不挠。贫困和反抗把很多人赶进了荒山、草莽，干起了绿林勾当，当时称为"胡匪""红胡子""马鬃子"。他们"绑票""砸孤丁"，打家劫舍，杀人越货。这些啸聚山林的胡匪，有的是官逼民反、揭竿而起，他们杀富济贫，不得不铤而走险；有的则是与官府勾结，搜刮民财，曲线"当官"。不论是哪种胡匪，他们自身都暂时脱离了贫困和欺辱，他们的兴旺在当地产生了巨大的社会影响，崇武好斗成为村民们的生存价值观。当时，辽西这一代就流传着"小子要横，丫头要浪"的说法。人们都希望自己的子孙到外边去闯一闯，或者当兵，或者学手艺，或者干脆上山当胡匪。

在当时的老百姓眼里，兵匪本是一家，统治东北的大小军阀有几个不是绿林出身？东北军阀首领，人称"东北王"的张大帅——张作霖，不就是马匪出身吗？东北军阀张作相的家，不就在锦县班吉塔杂木林子村吗？离下碾盘沟只有二十里呀！因此，崇拜绿林好汉，这几乎成了20世纪初叶辽西这一代的时尚。这当然也会影响到萧军，影响到他的性格、气质和处世哲学。萧军在《我的童年》中写道："当胡子，我认为是好汉子干的，他们用自己的脑袋做本钱，所谓两手换的买卖：堂堂正正地去抢夺，大大方方地来吃喝，痛痛快快地打死自己不喜欢的人……这是多么豪侠的生活啊！"（《我的童年》第78页）

萧军的这个温和美貌如同大姑娘一样的二叔，十九岁就与杨正一起上山当了胡匪。他们十三条好汉结成一帮，在当地杀富济贫，打家劫舍，敢于跟官府作对。他们个个年轻力壮，都有"百步穿杨"的好枪法，又都敢于冒险，勇于厮杀，使欺压百姓的土豪劣绅和官兵们闻风丧胆，被人们称为"十三太保"。虽说他们没有什么明确的为人民的行动纲领、什么崇高的追求和信仰，但他们出没无常的造反行动总是在"搅乱着地主老爷们的清平世界"，对那些欺诈百姓的官府衙门、土豪劣绅构成一种威胁和震慑。

后来由于"十三太保"抢劫了一家将军亲属的子弹和枪支，还闹出了人命，惹下了大祸，使将军大大地被激怒了，下令调来"边内""边外"①的所有的剿匪有名的"黄皮子队"和"外八营"②，还有每处村镇上的警兵和民团千余人，到处追踪、堵截、包抄"十三太保"。最后将他们围困在距下碾盘沟八九里路、靠近西北边一带高大陡峭的叫作"狼打滚山"的山顶上。

本来不愿与"胡子"结仇的警察，进山就胡乱放枪，给"十三太保"他们打了信号，这时他们是完全可以逃走的。只是因为首领杨正错误地估计了形势，固执盲目地非要把官军们打回去，竟不顾暴露目标的风险第一个开了枪，随即山下的官兵们朝着他们隐身的方向开枪了。正式的战斗打响了，杨正他们怎么也没想到，官军是越来越多，射击的枪声越来越密，战斗越来越惨烈。从上午九时左右开始，战斗快到中午时，虽然"十三太保"拼死抵抗，杀死了许多官军，但还是寡不敌众啊。况且没有饭吃，没有水喝，无人增援，子弹也快要打光了。杨正的左臂被打断了，一条腿也受伤了，不能使用步枪，只能用一只驳壳枪对敌。这时杨正用手枪逼着刘清泉带领弟兄们撤退、突围，由他一人掩护、死守。刘清泉坚持要把杨正背走时，自己的腿也被子弹穿伤了。杨正血红着双眼，把枪口对着刘清泉吼叫着："快走！再不走我就叩（即打死）了你！"刘清泉只好集合队伍爬上了一座更高、岩石更多的山顶，当他们回头看时，官兵已经逼近杨正掩身的那块岩石，然而再也听不到杨正发射的枪声了……

"一直到中午以后，这周围十几里路的狼打滚山已经被整千的乡团、警兵、陆军和'黄皮子队'……团团包围起来了！到处飘着各色的旗帜，到处响着枪声，到处响着喇叭，到处人声在呐喊，到处人向山上蚂蚁似的在爬行……"

"人，一个接着一个死下去了；饥和渴，恐怖和疲乏……"

---

① 清时东北曾设有柳条边墙，长千余里。墙里称"边内"，墙外称"边外"。

② 黄皮子队：特殊的"剿匪"部队，穿黄色军衣，故老百姓称其为"黄皮子"。外八营：正规的"剿匪"部队。

"黄昏了，已经不再听到山上向外射击的枪声，只有山下向山上射击的枪声……"（《我的童年》第60—61页）

这时萧军的二叔身上已经两处受伤，除了腿上外，一颗子弹又穿过了肚皮，滑过肠子从后背飞出去了！机警的刘清泉躲进岩石缝里，他在手枪内留了两颗子弹，一颗是留给敌人的，一颗是为了结束自己性命的，他不愿像狗似的被官兵们活着捉去请功。

最后，"十三太保"中有十一个人英勇地战死了。官军割下了杨正的脑袋，剥下他的血衣，挥摆着他的黑色缎子的小棉马褂，作为战利品，耀武扬威地"凯旋"了。刘清泉和另一名也负了重伤的弟兄，藏在了一道岩石缝内。那是个秋天的晚上，天黑得比夏季早些，官军没有发现他。夜里他爬到亲戚家，躲过了搜查。然后萧军祖母让萧军三叔把萧军二叔送到锦州城疗伤……伤好后去吉林省公主岭当了骑兵，还留下了一支血脉。

"十三太保"这些绿林好汉虽然失败了，却在萧军幼小的心灵上刻下了尊敬和爱戴。萧军认为他们活得畅快豪爽，死得惊天动地，真是"生当作人杰，死亦为鬼雄"啊！小萧军常常"呆呆地坐在门石上，望着辽远的、蓝莹莹的那座大青山"，"幻想着，如果我有一支枪，就去那山上当马鞑子吧"（《我的童年》第116页）。

萧军成为作家后，对那些绿林好汉的生活有了正确的认识与评价，但对他们那种反抗强暴的勇敢精神是一直持肯定态度的，而且直接影响着他的创作。最明显的是在他的代表作《第三代》一书中，以大量笔墨描述了广大农民从民变"匪"的事实，塑造一批啸聚山林的好汉，什么"翠屏""刘元""海交"，还有"杨三""井泉龙"等等。而且萧军笔下的"胡子"不同于一般的土匪，他们不任意杀人抢劫，要抢就掏地主豪绅的老窝，不做骚扰普通民众的事情。这些"胡子"都是劫富济贫的好汉。当地村民们不怕"胡子"怕官兵，老百姓形象地、恰如其分地说："匪来一场霜，兵来一场光。"在萧军笔下，不管是男"胡子"还是女"胡子"，都没有失去劳动人民的本色，在山上是"胡子"，在山下是农民，亦匪亦民，非匪非民，这成为辽西山区的一大特色。

萧军的三位叔父，其相貌绝不相同，性格也几乎绝不相同。

萧军的三叔叫刘清山，萧军回忆说："虽然那时只有十八岁左右，但他的身材和胆气却超过一个成年人。他有着一具高高的和爷爷一般的鸟角鼻子，一双瞳仁金黄而透明吊梢的狼型眼睛。我从来没有见过这双眼流过一滴泪，他的性格总是显得刚强，狡猾而快乐。如果在他那尖尖的亮额的秃头上扣上一顶美国式的水手帽，再加上一套水兵服，陪衬着那永远发着红光的脸色，就俨然是个英国或美国式的水兵了。"（《我的童年》第64页）

刘清山也是个木匠，后来当了骑兵，还去福建打过仗，做过小军官。1931年九一八事变后，他和萧军的父亲、二叔在家乡闹起了义勇军，失败后被族中一大户向伪满洲国警察告发了，挨了两千皮鞭，还压了滚杠，被判了十年徒刑，投进了义县大牢。萧军的二叔为了替三叔报仇，纠合了旧日的伙伴，烧了告密的那大户的家，缴了村中保卫团的枪，也火烧和抢掠了那有警察所的沈家台……

据张栋、张国岩在《萧军早年故乡生活资料的发现与考证》一文中说：刘清山又名刘子洲，因见过世面，敢作敢为。日伪时期，他被日伪政权收买了，当了汉奸，做了伪保长，成为日伪政权的走狗，对乡邻作恶较多。1945年日本投降，日伪政权垮台，他才彻底失势。1947年，解放军和地方武装解放了沈家台镇，成立了锦义联合县的工农政权。当时刘清山潜逃外地，后因惦记家中财产又逃了回来，被人发现后举报逮捕，公判大会后，怒火满腔的村民们在村南的河套中用棍棒把他打个半死，区小队队员又补了一枪，死后由妻弟草草埋葬。

萧军的四叔叫刘清香，人称"刘老唱"。为人忠诚老实，任劳任怨，萧军说他"是个稀有的忠厚人"。他能种地，也能做木工，但是学艺不精，全是"半拉子"（不是成手的意思）。他唯一的爱好是说鼓词和唱秧歌。在村中扮秧歌时总是被派为"傻柱子"（傻小子）。他总是乐呵呵的，很高兴自己担任这个角色，头上扎着一根羊角辫子，脸上涂成小丑的模样。他毫无疲倦地喜不自胜地年年正月演着这个丑角。刘家人都认为他无能，叫他"傻子"，但是在外面他的口碑却是很好，因为他有时公正无私得确是近乎傻气，他有句口头禅："人总得公正啊！"萧军对四叔十分尊敬，他比较着、评价着说他四叔："没有父亲那般跋扈，也不像二叔那般富于决心和阴狠，更没有三叔那般狡猾、残忍和贪心……是在我们家族中唯一的纯洁的、无私的、一位具有伟大灵魂的人！"（《我的童年》第65—66页）

20世纪50年代萧军与四姑（左）、五姑于北京合影

萧军有五位姑母，前三位姑母很早就出嫁了，很少回娘家，没给萧军留下什么印象。萧军认为"五位姑母之中，只有四姑和五姑是比较非凡的，而她们的惨淡的命运，几乎是中国女人——更是东北女人——典型性的命运！同时她们的性格、人品和精神，在幼年给了我很深的印记。……我发现了，她们如果得到适宜发展的条件，将不会弱于现代的任何人！可惜她们竟做了时代的殉葬者！……她们确是较之一般城市小资产阶级的女人们，超俗而可爱，能干而自尊！具有一种真正的聪明、智慧、勇敢不屈可贵的情操，以及朴质无邪、深沉而阔大的强烈精神！一种直觉的爱美的天性！"（《我的童年》第67页）

是呀，萧军的四姑、五姑天性聪颖、自尊能干，性格泼辣、勇敢不屈。可惜，万恶的封建制度吞噬了她们的美丽和青春，她们无论如何都无法摆脱旧中国妇女的悲惨命运，相继都做了封建礼教的牺牲品。但是，她们的人品和精神，却给萧军以很深的影响。

萧军的四姑十六岁嫁给了本村中的杨家。杨家是曾有过田地、钱财和商号的大户人家，后来没落了。当萧军有了记忆时，四姑的婆家已经穷困得田地只剩下几条垄了，原来的大房子也卖掉了，住在一个小院落里，再后来小院落也卖掉了。

四姑的婆婆曾是义州城（今义县）侯家有名的一位"千金"，她嫁到下碾盘沟时，仅娘家陪送的嫁妆，由村东到村西竟摆了三百张桌子还没有摆完。除嫁妆外，娘家还陪送了三家"烧锅"（即酒厂），两家"当铺"（典当铺子）。因此人送她绰号"杨老本"（有钱的意思）。

杨老本有着惊天动地的花钱、败家的本事，她一能吸毒，二能赌博，是方圆百里出了名的大烟鬼、大赌徒。她一生吃着鸦片烟直到死。她"不独自己去赌，而且还养着十几个赌把式。当她像一位皇后似的，坐着用几只大公羊架着

的小车，走在前面，后面几辆轿儿车则是满载着整个的银元宝和成串的青铜钱以及她的帮闲们。"（《我的童年》第68页）那威风，那排场，是下碾盘沟这一带人们见所未见、闻所未闻的呀！

杨老本的丈夫是个读书人，不仅自己没有任何嗜好，对妻子的吸毒、豪赌也从不加干涉，眼见杨老本挥金如土，家里日渐穷困，连一句怨言都没有，在那个男尊女卑的时代他是个不多见的、典型的、著名的"妻管严"。他读了一生书，做了一生文章，也多次下过考场，到死还是个"白丁"，连一个铜顶的秀才都没捞着。难怪他的妻子杨老本看不起他，蔑视他一生。

杨老本我行我素，挥霍无度，半生之中，不仅花光、赌没了娘家陪送的全部嫁妆和商号，还把丈夫家中分得的一份产业也败得精光。到她死的时候，杨家穷得几乎要卖掉最后一只饭碗。

这位杨老本是极难侍候的，萧军的四姑姑嫁到她家时，虽然杨家穷得家徒四壁，可婆婆杨老本仍然让儿媳妇饱尝封建礼教的那套所谓家法的摧残。她白天吃香的喝辣的，睡大觉或去赌博，晚上整夜吸食鸦片烟，要四姑整夜侍候着。稍有不如意就命令儿子殴打媳妇。她还经常辱骂四姑是什么"小家子出身""不配做杨家的媳妇"等等。四姑本来是个性格开朗泼辣的姑娘，由于受"三从四德"封建礼教的影响、毒害，嫁到杨家后，开始时对凶恶的婆婆只有屈从、忍受，回娘家哭泣。每当这时，富于反抗精神的祖母便教导四姑："为什么回家来哭丧啊！她骂你，你为什么不骂她呀？要骂她……打你，你就打她……"祖母愤怒地吼叫着。听了母亲的话，四姑的腰板硬了，主意来了，乘着丈夫去城里学商的机会，开始向这个凶狠的，脸色灰白、没有丝毫血色的像个小鬼儿似的小老太婆——杨老本反抗了。

一次，杨老本又无端地辱骂四姑，还连带着萧军的祖母，四姑顺口反驳了几句。"这是第一声叛逆的霹雳呀！几乎惊呆了那杨老本，她像一只小精灵似的从鸦片烟灯旁边爬起来，两只小眼睛滚圆着，头毛飞蓬着，一条男人似的勾鼻子抽动着……"（《我的童年》第69页）杨老本气得发疯了，嘴唇哆嗦着，浑身颤抖着半天才拼出一句话来："你要造反？你疯了！"然后，她便歇斯底里地大叫着，"我要剥了你的皮，抽了你的筋，撕破你的狗嘴……你敢这样和我说话吗？你打听打听平生谁敢顶撞过我呀？连你那死去的公公也不敢呀！……你……反了天！"接着就要撕打四姑。

早有防备的四姑一挥手就把弱不禁风的杨老本推倒在地上，然后抱起孩子跑回了娘家。

这下杨老本可屈服了，因为她从小就肩不挑担、手不提篮，从没下过灶房烧过一把柴火，生米做不成熟饭，是个完完全全的饭来张口、衣来伸手，被人侍候的主儿。饿了三天，她只好拄着拐杖，拖了一双男人的大鞋，蓬头垢面，赤红着眼睛，耷拉着稀疏头毛的小脑袋，一扫往日的威风，向萧军祖母低声下气地哀求，把四姑请回了家。

后来四姑的丈夫去世了，一个二十几岁的穷寡妇带着三个孩子，最小的还在襁褓中，生活的艰难是可以想见的。不久，那位奢华一世的杨老本也凄凉地死了，死得还不如一只鸡、一只狗，竟没有一个人为她流一滴眼泪。

为了生存，四姑三十岁以后和另两个男人有了瓜葛，"一个是小商人，一个是流浪汉。但结果全是悲惨的！前者因了儿女们反对没有嫁成，——而且是做姨太太。后者虽然是得到了儿女们的默许，而且还生了一个女孩儿；但那男人忽然用一柄剃刀割断了喉管——自杀了！原因至今不明"（《我的童年》第73页）。四姑就是随着这个男人远走长春谋生，几个子女都在日本人经营的火柴厂当童工。萧军与表兄妹之间来往很多，四姑在长春的家也成了萧军在长春的第二个家。

萧军的五姑"是全家中最被尊敬和近乎骄纵的人。……也是姑母中年岁较大了才出嫁的一个。她自尊、文雅、富于感情，但性情却是执着而倔强。表面并不如四姑那般开朗而泼辣，她动作缓慢、超脱而具有着强烈的艺术美的感性。她善于刺绣、扎花、裁制新式衣装，更可贵的是她那讲故事和背唱整套驴皮影词的天才。因此她在孩子们中间是有权威的，她被爱戴、被尊敬、被亲近……但也被畏惧着。虽然她并不殴打我们，也不用粗鲁的话来咒骂，可是我们全羞耻于她那温和而严正的申斥和说服"（《我的童年》第73—74页）。

弹指算来，萧军的五姑出嫁时大约有二十一二岁了，她和萧军同父异母的姐姐是同一年出嫁的。婆家是朝阳松岭门村耷拉腰子屯的田家，在村中算是一个"中产阶级"，有七八亩良田好地，还雇着一个长工。

五姑的丈夫是田家的长子，因为身体弱，被家中娇惯着，可以不劳动。他读过几年书，常常以"先生"自居。他平日显得文雅、谦恭、敏感，但不深沉，喜欢卖弄一些小聪明，装作有见识有学问的样子。小萧军不喜欢他，长大了也是不喜欢这位"失却了农民那种坚实朴素的气质"的姑父。尽管五姑怎样满意着、夸赞着、尊敬着自己的丈夫。

五姑父的二弟弟在城市里做染匠，每年都有余钱捎回家。家中人口又少，温饱有余。于是五姑的公公婆婆闲得无事，到处朝山拜庙，吃斋念佛，讲仁说义，常常以"善士"、行好积德之人自居而扬扬得意。

五姑未成婚前，有一次因萧军的祖母和萧军的第二位继母邵氏的娘家人发生争吵，五姑一刀把邵氏的母亲给捅了一个血窟窿。这件事传到五姑的婆家，婆家竟提出退婚的要求，说什么："我们可不要娶这样凶恶的媳妇，我们是吃斋念佛忠厚之家呀！"后来经媒人疏通，才勉强同意五姑嫁到他们家去。

成婚后，五姑发现婆婆并不是个什么善人，也没见她做过什么善事。她有时为了表现自己的慈善，人显得很安静，说话细声细语，一脸皮笑肉不笑的样子。当她露出本相时，却张狂而凶狠，连她的笑都显得歹毒扭曲，像是淬了毒的罂粟。这位假善人经常对五姑指桑骂槐说讽刺话，揭她认为的五姑娘家的短处："我们是行善的人家呀！可不敢为非作歹呀！我们可怕那样拿刀动枪的人……可是，无论什么样的人到在我们家里，就得服从我家的规矩……毛驴拴在谁的槽上就得服谁管……"

开始时，五姑忍耐着，给这位佛教徒的婆婆留些尊严。后来她不再忍耐了，她一边做着针线活计一边沉静地回答婆婆说："有什么话？你就明说吧。何必这样指碾子骂磨呢？"

仅这一句话，可就捅了马蜂窝。一场风波爆发了。

这婆婆像一只小乌鸦似的呱啦呱啦地不停地向五姑进攻着："我们也没见过谁家的媳妇还敢管婆婆说话。你到我们家可不能比在你家那样撒野，那样无视法度……一个姑娘家拿刀动枪，抛头露面去杀人……你不能仗着你的弟兄们当马鞑子呀！我们可怕呀！"

"当马鞑子又怎么样呢？！"只听啪的一声，五姑摔下手中的活计，愤怒地反问着。接着又慢条斯理地反驳说："真马鞑子总比假善人好！我见过那样人，嘴里满是大慈大悲，观音菩萨，心眼儿里却全是鬼怪妖魔，长满了刺，长满了钩……利己损人……"这时的五姑就像苍鹰一般勇猛，她的话像刀剑般凌厉、石头般冷硬，真是寥寥数语便撕下了婆婆假善人的头盖。这老太婆哭叫着、闹喊着向儿子告状，逼儿子给自己出气。本来五姑和丈夫两个人夫妻感情很好，可为了做孝子，五姑的丈夫必须狠狠地殴打五姑一顿，这个假善人婆婆才肯罢休。

六、童年的苦难与教育

萧军从幼小就失去了母爱。母亲，这位连张照片都没有留下来的十九岁的美丽少妇，孤零零地长眠在村东北山坡上的荒草中。虽然萧军七个月时起就永远离开了她，但萧军对母亲的渴求是刻骨铭心的。他在《我的童年》中回忆说："我虽然从小就不大相信鬼神，但是每次回家，我也还是要为妈妈烧一次纸钱。……觉得自己在这人间是空旷而孤独的，和谁也没有关联。当我坐在坟边石头上，看着那由急速而渐渐缓慢燃烧着的纸箔，看着那轻轻飘飞去的灰片，我也曾幻想过'阴间'。也曾幻想过妈妈会从坟墓里笑着走出来，领着我回家去，从此，我也和其他的孩子们一样，有'妈妈'可叫了！"（《我的童年》第6页）

"有'妈妈'可叫了"，对于别的孩子来说是很简单、很平常的事情，然而对于萧军来说，却成了终生的奢望和梦想啊！期待着"一双长睫毛的大眼睛"的"妈妈会从坟墓里笑着走出来"的小萧军，哀凄凄地望着、想着，他多么希望真的能够有"阴间"，有鬼魂和神灵，可眼前只有瘦削的荆条和零落的山花，伴着荒凉突兀的山岩和顽石，在凄苦的风中抖动着……使他从小就在心灵深处刻下了现实的严酷，人间的悲凉。

在儿时萧军的观念中，"不独'母亲'这两个字和意义对于我是无关的，'父亲'这两个字和意义对于我更是无关的。我愿意见到任何人，却不愿见到他，不管他对我是偶然的爱抚或亲近，我却永远地恐惧和憎恶他。甚至我一听到他的声音，就像由春天一下子跌进秋天，我要逃跑啊！我不愿见到他！永远也不愿见到他啊！"（《我的童年》第4页）

是呀，父亲刘清廉对于年幼的萧军来说，永远如同清冷的秋天和严酷的冬天。父亲打他，残酷无情地打他。萧军回忆说：每一次的毒打都是相当残酷的，超乎他当时年龄能够承受的程度。一次，父亲顺手操起一根绞车用的绞棍，朝他胳臂上猛打，只一下，就把他的左臂打脱臼了，他大叫一声，疼昏了过去……父亲骂他，绝天绝地地骂他："你若能有出息，哼！是凡人全都有出息了！将来出息好了是个'拔烟袋'①或是'偷油瓶'②的，再不就是预备一根尖尖的棍子，挨门挨户去'捅狗牙'③吧……"《我的童年》第77页）

刘清廉一边骂着一边比画着那"捅狗牙"的动作，把那情景和声音模拟得惟妙惟肖。而且，越是人多的时候，刘清廉越是骂得来劲，他不惜用尽所有伤害孩子自尊的恶毒语言。这几乎成了他自己的一种享乐了。

冷酷的对待和无情的打骂使幼时萧军的自尊心受到极大的伤害。作为一种反逆，他从小就萌生了一种不屈不挠的反抗精神，铸造了一种坚毅果敢的特殊性格。他常常在心中坚定地反驳着父亲，那些话"于我毫无关联"，他觉得自己"即使去当胡子，也决不会去'拔烟袋''偷油瓶'，以至'捅狗牙'。因为我蔑视这种憋憋屈屈小偷的行为，或从侮蔑中讨生活那种乞怜的行为"（《我的童年》第77—78页）。

萧军回忆说："父亲从来对我是没有怜惜的，我在外面和孩子们打架无论吃了怎样的亏，他总是责骂或则殴打我；如果我打了人，他要责骂我不该欺负人；我被别人打了，他又责骂我无能，不是他的种子，没有出息，是'脓包货'！"（《我的童年》第27—28页）

特别是小萧军得知母亲死去的真相后，对父亲的仇恨就急剧膨胀起来了。"你长大干什么呀？""给妈妈报仇啊！""你知道你妈妈是怎样死的吗？""喝大烟死的。"萧军经常这样回答别人的问话，邻人们常常玩笑般地引逗小萧军说这些话。那时候的萧军小小的心灵是痛苦？是悲哀？不知道。"给妈妈报仇啊！"这句话是什么人教给的还是自己琢磨出来的也不知道。但是父亲听到后却长叹着说："这不是我的儿子，这是我将来的敌人、冤家呀！"

一次父亲把他拽到自己面前，锋利的目光残酷地盯着儿子的脸问道："这话是谁教给你的呀？"

"我自己！"小萧军看也不看父亲一眼，别着头想都没想就直截了当地回答了。

"以后再不准这样说。再说，我就打死你这小坏种，你不是我的儿子！"

---

① 拔烟袋：乡间一种小偷的名称。人家正在抽烟，冷不防拔了就跑。烟袋可以卖钱。

② 偷油瓶：也是乡间一种小偷的名称。大车在前面走着，赶车的看不见后面，车油瓶就被偷去了。

③ 捅狗牙：指挨门乞讨，用棍子打咬他的狗。

"父亲真的当众宣布他不喜欢我，他不稀罕我这儿子了。可是我并不为了他这恫吓而改变了自己的主张。"（《我的童年》第3页）

1915年，萧军的家庭发生了重大的变化，父亲在沈家镇上惨淡经营的几家商号一夜之间全都破产了，债主把门市和家里所有的东西抢夺一空。萧军回忆说："大约是八岁那年，初春的夜间，睡得正浓，猛然被一种可怕的争吵声把我惊醒了。这时候满院几乎挤满了人……"

"什么全完了啊！祖父和父亲已经逃跑得无影无踪。债主们除开那房子——因为是租的——而外，最后他们把糊窗子的纸全都揭去了啊！连驴马的粪便，喂猪的槽子，一头母猪带着一群新生的小猪、鹅、箱、柜、瓶、罐、那些彩花的大掸瓶、红漆金花的箱、立柜、围屏、衣镜……死人的棺材……仓库的粮米、缝衣的机器……全部一扫而光。当最后我和祖母走出那院子和铺面时，只有一堆簧火烧剩的残灰……还在那里被风轻轻地吹旋着！从此这里就不再是我的家了。

"我不记得和祖母是怎样最后走出那小镇，也忘了是怎样到了自己村中的家，从此我们怎样生活下去呢？我是完全茫然……只感到自己是从什么云端，被跌落下来了……"（《我的童年》第87页）

这起因于萧军的父亲。他在沈家台镇开设木器作坊，看到别的商号自己出票券使资金周转，他也照葫芦画瓢。但他资金薄弱，票券出得过多，就兑不出现金来了，最终只有破产了。他家一下子从"准小康"坠到困顿之中。

为了躲债，祖父和父亲跑到远方去了，二叔三叔也去吉林当兵了。连继母和婶母也都躲到各自的娘家去了，五姑出嫁了。家里只剩下祖母、四叔和小萧军。他和四叔到往日亲亲热热的亲戚朋友家去借粮食，回来时往往口袋里装着的不是粮食，而是装满了亲朋们嫌恶的表情、用鼻子冷淡的"哼"声和那刺耳的冷嘲热讽……当小萧军对此感到说不出的委屈、羞辱和愤怒时，祖母开导萧军说："傻孩子，你还以为人家真正喜欢你呀！以前那是看你爸爸的面子，现在咱们倒霉了！狗眼看人低，人情薄如纸呀……"从此，萧军再也不理那些亲戚了。

家里实在支撑不下去了，只好把萧军寄养在继母刘邵氏的娘家。刘邵氏的娘家在义州城东北边接近内蒙古一带的叫作"东大荒"的地方，小萧军在这里受到了各种冷遇。

继母的母亲，也就是萧军称其为姥姥的人，人送绰号"邵二寡妇"，家里曾有过钱，丈夫死后，她就大吃大喝把家里的产业渐渐挥霍光了。她对自己的儿女既娇宠又恐惧，对小萧军这个毫不相干的所谓外孙子谈不到什么感情，更不可能护卫他。特别是那两个与萧军年龄相仿的舅舅，他们总是联合起来欺负萧军。每当这时，仅有八岁的、远离亲人的小萧军也懂得寄人篱下要忍耐的道理。可有一次他实在不能忍耐了：那是打柴回来，三个男孩子围着火盆烧豆子吃，两个小舅舅又欺负萧军了。忍无可忍的小萧军就把火盆举起来，连灰带火扣到那个大一点的舅舅的头上去了，然后撒腿跑出门外。

他一手抓了一块石头，一手攥了一根木棒，沿着河滩的大路向西南方向奔跑。此时的小萧军只有一个想法，就是要跑回下碾盘沟的家。他一边跑着，一边回头看着那两个魔鬼似的所谓"舅舅"追上来没有。跑着跑着他犹豫踌躇了：他曾听老人们说过，下碾盘沟离这里足有二三百里的路哇，就这样跑何时能到达呢？况且天要黑了，一种恐惧、空虚、无助感袭上他的心头，眼泪浮上他的眼睛，这个坚强的孩子不只是不让眼泪流下来，而且两条腿也没有停下来，他叮嘱自己：走，必须走！别无选择！绝不能回去忍受那种侮辱和冷淡了！

"小林，你到哪里去呀？"正在这时，小萧军遇上了一位麻脸、高鼻梁的长者，亲热地问着萧军。萧军认识他，是继母刘邵氏的二舅父，按照辈分，萧军该叫他二舅姥爷。平时这位老人很喜欢萧军，却不喜欢自己的亲外甥们，他常骂他的两个亲外甥是狗崽子，只有外孙子萧军才是一头真正的狼，他喜欢这样倔强的孩子、真正的狼。

在这四野茫茫、天色昏暗之时，一个孤零零的八岁的孩子突然遇到了一位关心他的人，小萧军真想大哭一场，哭出自己心中所有的委屈！可是，不能啊！因为这不是自己的真正亲人。于是他拼命克制住自己悲伤的情绪，屏住了泪水回答说："我要回家……"这位二舅姥爷是个善良人，此时此景，他很理解这个倔强可怜的孩子的心理，劝说着、安慰着：你一个小孩子走那么远的路不安全，道上有劫匪不说，还有野兽。天又黑了，你还没有吃饭吧？那就更不能走远路了。用不多久，你家大人就该来了，他们会把你带走的云云。老人家死说活说，终于劝转了小萧军，并把他领到自己家中住了一宿，第二天亲自把萧军送回了刘邵氏的娘家，而且还警告他的两个外甥以后不许欺负萧军，否则就要狠揍他们……

继母的娘家实在是住不下去了，在外漂泊的祖父和父亲只好把萧军带在身边一段时间。萧军的父亲去了长春后，萧军就跟着祖父一起运煤、卖粉条、贩卖私酒。辗转在热河①、内蒙古的哲里木盟（今通辽市）南端一带，过了一段艰苦的流亡生活。

因为有了祖父，他不再感到孤单、无助和刻骨思念祖母，却感到了一种新奇的旅行似的快乐。他骑着驴，东瞅瞅西望望，路边的马兰草，小河边的柳树，树上小鸟叽叽喳喳的叫声，远处的山坡，还有那蓝净的天空中一行行飞鸣着的大雁，都让他感到非常亲切。

路上最让萧军感兴趣的是那些无头无尾、似不绝尽的电线杆子。他看着它们像一条条多脚的蜈蚣按照一定的距离在山野中立着，风吹过时还发出和谐的蚊虫似的嗡嗡声，猜不出它们是什么，做什么用的。于是他便向祖父讨教。对孙子的天真好奇，祖父刘荣这位性格古怪、从不好笑的老人竟然破例地微笑了，并耐心地告诉孙子，那是"电线杆子"，是用来"通信"的。可当孙子问道："信就在那线上跑来跑去吗？"老人家却说不明白了，孙子看到爷爷的样子有点窘，就不再问了。可爷爷却补充说："它每头有一个小匣子，信由这个匣子投进去，从那个匣子就收到了，它比马跑得快，慢慢长大你就懂得了，早先年，递信是用马的。"爷爷的谬答，却使孙子陷入了冥思苦想之中，他揣摩着、注视着电线上是不是有跑着的信，信在电线上跑着时会不会被风吹到地上来，他也想用这个方法给祖母和姑姑寄去一封信哪……这是多么快呀！由于他专注着电线杆子和幻想那寄信的方法，竟然忘了看路，在经过一段小小的横沟时，他竟从驴背上跌落下来，幸亏路边的田地是松软的，没被摔伤。

祖父对萧军比在家里更有耐心了，很少说话的祖父在沿途上还主动给萧军讲塔、城、佛殿等来源的知识，什么"唐修塔，朱（明）修圈（城），大清修佛殿"等等。也不像在家里那样约束孙子了，孙子愿意吃什么就给买什么，愿意吃多少就给买多少，尽管一天不说多少话，但他那温爱之情，却让已越发懂事的小萧军常常从他那无言的抚摸和注视之中感受到了。

记得那是个夏季，一次祖父要到一个住着几千喇嘛和蒙古族人的地方去卖酒，驴背上驮着两只装满酒的很大的油纸做的酒篓，祖父把小萧军放在两个酒篓中间，祖父牵着驴，祖孙两个人顶风冒雨向北，再向北……

那个地方有个很出名的喇嘛庙，坐落在山坳中间，俗名"喇嘛洞"。这里的

---

① 旧省名，辖今河北东北部、辽宁西部及内蒙古赤峰市。

人全都嗜酒如命，可是当地风俗与喇嘛们的清规戒律就是不许喝酒，所以他们都不敢公开喝酒，更不能大张旗鼓地沽酒，卖烧酒的贩子被抓住是要受到处罚的。如果不被抓住这就是个赚钱的生意，祖父是知道了这个信息后，大着胆子冒着风险来这里卖酒的。

而小萧军并不知道这些，他只对喇嘛洞的自然风光很感兴趣，对这里的建筑物，什么佛殿门、琉璃瓦、长带幡，大大小小的白塔——喇嘛坟感到好奇。对喇嘛们的穿戴、蒙古族姑娘们的服饰他都有细致的观察。他最感兴趣是佛殿屋檐角上坠着的许许多多的小铃铛，当微风吹过，一阵阵细碎的金属撞击声是那样悠扬神秘，余音缭绕，在山谷间回响……所有这些真使萧军感到莫名的喜悦和惊奇，让他心驰神往，仿佛置身于韵味无穷的境界，大有驾祥云瑞彩漫游太清的感觉……

然而，小萧军发现，在这神仙般的美好世界里的还有龌龊和不堪，那就是祖父每天晚上都要往要卖的烧酒里掺和上大量的凉水。只见他时而摇头，时而点头，时而还吧嗒着嘴品尝着，然后往酒篓里兑着水……第二天卖给蒙古族人时还做出极为虔诚的样子，模仿着蒙古族人拙笨的汉语，连连地叫卖着："浩舅（好酒）——浩舅！"每当这时，诚实的小萧军脸腾地红了，他急忙把头转向别处，竟不敢看祖父一眼，他为祖父的作假、说假话、欺诈行为羞耻得无地自容。

与鲁迅先生幼年时一样，萧军童年时家庭的破产，使他过早地饱尝了世态炎凉，领悟到了人与人之间那种复杂的关系和人世间的苦难与不幸。面对着残酷的现实，小萧军仿佛一下子长大了许多。萧军后来说："我就是在这样浓烈的气氛影响、鼓励、教导的迷雾里长大起来的！"（《我的童年》第123页）"从此，朦胧中似乎渐渐萌芽了一种决心，就是：不向任何人寻找温爱了。要从这无爱的人间站立起来，用一种冷淡的、蔑视的、残忍的自尊和顽强，搏斗着，忍耐着，在生满着棘刺和蒺藜的生活旷野里——孤独地穿走下去吧！让那搏斗的血迹作为后来者的路标罢！"（《我的童年》第83页）

正是生母的早逝、父亲的冷酷、继母的寡情、家庭的败落，似滴滴苦水灌满他幼小的心田，滋育了他本来就桀骜不驯、爱憎分明的性格，使他过早地体味人生，思索社会。

下碾盘沟的山野生活、人文环境，铸造了萧军思想性格的特质：粗犷、豪放、诚实、刚烈；坚持正义，扶弱抑强；仇恨暴虐者，愿管不平事。同时，也使他能够按照自己的思维定式去思考人生命运:"我必须要出息呀!……有了力量,将不再屈服于任何人,有了翅膀,飞向我所要飞的地方……"(《我的童年》第78页)一颗幼稚的、躁动不安的灵魂徜徉在辽西的崇山峻岭之间。这可能是萧军后来为什么执着地爱上"武学",过上了一段金戈铁马的军旅生涯,以及献身文学以后仍钟情于"武学"的渊源吧!

七、上学、逃学、"知耻"、"偷学"

尽管萧军仇恨父亲,尽管父亲气愤时骂儿子毫无出息,也不稀罕这儿子,可作为父亲的刘清廉还是希望儿子能够成为有用之才。

1913的夏天,萧军六岁的时候,突然有一天父亲决定要儿子上学念书了。只见他蓦然站住,眼神严肃地冷冷地瞅瞅儿子,决定似的对家人宣布说:"圈起他来吧!不管他将来是成葫芦还是瘪葫芦,有出息没有,不要瞎了他的眼……"这个"圈"的意思就是把萧军送进学校关起来读书,让先生把他管起来。于是,当年冬天父亲把萧军送到本村族人设立的一所"私塾馆"读书。这样,六岁的萧军被迫坐到一间阴暗、古井一般的屋子里,刻板地背诵《三字经》《百家姓》。如果不是学东的女儿,家族中大他一两岁的美丽的刘迎春姑姑关心帮助他,他真不知怎么能坐住这冷板凳!萧军回忆说:"如果说先生,我这位迎春姑姑应该算是我的第一个真正的先生,她用'爱'把我引进'知识'的门,她又给了我人性以最高的标志——严肃而仁慈,温和而不屈!"(《我的童年》第21页)

第二年清明刚过,父亲又把萧军送到沈家台镇国民小学读书。萧军离开了下碾盘沟的家,离开了祖母和五姑,和祖父、父亲、继母住到了沈家台镇。

这所学校虽说是洋学堂,却实行旧礼教,教员穿长袍,入学拜孔子。萧军是这所学校里年龄最小的一个,个子自然也是最矮的,他的课桌就在讲桌前边的第一排。教员说话的唾沫星子常常像小雨点似的落到萧军的脸上,当然他的一举一动也都在教员的视线里。萧军感到很不自在,加上出操、站队他也总是全队的尾巴,是老师最容易看到的一个。他开始羡慕那些坐最后一排椅子和出操、站队在中间的那些学生了,他们可以自由淘气呀!

在萧军的同一教室里竟容了三四个年级的学生(复式班),一堂课老师要分别给不同年级的学生授课，萧军自然属于最低年级的。老师教他的课本是商务印书馆出版的国文，可他对"人，手，足，刀，尺"等一年级所学内容不感兴趣，反倒很喜欢听先生为那较高年级学生所讲授的内容：什么"轩辕黄帝""茹毛饮血""钻木取火"啊等等。那教员很喜欢讲说神话故事，还用一条软藤教鞭做着弯弓射箭的姿势，手舞足蹈、绘声绘色地说："站在战车上，黄帝还发明了指南车，不教人迷失方向。因为和他打仗的蚩尤不独浑身刀枪不入，还会放雾哪！雾教人迷失方向……最后黄帝还是把他杀了，才保存下他的子孙！我们就是黄帝的子孙哪！蚩尤就是现在那些欺负我国的外国人……"他还讲了一些"商汤"和"周武"革命的故事，他说："皇帝不好，百姓就应该杀死或赶跑他……我们现在就不要皇帝了，给国家管事的叫大总统……国家叫共和国……"（《我的童年》第23页）

　　这位教员给高年级讲述的这些故事和道理，引起了小萧军很大的兴趣和幻想。他"很想回到上古去，看一看那个世界和那个世界上的人。那么么洪荒，又多么辽阔，那些创造者们是多么神奇，又是多么不可思议的伟大！我幻想着那时期的人的状貌也一定和现在的人不同，那一定是要像庙前旗杆那样高，像关帝庙里泥塑像那般威严，穿戴着金盔金甲，手里拿着竹节钢鞭，青龙偃月刀……整天拉着姿势，瞪着眼睛……因此他就觉得自己周围的人们，太卑琐，渺小，平凡得不足道了，没有颜色也没有声音"（《我的童年》第22—23页）。小萧军深深地感觉到这位先生比私塾馆的先生"老何为"（学生给私塾馆的先生起的绰号）开明多了，也敢讲善讲多了，而且多才多艺，知识渊博，给人感觉他古今中外无所不知。他还教学生历史、地理、图画、体操，同时教学生背诵四书五经，写作文，他主张"读十年洋书不如读一年诗书认字多"，这就使萧军在课堂上一面读"人，手，足"；另一方面还在读"大学"。先生的讲说常常让萧军张开想象的翅膀，要飞出那狭隘得如一只鸟笼子似的教室。

　　学校设在沈家台镇西北山坡上一所破旧的关帝庙里，地势较高，地方很清静。站在学校大门前，不独全镇看得很分明，连西南角上下碾盘沟村前那座金字塔形的大山也能收入眼底，好像一伸脚就能够踏到山上的样子。萧军太熟悉这山了，每一个山头，每一处岩石，每一棵树，和小伙伴们——那些放牛、放羊、放猪、打柴的孩子们全都攀登过。他记得那时从家里偷带着油盐火柴，从河里捉起小鱼，到山崖下用薄石片儿煎得香香的，就着牧童们带去的红红白白甜甜的高粱米干饭，不用筷子，大家完全用手抓着吃。笑着、骂着、抢着、打着……吃完一同到山下的那个小井边去喝水。这水是从半山上那口冬夏不竭的泉水井里溢出的，清甜清冽的山泉水爽口极了。孩子们仿照牲畜的办法用手支地，脖子探下去喝个尽饱，有时还把脑袋在那凉凉的水里浸一下，而后就寻个阴凉地方睡下去……这是多么美好自由的生活呀。

每当想到这里，他眼前就幻化出那山，那水，那些小伙伴，那白斑点似的羊群一齐笑着向他招手，召唤着他的名字呀……他恨不得一步跨过村庄，跨过河流，奔到那山上去呀！

"我为什么要因在这样笼子里念书呢？……老人们也说过，一些有名的将军们不全是没念过书吗？只要大胆，敢杀人，能骑马，放枪，不就是能做将军吗？而且做将军之前必须要做胡匪——胡匪我是见过的，那是我所羡慕的人物。最爱我，我也很爱他的二叔不就是做了胡子吗？——我不愿再因在这笼子里了！我不愿……"（《我的童年》第24页）

有时小萧军久久地伫立在学校大门前，下碾盘沟村和村前那条河虽然不能够完全望到，一条高岗把他的视线阻碍了，但他熟知那位置呀！河北岸正对着山口的地方有他真正的家，祖母和五姑就在那个家。他不愿意住在父亲的现在的家，这个家除开祖父外，他和别人全无关联，和父亲生活在一起，他是被威胁着的。他不愿意生活在没有爱只有威胁的人面前哪！再有一个原因，这里和他一起上学的没有他的堂姑刘迎春，都是些比小萧军大的男孩子，他们欺负萧军。这些大概是萧军想离开学校的原因吧。于是，他开始逃学了，去山里玩耍，到河里摸鱼。当然，这免不了受父亲的一顿顿毒打。

萧军从小性格就很倔强，但他不懦弱；他也非常阳光，从不撒谎玩狡猾，一切事全都喜欢明打明来，敢做敢当。他认准的理儿就坚持到底，他选择的路就坚定不移地走下去，如同老百姓所说的"一条道跑到黑"。对别人许下的承诺，对自己立下的誓言，就一定要达到目的！

有这样一个小故事：萧军十岁这年的夏天，刚刚结束流亡生活，他和祖父回到了下碾盘沟的家。他去南山上割荆条，开始割得很少，用头顶着走进村里，有人就讥笑他说："小心叫老鸹看到，叼去做窝呀……"

吃过晚饭后，祖父检查他一天的劳动成果后就开始责备他："你不嫌害臊吗？割了那么一点柴，还有脸吃饭？"听了这话，眼泪浮上了萧军的眼睛。祖母出面护卫他说："也没见你这人，一逢到孩子吃饭，你就这样吹三找四！一个孩子能割多少柴呢？""你总是姑息他……"一向疼爱萧军的祖父此刻却冷冷地还击祖母说，"都是让你惯坏了的！这不是他做少爷的时候了！人到哪里应该说哪里，如今粮米这样贵，我们不能养活废物。"

祖父这一句"废物"让小萧军感到了莫大的耻辱。他咬着牙，在心里坚定地说：我这废物要有用起来！于是，他拴起一副小担子，联系好了同行的小伙伴，每天当东方露出淡赭、淡白和淡蓝颜色的时候，他和小伙伴就冒着沉沉的雾气和露珠，用镰刀敲着肩上的扁担，唱着学来的各种小曲，穿过凉凉的河水，再爬上山坡，然后奋力地割起柴来。当太阳升起不久，他就像成年人一样像模像样地担回家中一担柴，饭后再去第二次……就这样，他"不独不再弄得只能供一个乌鸦做窝的柴草"，而是足够家用，还有了富余，晒干贮藏起来。这是"知耻"后迸发出来的决心和力量啊！从此，他对割柴的劳动有了浓烈的感情，懂得了劳动创造幸福的伟大意义，还懂得了只有在劳动中，人类才能发展崇高无私的友情。

孔子说："知耻近乎勇。"人贵于知耻，知耻者胜于常人。历史上的越王勾践因虚度享受，沉醉于享乐，导致国破家亡，身败名裂。当他委身为吴王夫差牵马，在众人面前丧尽尊严、丢尽颜面的时候，他的心震颤了，他深感此事是莫大的耻辱。从此他的报复之火在胸中蓄积，卧薪尝胆，每日勤训苦练，在忍耐与耻辱中等待时机。而此时的吴王夫差正如先前的越王勾践，未经历过耻辱，待越王奋起反攻后，吴国迅速灭亡。这真是"苦心人，天不负"，"三千越甲可吞吴"，这是知耻的力量啊！

当外敌入侵，国门被洋枪洋炮打开，一场场"血案"在中华大地上轮番上演，古老的中华民族将近要灭亡，民族的耻辱降临的时候，伟大的文化革命巨匠鲁迅先生，内心深知国耻，他保持清醒的头脑，挥起锐如匕首般的笔杆，在黑暗中呼唤昏睡的国民，他呐喊，一直在奋力地呐喊，直到自己生命的最后一刻。应该说，鲁迅的骨头之所以是最硬的，在于他勇于知耻。我们常说，知耻者能提升自身修行，善于自我反省，洗去污浊，淘去泥秽，净化心灵，而使自身修行、品格、节操不断提升，从而进入更高的人生境界。萧军从少小开始不正是这样一位"知耻"者吗？

为了躲债，为了家里的生活，一天早晨祖父又走了。只见他背上褡裢，拖着一根棍子，消失在一片雾气中，他到外地想法子做生意去了。家里只剩下祖母和萧军，一老一小相依为命。这时仅有十岁的萧军竟像个大人一样，担负起家里的主要农活，上山砍柴，下田除草，披星戴月，吃苦耐劳……如同一只小雄牛一样奋力地和祖母一起支撑着刘家的门户！小萧军常常因自己为家庭付出的艰辛而感到一种说不出的骄傲，同时他开始鄙视粗暴无情、狂傲自尊的父亲在关键时刻的行为了。此时，谁会想到两年前他还是个顽劣、任性、逃学，如同野马般的孩子呢！

就是这时，他打柴回家路过了临近的一家私塾馆，曾经的"逃学鬼"小萧军却被那琅琅的读书声吸引了。他深深地感觉到，一个小孩子能够上学读书，是一件多么幸福光荣的事呀！今天的自己多么想上学呀！和其他孩子一样在教室里读书哇！但有什么办法呢？家里正处于缺柴无米的困窘现状，自己必须到山上砍柴呀。这时他想到了祖父在两年前因他逃学对他说过的话："俗话说：前三十年，看父敬子；后三十年，看子敬父。你要好好念书，过了这村儿，就没这店儿了，再想念书念不成了！"想到这里，小萧军佩服起祖父的英明远见，为自己曾经的逃学行为而感到羞耻，甚至是羞耻到无地自容的程度，同时为自己失去的读书机会深觉哀凉。他痛苦到了极点。

他决定念书了，怎么念？他想到了"偷听"。于是，他每天上山拼命砍柴，砍柴回来他跃上墙头，再爬到私塾馆那平顶房的屋顶上，偷听先生讲课和学生的朗读。私塾馆的学生们在屋里大声念着，萧军在屋顶上小声地跟随着……

终于，私塾先生发现了小萧军的行动，并被他的刻苦学习精神所感动，认为他是可造之才，将来必有大的作为。决定让他正式上学并免去他的学费。这真是天上掉下来的好事！小萧军学习非常勤奋用功，而且记忆力非凡，思索开合能力很强，写字也特别认真。他写的毛笔字横平竖直，挺拔有力，老师非常喜欢他，并称赞他说："从你那字迹中可以看得出来你是个有恒心的孩子。"

先生不但热情鼓励他，也严格要求他。偶尔背错了书，先生也一定要责打他。以前当遭到老师和父亲的责打时他是极其反感、怨恨的，而这次萧军却伤心地哭了，不是因为疼，而是觉得对不起先生，从内心感到负疚的痛苦。

家里实在是太贫困了，尽管能够免费上学，还是读不下去了，他带着难以言状的苦痛，夹着几本书和笔墨砚台，向先生深施一礼，挥泪告别了不愿离去的课堂。再回头时，看见先生站在学校大门前，远远地目送着他，向他招手并大声地喊着："打柴回来，常来玩吧！"多年后，萧军仍然怀念这位恩师。从此，萧军爱上了读书，是读书使他内心富足，让他积淀了深厚的文学功底。

八、故乡的文学启蒙

每个作家都有自己走上文学道路的方式，而萧军更有他的独特之处。萧军能够成为一位海内外闻名的文学家，似乎是一种历史的误会。从第一故乡的自然环境、家族的传统、亲朋的影响、童年时的个人愿望等等诸多方面来看，萧军应该与"文学"无缘。也就是说，十八岁之前，他并不懂得什么是"文学"，相反，他懂得的是"武学"。然而这只是其表，事实上，萧军从小就接触了"文学"，第一故乡——下碾盘沟的童年生活是他走上文学道路的渊源。

萧军在下碾盘沟的十度春秋里，受到了最早的文学启蒙教育。祖母的故事、五姑的驴皮影、四叔的大鼓书等等，使萧军如醉如痴。正是这些优美的民间说唱文学，爱憎分明的历史演义，使萧军从小就受到了中国传统文学的熏陶，培养了他对文学的兴趣，播下了文学的种子，以至影响他几十年文学创作的基调与风格。完全可以说，下碾盘沟是萧军冲向文学殿堂的起点。

祖母是萧军走向文学世界的第一位老师。热情奔放、性格开朗、多才多艺的祖母，不但在性格气质上影响了萧军，而且成为他名副其实的第一位文学启蒙老师。这个最疼爱萧军的老人是讲故事的高手，她嗓子好，阅历多，记忆力惊人。萧军记得：在那繁星满天的夏夜，在凉森森的碾盘石上，或是在那大雪封门的日子，在那暖融融的热炕头上，小萧军像一个老实的小乖孩，安静地躺在祖母的腿上，一双闪着亮光的小眼睛凝视着祖母的脸，出神地听着祖母讲《杨家将》《呼家将》《薛家将》等等历史演义故事。老人家热情洋溢，感情奔放，百讲不厌，小萧军和孩子们更是百听不厌。那悲壮委婉的民间故事，那曲折离奇的历史演义，似乎把萧军带到了千年以前，带到了忠与奸、善与恶搏斗的旋涡。他仿佛看到了杀声震天、黄沙弥漫、旌旗舞动的古战场：顶盔披甲的武士，辚辚滚动的战车，萧萧奔腾的骏马，寒光闪烁的弓、箭、刀、矛，就像那戏台上和驴皮影里那般哪。正是那些大悲大喜、大忠大奸的故事和人物，不知赚足了小萧军多少眼泪。他最喜那些疾恶如仇、不畏强暴，"敢同恶鬼争天下，不向奸佞让寸分"的英雄豪杰、忠臣悍将、绿林好汉、响马侠客。他对杨七郎、呼延庆、薛刚等都寄予了无限的尊敬和同情。祖母那讲不完的故事，拓宽了萧军的艺术视野，丰富了萧军的想象力，使萧军从小就爱上了民间文学艺术，脑子里产生了许多瑰丽的幻想，甚至潜移默化地影响到他的一生。直到耄耋之年，萧军还清楚地记得祖母那绘声绘色、声泪俱下的演讲。此后，我们从萧军的《八月的乡村》《五月的矿山》《过去的年代》中塑造的那些铮铮铁骨、耿耿丹心、具有中华民族传统美德的英雄人物身上，都可以发现传统文学的基因。是古老的历史文化，是第一故乡下碾盘沟的人文环境，培养了萧军淳朴的审美意识。

萧军的第二位文学导师，应该是他的五姑母了。

能使童年时期的萧军敬佩依恋，甚至对他的一生都产生一定影响的人，除祖母和二叔之外，就是五姑了。她自尊、文雅、富于感情而又多才多艺。这个具有强烈艺术美感的女子，如前所述，不但"善于刺绣、扎花、裁制新式衣装，更可贵的是她那讲故事和背唱整套驴皮影词的天才"（《我的童年》第74页）。驴皮影是辽西人民喜爱的民间艺术，童年时代的萧军对此也如醉如痴。

萧军在《我的童年》中是这样写他的五姑母的："每当冬天夜里，在一盏小煤油灯的光照里，孩子们像一群不规则的蛙似的，用着各种姿势趴着、蹲着，或者坐在自己的两腿上，群集在温暖的火炕上。她像一个圣母似的坐在中间。她一面做着手里的针线，一面讲着牛郎和织女的故事。"五姑母能背唱多部皮影戏，什么《双错婚》《阴魂阵》《樊梨花三下寒江》……她对故事中的女主角的英雄行为充满着敬佩之情，对她们的不幸遭遇往往同情得声泪俱下。特别是《双错婚》这部影戏，"五姑是能由头唱到尾的。她就用生、旦、净、末、丑……各式声音唱着……有时还用鼻子哼出胡琴的过门……它们完全使孩子们迷醉着。每次一直到夜深，甚至讲唱到叫起第一遍的鸡声"（《我的童年》第74—75页）。

五姑讲着、唱着，她往往停下了手中的针线活，完全忘记了自己周围还有那么多的孩子在听，整个人完全沉浸在故事的悲欢离合之中，她用自己全部的感情甚至是生命在吟唱，仿佛唱的不是戏中主角的命运，而是自己。童年时的萧军深受其影响，不仅会唱民歌《小放牛》和其他小曲，也学会了唱皮影戏。后来从长春回乡度假，还参加村里的秧歌队，甚至登台演戏。

萧军的第三位文学导师，是会说大鼓书和唱秧歌的四叔。四叔最善于讲

《瓦岗寨》，最会讲秦琼、程咬金、罗成等等志士仁人高举义旗，瓦岗寨上聚义，反对荒淫暴君隋炀帝杨广的故事。这也使萧军迷恋至极，从中学到了不少东西。这些民间说唱艺术确实在一定程度上培养了他对文艺的兴趣以及分辨忠、奸、正、邪的朴素的思想意识，以及后来对他爱国主义思想的形成，都产生了深远的影响。对萧军来说，下碾盘沟不单有他心悦诚服的文学导师，也有他以后进行文学创作的宝贵矿藏。

正如六十多年后，萧军在《我的文学生涯简述》上说的那样：

> 祖母的故事，四叔的鼓儿词，五姑母的皮影戏……这也可算为后来使我走上文学这条道路的启示、动力和艺术形式的渊源的话，我以为这是最早的，最主要和最重要的：启示、动力和艺术形式的学习渊源。尽管那时候是毫无意识和目的地存贮了这些"参考资料"，但它们对于我后来在韵文和散文写作上的影响，内容和形式上的形成是有着深远意义的。（《萧军近作》第293—294页，四川人民出版社，1981。本书所引《萧军近作》皆为此版本，以下只注明书名页码）

如果说萧军还有第四位文学导师的话，就不能不提到他的父亲刘清廉，他对萧军从事文学活动也起到了潜在的作用。诚然，刘清廉只读过三年书，虽然他能写会算，但对文学完全是门外汉，完全不可能对萧军在文学素养上给予什么特殊的培养。他希望儿子长大"成器"，成为什么样的"器"，这是刘清廉没有能力决定的。但父亲的某些偶然的行动，在客观上、无形中给予萧军刻骨铭心的印象，这都是刘清廉在当时根本不可能预料到的。

刘清廉爱唱一部名叫《国事悲——英雄泪》的鼓词。这部鼓词共有八本，前四本名为《国事悲》，是述说波兰被沙皇俄国灭亡的故事；后四本为《英雄泪》，是叙述日本伊藤博文灭亡朝鲜、进而统治朝鲜的罪行，和朝鲜爱国志士安重根在哈尔滨刺死伊藤博文的故事。刘清廉崇拜朝鲜爱国志士安重根，高兴的时候要唱起这段鼓词，不高兴的时候也要唱起它，喝过几盅酒以后更要唱起它。特别是安重根开枪打死伊藤博文和他英勇就义的几个场面的鼓词，他更是百唱不厌，而且感情浓烈，大有如泣如诉、如颂如歌的味道。这不只是在艺术创造上给予萧军某些深远的影响，更为重要的是，在民族主义思想与爱国主义思想的形成方面，给萧军注入了不可忽视的因素。萧军回忆说：尽管我们父子在别的方面，彼此全有隔膜、距离，但在崇拜爱国志士这一点上却默默地统一起来了。

九、感人杰作《我的童年》

萧军《我的童年》封面

童年和故乡是作家的根底，是作家在浮嚣尘世葆有的根底。这根底附着在作家生命的主根上，营养丰饶，意蕴深厚。若没有这样厚实的根底，其笔下的文字必定轻飘得如浮萍，只能游荡于水面。这样，作为天堂和伊甸园的同义语的童年和故乡就愈发弥足珍贵起来。就是说，作家和故乡已经产生了一生也化解不了的血缘关系。追忆中的那抹美好的光亮，会不停地在脑海中闪烁，会在依恋眷顾中动情动容，会随着岁月的流逝日益加重，永远挥之不去……

苏联作家康·帕乌斯托夫斯基说："对生活，对我们周围一切的诗意的理解，是童年时代给我们的最伟大的馈赠。如果一个人在悠长而严肃的岁月中，没有失去这个馈赠，那就是诗人和作家。"

每一个人都有自己的童年，童年的一切构成了最初的生活环境和人生遭际，形成了短短的却是重要的经历。第一故乡作为人的生命的起点，是终生不能忘怀的。虽然童年的故乡故事是永世不能重演的，逝去的亲人是永世不能再见的，一切已永远隔绝于时光大河的彼岸。但是，它却被置藏于人的脑海的最深处，或许当夜深人静时，多情善感的魂魄便要飞翔到童年回忆的彼岸去泛舟，或许登屋顶以放歌，夺天籁而成人籁，遏银汉以争流……第一故乡——下碾盘沟这个人生旅程的第一站，给萧军的一生打下了浓重的底色：爱国、求真、坚忍和果敢。

童年的悲惨与不幸往往会构成一个人对童年的缺失性体验，这种体验对作家的创作影响深远，也更容易转化为强大的创作动力。无论是谁，要想追踪萧军的创作、革命人生的旅迹，对他的童年生活是不能小觑的。那么在本章的最后，我们简要介绍一下萧军的《我的童年》也是必要的。

《我的童年》原名《我的生涯》，1947年5月至1948年7月完成于哈尔滨萧军自己创办的鲁迅文化出版社求真楼上，最开始由自己创办的《文化报》分章刊出……直到1982年才由黑龙江人民出版社出版了单行本。后来由萧军的二女儿萧耘、女婿王建中将萧军逝世前陆续写下的不同时期的生活经历重新整理成册，定名为《人与人间——萧军回忆录》①，由中国文联出版社2006年6月出版发行，《我的童年》作为该书的第一部分，附有《我的童年》初版前记。2008年6月由萧耘、王建中主编，华夏出版社出版的《萧军全集》全文收录《我的童年》于第10卷中。

《我的童年》共13章，约计11万字。它是萧军童年生活的自叙传，它真实地记录了萧军从1907年出生到十周岁，这一阶段辽西锦州一带的山民生活。萧军通过对自己童年生活和多位亲人的人生遭际的描写，揭露了清末民初半殖民地半封建社会的黑暗和腐朽，控诉了封建思想对农民的毒害；宣泄了萧军对真善美的热切向往，对人生理想、对和谐的人际关系的热烈呼唤。同时也对生于斯、长于斯的第一故乡——下碾盘沟村，进行了浓墨重彩的渲染和描绘。那浓酽的乡情和怀旧的哀愁，那对第一故乡的深深眷念，似高山瀑布般倾泻出来。

在艺术上，萧军运用了儿童视角和成人视角交替的方法进行描写。他一方面用儿童纯真无邪的眼光观察描写生活，抒发童年的欢乐和初涉人世的艰难苦痛，使"童年"内涵丰富，生活多彩，酸甜苦辣、喜怒哀乐跃然纸上，而且充满着童趣；另一方面，又以成人的视角评点生活，使笔下的文字含义更深刻、更清晰，更富有思想性和哲理性。

《人与人间——萧军回忆录》
封面

萧军的《我的童年》虽然取材于自己童年的亲身经历，然而它又不是萧军自己早年生活的简

---

① 《人与人间——萧军回忆录》，其中大部分内容已有单行本或散见于报章杂志，有的由于年头久远和其他原因而散失，更有一部分的信件和日记等则是读者第一次见到。

单再现。他用大量翔实的材料，真实地描写了自己的成长过程和他的所见、所闻、所想、所感，又运用典型化的手法，努力挖掘生活中具有典型意义的材料，并对其提炼加工，从而强烈地反映了生活的本真。读后，让人感觉不到童年的萧军是一个单纯的个人，《我的童年》不独是萧军个人的童年，而是那个时代、那类人的童年，萧军只是其中的一个典型代表而已。

萧军在《我的童年》初版前记中说："每个人全有他们的童年，每个人在生活中全有着自己的悲、欢、离、合，幸与不幸……因此每个人把自己的历史认真地写出来，全可能会成为一部感人的'杰作'！——我是这样认为的。"萧军的《我的童年》就是一部名副其实的感人的杰作！

是呀，十周岁之前，萧军完全是在辽西的山野中生活的，对辽西特别是下碾盘沟的自然风光、风土习俗有着特殊的兴趣和敏感，对劳动和劳动人民产生了浓烈的感情。他是大自然的儿子、劳动人民的儿子，他把自己已完全融汇在大自然和劳动人民之中了。从他成为作家以后创作的许多作品中，我们闻到了浓郁的乡土气息，看到了下碾盘沟——第一故乡给予他的深远影响！就这样：

下碾盘沟里蹦出了一个"石头疙瘩"，一个摧不垮、打不烂的"石头疙瘩"！

下碾盘沟里诞生了一位文学之子、正义之子、东方之子！一个于中国抗日战争文学乃至世界武装反法西斯战争文学都有重要贡献的闻名海内外的作家！

萧军就是从下碾盘沟这里开始认识社会，走向人生，迎接战斗的风雨……

下碾盘沟——萧军的第一故乡！

第二章　长春城里的励志少年

一、去长春

萧军在第一故乡下碾盘沟村度过了苦难的童年时期。十个春秋过去了，他的人生开始了一个新的阶段。

1917年那个大雪纷飞的深冬，那个云屯雾集、飞雪漫漫的早晨。锦州火车站，简陋、昏暗的候车室内，拥挤不堪，人声鼎沸，人挨着人，人挤着人。手提的、肩扛的、破旧凌乱的行李、包裹夹杂在人群中。摩肩接踵的男男女女，老老少少，不断向前挪动着，向检票口涌流着。放眼望去黑压压的看不到边际，四处都是人哪！毫无秩序的候车的人们，发出的叫声、骂声、哭声，让候车室乱作一团……

就在这拥挤不堪的人群中，瘦削的小萧军，穿着新缝制的染着黑色家织布的、厚厚的棉袄棉裤，显得圆鼓鼓的，原本头上已经小了的绒猴帽显得更小了。他腰间系着条布带子，一个用麻绳打成十字花的方方正正的麻花布的小行李，双挎在他的后背。矮小的身躯被挤在人群之中，使他呼吸困难，时刻都有被别人踩在脚下的感觉。但他不哭不喊，因为他知道这毫无用处。为了不被踩倒，所以也拼了小命儿往前挤。挤到了检票口，就像入了瓶颈一样，他几次从瓶颈中被挤出来，又费九牛二虎之力挤进去……出了瓶颈又随着人潮往火车车门的方向挤。他被大人们推推搡搡，挤来挤去，往哪里走似乎完全不能自主了。这时，一个喘着粗气、满脸是汗的高大男子不顾一切地拉住了小萧军，然后便紧紧地拽着他往前挤着，还一边招呼着紧跟着他的两位女眷，他大喊着："拉住孩子！拉住孩子！千万别松手！千万别松手哇！"

好不容易挤上了那绿皮的大火车，小萧军才松了口气。紧接着，那个中年男子把小萧军推按到紧靠车窗的木板条制作的火车座席上，麻利地把几个人所带的行李、包裹一件件放在行李架上。然后擦擦汗，紧挨着小萧军坐下了。坐在对面的是与这个男人一同前往的两个中年妇女，是下碾盘沟村中一家杨姓大户人家的两个媳妇，她们是姐娌俩，一人带着一个孩子，也由这个中年男子护送她们到黑龙江的什么地方去，是为了与当军官或者什么职务的丈夫去团聚的。

"小林，怎么又哭啦？"这个男子是萧军的同乡，就是他带回了因为躲债到了长春的萧军父亲给萧军祖父的信，信上说要把萧军接到千里之外的长春城去读书，并拜托这位老乡亲自把小萧军带去。

一听说小萧军要被他父亲接走了，祖母、五姑和姐姐，她们就像发生了什么大不幸，都不舍得让萧军走，为小萧军的远行哭了又哭。她们不放心萧军父亲的脾气，怕小萧军被他虐待了，又不知何年何月才能相见。长春城距下碾盘沟有一千多里路，在那时的人们看起来是一种可怕的远方，真犹如天涯海角、阴阳隔世一般。她们不愿放萧军走，萧军也更不愿意离开她们哪！于是小萧军也和祖母、五姑和姐姐她们一样哭了又哭……

终于祖父说话了："你们哭什么哭？也不是见不着面了！孩子还可以回来，你们也可以去嘛！孩子出去闯闯，总是好事呀！那里有他的亲爸爸，别看平时打他骂他，那是为他好！常言道：'虎毒还不食子'呢！"

这位平时不善言辞的老人为家人们一遍遍解说着，同时和祖母争吵着，纠正她的时时矛盾的心理："你能跟他一辈子吗？孩子永远闭在这山里会有什么出息呢？顶多出息一个无浪游。你总是像一只破老母鸡似的护着每个崽。连你自个儿①亲生自养的如今有几个在你身边呢？又何况这隔一代的人……只要他们翅膀一硬了，就应该让他们去飞吧……飞得越远，飞得越高越好……"

"你这老东西……我是说不让他们去飞吗？你总是用你那大道理编派我……我是不让他们飞吗？我……"祖母一边抹着眼泪一边辩解着，当祖母辩驳不过祖父时，她就要咒骂，就要流泪……

其实，祖母知道孙子留在家里，困在这偏僻、荒凉、贫困的碾盘沟里不

---

① 自个儿：辽西方言，自己的意思。"个"音 gě。

会有什么大的前途，她比任何人都盼着自己这宝贝孙子出息呀！那她为什么最不愿意小萧军去长春城他父亲那里呢？因为，孙子七个月就没有了亲娘，是她一手拉扯大的呀！只有她才是孙子的真正亲人。她不信任自己的儿子会对孙子怎么好，她说她的儿子脾气没正形，孙子性格又倔得像头小牛，她不甘心把自己的孙子送到她所看不见的地方去受凌虐。只有她才是孙子的真正保护神哪……

"呼哧——呼哧——"火车头愤怒地喷吐着发亮的火星，沉重地喘着粗气，然后"呜——"的一声长鸣，咔嚓咔嚓、咣当咣当，车轮碾轧着铁轨，一边叫一边吐着黑烟，驶出了锦州站。

列车像一条腾云驾雾的绿铁龙，拖着十几节车厢，哐当哐当地穿行在松辽平原上。小萧军的内心陷入了迷茫。他不知道长春城在哪里，父亲的家是什么

喷吐着浓烟的老火车奔驰在白雪皑皑的松辽大平原上

样，以后的路该怎么走，什么时候还能回下碾盘沟……他想念祖母，想念祖父，想念姑姑，想念姐姐，想念下碾盘沟一起砍柴、玩耍的小朋友们，想念家乡的一切一切，却感觉再也回不来了……

这个执拗的孩子麻利地解下了腰间的布带，摘下了头上的绒猴帽，然后绾巴绾巴①成一个团儿抱在怀里，两条腿提到座席上，整个身子蜷缩在座席和车窗相连的角落里，那双早已经哭得红肿的眼睛，时而紧闭，任着泪水流淌；时而微睁，泪眼迷蒙地望着窗外。那隐晦的天空，飞舞着的雪花，予以他的只有痛，一种流浪、无助、孤独的感觉袭上心头……他心中犹如五味瓶翻倒，酸、甜、苦、辣、涩一起涌出来——祖母和姑母、姐姐挑灯为他缝制棉衣的情景浮现在他的眼前……

"厚点絮着吧！多絮点新棉花，那个地方冷啊！"祖母对一边穿针引线做棉衣、絮棉花，一边对流泪的五姑和姐姐说。

"我可怜的小林！离开了奶奶，可谁疼你呀？""好孩子，学乖一点吧！不要

---

① 绾巴：方言，缠绕的意思。"巴"音 ba，读轻声。

像你小时候那样，动不动就去卧冰①、不吃饭。不要和城里的孩子打架，大地方的孩子小地方的狗——凶着呢！奶奶已经是六十多岁的人，还能活几年哪！"祖母的这些话不知叨叨了多少遍，每说一次，就呜呜咽咽地哭一次……

临行时，在远离家门的山岗上，祖母还依依不舍地扭动着她的小脚儿送着、送着。她一路上抽泣着，用她那宽大的袄袖子不时地揩抹着脸上的泪水，嘴里继续地、反复地、呜呜咽咽地、气喘吁吁地叮咛着："小林哪！好孩子！听奶奶的话！千万不要和你那倔驴爸顶嘴呀！他脾气不好，再打你，你身边没有一个'护身皮'了！好孩子，听奶奶的话……"祖母那如泣如诉的叮咛一遍遍在耳边响起，那曾经的每一个人，每一件事，就这样从脑子里一路铺满了铁轨……

"小林，吃点东西吧！"萧军对面坐着的女人拿出煮鸡蛋、面包之类的食物，亲热地让小萧军吃。又说："吃饱了，和弟弟、妹妹玩一玩吧！"这柔柔地关心的话语，使小萧军心里似乎有些暖意，于是他擦了擦溢出的泪水，睁开了眼睛，礼貌地向说话的女人点点头以示感谢。

说话的女人是与萧军同村的杨家的一个媳妇，看面相三十岁左右，一张蛋形的脸幅，前额饱满，直鼻细目，唇角红润，脸色洁白，配上一双天然的细而长的黑眉毛，浓黑的头发盘了一个蜗牛似的大发髻，斜插着一支镶有一颗红色大珊瑚的挖耳簪，饱满的小耳朵的下垂上，挂着两片蕉叶形绿色的翠耳坠，身上穿一件暗蓝色的很合体的布面羊皮袄，整个人给小萧军的感觉就像他见过的画上的古典美人一般。

小萧军凝视着这位关心自己的女人，心里想："这是我的妈妈该多好哇！"他又羡慕地看看与自己同行的、都有自己亲妈的那两个孩子，然后他"哎——"的一声，长长地叹了一口气。

那是一个男孩、一个女孩，看上去比萧军都稍小一两岁，他们主动地来拉萧军的手："小哥哥，你吃呀！吃饱了咱们玩玩好吗?"小萧军实在躲不过了，只好胡乱地吃了一些东西，然后和他俩玩起了竞、抗、嘿（竞老头）："包子、剪子、锤"。他还不时地给小弟弟、小妹妹一些关照……

列车就像战马似的轰隆轰隆往前奔驰着。车头喷吐着浓烟，连声吼叫着。铁路两旁一棵棵挂满雾凇的树木，一片片积雪的田野，一个个萧索的村庄，一

---

① 卧冰：萧军四五岁时穿着活裆裤，径自坐到院子里的冰堆上，以反抗大人们对他的责骂和惩罚。

排排地向后掠去了……

火车呀，你百轮为足，行处震地，声赛狮吼，其力十万钧，日行千余里，你带走了小萧军这个刚满十岁孩子的全部爱恋，却没能带走他丝毫的痛苦、他的思念……

时间的沙漏，从指间悄然流逝，难熬的白天就这样过去了。火车向暗夜中的远方冲去，车厢内的人们都东倒西歪地睡了，几天未睡好觉的小萧军此刻也沉沉地睡了。睡梦中梦见奶奶流着泪水，用她那双粗糙的大手轻轻地摸着他的头，摸着他的脸，嘴里叨叨着："睡吧，睡吧，我可怜的孩子！我可怜的孩子！鸡要叫了，天快亮了，醒来后不要再淌眼泪想念奶奶了，欢气儿（萧军乳名）啊你要欢气儿啊……"

此情此景，正如萧军晚年对离别故乡情景回忆中写的那样：

> 那是寒冷的冬天，
>
> 一路上只有白雪漫漫！
>
> 我坐在陌生的火车上，
>
> ——小小的心灵冻结了！
>
> 一个车站，一个车站……过去了，
>
> 我那故乡再也望不见了！
>
> 只有临别时祖母那唤我乳名的声音，
>
> 和亲人们流着泪的眼睛……
>
> 它们总是在我的心头盘绕！……

（《人与人间——萧军回忆录》第107页，中国文联出版社，2006。本书所引《人与人间——萧军回忆录》皆为此版本，以下只注明书名页码）

列车冲破了无边的黑暗，迎来了又一天的黎明，火车头喘着粗气，像一头疲惫不堪的老牛停下了，经过一天一夜的运行，长春城到了。

二、寂寞的新家

萧军就像一件被捎带的货物似的随着乡人来到了长春城。下车后，乡人为

萧军与祖父、父亲在长春的合影　1918年

了把小萧军交给收货人——萧军的父亲，只好在车站附近找了一家旅馆，六个人先安顿下来，然后他进城到事先预定的地点去找萧军的父亲刘清廉来接儿子。

雪还在稀稀落落地下着，上午八九点钟，乡人领着刘清廉来到他们下榻的旅馆。刘清廉就像对待陌生人一样，似乎根本就没有注意到儿子的到来。他一边扑落着帽子和身上的落雪，跺蹬着毡鞋上的积雪，一边热情地向与乡人一道儿前来的女人们问候着。

此时的小萧军正偎依在一处床角边，看见父亲的一刹那，他的心脏跳动倏然加快，面颊也腾地涨红，羞涩、恐惧、心酸一齐涌上心头，以至要流出眼泪。疼他爱他的人一个都不在身边，他最不想见到的人却就在眼前。他百感交集，却唯一没有"欢乐"之感，他多想立即逃出这间屋子呀！

"小林，你的亲人来了。为什么还不过去给爸爸行礼呀？"还是那位热心的、一路上关心过他的"母亲"，她一边笑着一边拍着萧军的肩头说。

"这是个没出息的货！什么规矩礼法都不懂，只配蹲在山沟里永远地去放猪！"刘清廉的脸色忽然阴冷下来，严厉地望了儿子一眼继续冷冷地说："您不用管他，这是个天生的拗种子！……"

"您不要不知足哇！小林是多么听话的孩子呀！一路上谁也没为他操过心，像个小大人似的，什么好歹全懂得，他会成为一条龙的呀！你等着瞧吧！"女人喋喋不休地继续称赞着。

此时刘清廉竟没有了言语，只是用鼻子哼哼。

后来萧军在回忆录中说："我知道父亲的习惯，越是在别人的面前，越是要毫不怜惜地、近于不严肃而又刻薄地讥讽我，使人无地自容。他也许真正如此估价我，也许是出于善意的'恨铁不成钢'，故意如此说，以期从别人的口中取得对于我的称赞，以满足他的某种虚荣心。……在我那样的年纪是无法理解这种曲折的心理的，蓦然把一颗想要亲近他的心，由羞怯而悲伤地寒冷下来了，

终于变成了憎恨。"（《人与人间——萧军回忆录》第108页）

　　刘清廉找来一辆元宝形的带有黑皮遮篷的四轮马车，在旅馆大门前停下了。小萧军自己提起了那件带来的小行李，向同行的各位道别。这时一种莫名的酸楚感袭上心头，特别是对那位一路关心过他的"母亲"以及两个孩子，小萧军有些依依不舍了，她们与萧军似乎也有同感，尽管没说什么道别的话，但萧军看见那小女孩流着眼泪依偎在妈妈身边望着他……

　　马车艰难地行走在开阔、辽远、铺满积雪的大马路上，萧军缩坐在车厢的一角，父亲则坐在另一边，父子俩的中间放着萧军带来的小行李。父亲脸色阴冷地沉默着，儿子的脸色也阴冷地沉默着，谁都不看谁一眼……

　　马车"奔跑"着，雪片飞旋着，那雪片随着风吹进车厢，打在萧军的脸上，落进他的衣服领子里，他感到一阵阵凉森森的，不舒服，脸颊犹如被一把锋利的小刀在一片片地划割，鼻水也流进嘴里来，两只脚冻得由疼痛到麻木，近乎失去了知觉……但这些小萧军全不在意，他的两只眼睛毫不眨动地看着车厢外的一切：大马路足有十几丈宽哪，中间还有些突起，这是他在乡间从未看见过的，"……大小参差高低不一的各式各样的楼房，高耸的烟囱，一行行的街树，两侧人行道上来往的行人，偶尔飞驰去、来的一辆辆汽车、人力车……"（《人与人间——萧军回忆录》第109页）它们对于萧军来说全是新奇而陌生的呀！特别是，萧军和爷爷一起逃亡时看见的义县城外山坡上和田野中的电线杆子，想不到在长春城的大街上竟有那么多，它们在大街的两侧成排成队地高耸着，有的在接近顶端处还撑出一条条细细的黑色的曲棍，棍端下面还垂悬着一只只类于灯笼花形的有伞盖儿的路灯……看着这一切，萧军心想，在这样的大路上，坐着这样的马车，即使一直不停地跑向天边去，他也愿意呀。

　　驾车的是两匹马，由于天气太冷，路又不好走，马的鼻孔中喷爆着大量的白汽，马身上的汗水在肚皮下结成了一串串的冰溜子穗，当马奔跑时，这些冰溜子穗就轻轻地响出细碎的、近于金属相撞的声音……

　　萧军看着听着又遐想着：新家是什么样子呢？也许祖母和亲人们此刻正在这个家里等着我吧！快！快！让我暖和暖和吧！像在下碾盘沟那温热的火炕上那般，让我吃一顿可口的、热热的羊肉片粉汤吧！然后摸着自己滚圆的肚皮，在祖母、祖父的身边任意地滚来滚去……

　　马车的速度忽然缓慢下来了，这时萧军才注意到眼前的景物也都忽然改变了，街道比刚开始走过的大马路要窄三分之一，形成了一段缓缓的斜上的上坡路；整齐的街树不见了，偶尔可见几株根苗细的小树挂着秃秃的枯树枝；路两侧的建筑物没有了高大的、城堡似的、有着若干层窗户的楼房了，取而代之的是参差、错落、低矮，而且都陈旧得一律变成了灰色的铺面房。这些建筑物的某些门额上或随便什么地方悬挂着一些长长短短、大大小小的长方形招牌，什么"吉祥客店""万金发""福厚长杂货店""天源当""永利钱庄"等等。对于这些招牌，小萧军倒是一点也不陌生，他在故乡沈家台镇、义县城、锦州城的大街上都见过，样子大致相同。

由于路面不平，车子不仅颠簸得厉害，还往往几辆车拥挤到一起，车夫们就各自在自己的车上站立起来，一面抽打着自己那无辜的马匹，一面彼此大骂着……对于这类人与人相骂的事萧军并不感到稀奇陌生，这在乡村也是经常有的，而且比起这些马车夫们骂得还要俏皮，还要多样化……这使当时的小萧军认为：打架骂人是世界上任何地方全应该有的；每个人似乎也应该懂得骂人和打架。"就是说，当他们被侮辱与损害或冤屈到难以忍受的时候……除开打和骂，似乎是再没有更合适的、恰当的语言或动作，能够充分地把这时这种高涨的、强烈的感情表达出来了……"（《人与人间——萧军回忆录》第110页）

马车继续走着，究竟是朝着哪个方向走，坐在车上的小萧军是完全无知的，他只感觉到，有时向左，有时向右，忽而大街，忽而小巷……最后到了一排一间间并列的低矮灰色的小房子前边，随着父亲的手指，那马车在钉有一段突出木板围墙的小房子前面，终于缓缓地停了下来。

"到家了！"听到父亲的一声喊，小萧军拿起自己带来的小行李麻利地跳下了马车，跺了跺冻得麻木的双脚，一瘸一歪地、怯生生地随着父亲走进了长春的新家。

父亲刘清廉在家乡沈家台镇经营的商号破产后，为了躲债离开家，在外面转来转去，找不到一个安定的工作。后来听人说长春日本租界的南满铁路的终点头道沟正在大兴土木扩建工程，一幢幢大大小小的楼房不断地建起，于是刘清廉就来到了长春，改行做了玻璃匠人，专门为那些建筑物镶嵌门窗的玻璃。刚刚积攒了几个钱，就托乡人把儿子带到自己身边来，目的是让儿子继续读书，成为他所希望那样的有用人才。

刘清廉的这个新家，木制的小屋一丈见方，门窗向西北方向开着，不仅窄小而且寒气逼人。屋里除了有一套被褥，还有一点简单的餐具。每天早早地吃完饭后，刘清廉就要外出找活做，他担起两只扁木箱，木箱里装着大块小块的玻璃，还有一只铁皮箱，装着弥补玻璃和窗框、门框槽口之间的泥子和几把小铁铲儿，以及小铁钉、马口铁剪成的三角小铁片，等等。出门前他总是反复地查看一番那全长只有五六寸，半月形扁圆铜脑袋，上面嵌有一粒小金刚钻的玻璃刀。他总是拿着这玻璃刀，一边前后翻转着看，还一边要深深地带有某种感慨似的叹一口气，然后才珍重地把玻璃刀揣在怀里。大概是感慨这把玻璃刀是他破产之后唯一带在身边的财产，现在成了他唯一谋生的工具吧。小萧军默默地细心地观察着父亲所做的一切，然后听着父亲在临行前用着不容商量的口气冷冷地说："记住！不许出去！好好看家！"

刘清廉一出去就是一整天，他到当时属于日本租界的头道沟那个地方找活干，往返就要有二十来里的路程，再加上在那一带走街串巷，每天总要行走三十多里路。为了能多赚几个钱，他要到天黑的时候才能回来。父亲走后，萧军只有在这一丈见方的小木板房里一分钟一分钟地等待着。虽然和父亲没有怎么亲近，甚至是讨厌他，但毕竟在这个偌大的城市里父亲是他唯一熟知的人哪！

"我呆呆地坐在炕沿边，犹如冬天的寒夜，独自坐在无人的旷野里，我感到孤独、无助、凄凉而绝望了！一抹泪水轻轻地浮上了眼睛，我却没有使他流下来。"（《人与人间——萧军回忆录》第115页）

有时他也到屋门口站站，上下左右、东南西北地张张望望，映入他眼帘的是那银灰色天宇下的灰色的板障、灰色的墙壁、灰色的来往行人的脸，甚至连地上的积雪似乎也呈现出恼人的灰色。没有什么可以引起萧军兴致的，他慵懒无聊地靠在板障上，不知道该往哪里看，又不能远走。一是父亲有令，不准离开屋子；二是自己没有合适的帽子，没有棉鞋，在家乡穿来的一身衣服难以抵御这冰雪之城的寒冷；三是初来乍到，他对长春城太陌生了，这个家所处什么位置他一概不知，况且身上分文皆无……

孤零零的小萧军就像一个小囚犯一样只能待在家里，他的整个思维都禁锢在思念里：他想念远在千里以外的故乡，那村庄、那树木、那群山、那河流；想念和他一起放猪、砍柴、烤鱼吃的小伙伴；想念关帝庙中最善于讲神话故事的教员和那个免费让他上学的私塾先生；想念他的亲人，特别是祖母、五姑和姐姐，她们呜咽着、痛苦着为他送行……那些不该想起来的人和事他也都想起来了，什么"老何为"（第一位私塾先生）、"红眼边"（萧军的姨父姥爷）、"阴天乐"（一个曾经欺负过萧军的野孩子）、"褚胖子"（糕点店的老板，父亲在家乡的朋友）等等……他真想一下子飞回到下碾盘沟去，再也不回来了……他羡慕家乡的小伙伴们，永远也不离开自己的山庄、自己的亲人，他们是多么的幸福哇！

他有时面对着墙壁叨念着，有时跑到小板房门前附近的高岗上，面向西方呼喊着："奶奶呀！奶奶呀！你快来把我领回去吧！我要回家！我要回家！我要回家呀！……"小萧军病了，而且病得很沉重，他吃不好，睡不稳，只要一闭上眼睛，就是下碾盘沟的一切情景，就是奶奶和亲人们在他身边晃来晃去，他常常在梦中呼唤着："奶奶——奶奶——"一直到自己哭醒或是父亲把他唤醒，大概这是一种怀乡病吧。

不长时间，小萧军自己想通了："我不能这样下去，我既然回不了下碾盘沟，就要开始适应、寻找新的生活。我要有出息呀！"萧军——这个从辽西山野里滚爬出来的石头疙瘩，终于从怀乡病的痛苦中自己挣扎着解脱出来了。思乡的痛苦反而使他成长，痛苦成为他走向成熟的一次升华，一次精神的洗礼。

三、丑恶的大都会

不甘寂寞孤独的小萧军，走出了"囚禁"他的小屋子，他开始注意到邻居家的一个小男孩：这个小男孩学名刘玉田，小名仲儿。他们家是几个月前才由直隶省（现河北省）乐亭县搬到长春城的。他的父亲以贩卖古董为生，在城内一处大街旁摆着一处古董摊子。不到四十岁的人，就已经秃头了，眼睛很大，脸上有些麻斑，是出"天花"留下的疤痕。他身材高大、健壮，但性情却很古怪，一张脸时常阴沉着，很少说闲话……而他的妻子性情竟和他截然相反，这是个爱说、爱笑，有一副热心肠的女人。

刘仲儿无论是长相还是性情都和母亲相似，活泼、顽皮，喜欢多言。一次偶然的机会，萧军在家门口和仲儿碰面后就开始了交往。刘仲儿虽然比萧军早到长春没多长时间，而且还小萧军一岁，但他给萧军的感觉是见多识广、阅历丰富，"猴精猴精"的，像个"万事通"。长春城的事情他什么全明白，比如：

街道叫什么名字，戏院在哪儿，怎样去看不买票的戏呀……学校有哪些，坐落在什么地方，都叫什么名字，他的老师绰号叫啥，等等。特别是萧军问他们现在这个家坐落在什么方位时，仲儿俨然一副大人模样，用手指点着萧军的头教训说："你可真是个傻瓜！怎么连自己住的地方全都不知道哇！告诉你：我们这里叫商埠地、新市场，在四马路的西头。在大街上你要走丢了，就去问警察……"

他们认识的第一天，刘仲儿就把门前不远处的一所红砖铁瓦、长方形的大房子介绍给萧军说："这是个大茶馆，一到天气暖和了茶馆的老板就开门了。里面卖茶、卖瓜子、卖糖果。还有说鼓书、唱小调的姑娘们。她们要钱，还坐在听唱的男人们的腿上要咧！若不，他们就不给钱！……有时候也打起架来，飞茶盅咧！……"

趁着一次星期天父亲仍去头道沟做生意的机会，刘仲儿热情地约萧军到街上去逛逛。萧军怕父亲回来发现他不在家，不仅要骂他，甚至……故有些为难地说："爸爸不准我离开这个家。"

"傻瓜！他要到天黑才回来哪，我们出去跑一圈儿怕什么？他知道了就说我带你去的，你怕他，我不怕他！"的确，他可不像小萧军，父亲的威严对于刘仲儿来说压根是不存在的，因为他是受父母娇惯长大起来的。他不仅常常可以愚弄、嘲笑他的母亲，还可以在父亲面前顽皮，他想做什么都可以。他是个完全自由、幸福的孩子呀！他对自己的父亲都不惧怕，怎么能怕别人的父亲呢？对此，小萧军为之惊叹、羡慕不已。

天晴了，太阳出来了，但还是很冷。地上的积雪已经被车辆、行人踩踏得很结实，竟如水结成了冰，很滑很滑。小萧军穿着一双家做的硬底夹鞋，随着刘仲儿跑着、跳着、笑着、叫着，这是他来长春城第一次像小鸟一样飞出了牢笼，尽管一路上的冰雪让他跌了几次跤，也未能减少他丝毫的兴致。

刘仲儿带小萧军先来到他父亲的古董摊参观：摊子在城内一处大街边，一块偌大的深绿色的毯子摊在水泥地上，毯子上除了摆有一些明光闪亮的古式的铜香炉，各种形状、大小不一、五颜六色的瓷瓶、瓷碗、鼻烟壶外……还有各种颜色的石耳环，以及一些精巧可爱的小东西，萧军虽然既叫不上它们的名字更不知道它们的用途，但他猜想一定是近于珍贵的东西吧。

然后，刘仲儿又带他在"家"的周边进行了"巡查"。刘仲儿像个导游似的，一边走一边给萧军讲解，让萧军知道了他的新家就在"新市场"的中心位置，而"新市场"位于长春城的北郊，是属于商埠地区的。"新市场"建造的时间不算太长，占地面积约有一市里见方，四面安置着四座高大的涂抹成淡蓝色的木栏门，门额上墨书着"新市场"三个非常醒目的大字。场中的房屋全是一间间串联在一起的，一组一组的，一组组之间又排列得很整齐……这些房子，大部分是用木材建立起来的，看上去就像小孩子玩的积木，低矮、呆板、单调，颜色一律是暗灰的。

"住在这一区域的居民，大部分是小贩、手工业工人，再就是当时以骗人为生的卖卜者、卖假药的，以及某些职业可疑的人。"（《人与人间——萧军回忆录》第113页）萧军后来回忆说：这大概是长春城这个大都会的底层吧！是生活在苦难中的一族吧？这些从各地涌来的三教九流、五行八作的下层人民，在这里挣扎着、倾轧着，展示着自己的求生本能，从中也反照出旧中国病态社会的全貌。

在靠近新市场的北门，有一所剧院，剧场里大约可以容纳四五百人看演出，刘仲儿告诉萧军说：到旧历年时这里有唱戏的，什么大口落子（评戏的前身）、二人转之类。在演出前剧院不卖票，而是当场临时收钱，小孩子们可以转来转去，灵活乱窜，躲开剧院"看座人"的搜索，这样就可以免费看戏了。

接下来刘仲儿带着小萧军来到剧院附近一排排带有走廊的长房子里游览，在进口处，刘仲儿忽然站住，两眼闪亮，有点诡秘地问萧军："你知道这是什么地方吗？"

"不知道。"小萧军摇摇头。

"傻瓜！——这是窑子呀！"

"窑子是干什么的？"萧军直愣愣地问刘仲儿。

"连窑子是干什么的你全不知道？！"

萧军还是摇了摇头。

"窑子嘛，就是里边有好些窑姐咧！"

"什么叫'窑姐'？"萧军继续问着。

"就是和男人睡觉挣钱的女人哪！"

"走，我们到里边看看！"刘仲儿一边说着一边拉着萧军往院子里进。

"我不进去!"虽然当时小萧军不懂得"窑子""窑姐"是干什么的,在下碾盘沟从来没听说过,但从刘仲儿的表情上,让他似乎觉得这不是什么好地方,他的心突然紧缩着,感到一种莫名的恐惧让他止步不前了。

"傻瓜!我们是小孩子,窑姐们不会留住我们。看看也不要钱,从这边门进去,从那头门出去,我们就回家了。"

刘仲儿不容分说,一把拖起萧军,一步就踏进了这条黑暗的、狭窄的弄道里边来。一股闻所未闻的刺鼻的气味立即扑面而来,使萧军几乎要呕吐,他两眼眩晕,犹如落进一条可怕的地下坑道,整个人几乎要跌倒下来。刘仲儿拖着萧军继续往前走,萧军看到了:

在那条阴暗的弄堂内的一面,并排着许多小得如狗窠一般大的小房间,每一个狗窠里有着一个鬼怪似的女人。她们有的呆坐在那里,有的倚立在门边,她们的脸色惨白得让人害怕!再加上那描得黑黑长长的弯眉毛,红红的嘴唇,毫无表情的眼睛,五颜六色、奇形怪状的着装,简直是不人不鬼的……使小萧军联想起在乡村死人出殡时那些纸扎人的样子。对此,萧军既嫌恶又恐惧。

在另一边,他又看到几个打扮得不伦不类的男人,正在和几个这样的女人打打闹闹,拉拉扯扯,做出一种猥亵的、邪恶而丑怪的表情。这种令人作呕的表情,小萧军只有在乡村演戏的戏台上,或是正月里扭秧歌的时候,才偶尔看见过一两次,而这里却是在真人男女之间不顾羞耻地表演着!小萧军不知这座城市还有哪些更奇怪、更丑恶、更可怕的事物出现……小萧军恨不得一步就跨出这个鬼地方,可是怎么出去,他是一点门儿都摸不着哇……

谢天谢地,不知怎样行走的,刘仲儿拖着萧军终于从一个小门出来了,萧军挣开刘仲儿的手,深深地呼吸一口屋外的空气,然后愤怒地骂刘仲儿:"你是个坏种子!为什么把我引到这可怕的臭地方来?!我要告诉你爹!"

听了萧军的骂声,刘仲儿似乎有些恐惧了,但还是装出满不在乎的样子,讥讽萧军说:"你真是个乡下的土包子,这有什么可怕呀?她们也不会吃了你!——你去告吧,我不怕,我爹从来不打我……你自己回家吧!"为了报复萧军对他的斥责,刘仲儿抛下萧军,像泥鳅一样旋即就溜得无影无踪了。

被刘仲儿丢下的小萧军迷路了,可他偏不向刘仲儿发出求救声,他就像一条入了"迷阵"的鱼,游来游去。虽然天气很冷,可他的额头竟"热气腾腾"地沁出了汗水,这是找不到回家的路急的呀!

他急匆匆地走过一条胡同口，忽然，意外地发现了家附近的那个"大茶馆"，那铁瓦红砖的大房子他记得清楚哇！于是，他快乐地叫起来："我找到家了！我找到家了！"

"你到哪里去啦？连门也不锁，真可恶！我不是不准你离开这屋子吗？"原来今天刘清廉的活计比往日多，早晨带去的材料没够用，提前回来是为了取玻璃和泥子。

萧军的心立即提了起来，他做好了挨打的思想准备，但这次父亲却意外地没有责打他，也许是父子二人相依为命的生活使父亲的心肠变软了，也许是今天的活计多赚钱了，父亲的心情比往日好些……萧军猜测着。

"听着，你要是再往外跑我打断你的腿！"刘清廉匆匆忙忙夹起几块玻璃，提了一罐泥子对萧军严厉地说。两只脚刚跨出门外，萧军又听父亲说："一个家，没有个大人总是不行的。我要把你妈接来！"

萧军明白父亲是要回老家去把继母接来同住，一种可怕的寒凉又袭上他的心头。他虽然思念故乡的亲人，但不是这位继母。他太不喜欢这位继母啦！就是因为她曾经几句淡淡的"谗言"，父亲就不问情由地把他毒打一顿又一顿的情形又出现在眼前……

不久，父亲果然回乡去接继母了，让萧军寄居在刘仲儿家。于是两个小朋友和解了。由于父亲不在，没有了约束，萧军在刘仲儿的引领下，可以自由自在地在长春城里游游逛逛了。这期间，萧军目睹了这个大都会更多的丑恶面，有些事他一看就明白了，还有许多事让他百思而不得其解……

刘仲儿先把萧军引到与中央大街直交，并向东西延伸的三马路，它是属于"中国地界"最繁华热闹的一条路，这里有全市最大的戏院"燕春茶园"，有两层楼房的"宴宾楼"大饭店，还有什么"老九章"绸缎店、"同春"照相馆、"一品香"小吃店等等。就在"燕春茶园"戏院的斜对街竖立着一座一丈多高淡蓝色的木牌楼，在木牌楼白色的门额上写着三个两尺见方的黑色大字："平康里"。

"这是什么地方啊？"萧军茫然地问刘仲儿。

"窑子街呀！你要去看看吗？"刘仲儿轻蔑地笑了笑，还把那双大眼睛故意地流转了一圈。

"不！不！不！"萧军坚决地摇着头。他知道上次刘仲儿拖着他去"窑子"

馆遭到他谴责后，一直耿耿于怀，今天又不怀好意地在讥讽他。

"这里全是头等、二等的大窑子咧，有把门的看守，他们不准小孩子进去，只有三四等的才能任人随便溜达。你想去也不成啊！真是个傻瓜、乡巴佬哇！"

最让刘仲儿感到萧军这个乡巴佬傻气的是看长春的刑场杀人。当时在长春城城西那片大大小小的荒坟场里设有一个大刑场，每隔三五天总要有一批囚犯被大车拉着到这个刑场去处死。据说这些被处死的囚犯大部分是强盗犯，著名的女匪首"驼龙"就是在这个刑场被处死的。

杀人——当时叫"出大差"，场面盛大、仪式隆重。本来"杀人"是个令人毛骨悚然的事，可这里却搞得热闹非凡。也许是由于愚昧，也许是文化生活过于枯竭，许多市民也偏偏把它当成"热闹"去观看，每到行刑的日子，俨然是全城一次"热闹"的盛宴。

看吧，一队骑兵在马上吹着"九音喇叭"，一队步兵在地上吹着"五音喇叭"，犯人被五花大绑地站在或坐在大卡车上，背上插着剑头形的白色"招子"，上面书写着被杀者的姓名、罪名，并用红笔把姓名打叉勾决……大卡车缓慢地行走着，拉着这些犯人游街示众，四周由拿着武器的兵士簇拥着。看热闹的市民们如果看到被吓瘫了的犯人就会感到扫兴，而对那些刚强的犯人却非常感兴趣。人们张着嘴，瞪着眼睛，拥挤着看犯人如何向绸缎店伙计索要"十字披红"的红布；遇到酒馆怎样向老板讨酒喝；听犯人一路唱着小调或梆子腔大戏……看热闹的人们还附和着犯人，高喊着"好汉！好汉！"然后爆发出不知是赞赏还是嘲讽的大笑……

大凡这种时候，刘仲儿总是蹿来蹿去，兴趣盎然地看着，不时地"评论"着，而萧军却打不起精神来，他觉得这血的游戏太残酷了！一个生命轻易地完结了，众多个生命浑浑噩噩地苟活着！小萧军想起了二叔和"十三太保"，他们不也是被官兵们称为"土匪"、称为"强盗"吗？可他们不是坏人哪！他们不该被枪杀呀！……这样的热闹小萧军不喜欢看，他的心揪揪着，疼痛着……

据萧军在他的回忆录《忆长春》中记载：刑场的旁边还竖着一面大木牌，上面写着"刑期无刑"四个大字，这是什么意思呢？多少年以后，他知道了这四个字出自《尚书》，意思是说：杀人的目的是希望不再杀人。旧中国的那些反动统治者就是以冠冕堂皇的名义，对外奴颜媚骨，对内草菅人命，干着残害百姓的血腥勾当。少年时的萧军是不明白的，但他却感到惶惑和嫌恶。此时此景，使萧军幼小的心灵蒙上了阴霾，他仰头看天，天是阴晦的，他环顾四周，四周是昏暗的，甚至看雪都是污黑的……从此他对这个大都会不再有好感，正如萧军在回忆录中说的那样："我对这个都市不再存在了尊敬和任何美好的幻想了！——我想念家乡！对比起来，它是多么辽阔、雄浑、清新而苍茫！"（《人与人间——萧军回忆录》第115页）

四、长春城里的少年爱国者

刘清廉回家乡下碾盘沟接来了萧军的继母——刘邵氏，家里有了守家人，萧军就可以每天跟着父亲出去镶玻璃。不久，聪明勤劳的小萧军竟然可以给父亲打下手了。每当父亲把玻璃割好，钉到门窗的框子上，萧军就立即学着父亲的样子填弥着泥子，由生到熟，到后来，爷两个就可以流水作业了，而且他弥泥子和使用泥刀刮平泥子的技术竟能得到父亲的称赞，这可是破天荒啊！

父亲的鼓励使萧军欣慰的同时有了小小的自豪感，觉得自己已经不再是一个只吃闲饭不干活的废物了。他又发现父亲对自己的态度有了很大的改变，看儿子的眼神不再那么严峻和冰冷，说话也不再充满憎恶的情绪，甚至有时对儿子还面露笑容，这使萧军第一次有了在父亲面前为人的平等感。

1918年春天，在商埠地四马路东段路南，刘清廉开设了一所两间铺面的"隆记玻璃店"，专门承包镶嵌新建房屋门窗玻璃的活计。

过了农历新年，父亲决定让萧军随同刘仲儿一同到学校去读书。

这所学校就设在商埠地，是管辖吉林县和长春县两县的最高行政衙门"道尹公署"设立的。学校的经费要由"道台衙门"来支出，用人、行政事务当然也由"道台衙门"来决定。"道"是当时"省"和"县"中间一个中级行政机关，相当于现在的地级市。一个省可辖几个道，道下可辖几个县，道的最高行政机关叫"道尹公署"，最高行政长官称为"道尹"，当时的道尹名叫陶彬，学校的门额是他署名书写的，全称为：吉长道立商埠高等国民小学校。学校分为初级和高级两部，为七年制。经刘仲儿介绍，因萧军在家乡有过一段入学经历，于是被收入该校二年级插班，很快就转入了三年级。

据萧军所知，吉长道立商埠国民高等小学校在当时长春城属第一流的名校。除此外，还有三所知名的小学校，它们分别是：

1. 第一高等小学校——这是长春县衙门立的，它在城里西关一带。

2. 王氏私立自强小学校——这是长春城一家有名的磨面粉工厂（名叫裕昌源）的财主私立的。

3. 祖氏私立小学——它是在长春火车站附近开设的，是一家悦来栈的老板，名叫祖宪庭的财主创立的。

这三所学校虽各有其特点，但总体上远远不及吉长道立商埠国民高等小学。

萧军入学时是老校舍，不久，学校就搬到六马路的东端，学校在这靠近郊区的地方建了新校舍。萧军的家因搬到了四马路东端，所以离学校比较近了。

新校舍所有的房屋全是新砖、新瓦建成的，内墙壁一色雪白，红漆地板，明光闪亮的新玻璃，淡蓝色的门窗，色调和谐、宽敞明亮的教室，让人看着很舒服。还有豪华的大礼堂，别致的会客室，它们之间有走廊相连接……

在礼堂的“北面墙壁上部中间写有智、仁、勇三个一尺见方的墨笔楷书大字，下面一并排陈列着四幅约有三尺高的、立坐不同的彩色石印画像。从东向西按顺序是：孔夫子、孟夫子、关（羽）二爷、岳（飞）将军，他们是文武圣人。孔夫子和孟夫子是站着的；关二爷、岳将军却是坐着的”。在文武圣人“画像两侧是‘校训’，这是用二寸见方的墨笔大字写在白宣纸上的。至于这‘训’里尽讲些什么废话？当时我就没注意过”（《萧军近作》第110页）。

由于是新校舍，地板上还涂抹着红色油漆，学校要求进教室时一律换拖鞋。这对于一个刚刚从闭塞贫困的小山村里来的孩子，一切都很新鲜，同时他也感到能在这所学校里就学读书是很自豪的。

校舍后面还有两处很大的苗圃和一片大操场。隔了马路和学校斜对着的是长春城“中国地界”唯一的一所公园。为了和日租界的“日本公园”有所区别，就叫作“中国公园”。每天上下学，萧军要四次经过这里，没事时也要到这里跑跑闹闹，消磨光阴。学校的东端是伊通河，它从南向北流入松花江，虽然比下碾盘沟村南的“河套”要宽阔得多，但它流动的是滚滚的黄汤，没有家乡的山泉水清澈明净。尽管如此，夏秋之日萧军也常常会同小伙伴们在这里中流击水，游泳嬉戏。

20世纪初叶的长春，是一个半殖民地半封建社会的典型缩影，新旧杂陈，光怪陆离，呈现着一种旧中国特有的畸形。一面是大量的现代文明开始涌入，新市区里工厂兴起，商号林立，商品经济日趋发达，文化教育也有了很大发展。

另一面是古老的宽城子城墙破败了，只剩下歪歪斜斜的城门楼在残喘着；在新建的铁路和楼房的包围中，魁星楼和关帝庙形影相吊，似乎向世人诉说着怀古的幽思……

每逢节假日或学习之余，萧军总是要跟着父亲到各处去干活，他爬楼上高儿行动敏捷，腿不软，头不晕，活计干得也像个熟练工一样。

萧军随父亲在日本租界镶玻璃时，他看到的是：日租界的马路铺着柏油，宽敞、干净、平展展的，而中国居民区的街道是黄土和石砟铺成的，狭窄、泥泞、坑洼不平；日租界的楼房高大光鲜，而中国的民房陈旧残破……特别是"一些高梳着蓬蓬的发髻，脖脸擦得雪白的日本女人；穿和服或洋服的日本男人们，鼻子下留起一摄黑乌乌小胡子的，黑衣、短剑、挂皮壳子手枪，制帽上围着一道红紫色的日本警察（当时俗称'黑帽子'）；身披黄呢斗篷，骑着高头大马巡逻街头的日本宪兵们；出入一些日本料理店（酒饭馆兼妓馆）三三五五身穿黄呢军衣，腰挂刺刀的日本兵士们——他们有时吃喝得脸色红红，或者有的喝了过量的酒，就大声笑叫着，歪歪斜斜向街上行人横冲直撞着，人们只有远远地闪向一边去行走"。"所有的日本人，在我当时的眼里看来，他们——无论是男人、女人，以至孩子……全似乎有着一种特异于中国人的'尊严'。他们显得漠视一切，神情冷淡……特殊的是那些阴冷的眼光，当偶尔望一下什么中国人，几乎是一致地显示出一种鄙视、斥责，以至于敌视的表情。"（《人与人间——萧军回忆录》第117页）

刘仲儿曾向萧军介绍过：那些日本警察更是心狠手辣，对那些偶尔触犯了租界地"规章"的人力车夫、马车夫，他们给予灌煤油、灌辣椒水、抽皮鞭子、关小黑屋子等等惩罚，中国人一旦被他们抓了那是非死即残哪！

所有这些，大大刺伤了萧军这个十一岁孩子的民族自尊心，为什么，为什么，在中国的本土上，日本人可以任意欺辱、残害中国人呢?! 为什么中国的政府不给中国老百姓做主呢？就像奶奶给自己当"护身皮"那样……萧军的心中涌起了强烈的朴素的民族仇恨。这个从小就幻想成为二叔、"十三太保"那样的刀枪不入的武将，"仇恨暴虐者，愿管不平事"的思想此时更加膨胀了。而不同的是今天要做的不仅是"杀贪官，劫污吏，打土豪，除恶霸，救弱小，路见不平拔刀相助"，还要杀日本侵略者！他要学武，练就一身的本领，立志有朝一日，把那些小日本赶回老家去！尽管当时小萧军的思想是多么不成熟，想法是多么稚嫩可笑，却为他日后成为"具有民族气节的革命作家"打下了一定的思想基础。

于是，他痴迷中国的各种武术，立志要学习、精通十八般武艺。常常在放学以后，一个人躲进一所无人居住的破房子里打拳、踢腿、练剑、拿大顶，一直练到大汗淋漓。他一听说谁有"两下子"（指精通武功），从来不卑辞下气的小萧军却主动给人家叩头下跪，央求人家教他"两手"。功夫不负有心人，小萧军终于寻到一位叫段金贵的江湖卖艺的，他是山西人，在长春城以教武术为生。于是萧军"托人说了情，叩了头，认了师，就偷偷摸摸，冷练'三九'，热练'三伏'，忍受各种痛楚"（《萧军近作》第290页），开始按部就班地、系统地学起了中国武术，练起了中国功夫。

26岁时的萧军习武

在家中，父亲虽然对儿子十分严厉，永远是"秋天和冬天"，但他那爱国的炽烈感情却深深地感染着萧军。这个只有小学三年级文化的刘清廉最喜欢两部书，而且是百看不厌，百唱不烦。一部是长篇小说《三国演义》，一部是说唱鼓词儿《国事悲——英雄泪》。每当晚上镶玻璃回到家，无论是高兴或失意，喝上几盅酒之后，就要唱起朝鲜民族英雄安重根故事的鼓词。刘清廉唱鼓词的声音时而凄凉，时而悲怆，时而兴奋，那长满枯草般乱发的头晃动着，那双枯槁粗糙的大手比画着，特别是安重根开枪打死伊藤博文并英勇就义那一段，刘清廉开始哈哈大笑，笑后便热泪奔涌，接下来就是开始教训儿子："你看人家安重根，这才是好样儿的！有志气，有胆量，够得上男子汉，大丈夫！你能行吗？你将来只配去讨饭！你……"想不到，父亲那近乎骂的"教训"，对萧军就是一阵暴风骤雨般的爱国主义教育呀！

对此萧军不仅不反感，反而向父亲表示，长大以后也要当一名刺客，成为安重根式的有勇气有胆量，救国救民的男子汉大丈夫！这一想法，使父子间第一次找到了共同语言，有了志同道合之处。

萧军从崇拜行侠仗义的江湖好汉到仰慕中外民族英雄岳飞、安重根，从决心杀富济贫到立志驱鞑虏、反外强侵略，他的爱国主义思想就沿着这个方向发展着。

当时"在学校课堂上，有一些忧国的老师，他们常常长吁短叹摇头感慨地说：'嗳！中国要国亡无日了！'忽然学校里来了一位浓眉大眼，有着一颗大脑袋，满脸络腮短胡子的王老师。由他主持，学校竟施行起一阵'军国民教育'来了。学生们的制服改成了兵式的军服，钉起了亮铜的纽扣，戴上了兵的肩章和领章，缠起了绑腿布，出军操，唱军歌，行军礼，由老师到学生值日的全挂起了红带子"（《人与人间——萧军回忆录》第117页）。

"你看那！印度、波兰！亡国又灭种！鹰瞵鹗视①几千回。"这是军歌中的词句，萧军一直清楚地记得，唱的时候要长腔高声，每天早晨全校师生庄严伫立、引吭高歌，真有点"沙场秋点兵"的壮烈呀！萧军虽然个子不高，但嗓音极为洪亮，而且全身心地投入，感情也异常充沛，常常激动不已。王老师被这个气宇轩昂的英武少年所感动，他就指派萧军为全校唱军歌的指挥和领唱。这使萧军意识到了自己不凡的使命，对这项能够抒发爱国情怀的活动更有兴趣了。

王老师是个激烈的爱国者，他常常给学生们讲列强侵略中国的形势。他说："中国是东方的一头睡狮，它现在大梦沉沉，鼾声如雷；它不痛不痒，麻木不仁，我们要唤醒它！"

"对，唤醒它！一定唤醒它！"

"听君一席话，胜读十年书！"王老师的话真是醍醐灌顶，少年萧军如梦初醒，他对人生有了新的认知。他立志终生为唤醒东方雄狮而奋斗，矢志不渝，痴心不改，一往无前！

1919年5月4日，古老的北京城爆发了一场以青年学生为主的、由工人扩大的以及包括广大群众、市民、工商人士等中下阶层广泛参与的一次示威游行、请愿、罢课、罢工、暴力对抗政府等多形式的伟大的反帝反封建的爱国运动——五四运动。这是一场划时代的爱国运动，它以反对帝国主义的彻底性，广泛的群众性而震撼了古老、沉闷的神州大地。当时最著名的口号之一是"外争主权（拒绝在'巴黎和约'上签字），内除国贼（惩除媚日官员）"。"爱国、

---

① 鹰瞵鹗视：形容用威猛凶狠的目光盯视着。鹰、鹗，两种猛禽。瞵，瞪眼注视，眼光闪闪地看。出自《宋书·沈攸之传》："劲志驾日，接冲拔距，鹰瞵鹗视。"

进步、民主、科学"成为五四精神的主要内容，而"爱国"就是五四精神的核心。

五四运动促进了马克思主义在中国的传播、发展，使新文化、新思想涌流到中国的四面八方，成为中国旧民主主义革命走向新民主主义革命的转年点。

五四运动的狂飙巨澜自然波及了荒凉苍茫的东北大地，长春城也沸腾了。一些中学生、师范的大学生们全都罢课，到大街上游行演讲。作为小学生的萧军，当时只有十二岁，他也头戴秫秸编的"酱幕斗"式的农民大草帽，用毛笔书上"提倡国货"四个字，手里摇着一面"打倒卖国贼"的彩色小旗，高呼革命口号，和大人们一样在大街上呼喊着、奔跑着、热血沸腾着……

尽管这场运动很快过去了，似乎一切又都恢复了原样，但五四运动中的学生和青年们不畏强暴和黑暗，为真理和正义而战的行为，不屈不挠、忧国忧民、敢于奉献、敢于斗争的伟大爱国主义精神给了萧军很大的影响。从此，"国家""民族"的意识在他头脑中更加强化了。

五、一段起不出名字的恋情

1919年的春天，萧军在长春的家搬到了四马路后，在他家西面不远的地方，有一处挂着医生牌匾的人家，行医者是一位姓郭的道士，他擅长医治一些恶疮、无名肿毒等怪症。

一次，萧军的一只手突然红肿起来，长了一颗不知名的疖子，疼得他一夜未睡，第二天父亲拿钱，让他到道士家中去医治。

在那低矮的药房里，萧军第一眼看见的是一个头顶挽了一个发鬏，脸色青白，留着一丛丛长长的黑胡须，一双三角形的小眼睛，眼光阴冷漠然得俨然常年吸食鸦片烟的人。此时已是上午十点左右的时光了，可这个道士正倮坐在炕上，打着呵欠，似乎是刚刚起床。萧军立即对他产生了一种本能的厌恶。

"你怎么啦？"看到走进屋来的萧军，道士不冷不热地问。

萧军没有回答，只是把红肿的手伸向他，他简单地望了一眼，就命令刚刚走进屋里的小姑娘说："给他上点药！"他指指身边的一个棕色的大玻璃瓶子，然后便一仰身在身后被褥卷上躺倒下来。

遵从"命令"的小姑娘步态轻盈地走到萧军身边，她微微笑着，轻轻地拉着萧军的衣襟，引领他到装药的棕色的大玻璃瓶子跟前来。萧军定神一看：原来是她呀！

"你叫什么名字呀?"小姑娘笑盈盈地问着。

原来萧军与这个小姑娘很熟识，他们常常到一个开水炉房去打开水。小姑娘大约有十三四岁，身材高挑，面容清秀，性格开朗，很爱讲话。每次见面，她总是像一位小姐姐一样主动地问萧军姓啥叫啥，家里都有什么人，从什么地方搬来的，在那个学校念书，念几年级了，等等。每当这个时候萧军总是眸色沉静，眉毛蹙拢，冷淡矜贵，惜字如金，一次都没有回答过，可小姑娘却不计较萧军的态度，下次见面照样热情地问这问那……

是出自乡下孩子的羞怯，还是男孩子特有的自尊，或是都有了，萧军虽然一次都没有回答她，但内心对这个关心自己的"小姐姐"还是有好感的。他脸上的表情虽然冷冰冰的，但对她已心生温暖了。

这次萧军主动送上门来，就不能不回答了："我叫——刘鸿霖。"窘迫的萧军面无表情地小声回答着。

听到了萧军的回答，小姑娘显然很高兴。她熟练地拧开装药的大瓶子，用一只骨质的刀子样的东西，从大瓶子里挖出一块黑色的药膏，麻利地摊在了一片油纸上，然后又把那些黑色的药膏轻轻地一道一道地摊在萧军的手指上。

"疼吗?"她低声地问着萧军，那双美丽的大眼睛中流出怜惜的光，这是少年萧军在异地他乡第一次见到的。萧军咬着牙，抿住嘴唇，用摇摇头来代替回答，心里想：即使再疼，也不能在一个小姑娘面前表现出来，这是自己的自尊心所不允许的。

小姑娘把涂过药膏的那片油纸缠裹在萧军的手指上，再用一条白色的纱布复裹着，叮咛萧军说："回去找条带子把手吊在脖子上，手臂要放平，不要乱动，也不许打开看，明天就会出头的了，要流点脓，不要怕，是正常的，明天这个时候再来。"虽然说了几个"不要""不许"的，但语气是很温和的。

就这样，经过三四次的上药，萧军的疮症竟然完全好了。每次治疗，小姑娘的态度和神情总是那样温和，一次比一次体贴。这使远离家乡、远离亲人，很少得到过关怀体贴的少年萧军，心湖里泛起了一阵涟漪，他受感动了，但这种感动他默默地记在心里而没有说出来。只是回答小姑娘问题时，他凌厉的眉目下，那双墨黑的眼睛里的柔光遮掩不住了，语气也是温和得多了。有时，小姑娘趁道士和她母亲不在家的时候，还拿出一些糖果之类的吃食强行塞进萧军的衣兜里。

在接触中萧军知道了小姑娘不是道士的亲生女儿，她的母亲因生活所迫带着她而与道士"伙居"的，小姑娘对道士来说，就算作养女吧。听着小姑娘的讲述，萧军的心里隐隐作痛，他思虑着：那道士会不会像自己的继母那样刻薄无情而虐待她呢？想到这里，他摇摇头，叹了口气，小姑娘的身世引起了萧军对她的极大同情和同病相怜的知己之感……

疮症很快好了，可在同一只手上新的疮症又出现了，小萧军不仅没有感到痛苦，反倒有一种莫名的喜悦：他可以堂而皇之地到道士家中去找小姐姐上药膏了……

真凑巧，这次小姑娘自己在家，道士和她母亲都出去了。小姑娘一方面心疼萧军，不时地唏嘘着，一方面与萧军在家中再度重逢的喜悦在脸上也表现得充分无疑。只见她就像一个蛮有经验的"主治医生"对待自己的患者一样，又是诊察，又是询问，又是消毒，又是涂药，又是包裹，又是"医嘱"……待一切停当之后，小姑娘突然指着桌子上萧军带去的一卷纸问道："那是什么？"

"图画，我要带到学校去的。"萧军有些不好意思地回答着，脸颊感到一阵发热。

"给我看一看好吗？"小姑娘不等到萧军允许，竟自己伸手把画卷舒展开了，取出其中的一张说："这张给我吧！"她指着一张画有刘备、关羽、张飞的"桃园三义"图对萧军说。

真凑巧，这张画不是课业的习作，而是萧军从《三国演义》绣像人物里临摹的，还着成了彩色。

此时的小萧军没有一点勇气拒绝这位小姐姐的要求了，他有点窘，向小姑娘微笑着点点头，表示同意。然后把其余的画卷起来拿在手中，按着前几次上药费用的数目多少又掏出医药费放在桌子上。这时，小姑娘一把把钱抓起来，猛然地塞进萧军的衣兜里，悄悄地、认真地对萧军说："收起它！留着买画纸和颜料，再给我画几张，画什么都行，我全喜欢。我知道你家里是不给你零钱用的，你是个没亲妈的孩子！你……"在萧军的记忆中不记得向小姑娘说过自己的家庭情况，不知道她是怎么知道得这么详细。

"不！不！"萧军伸手从兜里往外掏钱，一个想往外掏，一个按住不让往外掏，两个人的手竟攥在了一起，两张脸也同时腾地红了。就在这时，远远地听到道士的咳嗽声，小姑娘按住萧军掏钱的手，慌乱地说："拿着吧，快上学去吧！明天再来换药，听话！"小姑娘那不容反驳的话语和神情，使萧军只得默默地往外走，到门口又回头看了看小姑娘。此刻，小姑娘也正注视着萧军，四目相对，两个人的脸都有些涨红了，相互间微笑着。萧军欲言又止，然后便疾步离去，只听着小姑娘在他身后喊了句："记住！明天再来上药！"

不知是谁说过：茫茫人海，每一次相遇，都是一场美丽。这尘世间，最美好的感情，莫过于在对视的那一刻，擦出怦然心动的喜悦。从此，萧军的心中总是有种说不出的快慰。正如13世纪意大利诗人但丁·阿利基耶里少年时，第一次见到小女孩儿贝亚特丽斯时写道的那样："潜藏在我内心深处的生命的精灵开始激烈地震颤。"[①]

萧军有了买画纸和颜料的钱，就接连临摹了几张，等待机会好送给他的"顾主"。尽管每天因打开水总要见上一两次面，但萧军还是有些想念这位爱护疼惜自己的小姐姐。

就这样，每隔几天萧军就要把自己认为摹绘得满意的画带给小姑娘，小姑娘照例把或多或少的"报酬"悄悄地强行塞给萧军。

时光流转，岁月安适，日复一日：打开水，见小姑娘，送画，成了萧军的必修课。他觉得生活有了阳光，日子有了奔头，他多想生活就这样一直持续下去呀。忽然情况有了变化，一连几日，小姑娘都没来水房打开水，代替她的是她的妈妈。萧军把画拿了去，又失望地拿回来，新画也没有情绪再画了。

终于萧军沉不住气了，向小姑娘的妈妈问道："婶婶，你的姑娘怎不来打开水？"

"病了，她病了！"

"什么病？"萧军急切地继续问着。

"不知道哇！发烧，咳嗽，睡不着觉，出冷汗！唉！"小姑娘的母亲叹息着，忧愁地、有气无力地回答着。

---

① 出自［意大利］但丁·阿利基耶里《神曲》。

萧军以前听说过，这种病叫"女儿痨"①，有了这种病是很难活多久的。于是"一种沉重的而又空虚的悲愁几乎要使我窒息了。几次由学校回来要去看看她，但是又没有这勇气！因为我很讨厌那个巫神似的老道士"。

怎么办？萧军终于想出一个办法："我把自己的手背上弄下一片肉来，借故去买刀创药就闯进了她的家。"（《人与人间——萧军回忆录》第134页）

偏巧这天老道士和小姑娘的妈妈全都不在家，萧军走进屋，看到了小姑娘躺在炕的一端挨着屋墙处，头冲外面，似乎在昏睡着。她的脸色惨白得完全成了一张白纸，而嘴唇和两颧却红得很鲜艳，萧军后来知道这叫"结核美"，两条微微颦蹙着的长而细的眉毛也显得格外整齐乌黑，一双阖闭着的细长的眼睛四周，竟有了一圈深青色的晕环，那长长的睫毛似乎还在微微颤动着。

看似粗心的萧军此时竟悄手悄脚地走到炕前，见小姑娘没有动静，便故意轻轻地咳嗽一声。小姑娘听见了，缓缓地张开了双眼，向萧军望了一刻，忽然有两缕异样的闪光射向萧军的眼里来，她的干干的嘴唇掀动了两下，但没发出任何声音，只见两颗大大的泪珠竟从她的双眼里滚落出来了，萧军的双眼也潮湿了……

小姑娘从被子里伸出左手拍打着头边的炕沿木，示意萧军靠近他的身边坐下来。萧军看着她那只瘦削纯白得如骨质雕制而成的手，心紧缩着，然后胆怯地靠近她的枕边坐下了。这时小姑娘又把手举起来，似乎要来抚摸萧军的手，萧军大胆地把左手交给了她握起来，萧军立即感到小姑娘的手犹如是冰做成的，那种寒栗彻骨的感觉迅速传遍周身。但他没有把手缩回来，他愿自己能带给她温暖，温暖她的手，温暖她的心，此刻能为她减轻病痛是他最愿意做的事呀……

两个人两只手就这样握着，脸上都露出了微笑。忽然，小姑娘泪水汹涌不可自持，萧军急得不知怎样安慰她，心里有许多话要对她说，可一句也说不出来，只是呆呆地看着她，痛苦地看着她流泪……

咳嗽声远远地响起，萧军知道，他讨厌的老道士回来了，不得不抽回自己的手，离开了原来的座位，不情愿地一步一回头地走向门边，结束了这心灵温暖心灵的时刻……

---

① 女儿痨：就是女性青春期肺结核病。它的主要特点是症状多，病情进展快，病灶容易溶解，迅速形成空洞和排菌。过去对这种急重症肺结核病确实束手无策。

从此，每天放学回来，萧军都故意从小姑娘家门前过，是想寻找机会再去看看她。一天萧军放学回来，发现小姑娘家的大门敞开着，门前马路上正在焚烧着什么，冒着一缕缕的青烟，刺鼻的难闻气味几乎使他呕吐出来。他立即意识到有什么不寻常的事情曾发生过，内心的焦虑和不安终于有了答案。萧军回忆说："当我看到附近地上正在被风飘转着的一些'纸钱'，我一切全明白了，顿时天和地开始在我的眼前旋转了，我陷在了一种可怕的、苍白的、昏沉的、模糊的梦幻里……"（《人与人间——萧军回忆录》第135页）

．萧军手里拿着为小姑娘临摹的画，无力地，摇摇晃晃、跌跌撞撞地不知道往哪里走。他似乎看见她提着水壶，在水蒸气营造的雾色里向他微笑着轻盈地走来；看见她那双纤纤玉手，灵巧地为他涂抹黑色的药膏，缠裹白色的纱布；看见她欣赏他的画作时兴奋的桃花般的笑脸；看见她病中见到他时那如梨花带雨般哭泣的满脸泪痕；看见……所有这一切在他的脑海中迂缓浮荡，萦绕不灭！他与小姑娘的这段刻骨铭心的恋情，尽管是没有倾谈，没有默许，然而几十年过去，萧军仍然怀念着这位与他相识不久、真诚待他而被疾病夺去生命的小姐姐，她带走了萧军说不清的缱绻柔情。正如1979年5月萧军在《忆长春·一个短命而死的姑娘》中说："六十年的岁月过去了，在人生的路上，我经历了不算少的磨难，但是这一景象它竟不能在我的记忆中消磨或隐没，我估计它将要伴我以终生！"（《人与人间——萧军回忆录》第135页）

萧军说："是纯粹的友情吗？还是童年初恋的所谓爱情？我不能分析它，我也不愿分析它了！""后来我在读《红楼梦》读到贾宝玉去探望晴雯的病情那一场面，它深深地触动了我！我似乎很熟悉那一场面。"（《人与人间——萧军回忆录》第135页）

是呀！萧军和这位不知姓名的小姑娘之间的这段感情，就像一杯岁月酿出的酒，你可以品咂其中的滋味，但若为它取一个恰如其分的名字，又顿觉词穷。不过，那两小无猜、至纯至爱的友谊何必要用一个名字给它定性呢？

六、商埠小学的"开除生"

在商埠小学读书之初，萧军遇到了让他一生都难以忘怀的两位老师：崔树屏和李景堂。崔树屏老师是吉林农安县人，李景堂老师是长春县人。他们当时只有二十三四岁，都是长春第二师范的优秀毕业生，不仅工于中国的诗、文，还精通英文和音乐，为人正直又重义。他们两位相继做过萧军的班主任，教学生中文。这两位老师对萧军的直率诚实、桀骜不驯的品格和早慧的文才非常欣赏，很喜欢这个从山野里来的朴朴实实、多才多艺的学生，认为萧军是不可多得的奇才，对他千方百计地进行培养教育。

四年级结业考试时，校方出了一篇名为《名誉说》的作文，萧军兴之所至，旁征博引，竟一气呵成写了一千多字。崔树屏老师阅卷时非常吃惊，他也是兴之所至，一气儿用毛笔写下的批语竟达三页之多，萧军依稀记得："……气势之雄浑，议论之纵横，字句之凝练犹其余事也。不独冠于'国四'①，即拟之于'高三'②亦胜一筹矣。鹏程万里，未可限量。孔子曰：后生可畏，好自为之。"（《人与人间——萧军回忆录》第132页）崔树屏老师的热情鼓励，使萧军激动万分，极大地鼓舞了他努力学习、积极向上的勇气，成为他后来的文学自信力，以至终身铭刻不忘。在学习中，萧军最爱读楚辞，尤其对屈原的《离骚》《九歌·国殇》情有独钟。"长太息以掩涕兮，哀民生之多艰""身既死兮神以灵，魂魄毅兮为鬼雄"，不仅诗的流韵、诗的节律让他喜欢以至经常吟诵，而且伟大的爱国诗人屈原那忧国忧民的情怀，忠心报国的情操，为追求真理而百折不挠的精神深深地感染着萧军。"路漫漫其修远兮，吾将上下而求索"，萧军将这句诗书写下来，放在案头，以为座右铭。

一次作文，他又模仿楚辞体写了一篇《大风歌》，文章写得很有抱负，很有气魄，把自己比作大风，想要用自己的威力，扫尽人间不平，为民除害。文章一开头就写道："吼吼兮，荡荡兮……"表现了狂飙怒吼、摧枯拉朽、惊天动地的宏伟气势，使李景堂老师大为惊奇，甚至怀疑他这篇作文是不是从哪儿抄来的。于是，李景堂老师翻遍了图书馆所有的报章杂志，均不见同类，不禁赞叹道：一个十二岁的孩子能写出如此洋洋洒洒、大气磅礴的文章，此生日后必有作为③。

萧军在校学习期间，使他饶有兴致的除了"军国民教育"外，就是学校

① 当时所谓"国四"，是指小学四年级。
② "高三"是指高等三年级，即小学的第七年，相当于今天的初中一年级。
③ 王德芬：《萧军简历年表》，梁山丁主编《萧军纪念集》，春风文艺出版社，1990年10月版，第703页。

春、秋两季都要组织学生到"杏花村"去郊游。这杏花村坐落在长春城西门外刑场以西，距离城里约有十里路远，是一片公家经营的苗圃。苗木新枝郁郁葱葱，鲜花怒放，各种鸟雀在这里歌唱。每当这时，师生们都要穿起制服，体育教员还要佩戴指挥刀，一路上吹吹打打，在鼓声和喇叭声的伴奏下，学生们唱着歌……这是萧军在学校生活中每年最愉快的一件大事了。

萧军在商埠校开始时的学习生活应该说是顺风顺水的，国文、算术、唱歌、体操等功课，萧军的考分总是满百，特别是国文，读、说、写的能力被公认为全校第一名，得到了许多老师的赞赏和同学们的钦佩。

可天有不测风云，好景不长，萧军本来顺利的求学路上却来了一个一百八十度的急转弯——他被校方开除了学籍！

其实，在入学前他为刘仲儿打抱不平时，就已经为此埋下了隐患。

事情是这样的：萧军入学前，父亲回老家去接萧军的继母，把萧军寄居在刘仲儿家。有一天刘仲儿把一件东西遗落在学校里，他第二天到学校去找，不但东西没找到，反而遭到同学们的取笑、老师的训斥。为此，刘仲儿委屈地哭起来，并要他的祖父带他到学校去"理论"一番。可祖父是一位身体孱弱又十分老实的乡下老人，没见过世面，连话都讲不清楚。他一方面非常害怕去见"先生"，感到无能为力，另一方面又心疼孙子受了委屈，只好说一些连自己都不知说了什么的所谓安慰话，反而使刘仲儿哭得更伤心了。此景激起了萧军原本就有的同情"侠义"之心。他立即挺身而出："走！算我一个！我们一道去！"

萧军一边说，一边把身上小棉袄所有扣襻扣紧，把束腰的布带子重新勒了勒，让它更紧些，然后拉了拉头上那顶过小的绒猴帽……这些举动，俨然格斗场上出战的勇士，他在老家下碾盘沟每当同什么人打架时也是如此这般。现在他又拿出了这股"冲劲"。刘仲儿看傻了，他被萧军的英武气概震慑住了，停止了号哭。他做梦都没想到，这个看似愣头愣脑的乡巴佬竟有这么一股为朋友两肋插刀的劲头，他诧异地瞪圆眼睛看着萧军。

"看什么看！走！走！快走！"萧军主动拉住了刘仲儿的手往外走，这真是打破惯例了，以前都是刘仲儿主动拉着萧军。

"走！我拼出这条老命和他们讲理去！这样欺……欺……欺负人……可不……不成！"刘仲儿的祖父也跟了上来，老人家结结巴巴、抖抖颤颤地边走边说。

到了学校，正赶上下课，学生们都在操场上打闹嬉戏。老人和刘仲儿都胆怯地畏缩不前了，而说到做到的萧军却有一股临战前的兴奋和愉快涌上心头，他催促、鼓舞着祖孙二人。

操场上突然多了一个哆哆嗦嗦的白发稀疏的乡下老人和一个"横眉立眼"的乡下野小子，这一老一少像一道奇特的风景线一样展示在正在喧闹、奔跑的学生们面前。他们猜测着、议论着，最后都把惊奇的目光落在萧军身上。

"那个乡下野小子，不像个好东西！像个小土匪！"

"对！像个小土匪！哈哈哈哈……"

一阵阵侮辱性的嘲笑声刺怒了小萧军，他紧抿着嘴唇，黑眸凌厉地扫着周围的这群孩子，他没有轻易地发作，他在搜索真正的敌手。他那一双墨黑的眼睛，棱角分明的五官显得戾气十足，那股凛人的气场让孩子中靠前的开始往后退缩了。到了教室内，刘仲儿忽然指着一个比萧军身材高大，长得弯眉细目、白白胖胖像个女孩子的男同学，哭着对萧军说："就是他，拿了我的东西不认账，还打了我一个嘴巴，佟老师还怨我！"说完就呜呜地又哭了起来。

"谁拿你的东西啦？你诬赖好人，打死你也活该！你回家搬兵又怎样？呸！"这小子说着把一口唾沫唾喷到刘仲儿脸上，引起了围观学生们的哄笑声。

这个把唾沫唾喷到刘仲儿脸上的学生叫隋绍昌，父亲是什么军需官，他在家中是娇生惯养的独生子，在学校又深得一位师德不正、处事不端，被学生称作"佟大寡妇"的男老师的偏爱，因此在同学中霸道得很。

隋绍昌对刘仲儿的轻蔑凌辱，使萧军愤怒到了极点，他顾不得考虑这是什么地方，力量的对比自己是如何的劣势，结果会是怎样，竟模仿乡下大人打架时的口气破口大骂："你这兔崽子，为什么要欺负人？"

"呸！"接着他也将一口口水唾向隋绍昌，真是以牙还牙。这一下好比一瓢冷水倒进正滚开的油里——炸锅了！

"打！"

"揍这野小子！他胆敢到我们学校来撒野！"

"揍他！揍他！"

……混乱中，不知什么人从背后给萧军一拳，待萧军回头迎战时，隋绍昌乘机给萧军脸上打了一拳，萧军立即冲上去，狠狠地往他的白胖的脸上猛击一拳，只见他摇晃着大个子后退着，嘴角淌血了……混战中，萧军毕竟势单力薄，寡不敌众，拳打、脚踢、掌击像雨点一样落到萧军的头上、背上、腿上。可他毫不畏惧，他掀起一面书桌的盖子，抡起来向四面八方抵挡着、击打着……教室里桌子、椅子被撞翻了，书本和砚台、墨水瓶之类稀里哗啦地纷纷落地了……这一场混战一直持续到上课的铃声响了才被制止。

这场"战斗"萧军付出的代价与收获相比太不成比例了，他浑身被打得青一块紫一块的，发酸发痛了好几天。他用伤痕累累换来了好友刘仲儿从此不再轻视和讥讽他，反而把他当作"英雄"来尊敬和崇拜着。但埋下了一个巨大的隐患：他不单是在一些老师和同学中留下了"野蛮""好打架"的坏名声，而且有的老师因此事始终对他存有先入的"成见"，戴着"有色眼镜"看待萧军入学后的一切。凡是萧军同别的学生争吵，有的老师便不由分说一律责罚萧军。这些给萧军很强烈的刺激，使他觉得人世上没有所谓"公平"的事，他也不再相信什么"裁判者"。以后在许多时候他受了怎样的冤枉，吃了多大的亏，绝不找老师评理，能够报复就自己报复，不能报复时就牙关紧咬，泪水屏住，自认倒霉，化悲痛为力量。但他怎么也没想到会被校方开除学籍。

开除学籍的直接原因是：当萧军进入"高三"（初中一年级）第一学年时，崔树屏和李景堂两位老师先后离开了商埠小学。萧军从小就是一个重感情的孩子，两位恩师到哪里去啦？没有一点信息，更谈不上见面了。这天上掉下来的打击，使萧军对学校失去了兴趣，感到非常孤独、寂寞、无助，"犹如一个人进入了一座空荡荡的没有人烟的古城堡一般。虽然这里是有着不算少的教员和学生，但这些个老师们，我一个也看不上眼……特别是对于我们的一位姓巴的级任老师和那位体育教员叶老师，使我特别憎恶。我也感觉到这两人对于我也似乎特别不感兴趣和持某种成见的"（《人与人间——萧军回忆录》第138页）。事实确是这样。

例如，上课时老师提问，萧军总是第一个举起手来，这个级任巴老师不仅不让萧军回答问题，还打消他的学习积极性，没有好气儿地说："狂大夫（医生）没有好药！"然后找他喜欢的学生来回答。

特别是他对萧军的作文更不感兴趣，常常给批改得乱七八糟，评语不是说"谬论"，就是"胡说八道"，诸如此类。而且还用奚落挖苦的口吻酸溜溜地说：

"你们的崔老师总是到处夸奖你的作文如何如何好，就是这么两下子呀？"这哪里是一位老师该对学生说的话呀！他这么做完全是其师德使然。原来，这位巴老师和另一位体育教员叶老师都是才能低劣、不学无术、行为不佳之辈，靠什么当上了教员萧军当然无从得知。当崔树屏、李景堂在校时，巴、叶是排不上号的，他俩忌妒崔、李的才华便迁怒于萧军。崔、李离校后，他俩便肆无忌惮地向萧军泄愤，这就引起了萧军的憎恶。

巴、叶这两位老师的行为不仅使萧军嫌恶他们，许多学生也是强烈不满，根据他们那副滑稽可笑的尊容，学生们给巴老师送个绰号，用《百家姓》上的一个成句，叫他"乌焦巴弓"，说他像根烧焦的木头。至于那位叶老师，无论是长相还是打扮，都比巴老师还要难看，而且他经常徘徊在隔邻女生部的后窗探头探脑，搔首弄姿。学生们都恶心他的行为，于是，便给他取了一个同音绰号："夜（叶）猫子"。全校是尽人皆知，无人不晓，但没有人当他面说出来。

一次"夜猫子"带领萧军这班学生在后边的大操场上出"球杆"①操，这操场正对着女生部的后窗，"夜猫子"就像注射了鸡血一样显得格外有精神头，两只鼠眼不时地飞向女生部的后窗。凡是发现他不喜欢的学生做错一点点，他就吵吵喊喊，生怕屋子里的女学生听不到。他还大耍威风，拳打脚踢。而对那些他喜欢的少数权势人家的子弟，明明做错了，他竟装作没看见。对此，萧军心里非常气愤，精神一溜号，做错了一个动作，"夜猫子"乘机大做文章："刘鸿霖！你成心吗？你不愿意做，就出去！"他大喊大叫着，犹如歇斯底里一般。

多日来积压在萧军心中的怒火，终于爆发了，只见他三步并作两步走出了队列，剑眉倒立，怒发冲冠，把球杆摔在地上，冲着"夜猫子"大喊着："出来就出来！我就不上你这门团体操！你个夜猫子！"

"哈哈哈哈！哈哈哈哈！"练操的学生们开始一愣，然后便爆发了一阵笑声，有的笑出了眼泪，有的笑弯了腰，有的向萧军竖起了大拇指，全乱套了！

"好！好！你侮辱师长！收操！""夜猫子"气得浑身发抖，狂叫着。萧军意识到自己惹了大祸，"夜猫子"对他不会善罢甘休，但从小就养成的刚毅、倔强的性格使他不仅没有惧怕，反而有一种复仇的快乐。至于"夜猫子"会给自己

---

① 球杆：一条约四尺长的圆棍棍，两头嵌着两颗馒头大小的木圆球的体操用具。

什么样的报复，更无从考虑，酸菜熬土豆——硬挺吧！

萧军回忆说："夜猫子"联合"乌焦巴弓"，"把这情况添油加醋地向校长控诉了，并且提出辞职，否则就得开除我。校长通过巴老师要我向叶老师去赔礼。巴老师像得了'圣旨'似的教训着我说：'你们的崔老师、李老师把你宠坏了，你太骄傲了，目无师长，敢于侮辱师长，这一回你可碰上硬钉子了！还不赶快去向叶老师赔礼求情吗？若不，就得开除！'他把'开除'两个字说得特别鲜亮而有力！我拒绝了这'赔礼'"（《人与人间——萧军回忆录》第139页）。

有几位同学知道了这个消息，主动跑到校长那里去为萧军"求情"，他们说：可以给萧军记大过，甚至是打手板，千万不能开除，这个处分太重了。

"乌焦巴弓"与"夜猫子"沆瀣一气，为报复一个学生不惜一切手段。软弱怕事的校长畏惧"乌焦巴弓"和"夜猫子"，加上萧军又不肯向"夜猫子"赔礼，"夜猫子"叼住萧军不放，以不开除萧军学籍他就辞职相要挟，校长只好开除萧军"这个微不足道的学生"，而把体育教员——"夜猫子"留下来。于是，他不顾许多好学生的"求情"，最后竟以"侮骂师长"的罪名把萧军开除了学籍。这年是1924年，萧军十七岁。萧军说："我也毫无留恋和遗憾地离开了这所学校！这也就是我正规教育学程永远终结的一天。"（《我的文学生涯简述》，《萧军近作》277页）

七、"一条饥饿的蚕"

学校对萧军不公正的处罚使全校大哗，许多师生为萧军鸣不平。萧军的同班好友王世忱、陈玉庭、朱君玉等几名同学为了表示对校方的抗议，也都愤而退学。

山东籍的王世忱长萧军两岁，身材高大，眉毛浓黑，睫毛很长，长着一双杏核形的眼睛，眼珠黑而有光，是个典型的美男子。在班里他品学兼优，性情温和，少言寡语，从来不与任何人争吵，班里同学开玩笑时都亲切地叫他"大姑娘"。就是这个老实厚道的"大姑娘"，却在萧军被开除学籍这个问题上突然无比强硬起来，向学校提出退学以抗议学校的不公正，这一举动使全校教员和学生们全都惊异。尽管学校百般挽留他，但他毫不动摇，他决然退学回家，宁愿和母亲一起摊煎饼，也不愿意在这样一所没有公理的学校里念书。王世忱等同学为正义、为萧军牺牲自己的学籍乃至"前途"，使萧军非常感动，几十年后，萧军在撰写回忆录时仍然在怀念他们，"此情可待成追忆"，他把这最真诚的感情熔铸到自己的文学创作中去。

弹一曲高山流水，吟一阕莫失莫忘，重情重义的萧军把这真挚的同学情珍藏起来，待到黑发变白首时记忆里仍然是满满的感动。

再坚强的人，内心也有柔弱的一面，被学校开除后，萧军陷入了迷惘之中：自己人生今后的路怎样走？前途在哪里？再去别的学校上学，会有哪一个学校肯收下一个"开除生"？更让他忧虑的是怎样向性格暴躁的父亲交代，父亲是个很爱面子的人，知道自己的儿子被学校开除学籍了，他会怎样呢？他会怎样对待儿子呢？是打？是骂？是赶出家门？萧军苦苦地思索这个问题……这时好友王世忱和退学的同学们商议一番，给萧军出了一个假上学的好主意，就是暂时先不告诉家里被开除的事，过一天少两晌，过一段时间再见机行事。

按照同学们出的主意，萧军每天按时离家，按时回家，白天躲到王世忱介绍的"山东会馆"去看书。王世忱和他母亲在山东会馆附近开了一个煎饼铺子，他每天中午都给萧军送来一大卷香喷喷的煎饼和一壶开水。

山东会馆在长春城的东南郊，是一所二层楼房，平时闲着不用。会馆周围栽满了柳树，前面还有一片空地。王世忱和管楼的人很熟，给萧军联系好了，每天都可以到楼上去读书。这是个没有办法的办法，权宜之计吧！萧军只好按照这个计划来实行：天天都装作若无其事的样子，背起书包，带一些饭菜，并且说是为了抓紧时间学习，午间不回家吃饭了。好在父亲干活走得早，到长春以后继母面对已长成"大小伙"的萧军多少有些"惧怕"，所以，萧军的事她向来不闻不问，就这样，萧军被开除学籍的事一时间瞒天过海了。

繁华的长春城，书店、书摊随处可见，读了几年书的萧军方块字认得多了，学习、读小说的欲望越来越强烈。再则，萧军想：既然被校方剥夺了在校学习的机会，自己就要尽全力把损失弥补上。这段时间，他拼命地读课外书，就像一条饥饿的蚕，只要是桑叶，他就一路啮蚀过来，一步步侵占。不管是历史、武侠、志怪、公案，还是言情小说，他都爱不释手。什么《史记》《西游记》《三国演义》《红楼梦》《济公传》《七侠五义》《施公案》《彭公案》《聊斋志异》等等，凡是能租来、借来、买来的书籍，他都贪婪地阅读着，困了就伏在桌子上睡一觉，醒来再继续读。偌大的一座会馆，就他一个人在安安静静地读书，自由自在地生活，无人约束，无人打扰，简直是世外桃源哪！

正值春日时节，天气一天一天见暖，被"万条垂下绿丝绦"拥抱的山东会馆显得更加美丽幽静，置身在"早莺争暖树""新燕啄春泥"的美丽春景之中，萧军"感到在这里比在学校里舒服多了，俨然一个'神仙'。幽静、安宁，没有任何人的烦扰，倒很像《聊斋》中那些古寺或山庄。我也幻想着，也许会有什么狐仙之类的出现吧？"（《人与人间——萧军回忆录》第140页）

这期间，萧军还看过许多才子佳人小说，如《花月痕》《西厢记》等等。许多古典文学名著他都是在这个时期涉猎的。

正是书籍把无数的智慧和美好对比着愚昧和丑陋一起呈现在萧军面前，读书让萧军了解了历史，了解了社会，感知了生活。文字就像一个有生命力的小精灵，带领萧军同书中的人物、故事一起欢乐、一起悲伤，让他从书中咀嚼出跌宕起伏的情感。他就像一个旅者畅游在书的风景里，一路行走，一路书香。他有时放声吟哦，有时掩卷沉思……他任由书韵浸润心灵，那种感觉简直是妙不可言。

他把《红楼梦》读完后，还用自己独特的审美意识，朴素的爱憎观点，来品评作品中的人物。他觉得琼楼玉宇的大观园实在阴森气闷，他真想闯进去打抱不平，出一口胸中的怒气。他很讨厌贾宝玉那种半男半女、拈花惹草的性格；他更是十分鄙视王熙凤那种奸诈阴险的手段；对薛宝钗伪君子式的所谓"落落大方"他毫无兴趣；对看花流泪、对月伤情、眼泪洗脸、忽风忽雨性格的林黛玉他更觉得腻烦。他喜欢的是刚烈爽朗的尤三姐、鸳鸯、晴雯、史湘云、柳湘莲，就连那憨焦大，他也喜欢得不得了……

有人说，一本书就是一个世界，阅读得越多内心越是沉稳、富足。当萧军爱上读书，他就在书中的世界里，似乎遇见了最美的风景，他发现，整个世界都在偷偷爱着他。什么"乌焦巴弓"，什么"夜猫子"，早已从他的记忆里抛到九霄云外了。他每天遨游在多彩的书页之间，每一部书就像一张征帆，载着他去远航，他高兴地唱着歌，忘却了一切烦恼，兴致盎然地乘风破浪，驶向知识的海洋！

纸里包不住火，经过半年多的时间，假上学的鬼把戏被父亲识破了。一天早晨，萧军像往常一样背起书包正准备离开家，父亲陡然脸色铁青着问萧军：

"你到哪里去?"

"上学。"萧军镇静地、毫不含糊地回答。

"上学?!——你到哪里去上学?!"萧军低头不语。

他立即明白自己被开除一事父亲知道了,不然父亲不会这么样问他,看来再也隐瞒不了了,他准备迎接父亲责备他的暴风骤雨的到来。出乎萧军的意料,这次父亲一没有骂他,二没有打他,只是阴沉着脸对他说:"你不用瞒我了,你早就被学校开除了。我看透你了,你也不是那份有出息的读书坯子,书不用读了!学生意你会把掌柜的气死,学手艺你会把师傅打死,我不想跟在你的身后吃官司。从此以后,你愿意干什么就干什么去,自谋生路去吧!"说完,刘清廉低着头颓丧地走了。萧军突然明白:父亲对自己是完全绝望了,他那由绝望而伤心的神情竟使萧军很难过……

踌躇满志的萧军觉得自己干什么都行,绝不是父亲所断言的那样不成器。他曾经和父亲说过,爬楼上房装嵌玻璃他很感兴趣,而且头不晕手不软的,他完全可以当一名独立的装嵌玻璃的工人,可父亲无论如何都不愿意他子承父业。一些好心的亲戚朋友劝刘清廉把萧军送到什么地方去学一门手艺,或者去学做商人,刘清廉都回绝了。"好像默默中他认为我还是应该去开辟自己生活的道路,他的生活道路并非是我应该走的生活道路。"(《我的文学生涯简述》,《萧军近作》284页)事已至此,是该自己开辟一条生路了!可天苍苍,野茫茫,生路在哪里呢?站在人生十字路口上的萧军,第一次开始了自己的选择。

萧军十岁那年的深冬到长春,十八岁那年的春天离开这座城去自谋生路,短短的八年青少年时期,长春城给萧军留下了不算少的痛苦、耻辱和创伤。同时也是在这个时期,那些既有心酸,也有甜蜜的经历,启开了他幼稚的心扉,他初步地确立了人生的支点,增强了朴素的爱国热情,有了说不清的朦胧初恋,收获了金子般的同学情谊……长春,他也像怀念第一故乡——下碾盘沟那样怀念它,把它作为自己的第二故乡。1979年12月,72岁的萧军在写作《忆长春》的过程中,还成诗四律,其中第一首就是:

长春自在春长在,七十华年逝水流。
故迹何堪重掉首,河山旧似诧凝眸。

杏花村忆城西路，荒草垣颓白骨丘①。

几许悲欢离合梦，天西又见月如钩。

（《萧军近作》第130页）

可见萧军对长春城的依依深情！

---

① 白骨丘：指长春城西门外有一处为平时行刑杀人之所。坟头垒垒，白骨堆堆。

第三章　武学道路上的文学梦

一、美丽江城的"字儿兵"

1925年，十八岁的萧军离开了长春的家，遵父命自谋生路去了。他怀着报国的美好憧憬，经乡人介绍，来到了吉林省吉林市南郊巴尔虎屯陆军三十四团（即吉林卫队团）骑兵营当了一名骑兵，改名刘吟飞。

对于当兵这个选择，有着它的必然性，这是萧军从小受第一故乡——下碾盘沟剽悍的民风熏陶的结果。

当时在民间虽然有着"好男不当兵，好铁不打钉"的谚语，但在萧军的故乡——辽西锦州一带，人们的认识与此完全相悖。当兵和当匪不仅没有什么耻辱，反而是一种"光荣"，是一种"正当"的职业，是男孩子们出人头地的一种出路，是使家人脱离贫穷的一种希望……如前所述：这是因为当时统治东北三省的大大小小的军阀，几乎全是当兵或当匪出身的。当地人认为当兵和当匪没什么严格的区别，兵亦匪，匪亦兵，只要能有"出息"，当兵当匪都一样。什么张作霖、冯麟阁、张作相、汤玉麟、孙烈臣等等，他们都是由匪而兵。后来成为抗日义勇军名将的马占山将军，也是"绿林大学"出身，还有吉林抗战第一人——冯占海①将军，他是在东北军中当兵起家的，后来成为赫赫有名的抗日英雄。这是时代的产物，时代的风习使然。所以，从小就崇尚武功，立志要杀富

---

① 冯占海（1899—1963），字寿山，辽宁锦县人。1917年参加东北军，后入东北讲武堂深造。九一八事变后，收编绿林民众抗日武装，举兵抗日，被称为"吉林抗日第一人"。后因被国民党嫡系排挤而心灰意冷，率亲信副官出走，以经商为业脱离了军旅。新中国成立后，受周恩来总理之邀返回吉林省任省省体委主任。

济贫、一心要驱除外虏的萧军，当时认为只有选择当兵这条路才能实现他的"救国救民"的宏愿。

据萧军回忆说：他投入的骑兵营，原来是吉林省的督军张作相任师长时期的"马卫队"，后来扩充为一个营，被编入了陆军三十四团。这三十四团就自然成了督军的卫队团。这个团所辖三个营，其中两个步兵营和一个骑兵营。一营和骑兵营的营长分别由张作相的两个外甥，即冯占海和王裕恩担任，二营营长也是土匪出身的军阀的后代。

到骑兵营当兵可不是件容易的事，因为这是督军的"卫队团"，要有人介绍才行，一般人进不去。介绍萧军入伍的人特意提到，萧军是督军张作相的同乡，萧军家所在的村子——沈家台镇下碾盘沟村与张作相家所在的村子——班吉塔杂木林子相距才二三十里路，这可是真正的同乡啊！就这样萧军顺利地到骑兵营当了一名没有马骑的骑兵。

骑兵营分为四个连，其中只有一个连的马是官家的，称为"官马队"，另三个连的马是当兵人自带的，称为"私马队"，当兵的人吃一份饷钱，马也吃一份"马干"（马的饷钱）。萧军自己没有马，因此，骑马出操的机会就不多了。

由于他有文化，而且小楷字写得清楚匀整，又与本省督军张作相是同乡，就被选拔为"字儿兵"，到营部的书记处当了一名"见习上士"，专管抄写往来公函，不仅工作不累，他还可以享受不穿军装、自由出入营门的特权，这使他有足够的时间接触军营内外的方方面面。

吉林城给萧军的第一印象是美丽的，说它美丽"只是限于它存在那一自然环境中：有山，有水，配置得很和谐而匀称，这应该与那时它所包容的社会存在，社会制度，社会生活，没什么概念上的关联……"（《人与人间——萧军回忆录》142页）

吉林市是中国唯一省市同名的城市，满语名为"吉林乌拉"。据《吉林通志》记载：吉林谓沿，乌拉谓江，吉林乌拉是沿江的意思。为了统一称谓与写法，清康熙二十四年（1685年），清圣祖玄烨下令通称"吉林"。从此，"吉林"成为法定称谓。

由于吉林森林资源丰富，盛产木材，又毗邻浩瀚的松花江，适合大船航行，为了巩固东北边防，反击外族侵略，从明朝起曾在此设立船厂，故吉林又有"船厂"之称。

康熙皇帝在位时曾两次东巡吉林城（1682年和1698年），康熙二十一年（1682年），康熙帝东巡到吉林城时曾赋诗数首，其中一首为《松花江放船歌》，在这首著名的诗章中，康熙帝描写了松花江的自然美，什么"江水清清""浪花叠彩""彩帆风轻""苍岩翠壁""日耀晶晶"……不仅抒发了这位雄心勃勃的皇帝对自己祖先发祥地山水的热爱之情，同时诗中的"连樯接舰屯江城"之句，使吉林市从此便有了"江城"或"北国江城"的雅称。

据萧军回忆说：当时的吉林城整体的城郭既非正方形，也非长方形，它近乎一种不规整的椭圆形，那三面城墙犹如圈手椅的靠背，沿着北山脚下东西延伸，向江边环抱着，松花江从西向东流去就代替城墙了。那砖砌的城墙上共开有九座城门，沿城墙自西向东依次为：迎恩门（即临江门）、福绥门、德胜门、致和门、北极门、巴尔虎门、朝阳门（俗称大东门）、新开门、东莱门（俗称小东门）。其中德胜门、朝阳门之名，在中国这神州大地上，除了北京之外就只吉林才有，凸显吉林作为"龙兴故地"的地位。

萧军来到吉林的时候，有的地方城墙已经完全拆除。城墙背后是一代连绵不断的、不甚高大的东西走向的巍巍山岭，放眼望去，只见绿意蔓延中群峰林立，或高大雄伟或异峰突起，连绵起伏望不到尽头，既有南方山峰的灵秀，又有北方大山的雄奇。

吉林城区正北面的大山，俗称"北山"，很早便闻名遐迩。据传说清代以前曾名"九龙山"。康熙皇帝东巡吉林时，有术士说：九龙山九峰拱卫，有帝王之气象，日后恐出祸端。康熙闻言，大为不悦，立即调遣宁古塔官兵，把九龙山的九个山头凿毁，又下旨修建了玉皇阁以去帝王之气，阻断这里的龙脉。据《玉皇阁乾隆四十一年碑》记载：玉皇阁于清乾隆四十年（1775年），由僧人宽真大师所建。分成前后两院，前低后高，三层台基，为三进式院落，主次分明，与吉林市大多寺庙群一样，佛道儒三教混杂，以道为主，反映康熙、乾隆时期吉林城宗教信仰的倾向。山门（天王殿）两侧有四大天王塑像，门外两侧有钟鼓二楼。前院牌楼门东侧有祖师庙数间，供道、释、儒三教始祖，即太上老君、如来佛和孔子。二层楼阁系砖木结构，楼上正中主奉中国民间最大的神祇，为众神之皇的玉皇大帝坐像，吉林北山玉皇阁成为东北三省唯一供奉玉皇大帝的寺院。

萧军曾听闻：清道光三年（1823年），大学士松筠任吉林将军。他经常微服私访。一日到北山，听玉皇阁前许多人议论吉林的地理形胜。说吉林城以松花江划定阴阳两仪，两仪生四象，左青龙，右白虎，前朱雀，后玄武。东西团山对峙，九龙山（北山）藏九龙，卧虎沟卧一虎，形势极佳，具有王都之势，天下稀少。奇特的山水地貌和人们的雅论，激发了这位多才多艺的松筠将军的兴致，于是便奋笔泼墨写下了"天下第一江山"六个大字。后加工制匾，悬挂于玉皇阁的牌坊上。后来原匾漫漶，模糊不可辨别，吉林书法家张书绅仿松筠将军之书，重制匾额。后又遭毁，萧军看到的这块匾是复制品。多少年以后萧军还清楚地记得，配着"天下第一江山"横额的那副对联，上联是：凡事退步想，天宽地阔。下联是：心田培一点，子种孙收。

萧军说："关于下联它并没对我的思想产生过什么影响……但是这上一联，若干年来它对我在生活中遇到艰难困苦的时候，却起了很好的'定力'作用，我总是用'凡事退步想'这几个字来安抚自己，因此可以做到不忮不求，也就感到'天宽地阔'了。我也常常引证这条联语来劝慰某些喜欢怨天尤人、喜欢发牢骚成性的朋友们。这也叫作'比较人生观'或者'比较人生态度'，再就是阿Q精神一个变种了。"（《人与人间——萧军回忆录》145页）

北山由于庙宇众多，各殿所供奉神佛不同，所以香客也就按不同需求，进各自的庙宇。北山既有佛教的大雄宝殿、三菩萨殿、娘娘庙等，又有道教的玉皇阁、关帝庙、坎离宫。还有各种工匠信奉的祖师庙，有著名的药王庙，以及在全国也为数极少的"老郎殿"——供祀有唐明皇塑像，昔日是"伶界朝尊"的地方。为此，中国京剧著名的科班喜（富）连成的创始人吉林牛子厚，曾向庙上献匾。此外如评剧始祖成兆才及名演员花莲舫、小桂花等，京剧有"南麒北马关外唐"之称的唐韵笙等，均向庙上献过匾。在祖师庙正龛供有如来、老子、孔子，可谓三教合一的典范。这种同在一殿享受香火的现象，也许只有关东的吉林城才会有，这与关东文化及民俗有关。所以每逢农历四月二十八大型庙会期间，举城百姓都要逛庙会，一时北山上下总有几万人，真是热闹非凡，大有"千山庙会甲东北，吉林庙会胜千山"的盛况。

除庙会外，平时每逢春夏秋季节，游人也是很多的。这里还有卖茶、卖酒、卖吃食的场所，设置在半山腰的一处酒家名叫"怡绿山庄"，在它的房檐前一面杏黄色的"酒招"在绿树丛中高挑出来，酒店的房子有廊有槛，有舒适的座席，这里的酒、茶也是很有名的。萧军有时是和朋友们，有时是自己独来北山闲游，总要到"怡绿山庄"坐一段时间，喝上半斤老酒，泡上一盏清茶，飘飘然感觉很有风趣。

从营房门前向东望去，也是连绵不断高低起伏的群山，层次分明，颜色浓淡相间，和杭州西湖的南北高峰很相似。松花江在吉林城前完成了一段特有的波澜不惊、水平如镜的西东流程以后，就在这带山群的西边脚下转向北方折流去了。在这段江的东岸便是有名的"龙潭山"，距吉林城东南十五六里左右。

龙潭山呈卧龙形，西东走向，"虽不甚高峻，而山形颇逶迤有致，林木也颇翁郁清幽；山腰复有潭水一泓，俗称'龙潭'，相传有罪龙被囚锁于此内。……潭侧有牌坊一具，系清皇帝'道光'所书，文曰'挹娄千古'……"龙潭山因"龙潭"而得名。龙潭俗称水牢，是高句丽北疆古城堡的贮水池。龙潭山西麓峰峦陡峭，拔地而起；东麓绵延远去，没于群山之中。1927年秋天，萧军与好友方靖远（即方未艾）第一次登上了龙潭山，正值秋风落叶，白云行空，登峰远眺，江山寂然，不免见景生情写下了几首五言绝句，其中：

游龙潭山

叶落空山寂，人行鸟语微；

一声长啸里，风送白云飞。

（《萧军近作》第43页）

1979年8月，刚刚复出的萧军迫不及待地返回东北故乡，他携二女儿萧耘、次子萧燕从北京出发，先到锦州，到下碾盘沟，然后到黑龙江，又折回吉林，一路上写下了许多诗篇和文章，其中有一首《登龙潭山》：

龙潭山色昔犹今，此日登临认归痕。

极目烟波穷浩淼，恍疑身似再生身。

还有一首《登北山"揽月亭"诸胜》：

揽月亭头入望遥：江山依是旧多娇。

一衣带水明于镜，银汉无槎渡有桥。

（《萧军近作》第40页）

由营门前转向西南方望去，大约五六里就是有名的满族人"望祭"的地方"小白山"。小白山旧称"白虎山"，其状如头朝北尾向南的一只卧虎，且位于吉林城西，按后汉班固《白虎通义》"前朱雀、后玄武、左青龙、右白虎"之说，以白虎示西而得名。小白山满语称"温德亨"或"温德赫恩"，意为"祭祀板"，源于此处曾是清王朝遥祭满族发祥地长白山的地方。

清朝皇帝的先祖发祥于长白山，在这里开创基业，所以清王朝视长白山为圣山。为了表示他们不忘本、不忘祖，历代皇帝都要按时、按季去祭拜长白山。又因长白山路途遥远，交通困难，遂于雍正十一年（1733年）在小白山上修建"望祭殿"。其中，正殿五楹，山麓建供主祭官驻跸的祭器楼二楹，山下建饲养供祭祀牲品的养鹿场一处。望祭殿设长白山的神位，每年春秋两季由地方官员代皇帝在此祭祀长白山。

望祭殿建成后，清高宗乾隆皇帝爱新觉罗·弘历于乾隆十九年（1754年）亲临小白山祭祀。萧军曾描述他所见的当时的小白山古树繁茂，芳草铺地，山花烂漫，百鸟声喧，风景十分幽美。他也曾亲眼观看过那神奇肥硕的"白山鹿囿"……

二、军人梦的失落

吉林城美丽的自然风光和名胜古迹，使萧军这个具有诗人气质的爱国青年热血沸腾，他憧憬着、畅想着，一度处在亢奋之中。特别是每当日暮黄昏，晚霞涂抹着半边天际，在远山近水的烘衬中，兵士们放开军马，任它们在草地上奔跑驰骋，奋蹄嘶鸣……军号声时而苍凉高亢，时而悠悠扬扬，颇有"万里赴戎机，关山度若飞""平沙列万幕""马鸣风萧萧"的古战场情景。萧军从幼小就崇拜岳家军、杨家将、石达开、安重根等爱国英雄，喜欢读那些峻烈悲凉的边塞诗，并常常"一吟双泪流"。他有时眺望万壑群峰，有时漫步在林下江边，临飒飒秋风吹，观淙淙东水流，听阵阵松涛声，它们似乎为萧军合奏着生命交响曲，让他觉得洁净空灵中演绎着大自然的雄浑力量，使自己生命的顽强在天地间蔓延。

萧军之所以把自己的名字"刘鸿霖"改为"刘吟飞"，是因为他不仅表明自己喜欢这戎马关山的军旅生活，他还要在这里开始一种全新的人生，逸兴云飞，他要一展远大的抱负！

可是，不久萧军发现，他所崇尚的军旅生活，不但没有任何惊天动地的英雄气概，而且充满野蛮、黑暗、血腥和庸俗。他逐渐看透，山环水绕的美丽江城实际上也是人间地狱，这使他长久以来升腾的军人梦一下子失落殆尽。

萧军所在的骑兵营营盘，坐落在吉林城正对面、松花江南岸一带地势较高的漫沙岗子上。营房门是古城门式的，下边是璇洞形的出入口。营门楼前面长年竖立着一杆红底儿、黑星花的陆军旗，逢年、节庆日、星期日，这陆军旗还要与一面幅面很大的五色国旗十字交叉地竖起来，在交叉的部位还要用一条带穗头的黄色粗丝绳系绑起来，使一对大穗头齐齐地垂下。

营门两边有两名全副武装的兵士笔挺地站立着，长枪上的刺刀银光闪闪，还有一名身挂红色绶带的值星官，他在指挥着什么。营门左右是两片"系马场"，竖着若干带铁环的粗粗的桩柱，整体给人森严、威武的感觉。

站在营门前向正北方望过去，在松花江的北岸，有两座像庙宇寺院的山门状的巍峨建筑并列着，那是吉林省军、政的最高衙门，即"督军公署"和"省长公署"，门前左右两边都有成对的石狮子蹲踞着。

不久萧军知道了，当时东三省的政权完全是掌握在大小封建军阀的手里……所有的大小文武百官，他们只知道报效张大帅，并没有国家以至民族观念，因为大帅是赏给他们饭吃的人！

萧军还了解到：百官之中虽然偶尔也有一些稍具有国家、民族观念而又正直，想为国家、民族干一番事业的人，但他们是存不住的，早早晚晚总要被撤换或一脚踢开。凡属还能够保住某种职位的人，不是直接、间接和这一统治势力集团有某种关系以外，再就是该人确实具有某种特殊技能，为他们所需要，否则的话是很难存在的……萧军在骑兵营两年多时间，他亲眼所见就有若干名属于前任督军遗留下来的大小军官，无论好坏，一律被借故撤换了，全部换上了与大帅有关联的家族、亲戚、故旧、乡人等，真是"家天下""一朝天子一朝臣""一人当官鸡犬升天"哪。

"这些换上来的人，不论材具，不论资历，有的昨天还在乡村里做二流子，而今天就可以混上一官半职。"《人与人间——萧军回忆录》150页）这些人从来不隐讳自己过去的"履历"，常常是自己在人前公然宣讲着曾经报"字"是什么，做过什么值得夸耀的"案"！他们当了"官军"并不依靠兵饷过日子，而是走私鸦片，贩卖军火……他们随身带着枪支，有时夜间出去抢劫，作了案可以神不知鬼不觉地回到营盘里来避风，没有任何人敢来军营搜捕哇！

在军队内部，森严血腥的等级压迫，龌龊丑恶的残酷暴行，真是惨不忍睹。军官们高高在上，大鱼吃小鱼，颐指气使，动辄打骂士兵。他们不仅私吞兵饷，"喝兵血"，还像对待牲口一样殴打士兵。

在营部和连部房门的两旁，经常挂着一对黑红棒子，是为了执行"军法"责打小兵们所使用的。这种棒子约有三尺长，手柄是圆形的，直径约有一寸粗，到二分之一的地方渐渐成为扁形的了。到棒头的一端就加宽到二寸左右，上面有一条突起的三角形棱线，下部棒面微微翘起一些，俨然一柄划船的短桨板。整个棒子上半段漆成黑色，下半段却漆成了纯红色，萧军揣测：大概是为了打出血来可以不太显眼的缘故吧。

有时在清晨，有时在夜间，常常听到震响军营全大院的凄惨的哭喊声，棒子的拍打声，"办人"长官的辱骂声，"掌刑"者喊着的数目声，把熟睡的人们惊醒，就知道这又是某某连在"办人"呢！

"连长，留腿呀！连长留腿呀！"

"×你妈的！我把腿给你打断了！再叫你溜号！给我打！打！打！"

"一、二、三、四……二十……三十……四十……"

然后是昏死，泼水……再昏死，再泼水……

这所谓的"溜号"，多半是那些生活无趣味的士兵，偷偷到村里的小酒馆去喝酒，也有的是到四等妓馆区……萧军不止一次看见那些军官毒打士兵的情形，引起了他极大的愤懑……从小就愤世嫉俗、疾恶如仇、爱打抱不平的他，每每这个时候，又要站出来去主持公道，坚持正义了。好心的朋友立即阻止他：不要没事找事！管好你自己。再说，这些人欠揍，不值得可怜，他们在营盘内被当官的暴打，可他们离开营盘到老百姓那里，却效仿那些当官的，对老百姓如狼似虎作恶多端……这就是"小鱼吃虾米"，最苦的还是那些社会最底层的老百姓啊！

1979年6月，萧军在他的《江城诗话·兵匪一家》中说："关于以上这类军队生活，我过去在一篇所写的短篇小说《军中》曾有过一些描写……这就是当时在封建军阀统治下，我所见到的一个肮脏的社会死角，一种非人的生活！"

（《人与人间——萧军回忆录》第152页）

据萧军回忆：在吉林城西北有一座"德胜门"，这是通往北山风景区的一条通道。在德胜门里建有一排排、一列列不足八市尺见方的低矮的木板房，屋子里面满满地铺设着一具三面抵墙的大床铺，床铺上横竖叠摆着一些花花绿绿的被子和枕头……

由下午到深夜，扰扰攘攘的人群在这里麇集着，游动着……这里是吉林城的四等妓馆区，也是流氓、赌棍、地痞、恶霸盘踞和出没的地方。

到四等妓馆区来游荡的当然只限于市民层中的"下等人"，即小商贩、小职员，出卖体力的劳动者，无固定生活来源的流浪汉，再就是一些偷出营盘、冒着回营挨军棍的不安分的士兵……

而那些妓女脸颊和嘴唇涂抹得吓人地鲜红，描着黑黑的弯眉，在昏暗的灯光下，极力掩盖自己那已经枯黄的或苍白的憔悴的面容。她们站在自己的屋门前，任人品评着、戏谑着，甚至是侮辱着。她们不仅装作若无其事，充耳不闻，还要装情做情，像蛇一样扭捏着身子，唱着少腔无调的淫邪小曲来招徕"主顾"们……为了钱，为了自己，为了家人，为了还债，为了生存，为了满足"龟头"、"老鸨"、妓馆老板，等等，为了满足那些个靠她们生活的恶棍们的金钱贪欲，甚至顾不了自己年老、体弱、疾病的折磨，她们每天要不停地接待着"客人"……除了喂养成群的寄生虫之外，她们还要缴纳政府官家从她们身上抽刮的"所得税"——"花捐"。因此她们只能连皮带骨日日夜夜不停地把自己拍卖着！拍卖着！一直到死亡的那一天！

由于军营"书记处"有一个与"大帅"有些亲戚关系，与萧军又是同乡关系的"见习上士"，年龄比萧军大几岁，人开朗、健谈，平日和萧军关系不错，他熟悉吉林城的各个角落和当时社会中各类人、各样生活。他为了让萧军开开"眼界"，常常带着萧军出去东游西逛。萧军一是出于好奇，二是为了了解社会人情世故，所以也就像在长春城跟着好友刘仲儿那样乐意跟着这位"老大哥"，到那些"稀奇古怪"的角落去了解认识了各色各样的人，目睹了许多卫士（大帅的卫兵）、流氓、恶棍、吃娼靠赌的寄生虫们的卑劣行为，让萧军充分认识到了：当时的吉林城是一座"人间地狱"，比长春城更黑暗，人民的生活更悲惨！

从军营到社会，从官府到社会底层，到处都充斥着剥削与压迫、荒淫与无耻、腐化与堕落。萧军简直厌恶、憎恨到了极点，他恨不得立即打翻这罪恶的官府，推翻军阀统治！可路在哪里？国家和人民的前途又在哪里？自己今后怎么办？憎恶，迷惘，郁闷……萧军苦苦地思索着……

为了排泄自己的苦闷，他常常借酒消愁，与诗相伴，有时竟烂醉如泥，却出口成章，他的文采震惊了吉林城"名士"派①的人们。

事情是这样的：吉林城来了一个叫"飞燕"的十六岁的"雏妓"，据说她才貌双绝，身材纤瘦高挑，轻盈俏丽，肌肤赛雪，明眉如黛，精致得像个雪娃娃，那些"名士"们都争抢"献媚"，想送她一副对联，要把"飞""燕"两个字冠在联头上，可各个"江郎才尽"，无论如何都作不出来。他们找到了萧军，没想到萧军竟随口说出："飞来峰下云千里，燕子楼头月一弯。"

"好！""好！"名士们拍手称赞。

这副对联真是堪称绝对，风景、地理、人文巧妙融为一体，字数相等，词性相当，结构相称，又完全符合"飞""燕"二字冠于联头的要求。而且这"飞来峰"②"燕子楼"③既是名胜，又有典故。于是，"名士"们对萧军的才气佩服得五体投地，群起而捧之，视其为"奇才"。

事过不久，吉林"丹桂茶园"剧院来了一位十九岁的京剧女艺人，专攻青衣花旦，她所演的剧目虽然是《嫦娥奔月》《天女散花》《贵妃醉酒》之类的普通节目，但对于吉林这样一个较为偏僻的小江城来说，却是新鲜的了。因此，整个吉林城喜欢看戏的人们被她的演技和容貌轰动了，发狂了！萧军也是被轰动、被发狂者之一。

这个女艺人叫琴晓舫，她的演出场场爆满，她的住处，几乎每天都有人进进出出，前去找她闲谈、拜访的络绎不绝。有一天，几位"名士"派的人物竟然拉扯着萧军跟随他们一起去玩玩，去观光。开始萧军不肯去，后来拗不过这些朋友们的"盛情"，又因为好奇，就只好跟随他们去了琴晓舫的下榻处。

萧军万万没有想到，这些"朋友"竟当着琴晓舫的面，把萧军大大地吹捧

① 名士派：旧时指知识分子中不拘小节、自由散漫的一流人。亦指这种人的作风。

② 飞来峰：杭州灵隐寺前有一山峰，怪石嵯峨，风景绝异。传说印度高僧慧理来杭州见到此峰大吃一惊，称"此乃中天竺国灵鹫山之小岭，不知何以飞来"，因此称为"飞来峰"，又名灵鹫峰。

③ 燕子楼：中国江苏徐州五大名楼之一，因飞檐挑角形如飞燕而得名。此楼原为唐朝贞元年间，武宁节度使张建封为其爱妾、著名女诗人关盼盼所建的一座小楼。张逝世后，关为张守节，矢志不嫁，张仲素和白居易为之题咏，遂使此楼名垂千古，后历代诗人咏诵不绝。

一番，说他能作诗，会舞剑……当着一个年龄相仿（都是十九周岁）、初次见面的姑娘夸奖他，这简直是把他放在火上烤，萧军感到一阵阵面红耳赤，脸上热辣辣的，无地自容地不知手脚往哪里放。

可这个琴晓舫不仅美丽端庄，知书解字，而且待人诚恳热情，善于谈吐，在萧军他们临走时，竟出乎人们意料地提出拜萧军为师，要跟萧军学剑和作诗，并且邀请萧军第二天早晨务必到她的住处。琴晓舫的诚恳相约，萧军不好回绝，只好点头答应了。能够得到一个名满江城的女艺人的青睐，那些"名士"派的朋友们都非常羡慕萧军的"幸运"。

恰逢第二天是星期日，经过一夜的不安和矛盾，萧军如约而至。琴晓舫对萧军很有好感，并渐渐地与萧军成了朋友。

一次天上下着小雪，萧军喝了一点酒后，又去拜访琴晓舫，琴晓舫让萧军为她舞剑。在舞剑过程中，萧军看到琴晓舫穿着单薄衣衫，双肩紧抱，似有寒意，但仍然立廊下微笑着观看，直至舞讫，这使萧军大为感动。

在他们交往期间，萧军因事离开吉林城一段时间，回来时再去琴晓舫处，得知她也已经离开江城，去了哪里不得而知，"凤去楼空"。这使萧军感到怅惘，回到营地为她写下几首诗，以表怀念：

初　访

殷红浅碧故衣裳，几度分明又渺茫！

为问楼头新月子，可曾记得旧时妆？

再访故居

一寸眉心一寸灰，零红院落几低徊；

长春花下双飞蝶，识否刘郎今又回？

雪中舞剑

拼立闲阶敛玉楼①，爱郎合雪斗吴钩②；

---

① 玉楼：喻肩也。宋苏东坡有诗："冻合玉楼寒起粟，光摇银海眩生花。"

② 吴钩：喻吴国所锻兵器或刀剑之类，这里指萧军舞的剑。杜甫《后出塞》中有句："少年别有赠，含笑看吴钩。"

于今屈指从头计，除却白云总是愁。

吊残霞

生成薄命踏天涯，薄命人逢薄命花！

搔首芳踪何处是？松花江首吊残霞。

（《萧军近作》第159—160页）

　　在萧军心情最为苦闷的时候，他在吉林北山东麓的乱坟丛葬中，发现了"雏妓侯小玲珑（名玉瑛）荒坟在焉。墓畔有二石碑镌其身世颇详：彼女为江苏丹徒籍，因家贫，迫而卖身为妓以养母。殁年仅十四。我客吉林时，喜其地荒芜寂静，常至墓畔低回自遣。有时亦携酒独酌，醉即席地而眠，日夜不计也。一九二七年秋，将辞该城他适，成诗数章，以志此一段'鬼姻缘'，所谓'积习'未除，用以自嘲自哂兼亦自诉而已"（《萧军近作》第194页）。

　　萧军当年写下的《别侯小玲珑墓》七言绝句五首：

一

萧疏残叶遍山坡，夜半如闻婉转歌；

仔细听来浑不似，寒蛩草底咽秋河。

二

碧落黄泉两渺茫，松江秋冷暮山苍；

梵钟[①]敲得幽魂碎，翠袖单寒怎耐凉？

三

滴落尘寰二十年，几曾铁泪向人弹？

儿郎无母卿无父[②]，半是怜君半自怜！

---

　　① 梵钟：吉林北山庙宇甚多，常有僧、道坐"龛笼"者，时拉绳撞钟以自警、警人。每当夜深人寂，钟声铿然作响。

　　② 萧军意自己七个月丧母，侯小玲珑丧父。

四

伴墓双碑幸未残，始知人世护花难。

看堪又近重阳节，冷雨西风好自安。

五

莫卿无酒更无花，检点西山几片霞；

数茎荒蒿堪记取，相逢梦里又天涯！

几十年过去了，1979年6月萧军在写《江城诗话》时说：这就是他曾经度过的一段"诗酒生涯"，他在为自己的"痛饮狂歌空度日"而忏悔的同时，欣喜坚定地说：祖国翻天覆地的巨大变化，当年那种"兵匪一家""人间地狱"，肮脏的、黑暗的"死角"，一去不复返了！如此吉林才可以称为"美丽的江城"！于是他又附题二律，以抒遐思：

一

江山依是久相违，旧梦迷离若耶非？

酒渍青衫合泪湿；歌听檀板遏云归。

多情自许陪荒冢；赍恨余托故纸堆。

功过何论千载外，经天明月自盈亏。

二

花飞絮泊逝年年，春去春回一等闲：

石火光寒明永夜；红梅雪岭艳霜天。

筘声牧马嘶残照；古塞苍鹰唳故垣。

山水"龙潭"怀往迹，秋风远浦梦归帆。

三、四位文学与人生的向导

如果要探索萧军走上文学道路的渊源，无疑，首先要追溯到他的少年时期，第一故乡下碾盘沟有他善于讲故事的祖母，有一个会唱皮影戏的五姑，还有一个擅长说大鼓书的四叔，他们都曾经给予萧军从事文学事业最早的启蒙。如前所述，这些民间说唱艺术确实在一定程度上培养了萧军对文艺的兴趣以及分辨忠奸的朴素的民族主义思想，这对于他后来在韵文和散文的创作上以及爱国主义思想的形成，都产生过深远的影响。

到了长春以后，不仅受到了几年的正规教育，他又贪婪地读了多部古典小说。尽管他当时还不能理解这些部小说的反封建的积极主题和现实主义的意义，但无疑是一次重要的文学积淀。

萧军在吉林东北军陆军三十四团骑兵营的这段军旅生活，又为他走上文学道路注进了某些新的内容，这是个不可小觑的重要阶段。完全可以说，萧军几乎是在开始"武学"生涯的同时，为自己今后走上文学道路做好了积极的准备。当然，这种准备不是自觉的、有意识的，但它确实为萧军走上文学道路打下了坚实的基础。

萧军到吉林卫队团当兵不久，遇上了永生难忘的四位文学与人生的向导，即罗炳然、徐玉诺、方靖远、王宜之。

罗炳然是萧军所在的骑兵营营部"书记处"正式的上士文书，后来成为书记长。他是师范学校的高才生，出身于书香门第。他有一脑子家传的"四书"、"五经"和诗词歌赋知识。

罗炳然长萧军五六岁，为人正直、开朗、喜才。当萧军到书记处做见习上士不久，他看到萧军常常在看书、念诗，便主动热情地提出要教萧军作诗。开始萧军有畏难情绪，他觉得作诗是件近乎神秘而又不容易的事，必须要有高深的学问，广博的知识，像李白、杜甫那样的天才才能谈到作诗，诗作才能流芳文史，才能成为诗人。而自己舞枪弄棍，文学知识没有一箩筐，怎能做这种奇想？这时罗炳然便鼓励萧军说："不要听那一套江湖口，作诗没什么奥妙的。用不了一点钟，我就能够把如何识别平仄字、如何查韵脚等等教会你。"

果然没用一个小时，萧军基本明白了如何分别四声、平仄字、查韵脚、诗的形式以及一些作诗的基础知识。然后，罗炳然又挑出若干首诗的平仄字要求萧军背下来。于是，萧军就把《古唐诗合解》《诗韵合璧》《幼学琼林》等等作为自己的日常课程，不分昼夜地读了背，背了读，并加以自己的思索、开合，有疑问就向罗炳然请教。萧军还是有些基础的，在私塾和小学时就读背过一些启蒙的诗文，在吉长道立商埠小学读书时古典文学学得好。这次在罗炳然的热情指导、帮助下，萧军又系统地学习了唐宋八大家的文章和唐诗宋词……由于没日没夜地苦学，他不仅很快就掌握了旧体诗词格律、作诗的规矩，并胸中贮有数百首名家诗词了。

1926年立秋那天，萧军与罗炳然来到"松江第一楼"酒馆小酌。这"松江第一楼"酒馆坐落在松花江北岸，建筑得很特别，一半临江流，一半靠陆地，坐在酒馆里可以瞭望松花江两岸的景色，远山近树，水碧天蓝，让人心旷神怡。在这之前萧军也曾经常一个人到这里凭窗临槛喝些酒，有时竟尽醉方休。这次和老师对饮，兴致尤高。酒愈酣，情愈浓之时，罗炳然出了个《立秋有感》的诗题，萧军放眼无限江山，稍加思索，顺口吟道：

刹那光阴又到秋，天光云影望中收。

最能涤我胸襟处，醉饮"松江第一楼"。

（《萧军全集·14卷》第184页）

罗炳然听后，认真地检查、推敲了一番，从平仄到韵脚，从立意到遣词，从起、承到转、合……觉得符合诗的要求，指出了缺点，给予了肯定，并鼓励了一番。接下来，萧军又写下《游龙潭山》《过松花江》《待渡》和《初访》《再访故居》《雪中舞剑》等等。前一部分的诗表达了萧军热爱祖国河山的深挚感情，并且显示出他对自然景观有细致的观察能力；后一部分可以看出萧军既有诗人的缱绻柔情又有细腻委婉地抒发感情的不凡笔力。虽然后一部分诗单就思想内容而言，缺乏鲜明的时代感，但它却印证了萧军最早的文学创作就是从古体诗开始的。从此以后，萧军爱上了诗词、楹联的创作，几十年不辍。作为一位以小说著称于世的作家，在他全集中竟收录了诗词、诗歌千余首。

第二位就是徐玉诺。萧军在"一座公园、一位诗人、一本书"（《江城诗话》，《萧军近作》第138—147页）中回忆了与他的交往。

在骑兵营营盘的西面是一片破落的乡村，名为满语"巴尔虎屯"；东边是农事试验场，萧军来到这里的时候，已辟为公园了。这公园东西长一里，南北约半里，园子里面的树木大部分是榆树、柳树、桃树、杏树之类，还有一些夹竹桃、榆叶梅、水曲柳之类的花木等等。

树丛中或大树下设置摆放了一些木条长椅和石桌，供游人小憩饮茶之用。

春夏秋三季，这里还可以买到茶水、酒浆、菜肴之类吃食。

由于地处松花江南岸，吉林城里的人们到这里需要乘小船过江，下船后还得步行一里多路，所以游人不多。萧军很喜欢这里的幽静。

萧军抄写工作完成后，总是要带上书，到这公园里来研读，有时一天要来几次。这里的养花儿的、养蜂的、园林管理人员全成了萧军的朋友，萧军和他们一起喝茶、聊天，有时还一起饮酒，赶上饭时也和他们同食，亲切得简直成了一家人。

初秋的一天，蔚蓝色的天空晶莹透明，一尘不染，朵朵云霞映照在清澈的江水上，缕缕飔风轻舞着，偶尔有一片片树叶跳跃着、旋转着，翩然落下。萧军心情大好，从营房里出来，带着两本书，喝过一点酒，到园中后竟有些困倦，就在一处幽静树丛中的长椅上酣睡过去。

一觉醒来，他发现桌子另一面的长椅上，不知何时来了一个人。只见他满头灰发，面色棕黑，穿着一件白色的衬衫，正伏在桌子上写着什么。他见萧军坐起了身子，主动问话："睡得好吗？"

"好！好！"萧军不好意思地回答着对方。

这时，这个人把笔放下，又折叠起面前的纸张，接着说："我打扰您了！"

萧军没有回答，对于这种君子般的谦恭和蔼，萧军竟一时语塞，只是讪讪地笑了笑，对方也向萧军笑了笑。萧军回忆说："双方的笑全是很坦率、真诚、自然的，没有什么做作的形式。"

"您喝酒啦？请喝杯茶。"这个人一边说着，一边从茶壶里倒了一杯茶，双手捧着送到萧军面前。这时的萧军确实感到很口渴，就不客气地喝了起来。

"您在读这两本书吗？"这个人指着萧军放在石桌上的两本书，一本是于赓虞著的《晨曦之前》，另一本就是鲁迅先生的《野草》。这两本书是萧军不久前从书店刚买到的，还没来得及阅读，只知道《晨曦之前》是一本新诗集，《野草》是散文集，特别是《野草》那毛边装订，还没能完全裁开。

"我刚刚买到，还没能够从头读。"

萧军接连喝了两杯茶，干渴解除了，抱歉地说："我把您的茶全喝光了，我去买一壶来。"萧军正要去买茶水，这个人阻止萧军说："不必了，我们喝一壶吧！"

"您喜欢文学吗？"对方眼光温和、态度诚挚地问着。

"有点喜欢。"萧军直率地回答，又喝了一杯茶。

当天萧军没着军服，穿着一件蓝布长衫，这个人以为萧军是个学生。当萧军告诉他自己是当兵的，他显得有些惊讶，又问萧军是不是军官。萧军告诉他：是一个兵——一个会写字的兵。他望了望萧军，又望了望眼前那两本书，他似乎觉得一个当兵的是不会，也不应该读这类书的。

那个时期"兵"几乎属于"下等人"，在社会上，特别是在有知识、有学问的人们的眼中是被歧视的。而兵们自身也确实很少有知识、有学问，他们不是文盲，就是无业游民，有的甚至就是游手好闲的流氓无赖，难怪人们说"好男不当兵，好铁不打钉"。他们最终的下场就是军阀打内战、争地盘的炮灰、牺牲品。

"您是教书的吗？"萧军开始反问对方了。

"我在教书。"这个人平静地回答。

两个人都很坦诚，萧军知道对方是吉林毓文中学的语文教员，叫徐玉诺，喜欢写新体诗。后来萧军知道徐玉诺是当时的著名诗人，毓文中学是一处很不错的学校，有一些从内地来的有见识、有学问的好教员，徐玉诺就是其中的一位。徐玉诺也知道萧军是一个会写字的兵，喜欢读、写古诗词。于是，两个人就像老朋友一样交谈着。

在萧军买《野草》这本书时，他并不知道这本书写的什么，更不知道作者鲁迅是何许人也，只是感觉书的封面与众不同。封面画的是一片灰黑色，上部有几条白色的曲线，下部横画着几条暗绿色的粗粗的直线，连接着上部和下部之间还有两行点线。书名是图案式的写法，作者署名却是用的一般毛笔书法。这封面构图的意义是什么呢？萧军经过一番苦苦的观摩、思索，终于明白了：那一片灰黑色代表着暗夜的天空，白色的曲线是滚动、翻卷的云团，连点象征着雨滴，粗粗的几条暗绿色直线那就是野草了。

萧军在回忆录中说，这封面使他当时曾感到一种阴森和近于恐怖、战栗的感觉。即使当时还不能够理解它所代表的更深刻的真实意义，但它确实引起了萧军肃穆、忧郁，难于形容的感觉和心情……

萧军知道徐玉诺是老师，就拿起《野草》主动讨教。

"这是一本好书！"徐玉诺肯定地说。

"这封面很特别！"萧军指着封面说。

"这是我们现时代的象征——是大画家陶元庆的手笔!"

接下来徐玉诺神采飞扬地给萧军分析《野草》博大精深的思想内含,冷峻峭拔的艺术风格。他说:"不管是旧体诗还是新体诗,只要能够把真实的思想和感情朴素地表现出来就是好诗!凡属装模作样的诗,花枝招展的诗,尽管它也打扮得像个'诗'的样子,那也不是诗,它既感动不了自己,也感动不了别人,那是没有灵魂,没有血肉的诗……"说到这里他突然站起来,把萧军面前的《野草》抓到一只手里,另一只手啪的一声打了一下封面,崭然地说,"这才是真正的诗!尽管它是用散文写的,它不押韵、不分行,但它是真正的诗呀!"

尽管当时萧军还不完全理解这些话的意思,却听得如醉如痴。这是萧军第一次遇到盛赞鲁迅作品的人,也是第一次听到新鲜的、系统的文学理论。"一座公园、一位诗人、一本书",就这样神奇地指明了萧军的前进道路。

第三位是方靖远(即方未艾),方靖远是辽宁台安人,长萧军一岁。因在公主岭农业专科学校读书时带头闹学潮惹了大祸,逃到吉林萧军所在的陆军三十四团当了步兵营的文书上士。他们俩也是在巴尔虎屯农事试验场,萧军曾结识徐玉诺的这座公园里相识的。

说起这对武学道路上的文学挚友,他们的结识还真有一点戏剧性:那是1925年,萧军到吉林卫队团不久,有一天,萧军正在公园内的一座二层楼的一楼会客大厅里弹风琴,忽然一个穿着军服,领章上的标志和萧军是一个团号的青年走了进来。他不声不响地坐在离萧军不远的椅子上注视着萧军,显然他在等待着,也想弹一弹风琴。萧军见他个头高挑,举止文雅,面部表情很和善,又主动、热情地和自己说话,于是就把弹琴的座位让给了这个青年。

琴音在大厅里回荡,时而铿锵有力,如咆哮的大海,撼人心魄;时而委婉连绵,似山泉从幽谷中蜿蜒而来,缓缓流淌……弹者认真,听者执着,真有点"高山流水遇知音"的味道。弹着,听着,听着,弹着,萧军发现这个青年的琴技比自己高明多了,便赞不绝口,那青年却谦虚自嘲地说:"哪里,哪里,谬赞了!我这是胡弹、乱弹、七八弹哪……"

"哈哈哈!"两个原本素不相识的青年一见如故般地大笑起来。

从此你来我往,无所不谈,"一日不见如隔三秋"。虽然两个人在性格等等方面差异很大,但在爱国卫民、勇于追求光明和正义、对黑暗现实不满、敢于斗争方面是一致的，因此结下了深厚的友谊。

方靖远是步兵营的文书上士，很早就接触到了文学新潮，步入了"新文学"的广阔领域。而萧军此时正迷恋作古体诗，读古文，读古籍小说，甚至写信也用文言文，同一些遗老遗少所谓"名士"们相唱和，而对"新文学"不理不睬，没兴趣。对萧军热衷于古典文学形式和方法，方靖远诚恳地提出了忠告、批评，甚至是"骂"萧军身上有种"遗老""遗少"的封建味，指出他迷恋于古体诗、文言文是背离时代潮流，是保守、落后的表现。方靖远还把当时的《小说月报》《学生杂志》以及新出版的新小说、翻译小说介绍给萧军看。萧军内心虽意识到方靖远批评得有道理，但被"名士"们吹捧惯了，不肯移尊就教，还曾怒气冲冲拂袖而去……可私下里却开始追逐文学的时代新潮，发奋练习白话文写作，还用白话文记日记，阅读了许多内地出版的新刊物和外国文学名著，拓宽了思维空间和艺术视野，并主动和方靖远恢复了关系。

"我们和解之后，我接受了他这批评和建议，从此就开始大量读起'新'刊物，'新'小说来，……因此到今天，我应该感谢他这一'骂'之功！"（《萧军近作》第301页）

第四位是王宜之。王宜之是辽宁省辽中县（今辽中区）人，长萧军八九岁，是一个一身浩然正气的爱国志士，而且能诗能文，写得一手翁派（翁覃溪）大字。中学时期就"投笔从戎"，在军阀吴佩孚那里当过连长，后来对吴佩孚失望了，就跑到江西庐山，与一个很有知识的和尚相识了。他也想出家当和尚，和尚见他有学识、有抱负，于是劝阻他说，出家当和尚实际上是属于最没出息的，是"独善其身"的极端个人主义者所采取的消极道路，是怯懦者的道路。青年人应该"兼善天下"，去寻求救国救民的真理！王宜之被他说服了，从庐山出来后，漂来漂去流浪到了吉林，偶然间经朋友介绍结识了萧军。他赠给萧军一副对联：

居心须正大
处世要从容

最使萧军难忘的是一次两个人夜游北山"旷观亭"。

月色溶溶，万籁俱寂，唯有松涛、江涛不断传入耳鼓。两个人一边饮酒一边对诗。王起句："镆铘光寒白玉杯。"

萧军想了一下问道："这里没有镆铘剑，也没有白玉杯呀？"

"诗人的想象嘛，这是被允许的，也可以吹牛、夸大狂，像李白的'白发三千丈'之类。"

于是，萧军接了下句："鹰瞵鹗视几千回。"

王说："江山四壁皆图画。"

萧对："大地荆榛待我开！"

王宜之听到这里，眼中立即闪出异样的光："你说说，你要怎样开辟这大地的荆榛呢？"

萧军呷了一口酒，抹了一下嘴巴，轻松地笑了笑说："这不是作诗吗？你不是说作诗是可以夸大话、吹牛皮的吗？"

王宜之正色道："不可！我不希望你只是作诗，只是喝酒，只是醉生梦死，学名士派！你要对国家、对百姓有所作为！你现在过的不是你这样年龄应该过的生活，不独不是一个有志气、有热血的青年应该过的人生，也不是一个真正的'人'应该过的生活！你应该想一想！"

王宜之言之凿凿，掷地有声，就像当年庐山上的那个和尚忠告他那样忠告着萧军……

空气如同凝固了，彼此全沉默着。萧军后来回忆说："我们没把酒喝醉，也没在荒山上过夜，我们清醒地走回来了。是他把我提醒，脱离了那个黑色的沼泽，发着臭味的坑……去走自己的路……"（《萧军近作》第189页）

四、脱离第二个黑色的沼泽

1927年的秋天，就在王宜之忠告萧军不长时间，沈阳"东北陆军讲武堂"所属的"宪兵教练处"招考宪兵的学兵。萧军曾听人说过：宪兵这个军种是属于军法部门，任务是在军队中纠察官兵纪律，在社会上担任旅馆、妓馆的检查，歌厅、戏院的弹压（指用强力压制、压服），是专门保护那些有钱有势的人，是老百姓讨厌的兵种。因此萧军对当宪兵并不感兴趣，他只是对眼前的生活非常厌憎，一心想脱离了这个黑色的沼泽，这个发着臭味的坑。报考宪兵似乎意味着自己离开骑兵营的机会来了。再有就是萧军看到招考的简章上，标明的科目是什么：军操、武术、掼跤、剑术、手枪术、马术等等。这些几乎都是萧军喜欢和擅长的，自然也就强烈地吸引着萧军。加之这时在步兵营当副官的一位叫胡维周的朋友又来鼓励萧军去考一考，劝说他先去混一个军事"资格"，如果不愿意当宪兵，毕业以后再说。因为胡维周的父亲和宪兵营的营长是老朋友，胡维周还特意为萧军写了一封推荐信。

考试结果，萧军竟以第八名的好成绩被录取了，成为东北陆军讲武堂宪兵教练处第七期的学员。这时萧军将名字改为刘羽捷。

中国的宪兵制度是模拟日本建立的，因为日本是个君主立宪的国家，他们有宪法。当时中国的现状是各系军阀掌有政权，国家还没有统一的宪法，但也公布了一部《中华民国临时约法》来代替宪法，还颁布了一套《六法全书》。而东北的宪兵，则是海城人陈兴亚[①]一手拉起来的。这个陈司令满以为把宪兵制度移植到中国来，会维护宪法的权威，严肃军队的纪律，实际上这是异想天开。在封建制度根深蒂固的旧中国，有枪便是草头王，军阀割据，军阀专政，自我封闭，独立王国，宪兵能起什么作用呢？

1927年4月12日，蒋介石为达到消灭中国共产党、实行独裁统治的目的，在上海发动了历史上血腥的四一二反革命政变，大肆屠杀共产党人和进步民主人士。中国共产党为探索新的社会发展方略，由城市转向农村，决心在国民党统治力量薄弱的农村，拓展革命空间和发展新的革命力量。当时在南方，千千万万的热血青年都勇敢地投入八一南昌起义的铁流中，前进在秋收起义的队伍里，在血雨腥风中求索，寻觅民族解放、民主自由的道路，找到自己的用武之地和最佳位置。而在远离南方的东北则大相径庭，革命的暴风骤雨似乎还在乌云滚滚阶段……

萧军在沈阳东北陆军讲武堂宪兵教练处学习了八个月，二百多名学员每天都被那些骗人的鬼话所迷惑，真的以为"宪兵"就是卫护国家神圣宪法的"法律兵"。萧军还来不及仔细思考这些问题，他的兴趣和精力全部投入剑术、马技、手枪射击等等的严格、紧张的训练中。这期间他还学习了若干法

[①] 陈兴亚（1882—1959），字介卿，海城县（今辽宁海城市）人。1907年赴日本陆军宪兵练习所学习，1917年任东北宪兵司令至1931年，曾任张作霖的国务院谘议兼京师宪兵司令、东北（奉天）宪兵司令、京师警察总监、国民革命军东北边防军宪兵司令。1927年4月6日，亲自指挥宪特闯入苏联大使馆逮捕李大钊，致其被害。1959年死于北京。

律方面的普通知识，以及《侦探学》、《救急学》、外语（日语、俄语）等等。毕业考试成绩，萧军本来是第一名，品、学、术三优，特别是"术科"，全校无人能及。可第一名被长官们"内定"了，只好把他列为第二名。第一名奖励金壳怀表一块，而第二名奖励的是银壳怀表，其他都是军刀一把、《六法全书》一套。

由于萧军的成绩优异，校方几次说服萧军留校给下一期学员当教务班长，均被萧军坚决拒绝了。一是因为考试排名不公平；二是这里让萧军感到枯燥沉闷，如坐牢一般，他要到自由天地里去舒一口气了。到哪里去呢？这时友人告诉他国际大都会哈尔滨如何繁华热闹，而且急需实习宪兵，一般人去不了的，要求考试成绩必须列在前十名的、身体健壮的、相貌端方的，这些要求萧军全部符合。

1928年季春，萧军离开沈阳来到了哈尔滨。当时萧军是一名"实习宪兵"，被派到宪兵第二营第二连。连部设在哈尔滨道外桃花巷东口外，这是一处三角形的、街道纵横的咽喉要隘、四通八达的地方。离连部不远除了各样杂货店、一些低级的饭馆，下、中等的旅馆外，就是许多家下等的四五流的妓馆了。这里简直繁华热闹得称得上"车如流水马如龙"了。

萧军他们这些新报到的实习宪兵们，穿上了黄呢子宪兵军服，扎上锃亮的武装带，脚蹬高筒皮靴，挂上军刀，腰别手枪，衣领上粉红色的领章格外显眼……夏季穿着新制成的很合体的银灰色的军衣，戴着法国式的大檐军帽，还有带"囊"的骑马裤，尽管平常并不骑马，可乌黑贼亮的高筒皮靴上还装饰上银光闪闪的刺马锥，腰上系着紧身的宽宽的红色武装带，在带子上左腿边挂着长长的战刀，右腿边挂着七星或勃朗宁手枪，手枪的绦绳是绿色粗绒绳结成的。白衬衫、白衬袖……一切是无可指责的整齐、清洁，全身色调和谐新鲜，难怪人们称宪兵是"脂粉队""样子兵"……

萧军回忆，在"巡查"出发之前，那个矮胖子连长把他们召集起来训话："你们是宪兵，是活法律。宪兵者，兼军事与普通警察者也。防止犯罪于未然，逮捕犯罪于已发……你们是新毕业的学兵，还没有服过务，不要坏了名誉……什么事全要听班长的指挥，他们是有经验的……第一要服从……"萧军他们就按照这个连长交代的"巡查"任务，挺胸阔步、威风凛凛、引人注目地巡查在哈尔滨的街道上。

第一次"出勤"是由班长带队，以后就是俩人一队，执行正常的任务了。宪兵的日常工作就是：巡查与弹压。

"巡查"就是俩人一队，在一些主要大街上走一趟，检查旅店，检查妓馆，检查戏院，检查军容风纪……他们咔咔地轧着马路，所到之处，人们无不向宪兵们赔着笑脸，奴颜卑躬。那些老板们还用上好的糕点、水果、香烟、汽水、茶水等等款待他们，那些妓女们也是左一批右一批地来"嘘寒问暖"，"体贴"有加。看到那些红红绿绿嘻嘻笑笑的"姑娘们"，确实仿佛身临一个"花花世界"，处在香风毒雾之中……

"弹压"就是到最大最好的戏园子里去，在剧院楼上正面有特设的"弹压"包厢。宪兵"弹压"实则是坐在那里白看戏，老板们向"弹压"的宪兵们千方百计献着殷勤，给他们吃着上好的茶食，还差人时不时要递上一条条热毛巾来给宪兵揩抹手脸，简直就像伺候掌有无限权力的"王"一样……

有时连里要组织一次大巡查，把宪兵们全都集中到某个大剧院，然后编成小队，由领班班长率领着到一些有名的旅馆和"圈儿楼"（妓院区）巡查一周。其实这多半是一种形式，特别是在一些平常招待宪兵们好一些的高级的大旅馆里。

开始时萧军还感到这一切很新鲜、很热闹，甚至还以此为神气和骄傲。不久，萧军亲眼所见的一些人，经历了一些事，让他看清了，灯红酒绿、歌舞升平的东方巴黎城——哈尔滨，也是一座人间地狱，也是臭气熏天的黑色沼泽；他明白了，所谓的宪兵，实际上是吃娼靠赌的寄生虫，是盘剥百姓、欺压民众的一群流氓、恶棍。

无论是长得驴高马大的 W 班长，还是大脑袋、罗圈腿的 L 班长，还是如狼形或狐形或鼠形的 T 班长，他们都是专横傲慢、阴鸷霸道、作恶多端之徒。如要从他们平时的穿戴来判断他们的身份，"按文官来说至少应该是一位道台（专员）老爷或县太爷之类；如果是武官，至少应该是团长、旅长一流；如果是商人，起码也可能是十万、二十万的老板或财东。以这位班长军级来说，仅仅是一名宪兵下士，月薪不足二十元。但他们如此阔绰，他们的钱是哪里来的呢？……他们是靠了做宪兵的身份和势力：吃娼、靠赌、贩卖鸦片、做非法投机买卖而来的。"（《萧军近作》第168—169页）

什么叫吃娼靠赌？萧军在回忆录中解释为：

所谓吃娼，就是宪兵队保证不找那些大妓馆的麻烦，妓馆的老板就要按时或按月以某种方式给宪兵队的头目们"上供"（以钱为主）。

所谓靠赌，就是赌场要按照自己收入的一定比例"抽头"给宪兵队的头目这些老爷们。

正常工作时间，连长居然在自家公馆赤着臂膊，仅穿一件背心和几个男男女女打麻将……一个下士班长不在连部里住，他的"公馆"居然设在一家妓院里，萧军他们向班长请示汇报工作，就得到妓院去找他。

有一次，班长带着他们查夜，在几家豪华大旅店的店簿上都发现有军人，按照《宪兵勤务须知》的规定，是要盘查他们的护照的。可班长却连看也不看就在簿子上挥笔写下"宪查到"三个大字，然后就想离去，萧军忍不住提醒班长说："这里有军人哪……"

"你懂个屁！这不是你背书本的地方！"这个班长扭回头狠狠地训斥着萧军，接着又用长辈的语气来开导萧军，"刘羽捷，你真是个傻透腔的蠢货！你们这些没有经验的新兵，真使人操心，不懂得还要乱多嘴！你要知道，住在这样旅馆里的军人，军阶最小也是个团长，你敢查他们？查出麻烦来，别说你，就是连长也担待不起呀……这样的旅馆不能认真，明白吗？你要懂得当差……"

这个班长的一番话泄露了宪兵的天机，萧军愤怒地盯着他那黄瘦的细脖颈，想一把扭断它！心里骂着"老耗子"！

萧军多次亲眼见到这些宪兵班长坐车不给拉车人车脚钱或少给钱，当人力车夫向他们讨要时不仅不给，还要拳打脚踢，用管理新兵的"刑具"来暴打这些穷苦的人们……诸如此类，不胜枚举。

接着，萧军对同来的学兵们也失望了。在宪兵队这个污泥浊水的大染缸里，不到一个月，他们相继一个一个地堕落了，开始抽大烟，找妓女，与那些老兵沆瀣一气，都过起了吃娼靠赌的生活，干起了投机走私的罪恶勾当。只有萧军和另一个叫程成的没被腐蚀，而被腐蚀下水的学兵们不仅不听萧军的劝阻，反而嘲弄萧军是"傻瓜"，并预言也不会"傻"多久，很快就会"聪明"起来，和大家一起快乐逍遥……

对于当宪兵的这段短短三个月的经历，对那些丑恶的人、丑恶的事，早在1936年5月萧军的散文《初夜》（《萧军全集·11卷》第108页）中，就已揭露得淋漓尽致了。

所有这些使二十一岁的正义感极强的萧军迷惑、无趣、讨厌、憎恶！"竟如吃了什么恶物一样，恶心得要呕吐了！觉得在马路上趾高气扬的那种巡查，是在给人们示众、做傀儡或在做丑角的表演；查旅馆时看到人们对自己那种虚伪的谦卑，感到自己脊背在发凉；特别是查妓馆，看到那些被侮辱与损害的女人们，撒娇撒痴病态地装作欢笑时，引起我一种大悲悯、大可怜、大羞耻以至大激怒的感情！"（《萧军近作》第178页）

萧军在散文《初夜》中写道：在街上巡查时，"对于领在我们前面的这个班长的毒恨，却随着我的脚步增加着，我看到他那露骨的后脑，自己的手不自觉地就要去按到手枪的尾巴"（《初夜》，《萧军全集·11卷》第110页）。

让萧军更为痛心的是，这种卑俗、罪恶的见习宪兵生活却是起五更爬半夜的，忙到竟然没有时间去读书。为使自己多年养成的读书习惯不致被破坏殆尽，有时到剧院去弹压时，只好别人看戏，他读书……

萧军痛苦地回忆思考着：在他当骑兵时，曾经读过不少的书，古的，新的，哲学的，历史的，文学的，特别是鲁迅的，如今全成为遥远的过去了；一些进步的、爱国的、具有革命思想的朋友们也见不到了，书信也断绝了。虽然程成和他一样洁身自好，但他很年轻，还不懂得人生，也不懂思想。为此萧军感到大孤独、大寂寞、大悲哀，觉得自己是陷在污浊的、绝望的臭泥沼里，眼看就要沉没下去！于是，他连连向自己发问："我现在是个什么人？干了一些什么事？将来到哪里去？……但我不能够回答我自己！……每天出勤回来，虽然常常是夜间十二时，别人全去睡觉，我却不能入睡，在屋外那片仅有的空地上或已经没了车马行人的静荡荡的马路上，我徘徊，我思索，我练拳和练剑，但这全不能使我安宁下来，常常一直到天明。"（《萧军近作》第179页）

正当萧军处于极度苦闷和极度彷徨之际，一封电报从吉林舒兰拍给了萧军："吟飞：见报速请假来精璞①处，有要事相商，切切。王。"萧军眼前一亮：是王宜之兄发来的"诏书"，他大喜过望，正好借此机会脱离这第二个黑色的沼泽。于是，他立即递上了请长假的报告，理由堂而皇之地写明：要去沈阳插队入东北陆军讲武堂，在军事上进行深造。

———————

① 精璞：马玉刚，字精璞。时任舒兰东北陆军第六十六团二营营长。

请长假的报告很快批下来了，萧军也定下了乘车离开哈尔滨宪兵队的日期，他单独地向唯一的没被宪兵队这个大染缸污染的朋友程成告别："我要走了。"

"到哪里去?!"程成显得十分意外，惊讶地问着。那双本来就大的眼睛此刻睁得更大了。

"请长假去沈阳入讲武堂。"萧军平静地回答。

程成沉默了，萧军也沉默了……

"这里只剩下我自己了!"一层泪水浮上了程成的眼睛，接着两串泪珠滚落下来，萧军也感到一阵酸楚……

第二天早晨，程成送萧军到火车站，他们握手道别时，萧军对程成说："你也必须离开这个'坑'! 不能再和豺狼们为伍了!"程成点点头。车缓缓地开了，萧军把头伸出车窗外，见程成一直把一只手臂举在空中不停地摇动着……

到了舒兰，王宜之亲自来接萧军，见他行色匆匆，不禁呵呵地笑了。萧军急不可待地问道："宜之兄，有什么要紧事?"

"没什么事，我是怕你在哈尔滨乐不思蜀!"

"怎么会呢? 有你在吉林的叮咛!"萧军一边这么说着，一边在心里暗暗感谢："多亏你了，王兄!"

在舒兰停留不久，萧军接到了已经在东北陆军讲武堂第九期候补生队学习的好友方靖远的来信，让他火速来沈阳入东北陆军讲武堂。萧军立即起程赶赴沈阳。方靖远告诉萧军：真正从军报国的机会来了!

五、讲武堂中痴迷的文学爱好者

1928年秋天，萧军从舒兰来到了沈阳，在方靖远的帮助下，借用"刘维信"的名字，插班进了东北陆军讲武堂第九期候补生队（即第六期军士教导队），和方靖远一起学习初级军事。

原来，萧军离开吉林卫队团骑兵营以后，方靖远感到寂寞孤独，不久也离开了吉林，于1928年夏天考入东北陆军讲武堂第九期候补生队，编入第三大队第九中队学习军事。他写信告诉萧军自己的学习和生活情况。萧军回信表示羡慕，认为方靖远走上了光明正路，前程远大。同时说到自己在哈尔滨宪兵连做见习宪兵，每天都处在浑浑噩噩之中，昏昏沉沉地好像陷入了黑色的沼泽，落进了发着臭味的泥坑，正在考虑离开……

凑巧，9月间，方靖远所在的中队有个叫刘维信的同学，因身体多病不能坚持学习了，申请退学。方靖远知道这一情况后就向中队长请求，让他的好友刘羽捷（即萧军）来冒名顶替，这样就不必向上级报告刘维信退学的事了。而中队长王冠儒正不愿意他的中队学兵有退学现象发生，就立即接受了方靖远的举荐，同意萧军来队。此时的萧军已离开哈尔滨宪兵连到了舒兰，接到方靖远的信就立即来到了沈阳，插入了方靖远的中队。

萧军他们每天上午在教室学习各种军事知识，步兵操典，射击教范；下午在操场学习军事术科，操法、枪法和野外作业；晚上在宿舍还要上自习，从早到晚非常紧张。虽然劳累些，但一想到学习好了可以升入东北陆军讲武堂本校，毕业后可以分配到部队当军官，实现指挥军队、保卫国家、保卫人民的愿望，就不觉得累、不觉得苦了。

1928年冬天，萧军改名刘蔚天，转入讲武堂本校第九期、第十期合并的第二总队炮兵队学习，方靖远转入了骑兵队。

东北陆军讲武堂是1907年8月东三省总督徐世昌遵照清政府兵部奏定"各省应在省垣设立讲武堂，作为带兵者研究武学之所"，遂借用奉天陆军小学堂房舍（大北关老将军府院内），最终设立东三省讲武堂。1908年10月移至奉天省城小东边门外，校名始为东三省讲武堂普通科，又改为陆军讲武堂，主要是选拔巡防营优秀军官入堂培训，学期一年。张作霖主政东北后，改名为东北讲武堂。它比广东黄埔军校建立得还要早，作为奉系军阀的军官学校，奉系军队的高、中级军官基本都经过它的培训。它在提高奉军的战斗力，促进奉系军阀的形成和发展过程中，起过重要的作用，在中国的军校史上也非常著名，与云南讲武堂、保定陆军军官学校以及后来的黄埔军官学校并列为当时中国的四大军官学校。

萧军在讲武堂学习时的校址在沈阳城东二十五里，位于有山有林的清帝努尔哈赤衣冠冢西侧的东山嘴子，共有东、西、南三个大院。萧军和方靖远的教室、宿舍只隔一栋房，相距不过五十米。每天课余时间都可以相聚。

说来很奇怪，此时的萧军，穿着军服，学着武学，反而对文学的热爱"达到了痴狂的程度，好像世界上的事什么也不存在，什么也无足轻重，什么全失

萧军在东北陆军讲武堂 1928
年于沈阳

却了它们存在的意义和价值，只有'文学'在闪光！"（《人与人间——萧军回忆录》第192页）

萧军与方靖远两个文学挚友，在讲武堂又有了机会在一起共同探索新文学①了。相聚时很少谈论关于军事教程和军事术科中的知识，他们对此已无多大兴趣，碰在一起总要谈论文学，交换新书，畅谈感想，换看日记，构思新作。他们分析书的思想内容、艺术形式、篇章结构，事件的真实性，甚至是遣词造句。即便是文科学生也未必要谈论得如此认真细致吧？他们把自己的读书感想、收获都写下来，彼此交换学习心得笔记和日记，朗读自己在笔记或日记中写下的认为精彩的片段，彼此提出不同意见，甚至有时争论得面红耳赤……

开始时是他俩一起谈论，不久便发展成一个"文学评论组"。萧军把炮兵队和自己要好的同学杜显信、赵毅，方靖远把自己在骑兵队要好的同学周香谷、朴文芳等都拉在一起谈论诗、文，谈论写作，还练习书法，有时还练习唱戏。

那时的沈阳城已有了多家书店，如商务印书馆、大东书局、世界书局、绿野书店等等。这些书店不只出售中国的古典文学和当时的文学著作，还出售外国文学的译本。萧军他们不仅购买中国的文学著作，还购买外国文学作品译本。他们不仅崇拜中国的李白、杜甫、曹雪芹、鲁迅，还崇拜外国的拜伦、雪莱、托尔斯泰、高尔基等等。

星期天，萧军和方靖远两个人常常跋涉二十余里，去沈阳城里的各家书店买最喜欢的新书。当时讲武堂本校第九期、第十期合并的第一总队的学员，是在职军官和离职军官，学习期间享受军官待遇。而第二总队的学员大多是从大学生和中学生中招收来的，萧军和方靖远都不是军官，和这些学生学员一样，均以军士待遇。萧军把这为数不多的薪饷除了生活零用，大多数都用来买书、买纸了。他和方靖远徒步到沈阳城内的一家又一家书店选购新书，有时带去的

---

① 新文学：指五四运动以来的中国现代文学体系。新文学是以白话文写作，具备"五四"精神，并依赖于新媒介传播的文学样式。新文学在思想上强调人本意识，在体裁上以新诗、小说、散文为主，既积极吸收西方的文学资源，亦继承了中国传统文学的精华。

钱都买书了，只好饿着肚子，忍着长筒皮靴把脚磨出水泡，以至"啃"出淋淋鲜血的痛苦，从城里走回来。

讲武堂规定只准学军事，除了军事用的教程、操典以及与军事有关的参考书以外，其他任何书均为禁书，特别是文艺小说之类。学校常常要搜查，搜出之后，不但书被没收，人还要被处罚。萧军是既在课堂上偷读，又在宿舍里偷藏。因此，常常受到挨手板、禁足①的处分。

一次平射炮演习，萧军作为预备炮手，趴在后边等待。他看有点空闲时间，于是就拿出一本《石达开诗抄》读上了。他正读得入迷，猛然被人踢了一脚。"你是干什么的?!"值星官撕裂着大嗓门怒问着萧军，并一把夺下萧军手中的诗集。

"我是预备炮手。"萧军仍然趴在地上急忙回答说。

"你的炮呢?!"

萧军仰起头一看，炮已经被炮手们抬跑，在影影绰绰的半里地之外了。

"等回去再跟你算账!"值星官恶狠狠地警告萧军说。

果然，夜间自习结束后，紧急集合的哨子狂吹一阵，全体学员集合起来，值星官当众宣布了萧军的"过犯"，而且是屡教不改，责打手板十下，还宣布如若再犯，惩罚还要加倍……

学校制度规定：星期天外出必须在规定的时间归队，点名时赶不回来，耽误一分钟打一手板，既没折扣，也没理由可说，自觉自动地把手伸出来，一直打到够数为止……

萧军和方靖远有时从城里书店买书走回来，腋下挟着成包的新书和稿纸，一种满足、愉快涌上心头。两个人边走边谈各自的读书心得，文学上的见解，写作方法，喜欢的作家、诗人，讲武堂毕业后的人生安排，等等，他们憧憬着美好的未来。由于谈论得过度兴奋，竟然忘了按时归队点名的事。错过了归队点名时间，值星官就凶狠地打萧军的手板，一板子下去，板子裂开了，手掌立刻成黑紫色，头一两板真是痛彻心脾，后来就不知道疼了，事后要肿胀疼痛好多天。

即使这样也没有减弱萧军对文学的兴趣，反而让他开始萌生了从事文学事业的朦胧愿望……

---

① 禁足：除上课、出操和必要的活动外，不准出去散步，星期日不准外出。

六、"人头球"与文学处女作

几年的军旅生涯，使萧军这个在武学道路上痴迷的文学爱好者，对社会、对生活的认识更加深刻，怀有满腔的愤懑，觉得不吐不快了。

那是1929年初春的一个晚上，晚饭后，值星官领着学员们到田野上去练喊"口令"，集中练习一阵之后就解散了，可以自选一块儿地方，放开喉咙如唱歌、唱戏练习发声一样，大家拼着嗓子大喊大叫："立正""稍息""开步走""立定"……以及炮兵科独有的口令什么"照准点——方向——标尺×千×百……"之类。这喊口令虽然也算一门"课外之课"，却要求得不那么严格，允许大家自由地跑跑跳跳，散步聊天。学兵们可以借此机会宣泄一下刻板、机械、类似囚犯式的讲武堂学习生活所压抑下来的感情。因此，学兵们都很喜欢上这门"课外之课"，就像上"骑术课"时的"野外骑乘"一样。

萧军练习完一番"口令"之后，就兴致盎然地欣赏着暮春晚景……忽然发现在离他不远的地方，有一群人呼喊着、笑叫着、奔跑着，追赶着一颗类似球一般圆滚滚的东西。出于好奇，萧军向这群嚷嚷叫叫的人们奔过去。

"踢呀！踢呀！都来踢人头球哇！……"尖利、刺耳的喊叫声在空旷的原野上回响着。待那球一般的东西滚到萧军脚下时，他低头仔细地看了一下，看清了：原来是一颗泥血模糊、短发蓬蓬的人脑袋！他不禁脊背寒冷，打了一个冷战，急忙闪开身子让出道路，待那帮踢人头的学兵们从他眼前过去，他看清楚有的人竟然是自己同一宿舍的。只见他们继续踢着、叫着、笑着，彼此推挤着……

天灰蒙蒙的，料峭的晚风像刀子一样刮鼻子刮脸的，树前树后的暮鸦嘎嘎地叫着，低飞着，更添了几分凄凉。萧军茫然地望着渐渐远去的人群背影，心情感到无比沉重……他索性快步走向一片树林，想不到这树林正是这人头尸体埋葬的地方。坟坑已经被狗或者是狼扒开了，被撕扯得七零八落的尸体在坟坑边摊露着。坟坑四周还散落着一些灰色的碎布片和一顶军帽，显然是东北军的军服，还有一块儿长条形的暗黄色的臂章在萧军的脚下被风抖动着。他弯下身去，借着落日的余晖，辨认出这个臂章上标明的是×团×营×连，还标着姓名和军阶，原来这个被断了头、撕烂了尸体的死者是东北军的一名下士……

眼前悲凉凄惨的一幕，使萧军这个血气方刚的汉子义愤填膺，他的心紧缩着，只觉得血压升高，头晕晕的，脑袋里轰鸣炸响！五脏六腑似乎颠倒了位置，折腾得几乎要呕吐了，他止不住涕泪滂沱……这不是一个下士的悲剧，是所有兵士们的下场啊！于是他仰望着苍穹，攥紧拳头，两臂高举，呼喊着："那些军阀们，利用你们的性命夺地盘发财致富。他们买姨太太，吃喝玩乐……你们死了，却在这里被狗啃，脑袋被大家当球踢，你们就这样甘心？难道你们就这样怯懦吗？"他就这样吼着、喊着……

神情恍惚的萧军，不知是怎样走回了学校。坐在自习室里，书桌上堆着一大叠应该温习的书：《战术学》《兵器学》《地形学》《筑城学》等。黑板上写着"试述榴弹和榴霰弹的性能有何不同？""榴霰弹的最大杀伤威力圈，榴弹最大的破坏力……试举例以对"等等拟题。同学们都在紧张地准备迎接明天的"月考"，可萧军对此全无兴趣，呆呆地坐在座位上，脑子里都是那人头，那尸体……尽管值星官在萧军面前走来走去，几次用他那怀疑的、责备的眼光打量着他……萧军也不愿去触一触那些可憎恶的书本，宁可考试不及格或者被打手板，也不愿打断了当时的思路。他要写，他要控诉黑暗的世道！他要揭露封建军阀的罪行！

趁值星官走开的机会，萧军摸出了铅笔，在一个笔记本子上奋笔疾书，写了一篇题为"懦……"的一千五百字的散文。文章开始描写了当时黄昏的景色，自己平静、愉快的心情，接着叙述了那踢"人头球"的场面和坟场上所见的悲惨情景，最后提出了自己的疑问和看法……

文章开头："只写了这一个字——懦——便再也不能写些什么了。直僵的笔管，握在手指缝里，只是不住地颤动……"这就告诉读者他是饱含着热泪和心血披露了这残酷的一幕哇！他在文中怒问自己："我的现在，因为什么竟把人世给我以廿年的所谓宝贵的光阴！整个而毫无吝惜掷入那不明白的窟里。为什么来跑入这樊笼、囚狱，受强盗式的压迫，使我去做未来炮弹的实验品！……"（《萧军全集·11卷》第1页）

文章写好后，他寄给了日本人在沈阳办的一家报纸《盛京时报》[1]。萧军清

---

[1]《盛京时报》：1906年10月18日创办至1944年9月14日终刊，历时三十八年。是日本人中岛真雄在沈阳大西门外创办的。该报对当时我国内政、外交、经济、军事、文化、教育、社会风情等，特别是对当时中国发生的重大事件，均有详略不等的报道，是研究中国近现代史、国际关系史、东北军民抗日史及北洋军阀史极为珍贵的资料。

111

楚地知道，这一反军阀题材的作品，中国人办的报纸是不会给刊登的，而且可能还要遭到查办。

这篇文稿从写作到寄出一直是保密的，以至好友方靖远他都没告诉。当然，向方靖远保密与向其他人保密的出发点是不一样的，因为这是第一次向报社投稿，不知能否发表，他不愿在朋友面前有张扬之嫌，对其他人那就是另外的原因了。

为遮人耳目，迷惑敌人，掩护自己，萧军还模拟了一个日本人的署名：酡颜三郎。这个署名也不是随意用的，究其原因：青年时期的萧军喜欢喝酒，酒量不大，只要喝上一杯，脸色马上就要红涨起来，加上原本肤色就近于红色，所以喝过点酒以后就面如重枣，往往被朋友们讽为"关公下凡"。

萧军偶然在《楚辞》中看到了"美人既醉，朱颜酡些"这一句，受到了启发，为了解嘲自己，就用了"酡颜"二字，意谓自己饮酒脸红。而"三郎"，是他与方靖远、胡延祯结拜兄弟的排行实数。萧军还把"酡颜三郎"这四个字篆凿在自己练武术用的剑上。

在这个笔名之前，萧军在吉林卫队团骑兵营与"名士"们赋诗唱和时，还取过一个"辽西醉侠"的诨号，并请人给刻了一颗大印章。但有人竟把"醉侠"说成"醉虾"，萧军就只好弃而不用了。

1929年5月11日《盛京时报》副刊《神皋杂俎》上，在显眼的第一栏刊出了萧军的这篇散文《懦……》。《懦……》一发表，立即在军营和社会上引起极大的反响。

萧军清楚地记得：一天晚自习后，宿舍电灯不知为何没有亮，整个容纳一百六十人的大宿舍里黑黢黢、空荡荡的。同学们就只好点起了蜡烛，几个人围在蜡烛四周，有的看书，有的看报纸，还有的聊天。忽然，一个叫"小白"的学兵大声骂起来："这是哪个浑蛋投的稿？这不是写的我们那天踢人头的事吗？"

于是几个人全都凑过去，他们边看、边念、边骂着："一点也不错，那个'小同学'指的就是我！他妈的！"另一个学兵骂道。

"文后面还标着'于福陵之西'咧！"

"福陵不就是'东陵'吗？"那个叫小白的同学向东方指点着……

"这一定是我们本队里的哪一个小子干的，应该把他查出来，报告给队长，或者就揍他一顿！"原来这个骂街、要举报的人就是那天踢人头球最欢跃的，笑叫得最猖狂的那个学兵，萧军在文中把他描写得有点不像样子，这大概刺痛了他的自尊心，引起他的"仇恨"。

"我的心脏陡然不安地强烈地跳动起来了，勉强地镇定着自己，宁静了一刻，装作好奇的样子也走过去把那报纸看了一眼。确是自己题名为《懦……》的那篇短文……"（《萧军近作》第306页）

看见萧军凑过来看报，当即有位学兵问萧军："你知道这什么×颜的'三郎'是谁吗？这不是日本人名吗？"

"不知道。"萧军冷静地摇摇头回答说。

"日本人也没看见我们踢人头哇！一定是讲武堂的人干的……"另一个学兵说。

议论一阵之后，有人似乎顿悟到什么："是谁写的？别瞎猜了，也别骂了！我寻思寻思，说不定这个什么郎说得有道理。说不定哪一天咱们的脑袋也会搬家，也让人当球踢呀！"有位学兵竟然这么沉重地说。

听了这些话，学兵们沉默了，屋子里再也没有了声音。过了一会儿，都低着头不声不响地回到自己的床铺上，长吁短叹着……

萧军悄悄地独自走出了宿舍，在操场上一处平常人行不到的地方静静地坐下了，一直到响起预备"熄灯"的喇叭声。躺在床上，他久久不能入睡，欣喜自己在剑术和拳术的基础上又找到了一样战斗的武器——一支笔……

军营里的反响，使萧军很受鼓舞，接着又一连写出《端阳节》《鞭痕》《汽笛声中》《废墟里的黑甜》[①]，还有《懦痕》《孤坟的畔》等等文章，也都被《盛京时报》副刊《神皋杂俎》采用了。这些文章，有的是揭露旧军队非人生活的，有的是控诉封建礼教迫害妇女的，有的是在声讨社会黑暗的……有的取材于军中，有的取材于农村，篇篇题材真实，氛围悲凉，催人泪下……特别是《废墟里的黑甜》这篇文章，萧军把黑暗社会现实比喻成"枯骸"，比喻成"废墟"，比喻成"毒蛇"……可见他对军阀统治憎恨到了极点。虽然这些文章都是萧军正式走上文坛之前的试笔之作，在他的全部创作中，不占显要位置，但它们却紧扣生活的脉搏，具有不可忽视的思想意义和社会价值。当然，此时的萧

---

① 《端阳节》《鞭痕》《汽笛声中》《废墟里的黑甜》：均见《萧军全集》第11卷。

军还没有意识到自己真的会与文学有终生不解之缘。

《懦……》是萧军在报纸上发表的"处女作"。应该说，这位勇敢的文坛跋涉者，是在东北陆军讲武堂起步的！就这样，萧军从创作的第一天起，就发出了反抗黑暗势力的呐喊！

七、文斗"黄链蛇"

萧军练习写作、发表文章的欲望一天天强烈起来。他把自己当时所学的军事类科目当成爱好文学的绊脚石，视为垃圾，甚至到了厌恶和憎恨的程度。上课时偷看小说，自习时悄悄写文章，引起了教官们对他的不满和注意。凡属应有的处罚，什么打手板、关禁闭、罚禁足等等，一度成了萧军的"日常课业"了。

为写作、投稿，萧军险些惹下了一场大祸。一次好友方靖远被骑兵队队长罚了一周的"禁足"，萧军气愤不过，写了一篇稿子投到报纸上登出来，竟把这个骑兵队队长气得发了一场大病。

这个骑兵队队长是个"东洋流"，他是在日本一所骑兵专科学校毕业的。当时在讲武堂，学员们把凡在日本学习过军事的教官或队长、队附们暗地里全嘲讽为"东洋流"。为什么呢？因为这是一帮崇洋媚外的家伙，他们由装扮到气质都要效仿日本军官的样子：头戴小遮檐的军帽；脚穿硬筒皮靴，靴子尾跟和底跟上的小"拍马"（刺马用的）明光闪亮；一年四季总要披着一件"一口钟"式的长过膝盖的大斗篷或短达屁股的小斗篷；所有军衣和斗篷也不分四季，一律草黄色，只是在材质面料上有区别，秋冬的斗篷是用黄呢子做成的，而夏季的是布料或毛纱。最让萧军他们讨厌的是：这些人不论胡须有几根，都在鼻子底下刻意留上一撮小黑胡子。胡子多一点的就留起两尖上翘的"菱角胡"，据说这叫"维廉

萧军（左二）与方靖远（左一）等在东北陆军讲武堂 1928年

式"……这些人认为，只有这么装扮自己才像一个日本式或古典德国式的军官。

而骑兵队的队长更有特点，他与众不同的是他那伸得极不自然的细身子、细脖子、小脑袋，再加上那黄色的"一口钟"式的黄斗篷，远看就像忽而盘蜷一团忽而游离乱动着的"黄链蛇"，而且这蛇正在发怒，凶恶得要随时扑向什么动物或人……

萧军在他的那篇白话短文中如此这般地刻画、形容他，肯定伤害到了他的"尊严"，因此气得他大病一场。同时对这种"人身攻击"他是要报复的。他根据方靖远与萧军的关系，联想到这篇文章肯定是萧军写的。

于是，文章发表不久，一场灾难就临到萧军的头上来。

一天午睡之后，萧军被叫到本队队长的办公室。办公室里除本队队长、队附（助理、副官之类）们之外，在门对面的一张办公桌子侧边还坐着一个少校阶级的青年军官，他微胖，萧军觉得有些眼熟，但并不认识他。按礼节萧军给每人行了一个注目式的"室内敬礼"，然后就立正地站在那里，从每个人脸上刻板的表情，从这屋子里的气氛，萧军寻思着："我又犯了什么错呢？"他预感到了"不祥之兆"。

"你叫刘蔚天吗？"那个微胖的青年军官严肃地问萧军。

"是。"萧军平静地回答，并注视着他。

"你会写白话文吗？"青年军官继续问。

"我只会写文言的诗，写文言体的挽联和祭文，不会写白话文。"萧军继续平静地回答，他的回答是有根据的，因为队上死过学员，挽联和祭文都是萧军代队上执笔的，队上官长和学员都知道萧军会写旧体诗的，这样回答没有人反驳。到此，萧军明白了，这是那篇新登载的白话短文出了祸事！兵法上说"兵不厌诈"，他就用"避实就虚"的办法和他们周旋。

"你都用过什么名字呀？"这位少校军官的眼睛盯着萧军的眼睛审问他，全屋子人的眼睛也都盯向萧军。这时的萧军除了微微感到一点威胁性的不舒服之外，就是激起了他反抗的愤怒，不过他决定要以"智"取胜，要用"眼睛的战术"。因此他也毫不示弱地把眼睛盯向审问者。

"刘吟飞，刘羽捷，刘维信……"萧军依然平静地报出自己的曾用名。

"你还用过别的名字吗？"

"没有！"萧军断然地回答。

"真的吗？"

这次萧军索性不回答了，只是用那炯炯有神的、流露着些许愤怒的眼神盯着那少校军官，乃至屋子里所有的人。

"你为什么用过那么多的名字呀？"少校军官紧追不放地问着萧军。

萧军简单地说明了每个用名的原因，然后反问道："一个人用几个名字犯法吗？"

"你这是怎样回答长官问话呀？这是教务处的×副官！你这学生是什么态度哇？！"萧军所在的炮兵队队长为维护上级官员的尊严，开始训斥萧军了。不仅如此，因为队上的官长们都知道萧军的性格和脾气，怕他惹怒了这位教务处的×副官，旨在有意地提醒他。

这位教务处的×副官确是有些沉不住气了，但还是尽量地克制自己，稍稍冷笑了一下接着问："你和骑兵队的方靖远认识吗？"

"认识。"

"认识多久啦？"

"没入讲武堂时就认识。那是在吉林，他当步兵我当骑兵的时候。"萧军超乎寻常地平静地回答着。

"你常常和他在一起吗？"

"常常。"

当这个教务处的副官听到萧军常常和方靖远在一起时，他啪的一声，把一张报纸拍到桌子上，并命令萧军前进两步，指着报纸上的文章题目给萧军看，然后厉声问着："这是你投的稿吗？"

"不是！我从来不会写这样的稿子。"萧军斩钉截铁地回答。说完又退回原来的位置，立正站着，眼睛继续注视着审问他的这位青年副官。

"你知道吗？这篇稿子把骑兵队长气得发一场大病！你看看这都写的什么……呀？！"萧军怎么也没有想到，这位青年副官说到这里自己竟忍不住哈哈地大笑了起来，当然立即又绷了回去，其他人也似乎都要大笑起来，但全用各种方法掩饰着——有的转过头，有的捂着嘴，有的站起来走出屋子去……大概是为了在萧军面前保持矜持和尊严吧！而萧军从他们的这些表情中明白了，他们并未确切地掌握这篇痛斥"黄链蛇"稿子的作者是谁的证据，就更坚定了以"智"取胜的信心。

"他气不气，病不病，和我有什么关系？"萧军以攻为守地反问道。

"骑兵队长告到校部来，说是你有嫌疑！"青年副官又板起了面孔说道。

"整个讲武堂三四千人，为什么单独我有嫌疑？"萧军口齿流利地反驳着。

"你这个学生太嚣张！我们还要调查！如果查出实据来，要开除你！要送你到法院！你现在主动交代，可以从轻发落……"这副官又似乎有些歇斯底里地叫喊了。

"那就请你们调查好了！"萧军脸不变色心不跳，冷冷地回答。

这时，炮兵队长命令萧军退出去，按礼节萧军又行了一个"注目礼"，转身退出了队长办公室，在关门声响起的一刹那间，只听屋子里响起了震耳欲聋的大笑声……

事后萧军听说，这些人也都是很讨厌"东洋流"和"黄链蛇"的，背地里都在夸赞作者写得太形象、太解气了，他们审问萧军只不过是"例行公事"而已。

一场虚惊就这样过去了，可是不久真正的祸患却降临了。

八、锨劈"东洋流"

1930年的春天，萧军在东北陆军讲武堂的学习到了第三学期，按照讲武堂的课程安排，他们这届学员，正式学习时间是三个学期。半年为一学期，三学期为一年半，加上入伍时六到八个月的预备训练，共两年多一些时间，考试及格准予毕业。拿到毕业证后分配到各部队去做三个月的"见习官"，而后即以"准尉"①补实，六个月以后可升为少尉②，再而中尉、上尉③……真是"青云得

---

① 准尉是一些国家军队军人的职衔，地位介于军官与士官之间，经上级选拔推荐、军官候补教育合格后可晋升为少尉。在某些国家的军队制度中，准尉是士官晋升的最高官阶；在一些国家的军制中，独立成一阶级；尚未被授阶成为少尉的军校毕业生，也挂准尉阶级见习。

② 少尉是一些国家军队中，尉官级别的军衔称号。陆军少尉为陆军排职军官的主要军衔，是最低的一级。

③ 中国军队军官衔一般分为3等10级，即将官3级（上将、中将、少将）、校官4级（大校、上校、中校、少校）、尉官3级（上尉、中尉、少尉）。正连职为上尉、中尉，副连职为中尉、上尉。排职为少尉、中尉。

路""大展宏图""前途远大，定有可为"呀！这对自己、对家人是光宗耀祖、富贵满堂的事，对亲朋、对乡邻都是让人艳羡不已、可望而不可即的事呀！学员们都在憧憬着，盼望着……

可萧军就在课堂课业全停，进行野外实习，毕业典礼的前夕被讲武堂开除了！

一天，萧军和一部分同学到野外一处选定的炮兵阵地去做"筑城实习"，就是挖掘掩蔽炮身所需用的"掩体"。

太阳偏西了，只见周边的村落和远方的城市被一片烟雾笼罩着，"工事"完成了，到了该归队的时间了，学员们有的肩头上扛着十字镐，有的扛着大铁锹，有的提着小铁锹或其他工具。虽然也有队形，但大家走得比较缓慢、随便，有的彼此还说说笑笑……带队的不是官长，是官长委派的一位值日的学员负全责。

当萧军他们这些炮兵队的学员经过步兵队野外作业区，即所挖下的战壕旁边时，走在前边的一个叫丁国英的学员，淘气地用手里的铁锹在战壕的"胸墙"上拍打了一下，嘴里还轻蔑地说着："这挖的算什么掩体呀？一点也不合乎规格要求！这些步兵腿子真废物！"

没想到，这一动作和这句轻蔑步兵学员的话，竟被在战壕里修补工事的步兵学员们看见、听到了。蓦地，几颗脑袋突然从战壕里挺了出来，一齐喊叫着："站住！你们为什么破坏我们的工事呀？还骂人！不行！不行……站住！"

紧接着，战壕里的步兵队的学员一个一个都跳到地面上来，挡住了炮兵队学员们的去路。炮兵队带队的学员性情比较温和，只好喊口令把队伍停下来。与此同时，一个步兵队学员飞跑到不远处向他们的队长去报告。

说时迟，那时快，只见一个身着黄色斗篷的军官飞也似的奔向萧军他们炮兵队学员站立的地方。

"谁？谁？谁？……破坏我们的掩……掩体?!"这个军官气喘吁吁，高声喊叫着，愤怒得几乎要断了气。蓦然看去，他就像一股带有冰雹或急雨的黄色风暴，瞬间冲到炮兵队学员队伍前边来了。

学员们几乎没有不认识他的，他是有名的步兵第一队队长，叫朱世勤，据说他的祖父或父亲曾做过张作霖的秘书长。他平日里嚣张跋扈，不可一世，连总队长王静轩都要惧他几分。

这个朱世勤也是个典型的"东洋流"，整体打扮和"黄链蛇"完全是一个模型里铸出来的。所不同的是，"黄链蛇"像一根杆儿，他像一只桶，他在肉钩形的鼻子上架着一副高度近视眼镜，加上他那凶神恶煞的样子，犹如活脱脱的一条眼镜蛇出现在萧军他们面前。

他不由分说，一个巴掌狠狠地甩向向他赔不是的领队的学员，又左右开弓，打了主动承认错误的丁国英。

这时候的萧军已忍无可忍了，但还是用了最大的忍耐力克制了自己就要爆发出来的愤怒。为了缓和一下这个场面，萧军尽可能放平了语气对朱世勤说："报告队长，我们这位同学已经承认了错误，掩体坏了，我们大家一起来修复。你要惩罚他，可以向我们队长去说。讲武堂校章虽然规定了凡属官长就可管学生，但总要有个体统。你在这里直接和学生吵吵嚷嚷，还打嘴巴，知道内情的人是会怪学生不对；不知道事实情况的人，还认为您这队长在随便发脾气咧！这对于您的面子也不好看哪！"萧军这番不软不硬的"规劝"，竟使朱世勤眼睛瞪得溜圆，紧紧地盯着萧军，那一张脸由红变白又变青，足足沉默了有两分钟后竟破口大骂："你是什么东西！敢来教训我?!"

随着这一声吼叫，他的手掌也挥到萧军的脸前来了。少年时期就开始练武的萧军早就防着他这一手，微微向后撤了一步，朱世勤的手掌落空了，从萧军的鼻子前横扫过去，由于用力过猛，几乎把他自己带了一个跟头。

"你他妈的！仗着家里什么好看的姐姐妹妹换来了这个官！我劈死你这个狗杂种！"萧军再也不能忍受了，举起了手中的铁锹向朱世勤的脑袋劈了下去，在这千钧一发之际，身后不知什么人抱紧了萧军的身子向侧面猛烈拉扯着，萧军的铁锹由朱世勤的斗篷旁边滑落下去了，朱世勤捡了一条命。此时，他被萧军的举动吓呆了，圆瞪着二目，拉长了下巴，一动不动地痴立着，好像萧军不是在骂他、劈他。

过了好一阵，他才缓过神来，茫然地问："这个学生喝醉酒了吧？他叫什么名字?"

"我一点也没喝醉酒！我的名字叫刘蔚天，炮二队的学生，你记下来吧！"萧军向朱世勤大声地喊着。

这个"眼镜蛇"朱世勤真就掏出了记事本在上边画了几下，什么话也没再说，从身边一个学员手里夺过马缰绳，慌张地爬上了马背，一直奔下了山坡，马后卷起了一道飞尘……

"你怎敢这样啊？劈死他怎么办？"炮二队的值星队附不知什么时候也来到了现场，他吓得脸色煞白，神情惶惑地抱怨萧军说。

"劈死他我偿命！不会连累队上的，也不会连累任何人，好汉做事好汉当！回队吧！我承担一切责任！"萧军毫不含糊地回答说。

就这样，大家都蔫蔫地走下山坡，一路上谁也没讲一句话，这时，太阳已经隐进了远方的树影朦胧中……

萧军从来都是为主持公道、坚持正义、打抱不平而惹事，但他出了事从不怕事。正如他在回忆录中讲的那样：

当时我的打算是这样：如果铁锹劈死了他，就夺上他身边的马，奔向东边几里远近的"福陵山"，那里有一带很大的森林，逃进森林再说，估计是不会有人或敢于拦阻我或来追赶的。我自信骑马的技术也完全可逃跑得了；万一不成功，只好算"心屈命不屈"地为他去偿命吧。据说这人在一九三一年"九一八"以后竟投降了"满洲国"，在《塘沽协定》时报纸上还曾有过他的名字。如今想起来，竟留下了这样一条汉奸的狗命，倒引起了一点"遗憾"之情。（《人与人间——萧军回忆录》第201页）

1930年毕业前夕萧军因坚持正义被开除，可同学们在同学录上坚持写着：
东北陆军讲武堂第十期炮兵科毕业学员——刘蔚天。
萧军深为同学们的情谊所感动……

晚饭之后，萧军洗漱干净，把自己的书籍、物品、衣服大致地整理一下，捆了一个包裹，交给一个关系比较好的同学保管，把家庭通信地址也留给了他，并拜托他：一旦自己有什么"不幸"，请他代写一封家书，就说是"暴病而亡"，如有人来，可把包裹作为遗物转给家人。许多平日和萧军关系较好的同学都很为萧军担忧，有的同学竟流起泪来，而萧军自己做完这一切准备，反倒显得平静而安然。

大约晚上八点多钟，萧军被四个武装卫兵押到第二总部的审问大厅。大厅的门大敞着，厅内正中间摆放一张大办公桌，椅子上坐着少将总队长王静轩，他留着当时将军们时兴的两撇八字胡，满脸通红油亮，保养得很好。桌子两旁成为八字形，站立着足有五六十个各级军官，有的肩头上还斜挂着红带子，那是各队的值星官，全总队要对萧军进行会审。整个大厅的气氛十分严肃，犹如戏剧上的包公开封府大堂那样威严，胆小的一看就得吓哆嗦了。

王静轩先审问了丁国英一番，然后开始审问萧军。

萧军明白，按《陆军刑法》规定，他够得上"暴行胁迫罪"，在战场上是要被立即处死的，在平时最轻也得判二年有期徒刑。所以，当王静轩问他犯了什么罪的时候，他故作不懂。当王静轩把《陆军刑法》扔给他的时候，他顺手把它拨拉到一边，漫不经心地说："这个我看过了！"萧军的不驯服，激怒了王静轩，他把桌子一拍，大声吼道："押——下——去！"

就这样，萧军被推推搡搡地关进了重禁闭室。

重禁闭室在讲武堂校院的最后面，是用红砖砌就的平房子，窗口上是立排的细铁柱和一层铁丝网，有一颗特型的大铁锁沉重地挂在了门环上。从这个门进去是一条暗森森的狭窄的长廊，长廊的一侧排着数不清的小黑门，黑门里就是各个禁闭室了。每个黑门上都有一个小窗口，便于卫兵监视以及为"犯人"传送饮食。

在长廊中段还有一道铁条拦门，是区分轻禁闭和重禁闭的界限。萧军被押过这铁条拦门没走几步，在一个很窄的黑门前被押解者喊住："你就在这间屋子里！"说完他一脚踢开了房门。

一股臭烘烘的鱼腥味立刻扑鼻而来，萧军几乎要呕吐，屋子里黑洞洞的，什么也看不见。

"这屋子里还有别人吗?"萧军很想知道另两位被朱世勤打过的同学，算是

"同案犯"吧，是否受到自己的牵连也一道关在这里，急切地问着。

"少废话！人家早就归队了。用你挂肠子呀？你的案情重大，总队长命令你住在这里，一排房子只住你一个人，还是特等的单间，你还不满足？"这个卫兵很聪明，竟能猜出萧军的心事，连嘲带讽地说了这些话。

砰的一声，卫兵关上了铁门，从外边稀里哗啦地拧好了锁。萧军从门上的小窗口，借着长廊里暗黄色微明的灯光，看着卫兵沿着长廊渐渐走远了，最后的脚步声也消逝了，这才意识到应该了解一下自己这"特等单间"是什么样子。

没有灯光，眼睛在这里已经不能发挥作用了，只好靠一双手的触摸。他感觉到这间屋子，长约四单步，宽有伸展开的两臂多一些，约有八九尺高。没有窗户，屋子里除了一只大条凳似的光秃秃的木板紧依着三面墙壁外，别无他物了。萧军明白这木板就是他的床铺，多亏了受审前一个平日关系较好的同学给他披在身上一件皮大衣，权当作被褥吧。

萧军知道了队里任何人都没受到牵连，不胜欣慰，一阵不可抗拒的疲乏、困倦感统治了他的神经，什么都不再想了。于是，他摘了帽子，脱掉了靴子，躺到木板上，盖上皮大衣，马上就进入了梦乡……

就这样，萧军被关了两个星期的重禁闭，结果被开除了。这还多亏了总队长王静轩，他在当时的东北军中，算是一个开明的高级军官，为官正直廉洁，爱惜人才。当他看到搜查出来的萧军写作的诗词和听完萧军本人的辩解，以及方靖远和萧军本队的同学们的求情，他确实感到萧军是个有志气、有抱负、有文采的好青年，有意要宽免、从轻发落萧军。怎奈，朱世勤追逼得太紧，甚至诬陷萧军是共产党，要置萧军于死地。

在最后的庭审中，气氛比以前缓和多了，王静轩连军装都没穿，只穿了件白衬衫，脚上穿着拖鞋，只有他自己的副官、秘书在场。他把萧军上下打量了一番，和蔼地问："有人告你是共产党！你是不是呀？"并指了指桌子上的一堆书说，"这都是从你床底下翻出来的，是不是共产党的宣传品哪？"

萧军一看那都是从书店买的文学书籍，于是便平静地对王静轩说："我不是共产党，谁说我是，请他拿出证据来。如果说这些从城里书店买来的书是共产党的宣传品，那些书店首先就是共产党的机关了，你们咋不去查抄哇?!"

王静轩听了这些话非但没有发怒，反而哈哈大笑说："你小子好一张利口哇!"然后他翻出萧军的一首诗让萧军给他讲讲是啥意思。

萧军也不客气,侃侃而谈,他说:"宝剑有光,不能放在鞘里受憋屈。我就像那鞘里的宝剑,不给人当鹰当狗,要做顶天立地的男子汉!"又说,"讲武堂要培养什么样的人?要培养一些缺乏钙质的软骨头吗?那就不必办讲武堂了!如果要培养一些有热血的青年,我认为我是对的!"说完,萧军昂然挺立,没有一点屈服的意思。

听了萧军的这番话,王静轩沉思良久,他背着手,低着头,来回踱着步。突然,他又用一只手捋着八字胡,长叹一声,慢吞吞地对萧军说:"你说的倒也沾点理,中国是需要你这样的青年。可是,你打了朱队长,他不依不饶……咳!我也救不了你呀。讲武堂这地方你是不能待了!你——你远走高飞吧!"王静轩左右摆着头,无可奈何、不无惋惜地向萧军挥挥手,示意他离开。

萧军没有想到这桩案子竟如此了结了。这时的萧军还真有些感激王静轩了,他恭恭敬敬地给王静轩行了个军礼,又摘下帽子深深地鞠了一躬。

同学们都为萧军没能拿到毕业文凭而深感惋惜。他自己却写了一首自喻诗《开除以后》(即《言志》):"读书击剑两无成,空把韶华误请缨。但得能为天下雨,白云原自一身轻。"(《人与人间——萧军回忆录》第205页)

他还写下了三首七律以柬别各位学友,并刊载在当时沈阳《新民晚报》副刊上,这次他堂而皇之地署上自己的名字:刘蔚天。这三首诗是:

柬　友

一

欲展雄心走大荒,可堪往事误昂藏!

三年俯仰悲戎马,十载遭逢半虎狼!

任是苍天终聩聩,何关宇宙永茫茫。

男儿自有洪崖臂,怎肯娥眉斗画长?

二

落拓江湖足啸歌,学书学剑待如何?

多缘酒醉贪风月,半是疏狂笑鬼魔。

马踏乾坤麒掩迹,龙潜沧海鲋争波。

为怜绿鬓销魔甚,任尔云烟眼底过。

三

玉钩初挂碧天西，入望家山取次迷。

点点归鸦争宿树，双双燕子啄新泥。

一声笛落沧江远，三叠歌成客路凄！

应是夜凉眠未得，为谁惆怅为谁啼？

（《萧军全集》第14卷第189—190页）

长歌当哭，但无怨无悔。萧军记得，那是落日黄昏之时，他背着平时练功用的宝剑和简单的行囊，抱拳长揖，告别了为他饯行的依依不舍的老师和同学："各位请回吧！绿水青山，咱们后会有期！"说完他一转身，昂起头来，向着沈阳城里的方向，迈开了大步，就这样离开了学习两年多的讲武堂……

第四章　战斗在夜幕下的哈城

一、国难当头之际

离开讲武堂之后，萧军被东北军陆军二十四旅旅长黄师岳请去了。黄师岳是王宜之的好友，很早就认识萧军，很欣赏他的才华，知道他懂军事，会武艺，人豪爽仗义，早就有把萧军收到自己的麾下、成为自己建功立业的"股肱之臣"的想法。

说来也巧，萧军离开讲武堂，在沈阳故宫旁边的小旅馆住下不久，一天在大街上竟然被黄师岳碰见了。黄师岳热情地询问萧军的近况，萧军毫不隐瞒地告诉了他自己的具体情况：被讲武堂开除了，豪门请他做保镖，宁愿饿死也不愿去当狗，正琢磨着去什么地方干点什么。黄师岳听闻，暗暗惊喜，机会来了，自然不会错过，于是他迫不及待地委任萧军为自己掌管的二十四旅驻扎在辽宁省昌图县军事训练班的准尉见习官。当时萧军见黄师岳如此盛情，也就欣然前往了。

可到任不久，萧军就在军事训练班鼓动兵潮，搞起了反军阀运动。他以为旅长黄师岳会支持他的。没想到萧军的举动把黄师岳吓得魂飞魄散，他怕牵连到自己，闻讯赶紧把萧军找去，一失往日的热情，劈头盖脸地责备萧军说："你搞这套东西，可是杀头灭门的罪呀！你还是留着我这颗脑袋吧！"又急不可待地撵萧军说，"我这儿庙小，装不下你这西天大菩萨，你赶紧走吧！"

就这样前后不到两个月，萧军就被"赶出"了二十四旅，重又回到了沈阳城，回到沈阳宪兵教练处。真是东方不亮西方亮，当年萧军在宪兵教练处毕业时成绩优秀，给这里的长官留下了很好的印象，毕业时宪兵教练处就有意留他任教，是萧军自己不愿意留下。这次他从二十四旅回到沈阳城，在宪兵教练处里当了一名少尉军事助教，专教学员军操、武术，初级步兵操典，射击教程以及各种"命令"的军事学，等等。由于他武功高强，刀、枪、剑、戟无所不能，十八般武艺样样精通，教学又十分认真，为人正直仗义，同情弱小，帮扶贫困，深受学员们的好评和拥戴，很快由少尉助教晋升到代理分队长，成为一个手下有一百多号学员的"兵头"了。

这年夏天，二十四岁的萧军满怀着救国救民的热望，经王宜之介绍认识了中共地下组织成员佟英翘。佟英翘公开身份是沈阳平旦中学的国文教员，比萧军年长几岁。此人不仅成熟、稳健，是个很有经验的地下工作者，而且思维敏锐，阅历丰富，文才惊人，古典诗词造诣很深，萧军对他十分崇敬。而萧军刚直正派，忧国忧民，文武全才，也深得佟英翘的喜爱。两个人常常课后相约，在夕阳西下的晚上，在绿草茵茵、杨柳依依、景色宜人的沈阳郊外北运河畔的原野上散步，推心置腹，娓娓倾谈。从谈论中外文学开始到天下大事，从鸦片战争到列强瓜分中国，从晚清政府的腐败无能到蒋介石的独裁统治，从军阀混战到人民遭受横征暴敛、妻离子散的痛苦，等等。中国的出路在哪里？谁能救中华民族于水火？他们常常为此而倾谈心曲，或慷慨激昂，或悲歌长叹，或壮怀激烈……

相识不久，两人就成了莫逆之交。佟英翘毫不隐瞒地向萧军公开了自己的身份，把党内的理论刊物和宣传品介绍给萧军阅读，并告诉他中国共产党是中国的唯一希望。这时萧军的思想认识虽然还没有完全达到这一高度，但他却能全力掩护佟英翘开展党的地下工作。

当时萧军租住着三间房子，把其中的一间让给佟英翘住，并以军人的身份保护他，使其免受军警查户口等的干扰，顺利地进行党的秘密工作。在与佟英翘接触的这段难忘的生活中，萧军的思想觉悟有了迅速的提高，认识水平有了一个质的飞跃。这是萧军接触中国共产党的开始。

1931年9月18日亥时，沈阳城，劳累了一天的人们早已进入梦乡，而强行驻扎在中国东北的日本关东军正在上演一场由日本军阀导演的、世界战争史上最可耻的阴谋丑剧：这天晚上，日本关东军虎石台铁路独立守备队第二营第三连派出一个小分队，以巡视铁路为名，鬼鬼祟祟地来到沈阳城北约十五里处的柳条湖附近，即南满铁路线上停下来，他们切割铁轨，埋下了炸药，便迅速离开现场。

随着一声巨响，一团火焰腾空而起，一股硝烟笼罩在柳条湖的上空。接着，一伙日本兵随即将三具身穿东北军军装的"中国士兵"尸体放在了爆炸现场……

日本关东军就以这次爆炸为据，诬称中国军队破坏南满铁路并袭击日本铁路守备队。日本关东军总司令本庄繁随即下令，向沈阳北大营的中国守军发起进攻……

当时驻守在北大营的东北军第七旅，一是毫无防备，被打得措手不及；二是事前东北边防军司令长官张学良，遵照蒋介石的不抵抗政策曾训令东北军不得抵抗，所以驻守部队没有反击……就这样，日军进攻了东北军驻地北大营，炮轰了沈阳城，制造了野蛮侵略中国东北的九一八事变（又称奉天事变、柳条湖事件）。

9月19日，沈阳城全部被日军占领。萧军目睹了日本关东军像一群凶狂的野兽，在沈阳城烧杀抢掠的暴行，所到之处，留下的是呻吟、鲜血和灰烬，逃难的人群如潮水一般……萧军在人群中挤到了沈阳城东门，只见城墙上插着太阳旗（日本国旗），日本兵端着上了明晃晃刺刀的枪，杀气腾腾地走来走去，城门口用铁甲车横挡着，出入城门的中国老百姓被殴打、辱骂、捉拿，甚至当场被刺死……此时此景，使从小就以安邦定国为远大志向的萧军，愤恨的热血在全身沸腾着，他像一头激怒的雄狮，眼里喷烧着熊熊烈火，他飞也似的赶到宪兵教练处朱姓处长的家，请求把训练处的这二百多名学员拉出去打游击。但贪生怕死的朱处长却一心只顾逃命，只见他脱掉了军服换上了便装，手忙脚乱地收拾着贵重的东西，屋子里狼藉一片。他对萧军的请求大加嘲讽、训斥，并命令萧军与他一起逃往北平……

此时的萧军忧心如焚，他宁肯死，也不愿意离开这受难的人民，这破碎的土地。他斩钉截铁地说："我哪儿都不去！咱们是军人，拿着国家的俸禄，吃着老百姓的粮米。养兵千日，用兵一时，小鬼子打到家门口了，军人怎能一走了之?！对得起三千万东三省的父老乡亲、兄弟姐妹吗?！"

"你小子吹糖人吧？你一个小小的少尉，懂个屁！"正在紧张地收拾金银细软的朱处长，这个干瘦的小老头恼羞成怒了，"正因为是军人，你就该懂得天职是什么，是服从！是服从！王以哲旅长（东北军第七旅旅长）已经接到少帅

（指张学良）的命令，说南京蒋总司令电示：不准抵抗，严防事态扩大，等待政府交涉，国联（国际联盟）调停。国家大事，能随便乱来吗！你以为你是谁呀?! 你愿意走不走，学员们我已经宣布解散了！"到此，萧军只好愤愤地离开了宪兵训练处朱处长的家。

眼看着沈阳城的大小官员朝着关内逃之夭夭，深感报国无门的萧军只好和妻子许淑凡搬到沈阳铁西一位熟人家里。他每天一遍遍弄剑舞棍，一遍遍吟诵着宋代文天祥的《过零丁洋》："……山河破碎风飘絮，身世浮沉雨打萍。惶恐滩头说惶恐，零丁洋里叹零丁。人生自古谁无死，留取丹心照汗青。"以此来排遣心中的郁闷。就在萧军仗剑荷戟独自彷徨的时候，他的好朋友中共党员佟英翘找到了他，出示了正在吉林舒兰任副营长的好友方靖远给他俩的信，约他们到吉林舒兰县（今舒兰市），共同组织抗日队伍。

原来，方靖远在讲武堂毕业后被分配到沈阳东北骑兵训练总监部，任中尉见习军官，后又被调到洮南，任洮辽镇守使署参谋处上尉参谋。1931年夏天，舒兰东北军六十六团第二营营长马玉刚函请方靖远去舒兰担任他的副营长。方靖远写信同萧军商量，萧军同意方靖远去马玉刚处。于是方靖远就在洮辽镇守使署请了长假，先到了沈阳，住在萧军家里，停留多日，经萧军介绍结识了佟英翘。此时正赶上萧军的宪兵教练处放暑假，萧军便与方靖远同往舒兰。萧军以前去过舒兰，经王宜之介绍，已经认识了马玉刚并结为朋友。马玉刚是辽宁省台安县人，和方靖远是同乡，他也是东北陆军讲武堂毕业，是个思想开明、有抱负的军官。三个新交旧友聚在一起度过了二十多天的愉快时光，萧军才告辞回到沈阳。

这次萧军见到方靖远的信十分高兴，立即带着妻子和简单的行装冒着严寒奔向舒兰。因党的隐蔽战线工作需要，佟英翘不能赴约，分别前，佟英翘斟满了酒，与萧军痛饮，彻夜长谈。佟英翘说："强虏入侵，国难当头，你我中华男儿，舍身救国，马革裹尸，义不容辞呀！"萧军向佟英翘郑重地回答说："放心吧！头可断，志不可夺！倭寇打到家门口了，我们只有拿起枪来，把他打回去！"据萧军回忆：佟英翘那爱国主义的句句教诲久久在他的耳边回响……

萧军到了舒兰，受到了时任东北军六十六团二营营长马玉刚、营副方靖远的热烈欢迎。马玉刚部是一个步兵营，共有四个连，两个连驻扎在外地，两个连留守在城中。因为这四个连全不是马玉刚的嫡系，他自己只好建立一个补充连，想培养一批自己的人。但这个补充连刚建立不久，人数不多而且也驻扎在城外。

马玉刚、方靖远与萧军三人日夜筹划，如何率领部队打开抗击日本侵略者的局面。他们初步决定，以补充连为基础和中心，再联结其他四个连，争取把这一营人马拉出来，成立一支抗日义勇军。由于人数不多，枪支弹药也不足，就决定先让方靖远到哈尔滨与中东铁路护路军司令丁超、东北军十六师师长李子铎进行联络，以便共同举事。由马玉刚和萧军在舒兰做举事的其他各项准备工作。

结果，方靖远走后，萧军发现营长马玉刚并未真正掌握兵权，而被撤职的、已投降日军的原营副刘玉林，在日寇、汉奸的支持下，加紧收买了与营长马玉刚关系不睦的两个连的连长，正准备哗变。在万分危急的情况下，萧军建议马玉刚把刘玉林和两个连长抓起来，可马玉刚优柔挂断、犹豫不决，不敢采纳萧军的立即制止兵变的建议，致使汉奸刘玉林又进一步把城内的两个连的连长也收买了，四个连的官兵都公开投降了日寇。

一天夜间，马营长接到一封由各连连长签名的"逼宫"信，要求马玉刚立即交出营长职务和一切财产，并限于当夜十二点以前率同家属离开舒兰县城，否则就要进行包围、格杀勿论，等等。

接到这封"战书"，他们研究了一下，觉得只有接受这一退走的条件，除此之外，是没有什么办法了。因为他们身边仅有十几个人，而且一半是家属、老人和孩子。只有十几支大枪和短枪，所住的地方更没有什么壁垒可供防守，马玉刚自己的补充连远在几十里地之外，而且通往县城外的几条通道也被叛军把守着，依靠外援是无望的，一切都来不及了。

面对这一形势，只有退走了。对抗是毫无用处的，不如"留得青山在"，重新积蓄力量。马玉刚通过当时的舒兰县长袁庆清（"满洲国"大臣袁金凯的家人）进行调停，叛军也做了一点让步，允许他们可以用几辆大马车和马匹拉人和运东西，还可以带几支长枪和短枪用作路上自卫的武器。据萧军回忆说：

于是在一队叛军兵士们的押解和监视下，我们几辆大车和男女人等离开了舒兰城，向哈尔滨的方向出发了。这时候听说哈尔滨还未被日军所占领。我背了一支短枪，骑了一匹老马，行走在队尾，作为"掩护"。这正是东北古历十二月时期最严寒的季节，寒风是锐利的，吹在脸上皮肤犹如被利刃划割着一般；将落过大雪的白茫茫大野，朦朦的月色，大车的铁轮瓦辗轧在大路冰雪上，挤压出来的那种刺耳的吱嘎声，骡马们的喘息声，鼻响的突突声，人的不时咳嗽声……这一情景回想起来，还似乎犹如昨天一般。（《退走之夜》，《人与人间——萧军回忆录》第209页）

就这样，萧军他们在叛军的监视下离开舒兰前往哈尔滨，他给舒兰留下了一声长叹和一个孤独的英雄的背影。但是，这次举事失败并没有扼杀萧军心底的希望，他准备再找机会参加抗日部队打鬼子。

二、文学事业的正式开端

北风横扫如刀，大雪飘飞遮日。1931年农历十二月的哈尔滨，以它特有的寒冷迎接了刚刚组织抗日武装而失败的萧军和他的好友方靖远。当时的萧军认为，在民族危亡、国土沦丧之际，作为一名军人就应该舍生忘死，为抵御外侮贡献自己的全部力量乃至生命。于是，萧军和方靖远一起投奔冯占海的抗日队伍——冯家军，在阿城（全称阿勒楚喀城，哈尔滨市所辖）见到了团长冯占海，冯占海立即派他们两个人回到了哈尔滨，负责联络和宣传工作。

这期间，萧军和方靖远在哈尔滨结识了中共党员金伯阳①和黄吟秋②。

金伯阳化名杨朴夫，别名北杨，与萧军同龄。曾任中共满洲省委常务委员兼职工运动委员会书记，1932年初随中共满洲省委机关由奉天（沈阳）迁到哈

---

① 金伯阳（1907—1933），原名金永绪，化名金赞文、杨朴夫，别名北杨。辽宁旅顺人。1929年入党。1931年12月任中共满洲省委常委。1933年11月15日，在与敌人战斗中英勇牺牲，年仅二十六岁。2015年8月24日，被列入民政部公布的第二批六百名著名抗日英烈和英雄群体名录。

② 黄吟秋（1906—1989），原名黄仲庵，辽宁省台安县人，1927年加入中国共产党，历任中共台安特别支部委员会书记、东北义勇军第三游击大队政治部主任、东北抗日联军第六军政治部主任兼秘书长、代理军长、北满临时省委特派员等职。

尔滨，参加组织了哈尔滨反日总会。金伯阳英俊魁伟、平易近人、和蔼可亲，萧军同他认识以后，他知道萧军和方靖远都是具有革命理想的有为青年，很愿意同他们接近。金伯阳常到萧军和方靖远的住处看望，有时萧军、方靖远人不在，他就留个纸条写上"杨朴夫来访"，可是他从不讲他住在哪里。

黄吟秋原名黄仲庵，与方靖远既是同乡又是小学同学，而且两个人同龄，1927年加入中国共产党。这两位中共党员经常将抗日刊物和宣传品，从秘密收藏的地方取了出来，送给萧军和方靖远，让他俩阅读学习和散发，还向他俩详细讲解了国民党的不抵抗主义就是卖国主义、投降主义，只有共产党主张的全民奋起一致抗日，才是唯一的救国救民的革命道理，等等。

为了揭露日军占领沈阳的侵略暴行，萧军写了一篇散文《暴风雨中的芭蕾》，署名刘蓓力，投到哈尔滨《国民日报》副刊上发表了。方靖远写了一篇小说《九·一八之夜》，在哈尔滨《东三省商报》上也发表了。这两篇记录"九一八"沈阳军民抗击和揭露日寇侵略罪行的文章，发表后引起了轰动。这使萧军意识到，抗倭驱虏的斗争不单要用枪，笔——也可以是斗争的锐器！受到了启发的萧军，决心要勇敢、勤奋地拿起笔来，以文学为武器，鼓舞、号召人民反抗日本帝国主义的野蛮侵略。

1932年春节前夕，日寇在伪军的配合下，由哈尔滨城以南攻到近郊，冯占海的抗日部队进行了激烈的抗击。萧军和方靖远黎明时刻从哈尔滨赶到前线，把中国共产党的《告东北同胞书》和反日会的《慰问抗日将士信》送到同日寇浴血奋战的官兵们的手中，以鼓舞士气。

由于敌我力量悬殊，寡不敌众，冯占海的抗日队伍只好暂时撤退，向江北转移了。萧军和方靖远继续留在哈尔滨参加地下反日活动。1932年2月5日，东北第二大城市哈尔滨被日寇占领了。这天下午，萧军和朋友们站在楼上的窗前，痛心地目睹了沦陷后的哈尔滨，一队队的日本兵扛着乌黑的枪支，打着太阳旗，耀武扬威地走在大街上……

当时萧军手里有一只手枪。伪警察署为虎作伥，以维护社会治安为名，积极配合日本侵略者到处搜缴民间武器，隐匿枪支军火者格杀勿论。萧军的发妻许淑凡非常害怕，多次逼着萧军把手枪交出去。一次夫妻两人为此又发生了口角，她气愤地威胁丈夫说："我要去报官，说你有枪！"听了这句话，萧军当即无语失声，他的心咯噔一下，就像冰块一样冻结了！越想越心寒，萧军怎么都

萧军发妻许淑凡（萧军纪念馆提供）

没有想到，自己的妻子会说出这种令人毛骨悚然的话！不管她说这话是出自什么心理，可这绝非儿戏，这是掉脑袋的大事呀！……他心中隐隐觉得这个女人不能再留在身边了……

许淑凡是个可怜的传统女性，她忠厚朴实，却怯弱愚昧；她爱自己的丈夫，却不理解丈夫；她只知过自家安稳的小日子，却不知国破家必亡的道理；总是一次次阻止萧军参加抗日活动……

萧军与许淑凡的婚事是萧军的父亲刘清廉一手包办的。许淑凡是上碾盘沟村西沟屯人，两家相距十余里。许淑凡长萧军一岁，家境比较殷实，本人模样俊美。因萧军是刘家的长门长孙，加上山村又有早婚习惯，所以，在萧军十三岁那年，家中就为他订了婚，十五岁时又逼他成了亲。婚后，许淑凡一直留在下碾盘沟村，萧军仍回长春上学，每年寒暑假回家团聚。萧军到吉林当兵，以至到哈尔滨当宪兵，夫妻都是两地分居。直到萧军到沈阳宪兵教练处任教，生活比较安定了，家里人把许淑凡送到了沈阳城，夫妻两人才开始生活在一起。九一八事变后，为抗日，萧军东奔西跑，居无定所，日无三餐。决心献身抗日救国的萧军觉得，与其让许淑凡跟着自己过颠沛流离、提心吊胆的日子，莫不如让她回老家——下碾盘沟，生活会安稳一些。于是说服妻子，把她送了回去。随后萧军给她写了一封信，说明今后自己不知去向何方，何年何月才能回来，行踪不定，生死难料，请她不必再等他了。为免误青春，另行改嫁吧！从此与她断绝了夫妻关系，结束了这场无爱的婚姻，这年萧军二十五周岁。

可许淑凡不忍心离开少小丈夫而另行改嫁，在下碾盘沟刘家老院一直等了七年，因萧军音信杳然，只好走改嫁之路。根据当地风俗，媳妇改嫁，原婆家要以娘家的名义，向新婆家收取一定的礼金。介绍人王化育给两家订立了"立婚单文契"。萧军的父亲刘清廉收了礼金，并作为娘家主婚人，将许淑凡嫁与了下碾盘沟村村民王魁武为妻[1]。

1983年9月22日，平反昭雪复出后的萧军重返故乡，分别了半个多世纪的两位老人终于见了面，回忆以往的艰难岁月，两位老人都流泪了。笔者和诸位与会学者陪同萧军返乡，曾亲历此情此景。

当年送走了许淑凡，萧军应名拳师辛健侯的邀请，为其父亲的剧班子写一部剧本，上演后轰动了哈尔滨。事情是这样的：

九一八事变之前，由于爱好武术，萧军在沈阳期间就认识了辛健侯。辛健侯原是沈阳警世三班评剧团的少老板。九一八事变之后，他也来到了哈尔滨，萧军与他在滨江国术馆又相遇了。当时萧军孤身一人，又没有职业，辛健侯请萧军住到他家，给他的剧团创作剧本。萧军根据上海出版社出版的一部小说《珍珠恨》中一个叫马振华的女学生恋爱受骗投江自杀的故事，创作了一出评剧，题名《马振华哀史》，并由萧军亲自导演。

这个剧本改编时揉进了萧军许多自身的感受，表现了鲜明的反封建主题。虽然未曾署名正式出版发表，而由演员公演传播出去，却成为誉满东北的评剧佳作。剧团的旦角张丽云（艺名筱桂花）扮演女主角马振华，因此剧而唱红哈尔滨乃至东北，《马振华哀史》成了她的保留剧目之一。原本萧条、冷清的剧团、剧院生意，一下子空前地红火起来了。

《马振华哀史》是评剧史上第一个新型的时装悲剧，反映了封建礼教的残酷，从侧面揭示了争取妇女解放、男女平等斗争的长期性和艰巨性。在艺术上，剧本也有许多创新之处。如生活场面十分宏阔，把许多富有时代特征的内容搬上了舞台，别开生面，令人耳目一新。在语言的运用方面，明显地突破了地方韵白、方言、小调的影响，对培植流派、造就演员起了很大的推动作用。后因萧军为该团十几年给辛家含辛茹苦赚钱的女演员们鸣不平，而使辛健侯对他大为不满而发生争执，萧军愤然离开了剧团，迅速结束了这段"舞台生涯"，但给评剧艺术史书写了光辉的一页！

一心想抗日而又没有实力的萧军，陪伴着他的唯一财产，只剩下一支手枪了。此时他已改名刘燕白，与方靖远同住在一个小旅馆——"集贤客栈"。为了生计，萧军试着用笔名"燕白""白燕子"向几家报社投了一些短稿。文章是登

---

[1] 张栋、张国岩：《萧军早年故乡生活资料的发现与考证》，锦州政协《建言》2014年第4期。"立婚单文契"已收藏在凌海萧军纪念馆保存。

出来了，但这些报馆是不给稿费的，换不来饭吃。此时萧军和方靖远的生活已窘迫不堪了。

当时哈尔滨比较像样点的报馆只有《国际协报》一家，是民办的，而且还没有被日本人收买。萧军投了一篇稿子，题名叫《飘落的樱花》，同时寄给编辑一封信，说明自己的困境，希望能够获得一些稿费。不久，稿子登出来了，副刊编辑还派其内弟给萧军送来了五元哈洋并带来了一封信。信上说：五元钱不是稿费，而是这个编辑个人表示的一点心意。同时这个编辑还约萧军去报社见见面。这个编辑就是《国际协报》副刊国际公园部的主编，叫裴馨园，笔名老斐。此人身材瘦小，脸色苍白，带着高度的近视镜，操江浙口音，人很谦逊，对萧军很热情，他邀萧军到报社做副刊编辑。两个人一见如故，成了无话不谈的朋友。

这位老斐和《东三省商报》副刊编辑陈稚虞非常要好，他俩介绍萧军认识了一些哈尔滨文艺界的朋友，如白涛、冯咏秋、王关石、刘性成、任白鸥、于浣非、刘昨非等。老斐和他们这些人共同集资，合办了一家"明月"小餐馆，地点在道里三道街东头。它是为下层劳动人民设立的，所卖的饭菜不超过一角钱，所以被人称为"一角钱饭馆"。裴馨园和陈稚虞及众股东看萧军和方靖远生活困难，就让他俩在小餐馆食宿，不用花钱，白吃白住。萧军和方靖远都感到这是一种羞愧的寄食生活，但盛情难却，就决定先去住些日子，再想办法离开。

他们俩搬到小餐馆以后，白天在附近公园的长椅上读书、写作，黑夜时将饭厅的两个餐桌并在一起作为床铺。清晨要早起，因为顾客来了。晚间顾客不走，还得晚睡。每天一角钱的饭菜，能够吃饱，但睡眠不足。这样生活不到两个星期，他们俩就都离开了那里。

1932年5月，陈稚虞介绍方靖远到《东三省商报》接任了副刊《原野》的编辑工作，笔名方曦，方靖远就搬到了《东三省商报》报馆去住了。裴馨园又为萧军力争了一个"专访"的职务，协助他编辑一些"儿童特刊"之类的稿件，并让萧军搬到他家去住，他们工作在一起，食宿也在一起。从此，萧军和方靖远才都有了安身之处。他们除了编辑工作之外，还继续写些各样的文学作品发表在副刊上。萧军发表在《国际协报》副刊上的文章，除了《飘落的樱花》之外，还有《桃色的线》和《孤雏》，萧军说："这就是我正式从事文学事业，以卖文为生的开端。笔名就用'三郎'了。"（《人与人间——萧军回忆录》第

210页）

有人问，萧军为什么会从一个胸怀壮志的军人成为文坛斗士呢？一些文学评论名家，在探讨、分析萧军从"武学"到"文学"的彻底转变时说：这里既有时代的即客观的根源，也有个人的即主观上的原因。客观上，中国共产党领导的武装斗争还没有影响到此时的萧军，萧军在旧军队中从戎多年，军阀统治的龌龊黑暗、昏庸腐朽他看够了、厌倦了。特别是"九一八"以后，几十万东北军不抵抗，那落荒而逃的场面，使他认识到靠旧军队是无法实现救国救民的理想的，在旧军队中走武学救国的路已经彻底堵塞了。因此，他必须重新审视自己的人生道路，重新启动自己的思维方式。主观上，萧军出身贫苦家庭，从小饱受冷眼、欺凌和压迫，对统治者、对侵略者有一种本能的反抗要求。因此，当他用武力反抗而感到"力不从心"时，他要另外杀出一条路，这就是要靠自己手中的笔，在白色恐怖笼罩的敌占区，再没有比手中的笔更为合适的战斗武器了！就这样，这个勇敢、坚定、粗犷、豪放的战士发出"情动于中而形于言"的强烈愿望！从此，萧军的生活发生了急剧而自然的转变，他五十年历尽艰辛的文学跋涉，终于从松花江畔迈开了第一步！

三、与萧红的偶然姻缘

1935年，我国文化革命巨匠鲁迅先生，培养、提携了一对夫妻作家——萧军（三郎）与萧红（悄吟）。这对夫妻作家凭借他们揭露、控诉日本侵略者强占东北大好河山，人民在苦难中英勇顽强与之抗争的真实故事，分别以《八月的乡村》和《生死场》两部小说而成为左翼文坛冉冉升起的新星。虽然萧红逝世已经七十八年了，萧军也已逝世三十二年了，但他们对中国文学事业的杰出贡献却永垂文史。他们的感情故事也一直在流传，既浪漫又有想象力，与他们的贡献一样，写就了现代文学史上色彩斑斓的一页。

> 浪儿无国亦无家，只是江头暂寄槎。
> 结得鸳鸯眠便好，何关梦里路天涯！
>
> 凉月西风漠漠天，寸心如雾复如烟！

夜阑露点栏杆湿，犹是双双悄倚肩。

浪抛红豆结相思，结得相思梦已迟！
一样秋花经苦雨，朝来犹傍并头枝。

（《萧军全集·14卷》第513—514页）

这三首情真意切的七言绝句，题名《柬病中悄悄》，是1932年中秋节，萧军赠给萧红的。

萧红，学名张秀环，乳名荣华，后来祖父给她改学名为张迺莹。笔名悄吟、玲玲、田娣等。"萧红"这个笔名是1934年10月，萧军在青岛给鲁迅先生写第一封信时，与"萧军"同时开始采用的。

1911年6月1日（农历辛亥年五月初五），即端午节那天，张迺莹出生在黑龙江省哈尔滨市呼兰县（现为呼兰区）城内龙王庙路南的张家大院。她有两个同母所生的胞弟，大弟乳名"富贵"，两岁时夭折，小弟乳名"连贵"，学名张秀珂。青年时的张秀珂就效仿姐姐冲出了封建家庭，后来到黄克诚部参加了新四军。他与萧军的关系一直很好，并未因姐姐与萧军离异而受到丝毫的影响，当然这是后话。

张迺莹的祖父张维祯，是个读书人。张家祖上本是乾隆年间从山东闯关东的移民，后来在阿城落脚并逐渐发达，成为当地有名的大财主。不过到了张迺莹爷爷张维祯这一辈，家道已经中落，兄弟分家时，张维祯分得几十垧土地、三十多间房屋和一座油坊，举家迁到了呼兰。张维祯性情温和，淡泊名利，不理家务，一切事情均由张迺莹的父亲张廷举（字选三）处理。张廷举是张维祯过继的儿子，娶妻姜氏，迺莹九岁时姜氏病故了……

关于萧红的身世，萧红研究者们有种种不同的说法。所谓的"知情者""钩沉者"，一时间掀起了哄炒萧红"轶文""传说""绯闻"和"故事新编"之类的热潮，从国内到国外，滚滚而来滚滚而去。有关"萧红身世之谜"的种种议论，混乱着人们的思维，这就很难排除"以讹传讹"了……萧军在1978年9月撰写的《萧红书简辑存注释录》在《新文学史料》连载后，其中有一篇注释涉及萧红姐弟的身世问题，似乎更为萧红的身世增添了一层神秘色彩。后来，呼兰县志又否认了萧军的说法……

当然，萧军对萧红姐弟的身世不是凭空想象，更不是信口开河，萧军的说法一是来源于萧红的胞弟张秀珂曾向萧军说过的他的推测，二是来自萧红向萧军提供的创作素材。早在1937年6月萧军以自然主义手法创作的中篇小说《涓涓》中，采用的就是萧红提供的她儿时经历的素材。再有就是萧红自己的短篇小说《手》亦取材于此。

笔者认为，在众说纷纭的迷雾中，不管张廷举是不是萧红的生父，但他对萧红冷酷、残暴，无丝毫的父爱，这一点是毋庸置疑的。在萧红笔下"父亲他常常为着贪婪而丧失人性"，他对待仆人，对待自己的儿女，以及对待萧红的祖父都是同样吝啬而疏远，使她幼小的心灵感受到的是家庭中充满了冷漠与无情。而祖父是位忠厚、善良的老人，他带给萧红童年时期唯一的温暖与爱，这也是真实的。笔者接触到的老一辈萧军与萧红的研究者、评论家们，几乎是众口一词：萧军是萧红那段痛苦经历的历史见证人；是萧军给了萧红做人的尊严、生活下去的勇气；是萧军开创了萧红新生活的希望；是萧军把萧红引入文学的殿堂。这是千真万确的！对于其他，笔者不想在本文中做深入的探讨了。以下，笔者基本以2003年7月团结出版社出版的萧耘、建中编著的《萧军与萧红》为依据，将萧军偶遇萧红之前萧红的一些情况做个粗略的交代：

迺莹（萧红）九岁时生母姜氏故去不久，父亲续弦梁氏。迺莹高小毕业后，父亲在继母的唆使下不让她继续升学，妄图将她当作一份攀附高门的"礼物"而深锁闺门。后在自己的力争和在祖父的求情下，1927年8月，十六岁的迺莹考取了"哈尔滨东省特别区区立第一女子中学"（现哈尔滨第七中学）当寄宿生。就是这年，唯一疼爱他的祖父去世了。在校学习期间她对绘画、文学产生了浓厚的兴趣，展示了特有的天赋。1928年，她曾参加过学生反日筑路的爱国游行活动。

1929年，迺莹十八周岁，由父亲做

萧耘、建中编著《萧军与萧红》封面

主许配给省防军第一路帮统汪廷兰的次子汪恩甲（一说汪殿甲）。这位汪二少爷当时据说是小学教师，却身染一些坏习气，是个没有理想，喜欢抽鸦片的瘾君子，与迺莹理想中的爱人相去甚远，迺莹不喜欢他，坚决拒婚。在这期间，迺莹将自己的情况向在哈尔滨政法大学读书、与自己有远亲关系的表哥陆振舜述说了。当时陆振舜已婚，陆振舜为了坚定迺莹反抗包办婚姻的决心，从政法大学退学，前往北平继续求学。

1930年，因反抗父亲包办的这桩封建婚姻，迺莹第一次离家出走去北平，投奔在北平读书的表兄陆振舜。经表兄介绍，结识了陆振舜在"三育中学"时的同学李洁吾。在进一步的接触中，"李洁吾真正关心起张迺莹并产生了友谊……"同年9月，在表兄陆振舜和李洁吾的帮助下，迺莹到北京"师大女附中"高中部上学读书了，这所学校位于北京西城区二龙路附近，现教育部路南。

初到北京，迺莹与表兄陆振舜同住在西京畿道的一所公寓里，后来便搬到二龙坑西巷×号一座小院落。小院落分内、外院，开始时两个人分住在内院儿三间北房的两头，一人一间。后来，为了节省开支，表兄妹俩移到小院的外院，迺莹住南房单间，表兄则住进了一间平台。这里距离他们各自的学校都很近，上下学很方便。

11月中旬，迺莹的家里除了催她赶快回家结婚的信件外，不仅没寄钱，甚至连一件取暖的衣服都没寄给她，家中对她早已施行"经济制裁"！她与表兄两个人的日常支出，只能靠表兄家里寄来的钱勉强维持着。当时，还雇了一位保姆"耿妈"，是北京当地人，来照料他俩的饮食起居。

12月份，北京已经很冷了，耿妈用旧棉絮帮助迺莹把单衣改制成一件小棉袄，李洁吾找同学借了二十元钱，让迺莹赶快到"东安市场"买了件棉毛衬裤……临近寒假的时候，表兄家也来了"最后通牒"：如果把迺莹带回东北，就寄路费给他们。否则从此以后就连陆振舜的学费、生活费也都停止不寄了。就这样，迺莹极不情愿地返回了东北。

当她无奈从北京回到家里，疼她爱她的祖父已经过世了。在当时的社会环境里，迺莹的离家出走，是一种惊世骇俗之举，因此汪家与其退婚了，迺莹成为人们茶余饭后的闲话对象。对于这个"忤逆之女"，父亲和继母视她为眼中钉、肉中刺，又气又恨，嫌她给家里丢人现眼。父亲让继母把迺莹弄到乡下去住，并委托乡下的堂兄对迺莹严加看管。

在乡下堂伯家，有一次，萧红出于同情，替佃户、长工劝说当家主事的堂伯不要提高地租，遭到堂伯的训斥，迺莹对堂伯的贪婪残暴的剥削行为进行了严厉的指责。这下可麻烦惹大了，堂伯比她父亲更残暴、更凶狠，当即兽性大发，把迺莹痛打一顿，锁在一间空房子里。然后给在巴彦教育局工作的迺莹的父亲张廷举拍电报，催促他赶快回来整治迺莹。按祖上家规，女人伤风败俗，胳膊肘往外拧，二罪归一，应该坠石沉河，以免危害家族。在生死关头，多亏了迺莹的小婶母同情她，趁着天未大亮，偷偷放走了迺莹。

迺莹逃到哈尔滨后，四处求职四处碰壁。可以想见，在那民生凋敝、百业萧条的日伪统治下的哈尔滨，一个孱弱的女孩子要求得一份养活自己的职业真比登天还难……

在食宿无着的情况下，迺莹只好到主动接济她的同学家里，这家三天、那家五日地过了一段时间，但这终究不是办法。她悄悄地离开了同学家，在大街上流浪，到江边徘徊，望着那松花江滚滚东流水，她愁绪万千，怎么办？哪里是自己的归宿？难道自己被人世间彻底地抛弃了吗？不甘！不甘……

一天在大街上，她遇见了在哈尔滨上学读书的弟弟连贵（即张秀珂），弟弟见她衣衫褴褛，脸色苍白，心疼地劝说她："莹姐，不要固执了，认个错，回家吧！天冷了，不能再这样漂泊了！"

"不！那样的家，我认可死外边，也不回去了！叫我向他们低头、求饶，不可能！"迺莹坚定地回答弟弟，她誓死不向封建家庭妥协。

"你要钱吗?"

"不要！"迺莹知道残酷的父亲和狠毒的继母不会给弟弟多少钱。

姐弟俩在街头依依不舍地分手了。迺莹望着弟弟的背影，心里一阵酸楚，然后便无目的地走着……

北风瑟瑟，饥肠辘辘，正当她举目茫然、缩头抱肩、昏沉疲倦的时候，一个卖豆腐的老太婆热情地把她收留到家中。她胡乱地吃了些东西，把自己收拾干净，正待要感谢那老太婆的时候，迺莹发现她是个以卖豆腐为掩盖，暗地里做着逼良为娼营生的老妖精。老妖精错以为迺莹是卖淫为生的街头"野鸡"……当迺莹明白了老妖精对她"热情款待"的目的后，吓坏了，她稍做思考，便与老妖精虚与周旋，然后不顾冬夜的漆黑和寒冷匆匆地逃跑了。

逃出了魔窟却落入了陷阱：汪家虽然已解除婚约，但汪恩甲对迺莹仍然穷追不放，到处寻找迺莹。迺莹第二次逃往北平，汪恩甲追到北平，花言巧语，投其所好，承诺支持迺莹继续上学。涉世不深的迺莹麻痹大意，相信了汪恩甲的鬼话，在无依无靠、走投无路、万般无奈的情况下，迺莹只好委身于汪恩甲，与其一同回到哈尔滨，在道外正阳十六道街东兴顺旅馆开始同居。并且在汪的诱惑下吸食上了鸦片而染上了毒瘾。

1932年春节，汪恩甲把迺莹一个人留在旅馆自己回家过年。汪恩甲的母亲知道儿子与迺莹在一起，就断绝了经济资助，汪恩甲不得不向家庭妥协。当时迺莹已经怀孕，汪恩甲手中没有钱了，欠下旅馆六百多元无法偿还。于是汪恩甲以回家取钱为由，弃迺莹而去，从此便石沉大海，在人间蒸发了……

迺莹一人困居旅馆，旅馆老板把她赶到一间阴暗潮湿的储藏室去住，把她当人质，不许她外出，并声称再不还钱，要把她卖到旅馆附近的"圈儿楼"（下等妓院）去。处境困窘之时，迺莹只好写信给哈尔滨《国际协报》副刊编辑裴馨园，向其求救。那秀丽的文笔，凄婉动人的话语，深深地打动了裴馨园。裴馨园决定带着几个文学青年到旅馆看望迺莹。

当时，裴馨园也让萧军同往，可萧军推却了。为什么呢？萧军心想：此时的自己除了因几个月未理发，头发是多余的外，就再无可用的东西能够帮助迺莹了，我即便是去了也是沽名的慈悲呀！

裴馨园一行人回到报社后，都对迺莹的遭遇唏嘘不已。他们把迺莹的情况大致地介绍给了周围的人，想要积聚大家的力量帮助她脱离苦海。但是，欠旅馆的钱太多了，一时半会儿还凑不上……

三天后，迺莹给裴馨园打来电话，说她想借几本书看，因为失去了人身自由，希望能有人把书送到"东兴顺旅馆"。这次萧军接受了裴馨园的委托，他带着书和裴馨园的亲笔信，快到黄昏的时候赶到了困居张迺莹的东兴顺旅馆，这天是1932年的7月12日，中国

哈尔滨东兴顺旅馆。萧红从这里向《国际协报》发出了求救信；萧军与萧红在这里首次相遇

现代文学史永远记下了这一天……

　　萧军从旅馆茶房那儿得知迺莹居住的房间，他敲了两下门，没有动静，稍待片刻又敲了两下。这时，门忽然打开了，一个模糊的人影在门口中间直直地出现了。借着甬路昏暗的灯光，只见她挺着大肚子，脸色苍白，半长不短的头发散散地披在肩头，一双大眼睛直愣愣地盯着萧军。萧军向她说明来意后，把书和信交给了她。这个"被人软禁在这里的女人，擎举着信纸的双手在明显地颤动……"原来迺莹从裴馨园的信中知道了这个送书人就是《国际协报》副刊正在连载的小说《孤雏》的作者三郎，这让她激动不已。

　　她打开了屋灯，礼貌地请萧军进屋并要求与萧军谈一谈。萧军迟疑一下，走进了放满杂物、霉气刺鼻的昏暗的房间。坐下后"萧军看到一个这样的女人形象：她整身只穿了一件原来是蓝色、如今显得褪了色的单长衫，'开气儿'有一边已裂开到膝盖以上了，小腿和脚是光赤着的，拖着一双变了形的女鞋……她的散发中间已经有了明显的白发，在灯光下闪闪发亮，再就是她那怀有身孕的体形，看来不久就可能到了临产期。——这就是迺莹给萧军的'第一印象'"。

　　迺莹似乎看见了亲人，很坦率地向原本陌生的萧军流畅而快速地述说了自己过去的人生经历以及目前的处境……就在萧军准备离开的时候，无意中看了她画的一些图案式花纹，一些紫色铅笔写下的字迹，仿照魏碑《郑文公》"双钩"大字，还有字迹工整的几句短诗："这边树叶绿了，那边清溪唱着：——姑娘啊！春天到了。……去年在北平，正是吃着青杏的时候；今年我的命运，比青杏还酸！"看到这里他似乎"感到世界在变了，季节在变了，人在变了，当时他认为他的思想和感情也在变了……"出现在他面前的是他所认识过的女性中最美丽的人！也可能是世界上最美丽的人！她初步给予他的那一切形象全不见了，全消泯了……在他面前的只剩下一颗晶亮的、美丽的、可爱的、闪光的灵魂！他马上暗暗决定和向自己宣了誓："我必须不惜一切牺牲和代价——拯救她！拯救这颗美丽的灵魂！这是我的义务……"（《人与人间——萧军回忆录》第213页）萧军临走时把兜里仅有的五角钱留给她，又写下了自己居住地址——裴馨园家，然后匆匆步行而归。

　　萧军是一个说到做到、言必信行必果的人。回到裴馨园家立即向其做了汇报，大家商量着怎样能把张迺莹救出来。据裴馨园的夫人黄淑英回忆说："就在我们商量着如何救出悄吟时候，松花江水暴涨了，哈尔滨道外一片汪洋，人们

萧军与怀着身孕的萧红1932年在哈尔滨道里公园合影

要乘摆渡才能通行。想起了被困在道外旅馆中的悄吟，大家很焦急。三郎说他自己会游水，也能爬高，身体也结实，能把悄吟救出来……于是大家就同意由他带着香肠和面包赶忙游水到悄吟那里去了。当天，当悄吟到我家来了一些时候了，三郎才赶回来。而当他游水到旅馆时，悄吟已搭乘一条柴船按照萧军前几天留给她的老斐家的住址先走了。"[1]

张廼莹因祸得福，逃出旅馆到裴馨园家暂住，不久她住进医院分娩，因无钱交住院费，萧军用随身佩剑逼着医生救人。孩子生下之后因无力抚养很快就送人了，后来不幸夭折了。

出院后，萧红开始在裴馨园家住了一段时间，后和萧军搬进道里新城大街（今道里尚志大街）一个俄国人开的叫"欧罗巴"的旅馆，开始共同生活。

旅馆的小屋内"除了光板的床，赤裸的桌子，冰冷的板凳，惨白的四壁和两个穷困到了极致的人，就再也没有什么了"。就是这样条件极端简陋的旅馆，他们也交不起房租，只好移居到道里商市街（现红霞街）25号。这里住着中东铁路财务处的王处长，萧军给他八岁的孩子当家庭教师，每月工资二十元。萧军看见他家有两小间西屋闲置没用，经与王先生协商以不发工资的苛刻条件答应萧军夫妇搬了进来。萧军和萧红这才有了自己的家。萧军除在报社的微薄收入外，同时担任家庭教师，教武术、教国文……用种种艰苦的劳动所得的微薄收入，勉强维持两个人的生活，萧红常常饿得产生幻觉：桌子能吃吗？草垫子能吃吗？……生活虽然非常困苦，但相濡以沫的日子也是幸福的。这段被萧红称为"没有青春只有贫困"的生活，是她一生中最美好的时光。她也曾为此操劳，为能支付一部分烧火的木柈子钱，曾担任过一个电影院画广告的副手。

萧军在回忆录中对萧红二十一岁以前的生活做了这样一个总结：

① 萧耘、建中编著：《萧军与萧红》，团结出版社，2003年7月版，第6页。

幼年时期她的生活是黯淡的、孤零的、无助的，在精神上不被理解的。既无母爱，也无父爱，几乎等于生活在瑟瑟秋风的荒原上或沙漠中一株荏弱的小树！或者是生活在冰天雪地里一只畸零的小鸟！

稍稍长大以后，由于有了思想，有了意志……就要和腐朽的、顽固的家庭、学校、社会……做斗争！由于本身是无力的、孤单的、无助的……结果是失败了！遍体伤痕地失败了！几乎被拖进了万丈深渊，可怕的黑色地狱！

我们遇合了，我们结合了……就共同从事文学生涯。

这就是我和她偶然相遇、偶然相知、偶然相结合在一起的"偶然姻缘"！（《人与人间——萧军回忆录》第215页）

四、不甘做奴隶的呐喊

萧军与萧红共同生活以后，继续投身于反满抗日的斗争中，并携手萧红，双双成为反满抗日文坛上两个勇敢的跋涉者。

在党的领导下，萧军和萧红与其他青年党员作家、左翼文艺战士们一起，以丰富多彩的文学创作为武器，以揭露与控诉黑暗现实、反映青年觉醒、反抗为基本主题，创作了大量的文学艺术作品，那不甘做奴隶的呐喊，成为东北文学史以及中国现代文学史上弥足珍贵的一页。

在日寇铁蹄践踏下的社会环境中，萧军走上的这条文学道路，到处是狂风暴雨，到处是急流险滩，到处是长满荆棘的荒野……如果想"顺利"地在这条道路上前行，就只有出卖良知，去歌颂"王道乐土"……就可以得到"主子"的赏识而发迹，就不必为生存而奔波，就完全可以改变一贫如洗的困境。可是从少小就养成除暴安良、不畏强权、爱国爱民、仇恨鞑虏秉性的萧军，宁肯像个钟摆无休止地为生计四处奔波着、劳累着，宁肯在商市街窄小的屋子里忍饥挨饿、挨冷受冻，也绝不去做奴才，去当汉奸！他迎着敌人闪光的刺刀，用鲜血、用生命顽强地战斗着。

九一八事变，由于张学良执行蒋介石的不抵抗政策，导致东北三省的大好河山全部沦陷。为了加强殖民统治，日本侵略者抬出清朝末代皇帝爱新觉罗·溥仪，于1932年3月在长春建立了傀儡政权——伪满洲国，又称伪满。从此东北人民更加陷入了苦难的深渊。在祖国危亡之际，是伟大的中国共产党担起了拯救中华民族的重任，派遣一批优秀的共产党员来到东北，领导人民进行抗日救国的斗争。为了适应东北抗战的新形势，中共满洲省委从沈阳迁到了哈尔滨。

中共哈尔滨市委书记马尚德（即杨靖宇），一方面积极组建民间抗日武装，一方面委派党员金剑啸①（巴来）、罗烽（洛虹）、舒群（黑人）等同志，到哈尔滨开展北满地区的革命文艺运动。他指示："团结左翼文化人，扩大宣传阵地，把报纸抓到手，抨击南满汉奸文艺。"②萧军与萧红，还有方靖远、白朗、山丁、白涛、达秋、冯咏秋、黄之明等等进步作家、诗人、画家，都积极投身左翼抗日文化队伍中。

在哈尔滨道里水道街（今尚志大街）临近道里公园（今兆麟公园）处，有个不大的庭院，庭院里有一栋俄式乳黄色平房，东屋住着画家冯咏秋，西屋住着黄田（黄之明）和淑奇（袁时洁）夫妇，中间是两家共用的大客厅。年轻的左翼文艺战士们常到这里聚会。因为袁时洁在门前种了很多的牵牛花，夏天，门斗上、窗台上、房檐上都爬满了盛开的、色彩斑斓的牵牛花，大家就给它起了一个很有诗意的名字——"牵牛房"。他们就是在"牵牛房"成立了"维纳司画会"和"星星剧团"，还有口琴社。他们在"牵牛房"里排戏，写文章，办助赈画展，等等。聚会中他们还经常探讨文学和人学，萧军的"不剥削人，不被人剥削就是人"的观点就是在"牵牛房"的聚会争论中提出来的。

萧军和萧红在商市街25号的家，也是他们聚会的地点，地下党员们也时有人在萧军家接头。特别是金剑啸常到萧军家来，请萧军、萧红帮他刻蜡版、画插图，抄写党的反满抗日的刊物——油印小报《东北民众报》，钢板、铁笔、蜡纸就藏在萧军家的柴堆里。萧军和萧红虽然不是党员，但一直直接为党秘密地工作着。

萧军不仅在"星星剧团"担任演员，而且他和萧红一起参加了"维纳司画会"。

---

① 金剑啸（1910—1936），原名金承栽，号培之，又名梦尘，笔名剑啸、健硕、巴来等，满族，辽宁沈阳人，后全家迁到哈尔滨。1931年春入党。在哈尔滨从事革命文艺工作。1936年6月被日本驻哈总领事馆特高课逮捕，同时被捕的还有王甄海等三十多人，在狱中受尽酷刑。1936年8月15日在齐齐哈尔英勇就义，年仅二十六岁。

② 里栋、金伦：《金剑啸与星星剧团》，《东北现代文学史料》第5辑，第177页。

1932年松花江泛滥，洪灾过后哈尔滨城人口激增，大批难民从肇东、阿城、呼兰等地涌了进来。为应付水灾难民，伪满政府在哈尔滨南岗开辟了难民区，俗称"南岗下坎"。这里茅草房低矮相连，窄小的胡同只能容一人过去，外灶明火，一个火星落在房顶上就引起一场大火……不仅如此，由于卫生条件极差，传染病肆虐横行，什么伤寒、霍乱、天花等此伏彼起，拉死尸的车出出进进。灾民们流浪街头的有之，卖儿卖女的有之，举家自杀的也有之……天灾人祸，使一贫如洗的灾民们只能在死亡线上挣扎。

为了救助灾民，"维纳司画会"举办了赈灾画展，展出了以中共地下组织成员金剑啸为主和许多画家为赈灾送来的油画、国画和雕塑作品。萧红也送来了两幅写生画，一幅画的是两根萝卜，另一幅画的是一双穿破了的牛皮鞋和东北特有的大众食品——带刀切花边的"杠子头"（即火烧）。整个展厅琳琅满目，吸引着众多的参观者。展品售出后，均登记造册，全部所得做救灾之款。萧军对这次助赈画展给予很高评价，他撰文《一勺之水》刊载在《哈尔滨五日画报》的"维纳司画展专页"上，署名三郎。

"星星剧团""维纳司画会"这两个左翼艺术团体都是中共党员金剑啸领导的。这个刻字工人家庭出身的青年党员，高大英俊，才华横溢，既是诗人、剧作家，又是画家、作曲家。他以一个俄国人办的公证人事务所文牍员的身份做掩护，秘密开展抗日活动。他赏识、信任、尊重萧军，萧军是"星星剧团"的活跃人物。"星星剧团"刚成立时，金剑啸就委托萧军写一首团歌，歌词的全文是：

我们的身躯渺小，

我们的光芒微弱，

我们的故乡是暗远的天空，

我们的任务是接待黎明，

黎明！黎明！

黎明到了，

我们去了，

自有那伟大的红日，

会将朋友你们拂照，

金剑啸烈士

拂照！拂照！

只要朋友你们幸福了呀；

我们用不着什么悲悼！

我们永为朋友你们幸福笑着，

笑着！笑着！

这首荡气回肠、激情澎湃的歌词写得太好了，明显地流溢着革命文学的战斗和牺牲精神。金剑啸立即为它谱曲，教给全体团员演唱，成为鼓舞团员前进的号角。唱着它，人们看到，一群热血青年在暗夜中渴望红日，呼唤黎明，不惜自己的鲜血和生命去争取光明未来的壮志豪情。

"星星剧团"同时排练了三部话剧，即辛克莱的《小偷》、白薇的《姨娘》、张沫元的《一代不如一代》（又名《工程师之子》）。正当剧团紧张排练了三个月，准备借用"民众教育馆"的舞台开始大型公演时，民众教育馆突然通知"星星剧团"参加庆祝伪满洲国"国庆"的演出，如不接受这个任务，民众教育馆就不为"星星剧团"提供演出场所，以此为条件相要挟。这一条件让金剑啸和萧军他们万难接受，气得几乎炸了肺，这是奴才本相，汉奸行为！于是由萧军代表剧团与民众教育馆馆长交涉，对这个无理要求断然拒绝。萧军理直气壮地说："这样的'大典'，请贵馆自己组织节目纪念吧！敝团无力胜任，难登大雅之堂！"那位馆长恼羞成怒，下令赶走"星星剧团"。

为使三个月辛苦排练的革命话剧能和广大观众见面，团员们费尽心机，又多方联络其他影院、剧场，寻找演出场所。罗烽同拉巴斯影院的经理联系上了，经理表示可以签订演出合同，不过要先看看彩排。看完彩排后，这个狡猾的犹太人发现"星星剧团"是一个演出进步戏剧的穷剧团，便耸耸肩，摇摇头，说什么也不签演出合同了。就在这时剧团的一个主要演员李志又被敌人抓去了，另一个叫白涛的演员家门前有侦探守候着，使他三天三夜没敢回家，只好逃往外地。萧军也隐约感到自己身后有"狗"……其实，就在他们热火朝天排练的时候，日伪密探就像猎犬一样嗅出了"星星剧团"的革命气味，开始跟踪盯梢，进行恐吓破坏。面对形势的险恶，剧团认真地讨论一番，决定暂停一切活动，转移到其他工作上面去，以便保存有生力量，开展新的斗争。

踏着铁棘成长的萧军，不仅自己经常发表作品，积极投身于宣传抗日爱国的民族精神的伟大斗争中，他还影响、鼓励萧红拿起笔来撰写大量进步的文学作品，使其成为左翼文坛的优秀作家。

那是1932年年终，《国际协报》副刊要在新年出版一份"新年征文"的特刊，萧军积极主张萧红试笔。开始萧红还没有信心，经萧军的再三鼓励，萧红写出了《王阿嫂的死》，这篇署名悄吟的短篇小说是萧红的处女作，被刊载后，得到了征文奖金，受到了朋友们的好评。萧军为此高兴得手舞足蹈，萧军自己发表了作品都没这么高兴过，甚至比萧红本人还高兴。萧军祝贺萧红在文学创作上取得第一个成功，这就更增加了萧红写作的勇气与信心。从此这个才气横溢的女人，从爱好绘画转向文学创作，开始了她不平凡的文学生涯，并形成了无人可以取代的"萧红式"的创作风格，成为被鲁迅先生称赞的"女作家中最有希望的一位"，又被赞誉为"三十年代的文学洛神"、"中华民国四大才女"之一。

在处女作发表之后，萧红又写出了《腿上的绷带》《两个青蛙》《中秋节》《清晨的马路》《镀金的学说》等，以及收入《跋涉》中的五篇作品。不多久，以"三郎"署名的萧军和以"悄吟"署名的萧红这对夫妻作家，便蜚声北满文坛，成为令人瞩目的进步的作家新秀。

在这个时期，萧军和萧红还以文会友，结识了许多青年朋友，其中有的是中共地下组织成员，有的是爱国主义者，有的是民族主义者，有的是自由主义者……各有各的体系，各有各的观点。尽管彼此在认识现实上存在着这样那样的差异和距离，但对旧社会的强烈不满，对日寇侵略的无比仇恨，对文学艺术的共同爱好，在"反满抗日"这一大目标上的一致性，使他们来往过从甚密，结成了纯真的革命情谊，以至成为莫逆。

九一八事变后，日伪对东北施行了奴化教育、文化殖民的统治，东三省几乎所有报刊都被停印。据有关史料记载，"东北原有报纸30余家，以长春、哈尔滨最多，经过事变，仅剩下10余家，其余均被日军封闭"[①]，使刚刚起步的东北文学遭到了严重打击，甚至连日伪统治者也不得不承认这是一个文学的"荒歉时期"。尽管如此，东北沦陷区的人民并没有完全因为日伪政府的文化殖民而趋同、顺从、涣散和麻痹，反而滋养、培育了一支在日伪严密的政治、思想禁锢

---

① 张贵、张铸：《日本侵略者在东北沦陷区对报业的摧残与统制》，《东北沦陷十四年史研究》第2辑，第346页，辽宁人民出版社，1991年。

下以文学活动抵抗伪满政府殖民统治，宣传爱国抗日思想的革命进步的文艺工作者队伍。

日伪为了镇压东北人民的反抗，在抓捕打压的同时采取欺骗手段，宣扬"王道政治""大东亚共荣圈"，并利用报纸大肆鼓吹。《大同报》作为行销东北三省的大报，是伪满政权的重要宣传工具，其举办的第一次征文活动叫"愿学文会征文"，目的在于吸纳更多的青年文人为伪满政府服务，成为它的喉舌。

正是在这种形势下，一批共产党人和进步作家，以顽强不屈的斗志和不怕牺牲的精神，按照杨靖宇同志"把报纸抓到手"的指示，以其人之道还治其人之身。金剑啸等中共党员和萧军等进步作家，以创办各种文学副刊作为阵地，先后创办了《哈尔滨新报》的《新潮》副刊，长春《大同报》的《夜哨》副刊，哈尔滨《国际协报》的《文艺》周刊，等等，以这些刊物为阵地发表了大量的进步文艺作品，产生了广泛的革命影响，激发了人民的抗日斗志，掀开了东北沦陷区抗日文学的序幕。其中成就和影响最大的，便是1933年8月6日陈华与萧军、萧红、金剑啸、罗烽、白朗等人创办的《大同报》文艺副刊《夜哨》。

《大同报》是伪满洲国政府的机关报，1932年3月在长春（日伪擅改为"新京"）创刊，在组织上受伪满国务院"弘报处"领导，业务上受"新京伪警察厅"特高科监视与检查，日伪对该报严加控制，每期样报付印前送交"新京伪警察厅"特高科检查盖章，而对其副刊内容却不大注意。

副刊主编陈华是一位深受五四运动影响的爱国青年，他是萧军的老朋友。6月的一天，陈华高兴地来到哈尔滨与萧军见面，他希望萧军帮助他在《大同报》再办一个副刊，由萧军在哈尔滨收集组织稿件，萧军就利用这层关系，把中共党员、进步作家的稿件汇集在一起寄给陈华，由他选定。这个副刊定名《夜哨》，取"夜间值岗的哨兵"之意。这个名字，一说是萧军起的，一说是萧红起的。金剑啸设计的刊头，刊头的上半部分是黑夜，底部是一道道铁丝网，象征着敌寇的黑暗统治和法西斯暴行，中间是一片大地，当然这就是东北的国土了。整个刊头的喻义不言自明：创办者就是要以此为阵地，发出沦陷区人民不甘做奴隶的呐喊……

其实在《夜哨》创办前一周，萧军曾在《大同俱乐部》上，向全国、伪满洲国爱好文艺及青年文艺作者发出一封公开信，传达出了创办《夜哨》的主旨和意向。萧军在公开信上说：

这该是怎样一个世纪？灾难的野火怎样在延烧，旧的，古的怎样在毁灭，新的，怎样发展和长成，……我们应该怎样整齐了步伍，（认）清了方向，抓住我们的时代，执拗，沉着地突进着。

……切盼所有全满洲的爱好文艺及青年文艺工作者，坚定起我们的意识形态来，肩承起历史人群给予我们的任务，把它付与了文艺的本身，要它也去达成它所应负的任务吧。

"新的，永是替代着旧的"，这便是我们的"信念"。

这封署名三郎的公开信，载于《大同报》副刊《大同俱乐部》，时间是1933年7月31日（《萧军全集·11卷》第39页）。

萧军的公开信表达了这些进步作家的心声。金剑啸的剧作、萧军的诗歌、罗烽①的独幕剧、萧红的小说等，在当时的东北文坛产生了强烈的反响，曾经出现了每周刚一出刊，读者就排队争抢购买的情景。《夜哨》副刊出到21期时，日伪当局发现有揭露日本兵在乡村"讨伐恶行"的文章，报馆勒令《夜哨》停刊了。陈华在逃离长春前发表了一篇《夜哨的绝响》，并告知萧军：销毁稿件，以防意外。

《夜哨》从1933年8月6日创刊至1933年12月24日被迫终刊，前后共出刊二十一期，其中有萧红（悄吟）的作品十四篇、白朗（刘莉）②十三篇、金剑啸（巴来）十篇、罗烽（洛虹）六篇，萧军以"三郎"为笔名在《夜哨》发表《说么……》《全是虚假》《搬夫》《暗哑的三弦琴》等六篇文章。他们在其他报纸副刊也刊载了相应的文章。

《夜哨》停刊后，原集中于《夜哨》的萧军他们这些左翼作家，并没有停下

---

① 罗烽（1909—1991），原名傅乃琦。辽宁沈阳人。1929年入党。曾任中共北满处委候补委员。创办《文艺》《夜哨》周刊，1935年加入"左联"；曾任陕甘宁边区文委秘书长、中共东北局宣传部委员等职。新中国成立后，历任东北人民政府文化部副部长兼秘书长，东北文联第一副主席等。著有短篇小说集《呼兰河边》，中篇小说集《粮食》，剧本《台儿庄》《总动员》等。

② 白朗（1912—1990），女，原名刘东兰，又名刘莉、弋白、杜微等。辽宁沈阳人。与表兄罗烽结婚后来到哈尔滨。1933年4月接任《国际协报》副刊编辑，创办《文艺》周刊，进行反满抗日宣传。1935年5月，与罗烽前往上海，加入"左联"。1941年到延安，1945年入党。1990年逝世于北京。

抗日的脚步，而是把阵地转移到了由白朗担任主编的哈尔滨《国际协报》副刊《文艺》周刊上，原来《夜哨》的作者都更换笔名出现在这个副刊上了。如：萧军当时改名田倪发表了《给夜行者》等，悄吟改名田娣发表了《患难中》等。

正是当时这些爱好文艺及青年文艺工作者们，把民族的苦难装在心间，以抗日救国作为信念，支撑着自己将个人安危生死置之度外。他们在《夜哨》等文学副刊上发表的作品，有力地揭露日本帝国主义侵略罪行，宛如在黑暗的夜空燃烧了一堆野火，闪烁在祖国的北方，给沦陷在日寇铁蹄下的东北人民带来光热和希望。他们的行为证明了：一个国家的领土虽然可以一时被殖民主义者所霸占，但是一个民族的文化和人心是永远不会被侵略者和反动政府的威逼利诱所收买的。

五、熊熊燃烧的火种——《跋涉》

1933年农历八月十四，哈尔滨城，不管是贫民还是富绅，家家都在准备过中秋节，穷有穷的过法，富有富的过法，为的是求一个团圆吉利，讨一个好兆头。而"五日画报社"印刷所那空空荡荡、阴阴暗暗的大车间里，一对作家夫妻却紧张兴奋地忙着装订图书，数页码，锤铁丝钉，抹糨糊，等等，虽然技术不熟练，但活干得却认真细致。他们不吃不喝地足足干了一整天，一百多册图书装订出来了。这时，只见那健壮的男人累得用拳头捶打着自己的背和腰，那孱弱的女人瘫坐在地上，似乎累得站起不来了。然而，看着自己的劳动收获、爱情的结晶——《跋涉》已成书了，那兴奋，那欣喜，真是难于言表。这对作家夫妻就是萧军与萧红。

《跋涉》是萧军、萧红两个人的小说散文选合集，收入了1932年和1933年萧军的六篇作品，即《桃色的线》《烛心》《孤雏》《这是常有的事》《疯人》《下等人》，署名三郎；收入萧红作品五篇，即《王阿嫂的死》《广告副手》《小黑狗》《看风筝》《夜风》，署名悄吟。第一版为32开本，正文208页，后记2页，共印行一千册。

《跋涉》定稿后，因官方不给出版，萧军、萧红只好自费出版，预算需一百五十多元钱。这对于吃了上顿没下顿的萧军和萧红来说，无疑是天文数字。正当两个人一筹莫展的时候，中共党员舒群①主动积极为其奔走拉赞助。那些中共党员、进步作家、艺术家朋友们知道了这个消息后，纷纷解囊。一是因为与"二萧"、与舒群的关系使然，二是因为他们看过萧军和萧红在报刊上发表的作品，认为这一对青年作家大胆描写的东西，把握着现实社会的核心，以贫苦群众做基材，给受奴役的人民提供了一条出路的线索，是值得广大民众阅读的好作品。于是他们集资凑份子，每人出五元钱，舒群把自己在第三国际工作时节省下来的生活费、差旅费三十多元钱从妈妈手中要出，全部交给了萧军，剩

初版《跋涉》封面

下的尾数经舒群向五日画报社社长王岐山做工作，他慷慨地答应免掉了。

样书出来后，为了节省费用，"二萧"自己校对，看清样，封面由萧军自己动手设计，没有套色印刷，书名"跋涉"也是萧军自己提笔写上的，还在书名下面画上一条横杠，署上作者两个人的笔名"三郎""悄吟"，再写上出版年头就算是封面了，真是既简单又明了。

中共党员金剑啸亲自给《跋涉》写广告，在《国际协报》上宣传这本书。广告全文是："三郎、悄吟著之《跋涉》，计短篇小说十余篇，凡百余页。在那每页上，每字里，我们是可以看到人们'生的斗争'和'血的飞溅'给以我们怎样一条出路的索线。现正在印刷中，约九月底全书完成。预计大洋四角（实价大洋五角），本书预约券，本埠各大书店，将开始代售，购者注意。"②

由于舒群、金剑啸等朋友们的鼎力相助，《跋涉》顺利出版了，萧军、萧红感激万分，受到了极大的鼓舞。萧军在《跋涉》书后中说："每当我同我的黑人（即舒群）君由印书局归家和去即书馆的途中，就要看到那些不成人形的乞丐……这个集子能印出，我只有默记黑人弟和幼宾兄的助力，这全是用不着在这里感谢的。"半个世纪后，萧军在《跋涉》第五版前记中还念念不忘地表示：

① 舒群（1913—1989），黑龙江哈尔滨阿城区人。原名李书堂，曾用名李春阳等。笔名黑人、舒群。1932年参加第三国际中国组织，同年8月入党，在哈尔滨从事反满抗日的文学活动。1937年后曾给朱德当秘书。1945年抗战胜利后任东北文艺工作团团长、中共东北局宣传部文委副主任、东北电影制片厂厂长、东北大学副校长、中国作家协会秘书长等职。

② 董兴泉：《舒群与萧军》，《社会科学辑刊》1981年2期。

"对于以上朋友们我永远怀念他们的深情厚谊！"

稿子发排了，"二萧"跑到五日画报社，看到那折得整整齐齐的待装订的书页子，闻着那铅字、油墨的气味，他们感到无限的欣慰。有位叫刘克沁的排字工人和萧军是好朋友，萧军从他那儿要了一些书皮，又请教了一些装订的技术要领，这样他和迺莹可以自己装订了。一来可以省一些费用，二来正赶上工人们中秋节放假，自己装订可以使读者们早些时间看到。

当夕阳的余晖将要隐去，夜幕快要降临的时候，萧军跑出画报社，雇来一辆马车，将装订好了的这部分书拉回家去。两个人坐在大马车的后车辕上，悠荡着两条腿，一路上听着马脖子上的丁零、丁零的铃铛声报喜似的响着，他们俩感觉此时此刻不是坐着马车穿行在暮色朦胧的哈尔滨大街上，简直是在维也纳金色大厅欣赏一场绝妙的音乐，是那样的赏心悦耳啊。

到家了，商市街25号院落中的低矮、窄小的耳房里一改往日的家徒四壁，那小桌子上、小矮炕上、窄窄的窗台上，甚至是地上，琳琅满目都是书。此时此刻这对作家夫妻完全沉浸在幸福的喜悦之中，忘记了写作时那煤油灯的昏暗，忘记了夏日蚊虫的叮咬，忘记了寒冬时冻麻了手脚，忘记了腹内空空的难耐，甚至饿得晕倒……一切苦痛都抛到了九霄云外了。这是饱蘸自己的鲜血写出来的书，是挤着自己的鲜血印出来的书哇！萧红的脸贴着《跋涉》的封面兴奋地溢着泪水对萧军说："这是我们创作的一个阶段，《跋涉》就是划分这个阶段的分界线哪！"

"是呀！是呀！这是个大喜的日子！应当庆祝！庆祝！"萧军怀里也抱着一本《跋涉》嚷起来。

于是两个人手牵着手，就近找了一家俄国人开的牛奶铺子，美美地吃了一顿油炸包子。迺莹从柜台上还买了两小杯"哦特克"（俄国酒），两个人吃着、喝着，相互祝贺着。毕竟年轻，加之兴奋，吃了一顿饱饭，似乎没有一点倦意了。然后两个人又牵手到道里江边去散步，又破天荒地租了一条小船，当时租船费是一角五分钱，够两个人吃一顿饭了，今天就不管它了，认可明天挨饿了，索性玩个痛快。

小船摇到江心，迺莹把两只脚伸到江水中，萧军干脆脱掉外衣，只穿着短裤跳到江里，击打着江水，尽兴地游着，迺莹乐得像个活泼的少女为萧军鼓掌，又轻轻地唱起萧军作词、金剑啸作曲的"星星剧团"的团歌……直到夜深了两个人才尽兴而归。是呀，自两个人结合以来还从来没有这么快活过呢！

应该说，《跋涉》的出版，是萧军和萧红在创作旅程上完成的第一个百米冲刺。《跋涉》出版了以后，不仅在北满引起强烈反响，而且轰动了整个满洲文坛，许多刊物纷纷评价：什么"从广漠的哈尔滨，它是一颗袭入全'满'的霹雳"[①]；什么"是在向无涯的凝固的黑暗投进一个火种，是熊熊燃烧的火种"[②]；等等。以至多少年以后评论家们也都在称赞着："王秋莹撰文指出'以奉天与哈尔滨的文学比较，那么哈尔滨的文学确实高出于奉天'，'最杰出的作家当推三郎（萧军）夫妇，自从他们的小说集《跋涉》出版了以后，不但在北满，而且轰动了整个满洲文坛，受到了读者们潮水般的好评。而这册书一直保持到现在，还为一些人称颂不绝的。'"[③]批评家们赞美着萧军的笔豪放有力，萧红的笔沉着细腻……

《跋涉》就像一团火，照亮了当时的北满文坛，那些个为"王道乐土""大东亚共荣"歌功颂德的汉奸文艺，那些个鸳鸯蝴蝶派男欢女爱的靡靡之音，在《跋涉》面前统统黯然失色！对于广大读者来说，作者是捧了一颗血淋淋跳动的心脏在倾吐，在述说……

《跋涉》之所以是霹雳，是火种，就在于这部小说散文集所体现的清醒的现实主义的创作态度。我们仅以萧军的六篇作品的内容来阐述这一点：

萧军前三篇小说《桃色的线》《烛心》《孤雏》，作品中的主人公无论是靠典当度日的还是拼命写稿为生的，大都是失业的小资产阶级知识分子，小说中带有更多的个人遭遇色彩，有着明显的作者自我的生活烙印。通过描写他们生活的凄惨，作者表达了对正直知识分子命运的关怀，让读者切实感受到人民在黑暗现实中苦苦地挣扎，奋力地抗争！

后三篇《这是常有的事》《疯人》《下等人》，作品从对劳动人民的同情以及对他们优秀品质的赞颂，开始接触到阶级对立的现象以及劳动人民反抗意识的觉醒。比如《疯人》中的疯人并不是真正的精神病人，就像鲁迅的《狂人日记》中的"狂人"一样。鲁迅的《狂人日记》，萧军的《疯人》，这两部作品在题旨上有相近之处，"狂人"也好，"疯人"也罢，相同之处是他们不是真正的狂人

---

① 邓立：《萧军与萧红》，《东北现代文学史料》第1辑，第53页。
② 木风：《再读〈跋涉〉》，《东北文学研究专刊》第1辑，1984年。
③ 郭淑梅：《"红色之路"与哈尔滨左翼文学潮》，《文学评论》2008年5期。

或疯人，而都是正常的人，是一个清醒的旧世界的叛逆者。他们不相信上帝，他们不需要慈悲、赐舍与同情，因为他们清楚，那不过是统治阶级进行剥削的手段。不同的是，这两部作品表现的时代内容和文章所昭示的时代意义有别：鲁迅笔下的狂人是受封建迫害的狂人，矛头直指吃人的封建宗法制度；而萧军笔下的疯人是日寇铁蹄下的东北民众，疯人被捆绑着，塞进白色的车，然后又被送进疯人院……这就是被称为"王道乐土"的日本侵略者统治下的东北广大人民的悲惨处境。在这篇小说中，萧军巧妙的艺术构思为我们绘制了一幅日伪思想统治日益严重，"疯人"遍地的血淋淋的图画和人民曲折的反抗意识。

萧军笔下的"疯人"是一个全身充满了复仇与反抗怒火的人："他的两眼充着血，闪着火焰般的光""他颈际的脉管……开始喷瀑起来"。小说结尾萧军意味深长地做了这样的描绘："我的眼前依然是那条悄静的大路，开展而伸长的大路，路的那极端，似乎也有些什么闪着光的东西在驰走。"一个"疯人"被抓走了，但是"闪着灰暗颜色眼光的疯人们，在一家百货店的窗壁下，又出现了两个……"可见这样的"疯人"是抓不尽斩不绝的！"疯人"反抗的火种是扑灭不了的，这显示着作者在这篇作品中思想的升华。而且这种反抗精神在《下等人》中又有了新的超越。

在《下等人》这篇小说中，东北人民的反抗精神表现得毫不隐晦，这篇小说是萧军开始文学事业后第一次正面描写了工人阶级的反抗斗争。小说中一个叫于四的工人无缘无故地被抓了，激起了工友们极大的愤怒，这愤怒不是停留在诅咒、呼号、谩骂上，而是手起斧落，直接地准确地砍向日伪反动统治阶级爪牙的头颅，汉奸得到应有的惩罚，仇恨的火种在暗夜中点燃了！虽然作家所描写的人民的反抗是自发性的，但这些早期作品主题的挖掘已经触碰了时代的本质方面："人民要反抗"！正如萧军在《桃色的线》中塑造的两个小知识分子"星"和"朗"，虽然穷困至极，但也绝不为个人的温饱而出卖灵魂："……充实而强健的双臂，由曲卷的姿势，激起来的肉块，突兀得，使他满意地笑了，他庆幸他还有一具精健的身躯，便什么全可以应付得来……"

"'走向哪里呢？'朗，发着怅惘的叹息：'左不是在地球子上滚吧？滚到哪里算哪里！地球子如果不许我们滚时，有机会我们也可以到另一个星体上去白相白相。'"

又如萧军在《孤雏》中所言："是谁也没有绝对的权力，使我们苦痛的血，泪，汗……做他们泛龙舟的河流，酿成他们的葡萄酒！更不能容忍着用我们的髑髅，砌成他们的象牙塔，筑成他们的水晶宫……谁们在用葡萄酒滋补他们的子孙？谁们在居住象牙塔？水晶宫？喂养他们的儿女，准备将来再这样！……如果他们本身一样来压迫着我们儿女！兄弟们——我们当前的任务——要认清了——至少——兄弟们宝贵起你们自己的灵魂吧！"这在20世纪30年代初发出的反抗声音有多么高亢，有多么难得！对于丧失了国土的东北青年，怎么能不被这战斗的号角震撼着！一些东北青年正是在这种力量的支配下，忍着生活的煎熬，政治的重压，人间的屈辱，使他们对日伪统治产生强烈不满，对日寇侵略无比仇恨，迎着敌人的屠刀勇敢地去战斗！

萧军以粗犷的笔触直写黑暗现实，作者的每篇创作绝不是一些想象的、臆造出来的故事，如若不是在现实油锅里熬炼过的，绝不会对社会底层生活有着如此深刻的体验。所以从作者笔尖滑下来的，是人生奋斗血汗的点滴。萧军的作品不仅浸润着地域文化的滋养，提供了独特的地域风格影响，而且具有那个时代的超前意识。

萧军在《跋涉》中的作品让我们清楚地看到，阶级对立、民族对抗和劳动人民反抗意识的萌芽开始进入萧军的笔下，抒发淤积于内心深处的愤懑情绪，寄寓抗争黑暗现实，奋起反抗压迫、反抗侵略的理想，成为他作品所要表现的重要主题。因此，《跋涉》的出版受到东北文坛的重视，受到读者的好评，就连1942年的《满洲文艺年鉴》都不得不承认："作者的创作程度决不是观念的虚构，与浪漫的幻想，而纯粹是在现实中提炼素材。作者的生活体验，是很丰富的吧，并且凭着他们的世界观，从他们笔下写出来的人物，都是一种下层的被毁辱与损害的人们生活奋斗的故事。"[1]当时在东北活动的日本作家大内隆雄也称赞道："始终固执地把握着现实，内容是描写多数被凌辱和受压迫的人们现实生活。作者在技巧上虽未成熟，但他们的对题材的选择和严肃的作风，唤起当时文艺爱好者的注意，博得好评。"[2]

据相关资料记载：日本殖民主义者非常清楚，要想长期占领中国东北，就不能仅仅关注对土地的占据或是经济命脉的把控，还需使东北的文化逐步"日

---

① 徐塞：《萧军的文学世界》，第8页，春风文艺出版社，2008年。

② 大内隆雄：《满洲文学二十年》，1944年出版。转引自《东北现代文学史料》第1辑，第92页。

化"，对广大民众进行"奴化教育"。所以日寇让东北民众看亲日的文学，听日方的音乐，甚至是画所谓"日满协和"的画，等等。当时的日本侵略者也深知文艺的宣传鼓动作用，所以在侵占东北不久，就建立起控制文艺的中心机构"弘报处"。"它的宗旨是以围绕建设伪满洲国所谓的'独立的新国家'进行分割中国的反动宣传，向人民灌输东北独立的侵略思想，打击和镇压东北人民的抗日力量。"[①]"弘报处"就是强化对东北文学艺术领域的高压管理，从而使殖民文艺得以盛行，革命文艺受到打压。日伪于1932年抛出"出版法"，其中规定：凡是有变革国家（指日寇掌控的伪满洲国）组织的嫌疑，危及国家存在的基础，鼓动民心或对国家进行破坏行为的宣传品，一律禁止出版；对具有民族意识和有反满抗日内容的书刊严加取缔。

因此，《跋涉》刚刚摆上同发隆商场代售不久就被日伪查禁了。一千册书竟然被没收销毁了大部分。但是，那些流传在民众中间的《跋涉》，却极大地鼓舞了人民反满抗日的斗争，同时也鼓舞了作者萧军、萧红自己，在坎坷多艰的革命文学道路上继续勇敢地跋涉下去。

六、出走哈城——去青岛

在《跋涉》出版之前，萧军就开始创作《八月的乡村》了。说来，萧军得到《八月的乡村》的素材实属偶然。

那是1933年5月，舒群暂住在民办的《哈尔滨商报》报馆。一天，与他分别半年多时间的老同学、好朋友傅天飞突然来到他面前。傅天飞是1932年11月跟随满洲省委代理军委书记杨靖宇为发展抗日武装，离开哈尔滨到南满游击区去的。在那里，爱好文学、擅长写作的傅天飞成为磐石游击队的一名卓越领导人。这次来哈尔滨除了完成任务之外，他还给舒群带来了一部文学作品的"腹稿"。内容是：中国共产党领导下的磐石抗日游击队发展壮大的悲壮历史。

晚饭后，舒群关好宿舍门窗，拉严厚厚的窗帘，两个人一会儿坐，一会儿躺，傅天飞把磐石抗日游击队的创建发展和战斗的情况详详细细地讲给了舒群，足足讲了一个通宵还没讲完。第二天舒群想个理由，向报馆请了一天假，傅天飞

---

① 冯为群、李春燕：《东北沦陷时期文学新论》，吉林大学出版社，1991年版。

又讲了一整天。并且说："现在好了，咱们两个人，两份腹稿，要保险很多，万一你我一个……将来总能剩下一个人，就有一份腹稿哇……"舒群听后非常震撼。

悄悄送走了傅天飞，舒群又仔细考虑一下，为了保险起见，他又把傅天飞所讲的内容原原本本地讲给了萧军、萧红。"二萧"听后非常感动，萧军被这些可歌可泣、摧肝断肠的英雄事迹感动得仿佛自己也置身在烈火狂飙、经天纬地的战斗之中。当即就要求舒群把傅天飞请到他家来，再重新讲一遍。就这样，舒群找了一个机会把傅天飞专程请到"二萧"家，做了很长时间的复述。

由于舒群忙于党的地下工作，一直未能把"腹稿"写成文字。倒是萧军听后受到了极大的鼓舞和启发，文思泉涌。特别让萧军深信不疑的是傅天飞反复强调的那句话："抗日武装只有在中国共产党领导下才能胜利！"于是他立即动笔，决心以中国共产党领导下的磐石抗日游击队发展壮大的悲壮历史为题材，写一部中共抗日救亡的长篇小说，为抗日战争呐喊高歌。为了掩人耳目，定了一个不引人注意的名字《八月的乡村》。萧军原计划在当年年底完稿并出版，并在《跋涉》后记中做了发人深省的感悟。但因情况的变化未能如愿，到离开哈尔滨的时候，《八月的乡村》成了未完稿。

《跋涉》被查禁销毁后，日伪当局更加注意萧军与萧红了。特别是萧军，他不单是写小说、诗歌、散文，而且还写文艺理论文章，抨击汉奸文学，鲜明地提出沦陷区东北革命文学的进击方向。他的长篇论文《一九三四年后全满洲文学上的进路》在哈尔滨1934年3月《国际协报·文艺》全文连载六期（《萧军全集·11卷》第48—49页），又一次引起了轰动。

1934年3月，哈尔滨已笼罩在一片白色恐怖之下了，日伪当局穷凶极恶地到处抓人，疯狂地残害革命志士和进步作家。首先是舒群参加第三国际情报站工作的特殊身份暴露了，他又与党组织失去了联系，怎么办？在这十分危险的环境和复杂的形势下，为寻找党组织和免遭敌人的毒手，他来不及与父母亲人告别，只往自家院子里扔下一封简短的信，就不得不在友人的帮助下匆匆离开了战斗的哈尔滨，去往青岛。

共命夫妻 1934年的萧军与萧红

风声越来越紧，"捕人的事情，杀人的消息，经常发生，我们这些人在生活上、工作上，全进入了一种紧张的、时时刻刻做着有被逮捕可能的准备，很有点'朝不保夕''日不保夜'的趋势。有的朋友一再地警告我们，敦促我们，应该赶快离开哈尔滨。但是，我们投奔哪里去，投奔谁呢？怎样走法呢（这要一笔路费呀！）单独我一个人还是方便的，萧红该怎么办呢？能丢下她不管吗？她的身体弱而多病，又无生活能力，……一切陷在无法解决的矛盾中。"（《人与人间——萧军回忆录》第216页）其实，这时的萧军也已经上了日伪的黑名单。

一天，萧军的朋友黄田把萧军找到家里，一脸严肃地告诉萧军说："三郎，敌人对你很注意，你的处境很危险，应该躲一躲！"

"躲？往哪儿躲？整个东三省都叫小鬼子占了，躲到什么地方去呀？！我是一辈子闯大运的人，死不了！"萧军满不在乎地回答。

"话不能这么说，今非昔比，以前鬼子忙于军事'围剿'和'建政'，现在他腾出手来了，要向文化界开刀了！你们赶快进关吧！路费我都给你们攒得差不多了，走得越远越好！留得青山在，不怕没柴烧！"

这位黄田先生是萧军讲武堂时的同学，妻兄是共产党的老党员，他受其影响很深，为人耿直正义，爱国心极强。他利用自己在哈尔滨伪警察署担任要职之便，给共产党提供了大量情报，又掩护金剑啸等中共党员和进步作家从事革命活动。后来敌人对他有了怀疑，他才逃入关内，在重庆等地从事抗日救亡的革命文化活动。

黄田见萧军还没有坚定离开哈尔滨的意思，又对萧军说："有个日本特务恶狠狠地对我说：哈尔滨有帮家伙，这回该轮到收拾他们了！我办公室隔壁就是审问政治犯的地方，特务打人时的叫骂声，政治犯受刑时的呼喊声，我全听得清楚。万一哪天把你弄进去上刑，你让我怎么听得下去呀！"黄田几乎在哀求萧军了。

这时萧军没有急于回答，他想了想，对黄田说："怪不得最近我家门前增加了烟摊儿，还有掌破鞋的，一个个鬼头鬼脑的。我从外边回来，好像身后有尾巴……好！我可以考虑走……"

"你不是考虑走，而是必须马上走！不能闯大运了！也许今天晚上他们就动手了！"黄田真是急不可待，从抽屉里拿出一叠钱塞到萧军手上。

"这是我给你积攒的路费，老同学的一点意思，你和悄吟快走吧！"说完他推了萧军一把，然后把头转过去一字一顿地说："多——多——保——重！"

黄田还不放心，又搬来了金剑啸继续做萧军的工作。其实，在舒群离开哈尔滨的时候金剑啸就已经和萧军谈过了。这位年轻优秀的地下党员，他对当时的形势是有冷静的分析的。为了保存实力，他已停止了一些公开的、大型的政治宣传，而且安排大家做好相继撤退的准备。

一个漆黑的晚上，金剑啸来到萧军家，以往他习惯在地上踱来踱去，这次他却静静地坐在萧军身边，沉思片刻，然后往上推了推眼镜，注视着萧军说："三郎，你们该走了！黄田把情况都告诉我了。现在东北地区的斗争越来越残酷，党让我们做好在城市中的隐蔽工作。今后敌人绝不允许有什么公开的抗日文学，我们同日本侵略者主要是枪对枪的武装斗争！敌人已经开始行动了，我们都要做好随时撤退的准备。三郎，你们先走，可以到青岛或者上海。舒群已经到了青岛，你和悄吟去了，他会关照你们的。上海方面我有同志和朋友，也会欢迎你们的。记住，不管是去青岛还是去上海，一定去见鲁迅先生，他会指导我们今后怎么做……到了鲁迅身边，我们就有了信心和力量，就有了前进的方向！"说到这里，他紧紧地攥住萧军的手，两个人都有些激动，四目相对，泪水在眼圈里打转。

"那你什么时候走？能不能和我们一起走？"显然萧军被金剑啸说服了。

"我眼下还不能走，还没到我走的时候，我等你们相继撤退后再安排我自己……我会给你们安排好的。"

"那我们何时再相逢啊？"萧军从金剑啸的目光中感受到一种亲人般的关怀和温暖，一种战士般的镇定和坚毅！他也紧紧地握着金剑啸的手说，"放心吧，我会按照你的安排去做！"说完，很少流泪的萧军哭了，两大滴泪水从那棱角分明的脸庞上滚落下来。

金剑啸走后，"二萧"离开哈尔滨的这根弦绷紧了。虽已到了春末夏初的季节，哈尔滨还确乎缺少暖意。入夜，北风怒号，夜幕低沉，稀疏的路灯诡秘地眨着眼睛。萧军和萧红没有安睡，点着昏暗的煤油灯，拉上严实的窗帘，忙着清理东西和书籍、稿件，凡有碍"王道乐土"的东西，都付之一炬，以免授敌以柄。

白天卖掉了仅有的几件可怜的家具凑了些钱，与亲密的朋友们依依惜别。此一去山重水远，人海茫茫，不知何年何月重相会。生与死的战斗情谊，真是难舍又难分哪！

5月的一天，萧军匆匆赶到哈尔滨附近的石城镇的梁山丁（即邓立，东北作家）家，向他告别。半个世纪后，据梁山丁回忆说：那天陪着萧军在家里吃过午饭，然后在小镇的土道上散步。他们边走边谈。萧军告诉山丁说他不能再待在哈尔滨了，他要离开东北到关内去，并嘱咐他以后可以和罗烽、白朗多联系，他们都是可靠的朋友……

　　"你们走吧，我也会走的，只是晚一步。有你们到关内开路，我再去就容易站脚了！"梁山丁泪水盈盈，表达着惜别之情。

　　"回到祖国①就是到家了，连喘气儿都自由了！你打点打点，快去找我！"萧军不无憧憬地对梁山丁说。

　　临别时，萧军把一个纸包交给了梁山丁，那是萧军几年来发表在哈尔滨有关报刊上的作品剪报，求山丁代为保存。据梁山丁回忆说，遗憾的是那些剪报和他本人的一些原稿一起，在逃亡关内时全部遗失了。

　　6月9日晚上，金剑啸突然来到了萧军家，通知"二萧"立即离开商市街，然后离开哈尔滨。萧红急忙摆手说："不行！不行！这破东乱西的，总得安排一下呀！"

　　"安排一下？！敌人听你的吗？！能给你时间吗？！后天走我都担心来不及！"金剑啸一脸严肃，近乎下命令一般。又对萧军说，到他家把他的皮大衣拿着，说南方皮子比北方值钱，到了上海缺钱用好出手。

　　萧军忙谢绝说："那怎么能行？我有钱，老黄给准备了！"

　　"我知道，那点钱够什么用？让你带上，别啰唆！"金剑啸从不用这样的声调、语气和萧军说话，这次不容回绝的话语使萧军这个热血汉子大为感动。

　　"好了！三郎，我给你画一张像，算作临别纪念。"说完，金剑啸拿起笔来，让萧军摆好了姿势，就全神贯注地画起来。仅用半个小时就画了一幅萧军的头像。他说："不算满意，但是你的面部的特征总算表现出来了！"

　　"我的嘴唇并没有那么红，眼睛也没有那么大呀！"萧军笑着说。

　　"只能这样了，没有时间再改了。就算弟兄的一点纪念吧！你们赶快行动吧！"金剑啸说完在画像的一个下角签上自己的名字J.S.kim。随后又握了握萧军的手哽咽着说了声"后会有期！"便转身匆匆地离去了。1936年，萧军在上海写了一篇《未完成的构图》（《萧军全集·11卷》第131页），详细地记录了这段终

---

　　① 因当时东北成立了伪满洲国，所以爱国青年们称到关内为"回到祖国"。

生难忘的往事。

为了避开日伪特务的跟踪，6月10日晚，萧军和萧红把所有要带走的东西收拾停当，把行李卷起来用麻绳捆好，萧军到院外张望，确认暂时没有监视他们的，急忙回屋背起了行李，萧红手提一网兜儿，萧军还手提一大包袱，他们俩环视了这空荡荡的小屋，以及被煤油灯和蜡烛熏黑的墙壁上的痕迹，吹灭了油灯，轻轻地关上了房门。

"再见了！商市街25号，我的小家！"萧红神色黯然，噙着泪水，带着哭声说着。萧军安慰她说："走吧！我们还会回来的！"萧军拉着萧红的手走出了大门，沿着中央大街向南走去……

金剑啸为萧军画的头像

"别了！我的故乡！别了！我的战友！"真是世事难料哇！谁曾想到，萧红——这个呼兰河的女儿，此一去再也没能回到东北故乡！十二年后，胜利归来的只有萧军一人，而她却长眠在异乡南国，与蓝天碧海永处……而"二萧"和金剑啸之一别，也竟成为他们的永诀！约一年后，金剑啸被捕（与侯小古同时），1936年8月15日在齐齐哈尔的龙沙英勇就义，时年仅二十六岁。

当晚，萧军和萧红搬到了天马广告社住下，11日，萧军、萧红悄悄乘火车离开了哈尔滨。据有关材料记载，萧军、萧红离开哈尔滨三天后，伪警察署派出外勤人员缉拿萧军夫妇，拟以思想犯问罪，敌人晚了一步，真是好险哪！七天后，中共党员作家罗烽被捕……

6月12日上午9时，萧军和萧红乘火车到了大连，萧军化名"刘毓竹"买了14日两个人去青岛的三等舱船票。

风光旖旎的海滨名城大连和哈尔滨一样，公开的、隐蔽的军警宪特多如牛毛，日伪统治者迫害、镇压东北人民反抗的手段也更加残酷，遍地充盈着屠杀和血腥，捕人、杀人、囚人的惨景随处可见。为了不惹麻烦，萧军没有带萧红去游览大连的奇观异景，按事先的安排，只在朋友王福临家静静地等待着船期。同时，把所有要带的除行李外的东西，整理在一只中型帆布箱和一只柳条筐里，把自己未完成的《八月的乡村》的手稿卷成细卷，并缠紧放在了茶叶桶里。还有一本两个人在哈尔滨出版的合集《跋涉》，在这本书里夹着日寇屠杀中国人民的几张照片，萧军把它巧妙地藏在月琴的肚子里，萧军的目的是要把这些照片带回自己的"祖国"，作为证据，以便向全世界人民公布日本帝国主义侵略中国东北的罪行！

14日，王福临亲自送萧军和萧红登上了"大连丸"号，因为当时复杂的政治形势所迫，还未等萧军向他告别、说道谢的话，王福临就匆匆离开了。

日轮"大连丸"号三等舱位，八个人一间，上下铺，人员拥挤，卫生条件很差。一股霉气充塞着空间，萧红只觉得恶心头晕。萧军放下东西，正准备摊开行李，然后领着萧红到甲板上去换换空气。突然四五个水鬼（海上侦缉队的警察）闯上了船，为首的是一个胖子，斜挎着手枪，后面几个水鬼有的拎着警棍，有的拿着铁钎子，各个凶神恶煞的样子，他们一上来就把舱里的人们围住，大声嚷嚷："搜查！搜查！把行李、包裹都打开！"嚷嚷完，他们就弯下身子，胡乱地但很仔细地翻看着旅客的所有东西，甚至是每件衣服，每双袜子。还把一页页雪白的信纸，对着阳光看了又看……萧军一看这些水鬼们不仅翻书，还翻器具，于是趁他们忙乱地搜查其他乘客的行李、包裹之时，他装作打开自己的行李、包裹的样子，机警、麻利地把已卷成细卷的《八月的乡村》未完手稿，从茶叶桶里转放到随身穿着的大衣口袋里……

就这样，萧军用他的勇敢、机智，巧妙地躲过了日伪海上特务侦缉队的盘问和搜查。1935年5月2日，萧军在上海以"田军"笔名发表的散文《大连丸上》，真实地记录了这惊险一幕的全过程。

汽笛撕裂人心一样地鸣叫几声，似乎和岸上的亲人们告别。"大连丸"号轮船驶离了大连港，向那茫茫夜的大海劈波斩浪地挺进着……萧军、萧红这对爱国青年、作家夫妻、流浪者手牵着手，萧红紧依着萧军的臂膀，任海风吹乱了秀发。他们一起凝望着闪烁稀疏灯光的渐渐远去的大连城，萧红的眼泪簌簌流下，抽泣的声音灌进了萧军的耳朵，他的心里也像打碎了五味瓶，是喜悦？是酸楚？是快乐？是悲哀？是幸福？是离愁？一起涌上了心头。喜得是一对脱网鱼潜入了深渊，终于逃离了魔窟——日伪统治之地，祖国母亲温暖的怀抱正在等待他们的投入。悲的是离开了生于斯长于斯的东北故土！离开了处于水深火热的三千万的父老乡亲！离开了患难与共的战友！不知何年何月再看见那白山黑水，那林海雪原，那大豆高粱……

第五章　上海左翼文坛的闯将

一、在青岛

1934年6月15日，即农历端午节的前一天，"大连丸"号驶进了青岛海域。站在甲板上，萧军看到依稀可见的青岛城的轮廓，他禁不住兴奋地喊了起来："青岛！青岛！我的祖国！我来了！"

萧军激动得紧紧地攥着萧红的手，另一只手指点着，让萧红看那红色瓦顶建筑物上飘扬着的当时的中国旗帜，然后，两个人就像孩童一样欢快地叫着："啊！祖国！祖国！"此时此刻他们就像做梦一般，刚上船时被水鬼搜查、盘问的不快，三等舱的憋闷恶心，老妖婆吸食鸦片烟的难闻气味，一股脑儿全被这清爽的海风吹散了。

码头上，先期到达青岛的舒群，携新婚妻子倪青华①早就等在那里欢迎他们呢。爱国青年、革命文友重逢的兴奋喜悦，让他们激动万分，他们拥抱哇，跳跃呀，欢笑哇，流泪呀……

舒群是当年3月份到青岛的，当时的名字叫李旭东。通过同学介绍认识了中共党员倪鲁平，他将舒群安排住在青岛二区区公所。与地下党组织接上关系后，因为开展党的地下工作，他经常到倪鲁平家做客。倪鲁平是大革命时期入党的，他担任中共青岛市委组织部部长，还兼做地下党领导的报纸《磊报》的主编，而公开身份是青岛市政府劳动科科长。倪鲁平把舒群安排在《磊报》做编辑工作。倪鲁平家里有一位寡母，三个弟弟，四个妹妹，因受他影响，都倾

---

① 倪青华：中共党员倪鲁平三妹，人称"青子"，1934年与舒群结婚，后与舒群失散。新中国成立后在郑州从事教育工作。

向革命。他的二弟也是地下党员，公开身份是青岛市第四区的主任。他们待舒群诚恳热情，从经济、政治等各方面给予很大帮助。当年5月，倪鲁平把自己的三妹青华许给舒群为妻。结婚时的住房和一切用品都是倪家帮助解决的。舒群婚后生活刚一安定下来，就立即给萧军写信，请他和萧红等朋友速速到青岛来。

　　舒群为萧军找好了一份工作，在党的外围组织《青岛晨报》做副刊编辑。还为萧军、萧红找好了房子，是坐落于观象山山梁上的一座依山傍海的二层小楼，楼上一间住着萧军与萧红，楼下一间住着舒群夫妇。这二层小楼是用石头垒成的，地势较高，近乎建在山脊上，位置处在几条路的交叉口，称作"观象一路一号"。从小楼窗户或院外石栏远眺，可以两面看到奔腾澎湃的大海，看到翠黛透迤的山峦。山峦主峰上，有一座气象观测站，大概"观象路"是因此而得名吧。

青岛观象一路一号，"二萧" 1934年6月至11月就住在这里，《八月的乡村》《生死场》完成于此

　　观测站竖立了很多高耸的旗杆，上面时常更换气象旗（或者是信号旗），各种形式的，五颜六色的，非常耀眼醒目。这旗帜大概是为大海中的航船导航或者是对于航船出入港口有所"指导"作用吧。

　　夜听海潮，汹涌澎湃；昼观山景，叠嶂层峦；绿树丛中半掩半露着红瓦白房，云雾缭绕……这样优美的居住环境，简直是处在梦幻一般的美丽童话世界里。萧军舒展着满是腱子肉的臂膀，深深地呼吸着新鲜的空气，眺望大海，情不自禁地喊出："好美的地方啊！"又对萧红说："能够在这样美的地方生活，即使饿着肚子过三年，也是喜欢的。"

　　刚一开始，浩瀚的大海竟使萧军、萧红这两个从未与其交际过的文学青年着了迷，两个人完全陶醉在大自然的美丽怀抱中。他们有时去栈桥看黄海的浪花，有时到浴场畅快地游泳，有时到湛山远眺，有时去公园散步……当时，尽管萧军仍然穿着发黄的俄式衬衫，戴着边沿很窄很旧的毡帽，又怪异又寒酸，既像流浪艺人，又像一个洋车夫；萧红仍是穿着在东兴顺旅馆被困时穿的那件布旗袍，一条西式裤子，脚上的破皮鞋已磨去了一半的后跟。但他们是愉快的，这里比起哈尔滨来，生活是安定舒适的。当然这与舒群夫妇给予的许多经济上、生活上的援助分不开。这朋友间的深情厚谊让萧军没齿难忘，事隔四十五年的1979年，萧军想起来尚感念于怀，他写诗赠舒群云：

患难交情五十年，濒经生死又开颜！

松花江畔飘蓬日，观象山麓秋暮天。

骨月情亲薄四海。合离几度唱阳关。

相逢此夜庸何易，杯酒衷肠话惘然！

（《萧军近作》第27页）

有时萧红和倪青华一起下厨做饭，等着萧军和舒群回来共进晚餐。四个青年，两对夫妻，既是文友又是战友，在一起和睦而融洽。

萧军欣喜地想象着：这里的祖国没有穷凶极恶的日本侵略者，没有令人恶心的膏药旗，没有如猎狗一样的日伪特务，没有……可不久他便失望了……

20世纪30年代的青岛，是一座很独特的城市。北洋军阀海军司令沈鸿烈担任市长。这个沈鸿烈是湖北天门人，十八岁中秀才入日本海军兵校学习，1911年回国，成为张作霖、张学良的心腹，是东北海军的实际缔造者。沈鸿烈一向对蒋介石不满，背后骂蒋介石祸国殃民。但这样一个心中无蒋介石的人，却成了蒋介石的御用工具。1931年12月上旬，沈鸿烈奉命率舰队抵达青岛，16日接任青岛市市长职务。他搞假民主，实行宪制，将全市划分为几个区，设立了区公所。他在青岛执政六年，苦心经营，对青岛的开拓发展是有贡献的。但在任内，他忠实执行国民党中央反共亲日方针，多次破坏中共组织，逮捕共产党人，并镇压工人罢工与学生运动。为此，南京国民政府授予青岛市"全国模范市"称号，沈鸿烈顺理成章地当上了国民政府山东省主席。

生活在国民党反动派和山东反动军阀统治下的劳动人民的生活充满着苦难，萧军来青岛后很快看到了这里的黑暗，他在《期待着》中写道：

啊，怀着鸟一般的欢心；火一般的爱！踏上了祖国的海岸；投入
了母亲的胸怀！可是当我在这可怜的母亲的怀里，生活还不足一个

年，我明白了，所感受的原是"到处一样"……一样是生活在辗轧和恐怖里；一样是血腥，一样是无耻，一样是荒淫，凌乱，可恶和贪污……一样是满洲……（《萧军全集·11卷》第89页）

他惊醒了，在一篇题为《好美丽的地方》的散文中又写道：

赞美，我只是赞美！在我到青岛第五天，我还在赞美它。可怜我这颗赞美的心，在第六天上就被一只锤子敲得粉碎！我知道了这也和别的都市一样，充分具备着别的都市所具备的"不美丽"啊！——有人做马，有人拖人……

啊，美丽代替不了饥饿，无疑我这"饿着肚子过三年"美丽的梦，也被饥饿的锤子敲碎了，碎了！（《萧军全集·11卷》第69页）

他还在《期待着》的诗中写道：

归来了。
这是我的祖国，我的母亲！
在那里：
有鞭挞，有辗轧，有——
无际限的屠杀……
这里也是一样？
我的祖国，我的母亲！
——对于劳苦的弟兄们？
在那里：
有罪恶，有不平……
有盈街的乞丐；
有漫天的哭声……
这里也是一样？
我的祖国，我的母亲！
这美丽的都市：

有，人做马；

有，人拖人……

这就是合理的社会吗？

我的祖国，我的母亲！

（《萧军全集·14卷》第71页）

这首诗歌深刻地反映了无论是日伪统治的东北，还是蒋介石独裁的国民党的天下，中华大地到处是千疮百孔、民不聊生的黑暗现实，强烈地控诉了旧中国人吃人的丑恶现象，抒发了浓烈的爱国之情！

怀着强烈的爱国、爱民之情的萧军，在另一首题为《好轻松的……》的诗里也做了充分的倾诉。他同情那些在海滨建造美丽楼房的石匠，他们不如牛马一样的劳作，换得一点点微薄的薪水，勉强维持一家老小的生活，而自己却因石灰吸满肺叶而死亡，死前还说，"俺死还有俺的儿"，为此，萧军充满希望地呼出："我知道：石匠们的儿子们，将不再是个奴隶身……"（《萧军全集·14卷》第68页）

这个时期在《青岛晨报》担任副刊编辑的萧军，一边编刊物，一边以刘军为笔名，发表一些散文和诗歌，控诉日本侵略者的罪行，揭露国民党反动当局统治下的黑暗现实，倾吐自己对东北故乡的怀念，如《消息》《祷告》《怅望》《好美丽的地方》《好轻松的……》《咬紧颚骨》《秋叶》等等。

萧军怀着把"悲哀变成铁的仇恨，眼泪变成黑的血浆"的心情，将主要精力放在续写他的《八月的乡村》上。白天去报馆上班编稿子，晚上忙于写作。萧红白天操持家务，洗衣做饭，夜里也和萧军一样，坐在昏黄的灯光下面写作。她表示也要写一篇较长的小说，因为苦难深重的家乡妇女和老人、那被日寇铁蹄践踏的东北大地和仍在血与火中斗争的同志时时萦绕于脑际，她要写一篇与萧军《八月的乡村》类似的抗争的小说。萧军鼓励她写，一定要写成功。

于是，萧军、萧红这对作家夫妻，神情亢奋地催笔疾书，把满怀激情倾泻于纸上。萧红写一点，萧军就看一点，随时提意见加以修改。确切地说，萧军是萧红这部小说的"第一个读者，第一个商量者，第一个批评者和第一个提意见者"。"每于夜阑人静，时相研讨，间有所争，亦时有所励也。"真是"夜气如磐怀故垒，青灯坐对细论文"哪！（《小楼居处》，《萧军近作》第26页）

这期间，萧军和舒群曾去上海一次，回来时萧红的小说居然写成了，这是1934年9月9日，前后不到三个月的时间。萧军从头到尾看了一遍，斟酌、删改了一些地方和字句，然后由萧红自己用薄绵纸复写了两份，以待寻找机会出版。

小说写成了，叫个什么名字呢？两个人思索、研究了一番。因为，萧军总览这部书，把全书所写的故事内容归纳概括为：就是在荒芜的大地上，沦为奴隶地位的被剥削、被压迫、被碾轧的人民，每年、每月、每日、每时、每刻在生与死两条界限上碾轧着、挣扎着……或者悄然地死去，或者是浴血斗争着。萧军还看到萧红小说中有这样的话，从中受到了启发：

"在乡村，人和动物一起忙着生，忙着死……"

"大片的村庄，生死轮回着和十年前一样……"

最后由萧军确定，萧红的这部长篇小说定名为《生死场》。

萧军和萧红这两个青年流亡作家，在青岛比较安定和满足的生活中，始终满怀着强烈的民族仇恨，像在松花江畔一样，运用自己手中投枪匕首一样的笔，在没有硝烟烈火、枪林弹雨的新战斗中勇猛冲杀。他们揭露日本侵略者的滔天罪行，歌颂燃遍白山黑水的抗日烽火，高扬中华民族的抗战热情！为倾吐自己满腔的爱和恨，他们构思了许多雷霆电火一样的革命文学作品，他们为民族的抗战而呐喊高歌的热情和执着，应该说在中国现代作家群中是出类拔萃的。

萧军完成《八月的乡村》的当日与萧红摄于青岛

1934年10月22日，萧军完成了《八月的乡村》全书的创作。就这样，伴着黄海奔腾怒吼的狂涛，中国现代文学史上最早最成功地描写东北人民武装抗日斗争的长篇小说在青岛观象一路一号，那座石块垒成的小楼里诞生了！

二、心向南天灯塔

在青岛，萧军、萧红相继完成了新文学史上的力作《八月的乡村》《生死场》。萧军晚年回首当年，欣然命笔赋诗云：

四四年前碧海滨，勉从一笔写丹心。

三千里外家何在？亿万黎庶国待存。

热泪偷弹茫渺夜，秋风却立暮天云。

何堪重睹双双影，余得虫沙劫后身。

（《萧军近作》29 页）

书写出来了，出版却成了难题。在萧红的《生死场》完稿以后，萧军就曾奔走了一阵子，但没人敢发表这样揭露现实黑暗的抗日作品，连《青岛晨报》主编也不敢叫萧军在自己编的副刊上发表。这就让抗日的青年作家真切地感受了蒋介石的"攘外必先安内""言抗日者杀无赦"政策的荒诞与无耻。

一晃一个月过去了，《生死场》也没找到出版的路子。虽然萧军为此而苦闷，但没停下手中的笔，很快《八月的乡村》也要杀青了。更让萧军困惑的是：这样写行吗？他对自己和萧红小说所取的题材，要表现的主题思想，以及与当时革命文学运动的主流是否合拍等诸多问题，还缺乏一定清晰的认识。要把这些诸多问题理清楚，弄明白，在当时的中国左翼文坛，也只有鲁迅先生能给青年作家以指导。此时的萧军就像久行沙漠的骆驼盼望见到绿洲，就像暗夜中茫茫大海上颠簸的孤舟，急需灯塔的导航……

9 月份，萧军和舒群登上了开往上海的轮船，此行他们是要专程拜见鲁迅先生，向他当面请教。他们从孙乐文那儿知道在内山书店见过鲁迅先生。于是，他俩在熙熙攘攘的大上海，在摩肩接踵的人流中直奔目标——北四川路。可是到了内山书店，店员们都说不认识鲁迅先生。真如冷水浇头，不知所措。他们哪里知道，当时在国民党的反动统治下，鲁迅先生是被通缉的"要犯"，怎么能随意公布自己的住处？更不能随意接见不知来历的陌生人哪。萧军和舒群只好再一次怅然而归。

其实，在这之前，就是萧军、萧红到青岛不久，舒群和萧军就曾结伴去过上海一次，目的是为了与文艺界取得联系，拜见鲁迅先生。结果是既拜不着人，也找不到路，手里钱又不多，不能久住，只能高兴而去，败兴而回。7 月末，舒群自己又去了一次上海，他以印书和找工作为名，在上海逗留了一个多月，也没有见到鲁迅先生。好在他巧遇了在哈尔滨船务学校读书时的校长，这位先生对舒群很热情，听说舒群现在青岛，就给自己的好友，时任青岛公安局局长的王时泽写了一封信，让他给舒群一些关照。

9月份这次从上海回到青岛后，萧军感到非常失望。早在吉林巴尔虎屯试验场公园听徐玉诺介绍《野草》时候起，鲁迅先生的高大形象就已经在萧军心中耸立起来了，过去是山水阻隔，遥遥万里，而今是"近在咫尺"却难以谋面哪！去了两次上海都没有见到鲁迅先生……

就在萧军感到焦灼不安的时候，中共地下组织成员孙乐文来到了他家。这个孙乐文是中共青岛地下外围组织《青岛晨报》的负责人，他还负责管理青岛的"荒岛书店"。他和萧军的关系很好，和萧红也很熟。

萧红一见孙乐文就开玩笑地责备他："你们开书店，不卖抗日作品，卖什么玩意儿？"

"荒岛，荒岛，没有果实，只长野草！"孙乐文嘻嘻哈哈地回答说。

"得，得！人家心都烦死了！不给出个主意，还打哈哈！"萧红嗔怪地说。

"主意我都想好了，出路只有一条，快给鲁迅先生写信！"孙乐文严肃下来，认真地回答说。

"怎么的？给先生写信？！他能理我们吗？""二萧"几乎是同时喊起来。

"鲁迅先生是文学大师，是左翼文坛的主帅，哪有时间回答我们无名小辈的幼稚问题！"萧军不无疑惑地说。

"我在上海内山书店遇见过先生，和他交谈过。他虽然是大师，是主帅，但平易近人，和蔼可亲，对青年一代非常关心！更是我们青年的导师呀！"孙乐文诚恳、认真地对"二萧"说。还建议把萧红已完稿的《生死场》邮寄给鲁迅先生。并告诉萧军信寄到上海的"内山书店"，落款是青岛的"荒岛书店"，寄信人化个名，不要用萧军当时的真实姓名和地址，一旦出了什么事，孙乐文也可以推说不晓得，是顾客没经过他允许随便写的。

萧军同意了孙乐文的主张，虽然对鲁迅先生能否收到他的信和收到了能否给他回信没有丝毫把握，但还是满怀恭敬和激情，一笔一画地给鲁迅先生写了第一封信。信中请教了两个问题：第一，现在的时代究竟需要什么作品？第二，自己和妻子写成了几部书稿，先生能否在百忙之中看一下并给予指导？落款处第一次启用了"萧军"这个笔名。

按他当时的想法，所以用"萧"姓，一是因为他特别喜爱京剧《打渔杀家》中的英雄萧恩；二是因为他籍贯辽宁，古代辽人多姓萧，这就暗喻着他是来自被敌人占领的辽宁。"军"，因为他当过兵，而且随时还准备上战场为国杀敌……与萧红两个人的笔名合起来就是谐音"小小红军"。

信发出去了，鲁迅先生的处境是否安全，究竟能否收到信？即便是收到了，因为先生日理万机，能否尽快回信？萧军、萧红嘴上说不抱希望，但内心时时都在呼唤着……眼望南天，掐着手指头算计着信发出去多少天了。作为一种"希望"，一种"遥远的希望"，萧军和萧红在焦急地等待着，等待着鲁迅先生的回信。说起来很可笑，在等待中，白天萧军到报社上班后，萧红一个人留在家里，一天中无数遍翻找楼下的信箱……翻找这里的信箱有什么用呢？信的落款明明是"荒岛书店"哪！萧红真的变得神经质起来。

万万没有想到，一天，萧军在荒岛书店竟收到了鲁迅先生的回信！而且是"即复"！信的内容是这样写的：

萧军先生：

给我的信是收到的。徐玉诺的名字我很熟，但好像没见过他，因为他是做诗的，我却不留心诗，所以未必会见面。现在久不见他的作品，不知道哪里去了？

来信的两个问题的答复——

一、不必问现在要什么，只要问自己能做什么。现在需要的是斗争的文学，如果作者是一个斗争者，那么，无论他写什么，写出来的东西一定是斗争的。就是写咖啡馆跳舞场罢，少爷们和革命者的作品，也绝不会一样。

二、我可以看一看的，但恐怕没工夫和本领来批评。稿可寄"上海北四川路底内山书店转　周豫才收"，最好是挂号，以免遗失。

我的那一本《野草》，技术并不算坏，但心情太颓唐了，因为那是我碰了许多钉子之后写出来的。我希望你脱离这种颓唐心情的影响。

专此布复，即颂

时绥

迅上

十月九（日）夜

《鲁迅日记》：

十月九日"得萧军信，即复"。

（萧军《鲁迅给萧军萧红信简注释录》第3页，金城出版社、西苑出版社，2011。本书所引《鲁迅给萧军萧红信简注释录》皆为此版，以下只注明书名页码）

关于徐玉诺和《野草》的事，本书第三章第三节《四位文学与人生的向导》中已经做了交代。萧军在吉林当骑兵时认识的第一个文艺界名人就是徐玉诺。他以高度的敬意向萧军热情推荐了鲁迅的《野草》，说那是"真正的诗"，是他最早向萧军介绍了鲁迅先生的伟大成就。萧军在给鲁迅先生写信时，很自然地问起徐玉诺的情况。鲁迅先生也自然认真地就自己所知给予回答。

鲁迅先生珍贵的回信，使萧军、萧红和孙乐文三人高兴得手舞足蹈，激动和快乐的心情真是难以克制，信在他们手里传来传去，看了一遍又一遍……那精致的信纸，遒劲的笔体，诚恳的话语，使他们心怦怦然，血沸沸然！

就如久久生活于凄风苦雨、阴云漠漠的季节中，忽然从腾腾滚滚的阴云缝隙中间，闪射出一缕金色的阳光，这是希望，这是生命的源泉！就如航行在茫茫无际夜海上的一叶孤舟，既看不到正确的方向，也没有可以安全停泊的地方……鲁迅先生这封信，犹如从什么远远方向照射过来的一线灯塔上的灯光，它使我们辨清了应该前进的航向，也增添了我们继续奋勇向前划行的新的力量。

我把这信和朋友们一起读了又读；和萧红一起读了又读。当我一个人留下来的时候，只要抽去时间，不论是日间或深夜，不论在海滨或山头……我也总是把它读了又读。这是我力量的源泉，生命的希望，它就如一纸"护身符箓"似的永远带在我身边！……有几次是眼中噙着泪水在读它，俨然如对先生本人。那每一句话，每一个字，甚至是每一个字的一笔一画，每一个标点……每读一次全似乎发现一种新的意义，新的启示，新的激动和振奋！（《人与人间——萧军回忆录》第234页）

鲁迅先生回答萧军信中提出的问题，完全是从实际、从根本出发来要求一个青年作家的。首先要解决成为什么人的问题，所谓从喷泉里出来的总是水，从血管里流出来的总是血！其次才是主题的表现、题材的选择等方面的问题。萧军在他的回忆录上说："这一具体而扼要的教导，它开阔了、丰富了我们的创作思想，天地变得广阔了……"

萧军与萧红这对夫妻作家终于在沉沉暗夜，遥望到了悬婳的灯塔发出的灿烂光芒！特别是鲁迅先生信中的话语，既"没有虚伪的'谦虚'，也没有不可一世的'自傲'，它是朴素的，真诚的，……对于一个第一次和自己通信的青年人，竟能够做到如此'披肝沥胆，推心置腹'地相见，除非具有真正伟大的灵魂，伟大的人格，伟大的胸怀……的人，是难于做得到的！"（《人与人间——萧军回忆录》第235页）

得知鲁迅先生愿意看一看萧红的《生死场》后，萧红高兴得像小孩子过年。萧军找来一张结实的牛皮纸，将萧红的《生死场》的手抄稿连同由哈尔滨带出来的一本《跋涉》包扎得整整齐齐、结结实实。同时为了让先生更具体地认识他和萧红，又在书中放上了两个人于当年6月份离开哈尔滨之前的合影照片一张。这是一张"美丽照"。照片上只见萧军身着高加索式淡黄色立领亚麻衫，领口、袖口和开襟的边上都绣着花，腰间系了一条深绿色的丝绦带。萧红则穿着一件斜条旗袍，两条短辫子上扎着淡紫色的蝴蝶结。两个人的这身装束的式样在当时的哈尔滨年轻人中算得上是最时尚的，显得这对夫妻作家非常天真、美丽、纯情、朝气蓬勃，这是他们俩最喜欢的照片，称它为"美丽照"。

萧军在青岛给鲁迅先生的第二封信是萧红的《生死场》的稿子寄出之后不久，还没有等到鲁迅先生回信，青岛的斗争形势就发生了急剧的变化。由于党内出了叛徒，首先是市委书记高嵩不幸被捕，接着就是舒群和他的妻子倪青华、妻兄倪鲁平也都在舒群岳父家被抓走了。本来中秋节那天，舒群邀萧军和萧红一起去其岳父家过节赏月，因萧军有事未能成行，

萧军、萧红1934年于哈尔滨的这张合影是寄给鲁迅先生的第一张照片

就这样偏巧躲过了一劫。接下来，萧军工作的报社也出了问题……

一天，孙乐文匆匆来到了萧军家，让萧军、萧红赶快离开青岛。并告诉他们，济南、青岛等各地乃至整个山东的党组织全被国民党特务破坏了，许多党的机密暴露了，报纸也要停刊，同志们都要转移，敌人正在进行全市性的大搜捕，妄图将共产党人和进步人士全部抓获。萧军既是党的外围组织《青岛晨报》的副刊编辑，又是舒群的密友，孙乐文非常担心萧军的安危。

听了孙乐文介绍的青岛局势的变化情况，萧军按他所嘱，一方面代表报社办理解除合同的各项事务，一方面悄悄地把自己的一些必留的材料、物件等转移到另一个安全的地方，这是每天夜间要办的事情。因为当时萧军所居住的"观象一路一号"正是处在数路交错的集中点上，浙江路和江苏路在这里搭界，位置非常明显、暴露。而且在萧军居住的大门边正设有一处警察派出所，所以，萧军的行动必须秘密，不能叫那些警察察觉到他在转移什么。

一天夜间，孙乐文把萧军约到青岛栈桥最东端，那是一所大亭子，叫"回澜阁"。在阴影中，孙乐文拿出四十元钱，对萧军严肃郑重地说："我明天就要转移了！也许离开青岛。书店里、家里全不能住下去了。你们也赶快走，这是路费。"

此时，深秋的海风从海面上强劲地吹过来，海面上是一片漆黑，海浪冲击着岸边的礁石和堤坝，发出遮天盖地的轰鸣声。他们说话的声音几乎被这轰鸣声所掩盖，加之夜晚海风的寒冷，他们浑身战栗，声音颤抖得时断时续，只好互道"珍重""后会有期"！然后便匆匆离去了。

此时的萧军心情很沉重，他憎恨国民党反动派的倒行逆施，他惦记着狱中的革命战友，他感谢党组织对他的关怀……于是他冷静地分析周边环境，与萧红认真研究撤离青岛的具体办法。他首先想到的是，第一时间给鲁迅先生发封"快信"，请他千万别再往青岛寄信了，说明他们俩即日离青赴沪了……

文学史上永远会记载着这一天：1934年11月1日，黄海涛惊浪卷，观象山菊香袭人，萧军、萧红这对流浪夫妻作家，又乘上了"大连丸"号轮船，从青岛奔赴上海，同行的还有《青岛晨报》的张梅林同志。

这次出走，萧军、萧红没有从哈尔滨到青岛时那样迷茫，因为他们要去的上海，是当时中国文化的中心，更使他们高兴的是那里有一位他们景仰已久的伟大崇高的文化革命导师，两颗蓬勃欢跃的心，早已飞向了上海！

三、终于见到了鲁迅先生

"大连丸"号轮船驶出了胶州湾，展现在眼前的是波光粼粼、无垠无际的大海。萧军和萧红站在甲板上，望着海面上展翅高翔的海鸥，它们搏击长空，坚持不懈，持之以恒的精神实在耐人寻味。望着海天苍茫的远方，更是思涛滚滚，他们憧憬着，预感着，即将到来的新生活将是急流险滩？还是水平如镜？但不管怎样它都会变得五彩斑斓，他们的文学创作将迈入一个崭新的时期！

经过一天一夜的航行，轮船驶进了长江口，进入了黄浦江。1934年11月2日，雾气茫茫的大上海跃入萧军、萧红的眼帘。透过雾气，他们依稀看见江面上各种船只你来我往，船上挂着花花绿绿的万国旗帜，趾高气扬的外国水兵在甲板上耀武扬威，而和他们成鲜明对比的则是沿江的码头上，一个个蓬头垢面的中国工人正忙着装卸……

一座座外国人建的楼房高耸在黄浦江南岸。当！当！当！上海海关大楼顶上的报时钟响了，钟声是那样苍凉，那样沉郁。此时的萧军心情是万分复杂的。在此行前，他曾两次随舒群来过上海，虽然没有细致地考察，但他已经看到了，泛着泡沫、散发着臭气的黄浦江浑浊的江水；码头工人背上压着各种货箱，艰难地走在"过三跳"上；灰色的天幕下既有高楼大厦、花园洋房，也有滚地龙、贫民窟……所谓的十里洋场，那是冒险家的乐园，富人的天堂，穷人的地狱呀！当然也是革命者与反动势力斗争的主战场！

遍地流民的呻吟声，行乞讨要的老人和孩子们憔悴不堪的身影……所有这一切，在萧军和萧红的心灵上激起千层浪！"上海也和青岛一样啊！"萧军呼喊了一声。萧红泪眼朦胧地望着萧军，情不自禁地轻吟起萧军在青岛时写下的诗篇《期待着》："归来了。这是我的祖国，我的母亲！……对于劳苦的弟兄们？在那里：有罪恶，有不平……有盈街的乞丐；有漫天的哭声……这就是合理的社会吗？"背诵到这里，萧红有些泣不成声了！

是呀！今后，在上海将怎样生活和奋斗？许多实际问题不能不想，萧军的心里像堵塞着沙石，沉甸甸的。但比起五个月前逃出哈尔滨到青岛时的心情，仍然显得更兴奋、更冷静一些。不管怎么说，毕竟来到了鲁迅先生身边。以后的日子如何过？管它呢！闯大运吧！想到这儿，萧军拉起困惑疑惧、泪眼婆娑的萧红，挺起胸膛，迈开大步，以一种无所畏惧的姿态闯进了上海滩！

下船上岸后，萧军带着萧红和梅林，先找到了上次萧军和舒群来上海时住过的位于"蒲柏路"的公寓。每天每人一元钱的宿费，他们是住不起的，只能先放下行囊，梅林去找朋友，"二萧"则去找便宜的要租的房子。经过一番寻找，他们在法租界的拉都路北段"元生泰"杂货铺后面二楼上，租了一个阴暗潮湿的亭子间。

1936年萧军在上海

亭子间前有一条叫"肇嘉浜"的臭河在拉都路东西贯穿着，城市污染物严重地在河里滞留，油黑色的水面上浮泛着一朵朵大大小小的白色泡沫，漂动着一条条破木船，船上活动着衣衫褴褛的男女老少，萧军知道这就是所说的"水上人家"。不仅如此，此处位于上海市区西南角，而鲁迅先生则住在上海市区的东北角的北四川路，萧军通过问询知道了两下相距足有二十华里之远。但没有办法，因为这亭子间确实比较便宜呀！

萧军不愧是行伍出身，他以军人的敏捷和利落，很快把一些简单必备的生活用品办理齐备。从房东那里借来了一张木床，一张书桌，一张木椅，自己买了一个泥火炉，一袋面粉，几捆木材和一些木炭，还有萧红爱用的烙饼的平底小锅以及锅、盆、碗、筷，还有盐、醋之类，油是买不起的，每天白水煮面片，外加几个铜板的菠菜，这就是很奢侈的生活了……

孙乐文给他们的四十元路费，去了船票钱，到上海时只剩下十八元零几角了，租亭子间用去九元，买了一些必备的用品和食物，还买了邮票、信纸、信封……手里的钱就所剩无几了。萧红那一双湿润清澈的大眼睛时不时流露出忧郁困惑的光。她时不时地望着萧军，似乎在问："以后的日子怎么过呀？"然而，她从萧军紧张忙碌的身影和那刚毅的神情中似乎找到了"安定"的答案。于是，她把房间上上下下擦洗干净，又挂起了两幅画像……就这样，"二萧"在大上海的新家——小小的亭子间显得那样洁净文雅。

入夜，不顾旅途和到上海后"安家"忙碌的劳累，萧军立即给鲁迅先生写了一封信，报告他和萧红已于今日到上海定居的消息，表达迫切希望与先生尽快见面的心情。第二天一大早，就把信投到邮筒里。鲁迅当天就收到了萧军的信，并立即回了信。信是这样写的：

刘先生：

来信当天收到。先前的信，书本，稿子，也都收到的，并无遗失，我看是没有人截去。

见面的事，我以为可以从缓，因为布置约会的种种事，颇为麻烦，待到有必要时再说吧。

专此布复，即颂

时绥

迅上

十一月三日

令夫人均此致候。

《鲁迅日记》：

十一月三日"得萧军信，即复"。

（《鲁迅给萧军萧红信简注释录》第13页）

在这封信里，鲁迅先生没有同意立即与"二萧"见面，表示"可以从缓"。其中的隐情，"二萧"当时是不能充分理解的。他俩把事情想得过于简单以至"天真"了。他们对当时上海斗争的复杂性、残酷性和鲁迅先生处境的危险性后来才懂得。鲁迅这样做并不是什么"搭架子"或"故意推托"，实际上，鲁迅何尝不想很快见到他们，他多么希望年轻的文艺战士尽快成长，更希望从"二萧"那里了解东北沦陷区的种种情况。可是不能啊，鲁迅当时正被反动当局通缉，过着半公开半隐匿的生活，弄不好会连累他们。再说，在同两个陌生青年见面前，也应该了解一下他们的政治面貌及各方面的情况等等。半个世纪后，萧军回忆当时的情况说：

……作为一个革命的进步的以至"左倾"的文化工作者、文艺工作者，他们几乎是没有一般所谓社会生活以至社交生活。有的只是一种工作上的关系，组织上的关系。除此以外，个人间一种抒情式的交往，人与人之间的所谓一般的"友谊"是不存在的……

　　谁的真名实姓是不知道的。

　　谁的真实家乡，籍贯，祖宗三代……是不知道的。

　　谁和谁的确切关系是不知道的。

　　一个电话号码，一个通信地址，……就是一切的联系关系。

　　某个茶馆，某处街头，某个场所……就是"接头"的地方。

　　人与人的关系，一般是概不介绍的。

　　（《鲁迅给萧军萧红信简注释录》第16页）

　　确实是，一直生活在东北的人，一旦到了上海，就犹如到了"异国"，一切都是生疏的，与自己以往的习惯都是不一样的。

　　语言不通，风俗各异，无亲无友，求借无门……只有鲁迅先生的信是萧军、萧红生活中的唯一希望和企盼，就如阳光和空气一样重要和必需。因此，当"二萧"接到先生每一封信的时候，除了在家中一次次地朗读外，出去散步时也必定珍藏在衣袋里，时不时用手摸一摸，就像保护一件奇珍异宝一样，生怕遗失或被人掠夺！当他们走在人车稀少的路上，就由装着信的人把信小心翼翼地掏出来，悄声地读着，另一个人静静地聆听着……甚至是两个人同时背诵着……这是刚到上海"二萧"精神上最大的享受哇！

　　11月13日，走投无路的萧军只好又给鲁迅先生写信求援：能否代找个工作？能否借二十元钱做生活费用？能否给审阅《八月的乡村》？还顺便问了许多其他问题。

　　对此，鲁迅先生于17日告诉萧军：工作难找，因为鲁迅和别人没有太深入的交际。关于钱不成问题，他可以给萧军预备着。对于其他问题也都一一做了解答。

　　到上海后的这段时间，萧军完成了《八月的乡村》的修改和校正。如同《生死场》付出了萧军极大的努力一样，《八月的乡村》也倾注了萧红的心血。在那阴冷的上海的深秋，在没有阳光、没有任何取暖设备的寒气逼人的亭子间里，萧红披着大衣，流着清鼻涕，一笔一画将《八月的乡村》抄写得工工整整。为了买复写纸，萧红把自己唯一御寒的旧毛衣当了七角钱。几十年后，回忆当时的情景，萧军深情地说："即使到今天，此情此景仍然活现在我的眼前，我永远感谢她！"

因为他们租住的地方位于上海市区西南角，比较偏僻，要买纸必须到市里去，往返足有三四十里路。如果要坐车去，就没有买纸的钱，要买纸就只能步行了。由于皮鞋不跟脚，萧军买纸回来，两只脚后跟全被鞋"啃"破了皮，露出了肉，渗出了血。看着萧军血肉模糊的两只脚，萧红心疼得流着眼泪给萧军抹紫药水……《八月的乡村》就是在这种情况下修改、校正、抄写而成的。

尽管鲁迅先生对"二萧"还不完全了解，但他仍非常热情。1934年11月5日在第三封信中，他就提醒"二萧"说："上海有一批'文学家'，阴险得很，非小心不可。你们如在上海日子多，我想我们是有看见的机会的。"

虽然暂时见不到先生，但毕竟已同在一个城市里，很多问题能及时得到指教。例如：当时左联的活动情况；大众语讨论的焦点；流行的"理论""批评""创作"问题；丁玲和姚蓬子（姚文元的父亲）的被捕以后的情况；以及待人处世等诸多的问题……他们在信中都一一请教。鲁迅先生在11月12日的第四封信中，不厌其烦地给了详尽的回答。

在来上海的二十多天时间里，鲁迅先生接连给"二萧"回了五封信，除了回答他们提出的问题、开导他们的思想外，还谆谆告诫他们：上海这地方非常复杂，说话做事处处要小心，特别是同霞飞路那些俄国男女打交道，更应该十分注意。刚到上海时，萧军不知这些俄国人的底细，常用在哈尔滨学过的半吊子俄语和这些人搭话。鲁迅先生知道后，在信中告诉他们：这些俄国男女，大多是十月革命后流亡到中国来的贵族，对中国革命也抱有敌对态度，不少人甚至是国民党政府的密探，靠领取告密酬金过活。为此鲁迅在11月20日的第六封信中急切地嘱咐他们："现在我要赶紧通知你的，是霞飞路的那些俄国男女，几乎全是白俄，你万不可以跟他们说俄国话，否则他们会疑心你是留学生，招出麻烦来。他们之中，以告密为生的人们很不少。"听了先生的告诫，萧军警觉了，以后路过霞飞路再也不轻易搭言了。更让他们兴奋的是，在这第六封信上的一开头，先生就说："许多事情，一言难尽，我想我们还是在月底谈一谈好，那时我的病该可以好了，说话总比写信讲得清楚些……"

与鲁迅先生见面的一天终于盼来了！这是鲁迅先生在多病的情况下写给二萧的第七封信。信中写道：

刘
　　先生：
吟
　　本月三十日（星期五）午后两点钟，你们两位可以到书店里来一趟吗？小说如已抄好，也就带来，我当在那里等候。

　　那书店，坐第一路电车可到。就是坐到终点（靶子场）下车，往回走，三四十步就到了。

　　此布，即请

俪安

迅上
十一月二十七日

《鲁迅日记》：

十一月二十七日"寄萧军信"。

（《鲁迅给萧军萧红信简注释录》第55页）

看到这封邀请信，萧军、萧红激动万分，他们就如同小孩子盼过年一样，快乐得无法形容。他们在接到第六封信的时候就每天屈着手指计算到月底，同时也感到时间过得太慢了，几乎是难于忍耐了，很想用鞭子把地球抽打两下，使它跑得更快一些……

"猜测着、揣摩着他真实的面貌，可能穿的衣服，描绘着见面时的情景……这使我们的思想、感情以至那冷冷的亭子间，全有了新的意义，新的气氛，似乎全在'沸腾'起来了……"（《人与人间——萧军回忆录》第248页）为了猜测相见时候的各种情景，萧军和萧红还认真地发生争执，各执己见，互不相让，像两个孩子一样，任凭各自的感情驰骋着！

1934年11月30日，是鲁迅先生约见的日子，萧军、萧红终于盼来了这一天！

内山书店坐落在上海北四川路一条横街的北侧，面朝南，正对着北四川路大街，如 T 字形的顶尖处，这地方萧军曾经去过两次了，并不陌生。当天下午，"二萧"准时来到了书店，想不到鲁迅先生早已在此等候他们。看到萧军、萧红进来，鲁迅先生走到萧军跟前，轻声问着："你是刘先生吗？"

"是。"萧军点点头，低声回答。

"我们就走吧……"说完，鲁迅先生走进内室去，把桌子上的信件、书等用一块紫色地、白色花的日本式的包袱皮很快包起来，然后夹在腋下就走出来，并未与任何人打招呼。

此时的内山书店里，看书、买书的人并不多，他们俩又是按约定时间到达的，加上鲁迅先生已经看过了"二萧"的合影，他们俩的穿着打扮又和上海人不同，特别是那一派东北人的粗犷气质，鲁迅先生一眼就把"二萧"认出来了。

鲁迅先生在前边走，"二萧"默默地跟在后面，还保持了一定的距离。他们看着先生走路利落迅速，没戴帽子，也没围围巾，只穿了一件黑色的瘦瘦的短长袍，藏青色的窄腿西服裤子，一双黑色的橡胶底的网球鞋……

萧军一边跟着先生往前走，一边凝视着：

> 这位老人那瘦削的然而是直直的黑色的背影，浓浓的森森直立的头发……浮现在视觉中的那清楚的一刹那的面影：两条浓而平直的眉毛，一双眼睑微微显得浮肿的大眼，没有修剪的胡须，双颧突出，两颊深陷，脸色是一片苍青而又近于枯黄……
>
> 这就是鲁迅先生当时将将病起后的形容！
>
> 这就是亿万中国人民、亿万青年的伟大导师，这就是站在民族、人民大众和敌人斗争最前线的旗手，这就是民族敌人、阶级敌人……时时刻刻要把他置于死地而后快的，他们所视为"眼中钉""肉中刺"的死敌——鲁迅先生！……走在我前边不远的这位病弱瘦小的小老人，有谁能够认得出，这就是人间无所畏惧的大勇者！鲁迅先生是不会被任何可耻的暴力所能慑服得了的，他伸直了脊梁，挺起了胸膛，时刻准备着迎接那些走狗们的尖刀或子弹！……（《人与人间——萧军回忆录》第 249 页）

萧军看着、想着，竟然鼻子酸酸的，真想哭，眼泪已经浮上了眼睑，但他克制住，没让眼泪流出来……

就这样看着、想着，跟着先生，跨过了一条东西横贯的大马路，走向了路南面的人行道，又向西走了一段路，到了一处咖啡馆。先生很熟悉地推门进去了，"二萧"也跟着进去了。先生挑了靠近门边一处的座位示意"二萧"坐下。座位的椅子是高耸的，邻座之间是谁也望不到谁的，俨然一个小套间。

他们来的时候是中午已过、晚餐未到的空闲时间，店里没有几个客人，客人中也没有一个是中国人。侍者端上了咖啡和一些小点心之类，一边吃着，先生告诉"二萧"，这咖啡店主要是以后面的"舞场"为主业，白天没有什么人到这里来，尤其是中国人。所以先生常常选择这地方和人们接头交谈。过不多时，鲁迅先生的夫人许广平（笔名景宋）先生和儿子海婴也到了。

第一次与鲁迅先生见面都相互谈了什么呢？据萧军的《鲁迅给萧军萧红信简注释录》中介绍，萧军谈了从哈尔滨出走到了青岛，又很快到了上海的原因；谈了日本帝国主义侵占东北、哈尔滨后，对中国人民所犯下的滔天罪行；谈了东北人民英勇顽强的反满抗日斗争情况；以及沦陷区人民的思想、感情、社会人心；等等。而鲁迅先生则概括地谈了上海国民党反动当局对左翼文化团体和作家们的压迫、逮捕、杀戮的情况以及左翼内部不团结的现象等等。

先生说的这些情况，激起了萧军的极大愤怒，几乎要不能自制了，他的"拼命哲学"立即又爆发了，他向先生倡议在敌人镇压时每人准备一支手枪、一把尖刀，不能像一头驯顺的羊似的任人宰割！弄死一个够本，弄死两个有利息……

鲁迅先生轻轻地笑了一下，吸了口烟，回答萧军说："你不知道，上海的作家们，只能拿笔写，他们不会用枪。"

…………

临别前，鲁迅先生把一个信封放在桌子上，并指着它对萧军说："这是你们需要的……"

萧军知道这是他向先生借的二十元钱，一阵心酸，一股泪水很快地涌上了他的眼睛。尽管这样，由于回去还没有乘车的零钱，他仍然坦率地说给了先生，鲁迅先生立即从衣袋里掏出了大小银角子和铜板放在了桌子上……萧军把带去的《八月的乡村》抄稿交给了许广平先生……

出了咖啡馆，上了电车，走进了车厢，鲁迅先生还直直地站在道边望着"二萧"，许广平先生频频地招扬着手里的小手帕，小海婴也向他们挥着一只小手……

这第一次和鲁迅先生的会面是上海冬季常有的一个没有太阳的阴暗日子——1934年11月30日午后，而萧军、萧红却感到心中一片阳光明媚！

四十多年后，萧军在他的回忆录中写道："要知道向鲁迅先生开口'告帮'，这对于我们是多么大的痛苦和'难堪'哪！但是当时、当地……又有什么办法呢?"（《人与人间——萧军回忆录》第251页）

萧军非常喜欢鲁迅先生摄于1934年的这张照片

这第一次会面，大大增强了鲁迅先生对萧军、萧红这两个年轻人的了解和信任，而萧军、萧红对这位瘦弱的老人也更加敬佩有加了！

四、在恩师麾下前行、腾飞

与鲁迅先生见面后，萧军、萧红的心情久久不能平静，看到先生憔悴的病容和寒酸的衣着，又是难过又是内疚。怀着万分感激的心情给先生写了一封长信。鲁迅先生于12月6日立即回信（第八封）安慰他俩："我知道我们见面之后，是会使你们悲哀的，我想，你们单看我的文章，不会料到我已这么衰老。但这是自然的法则，无可如何。其实，我的体子并不算坏，十六七岁就单身在外边混，混了三十年，这费力可就不小；但没有生过大病或卧床数十天，不过精力总觉得不及先前了，一个人过了五十岁，总不免如此。"

萧军在信中曾说从先生那里拿钱，不必说二十元，就是一分钱，也是先生的血汗钱，深深地感到刺痛、内疚……鲁迅先生宽慰萧军说："来信上说到用我这里拿去的钱时，觉得刺痛，这是不必要的。我固然不收一个俄国的卢布，日本的金圆，但因出版界上的资格关系，稿费总比青年作家来得容易……用用毫不要紧。而且这些小事，万不可放在心上，否则，人就容易神经衰弱，陷入忧郁了。"

为了帮助"二萧"尽快适应上海的新环境，多多结识一些同志和朋友，以便迅速登上文坛，在第一次见面的十几天以后，鲁迅先生又精心安排了一次宴请。12月17日，鲁迅先生写信（第十封）告诉二萧："本月十九日（星期三）下午六时，我们请你们俩到梁园豫菜馆吃饭，另外还有几个朋友，都可以随便谈天的。梁园地址，是广西路三三二号。广西路是二马路与三马路之间的一条横街，若从二马路弯进去，比较的近。"接到了这封约请信，萧军、萧红当时激动、幸福的心情，尽管几十年过去，萧军仍然清楚地记得：

"把这封短短的书简由我的手转移到萧红的手，由她的手又转移到我的手……而后又每人用自己的一只手把这封信捧在了两个人共同的胸前看着、读着……，两人的两只手全在不约而同地不能够克制地轻轻抖动着！……眼泪首先是浮上了她的眼睑，落下来了！——因为在生理上我有缺陷，从来没记忆过自己的眼泪曾经能够流落到眼睛外边来！我们这两颗漂泊的、已经近于僵硬了的灵魂，此刻竟被这意外而来的伟大的温情，浸润得近乎难于自制地柔软下来了，几乎竟成了婴儿一般的灵魂！"（《人与人间——萧军回忆录》第252页）

四十年后的萧军写到这里，眼泪又浮上了眼睛……

当时萧军从兴奋的迷惘中清醒后，要做的第一件事情就是找来一份上海市地图，他俨然大战前的将军一样，忽而仔细看，忽而认真量，什么地点、方位、地形、地物以及要使用的交通工具……全做了一番想象和仔细的研究，由于过于投入，以至萧红和他说话都没听见。过了一会儿，大概是弄明白了，他望着萧红那一双刚刚因为激动而流过泪的湿漉漉的大眼睛，正欲向她说点什么，萧红却抢先开腔了，并带有一种嘲笑意味："你要带兵打仗吗？"

"你这话是什么意思？"萧军一时迷惑不解地反问着。

"我和你说话，你竟装作没听见的样子！一个劲地在那张破地图上看来看去，又用手指量来量去！简直像一个要带兵出征打仗的将军了！"接着又说，"我和你商量，为参加先生的宴会，想给你做一件新衣服！"

在萧军细心看地图的时候，萧红就一直端详着萧军身上那件破旧的罩衣，心里很不是滋味。她首先想到的是怎样把自己流浪汉一般的丈夫打扮打扮。她打定主意，一定让自己的男人以崭新的面貌去参加先生的宴会。

尽管萧军断然拒绝做新衣服，但萧红执意并独自跑到布店，精心选购一块儿黑白相间方格的绒布料，仿照萧军在哈尔滨夏天穿的高加索式的衣服样子巧妙地进行了裁剪，然后连夜一针一线仔细地开始缝制。第二天一天，她几乎是不吃、不喝、不说话，只有那一双美丽的、纤细的手指不停地上下穿动，在下午五点前，一件漂亮的礼服穿到了萧军身上。萧军简直佩服极了，不仅缝制得神速，而且完全合身，穿着很舒服。

"走开，远一些，让我看一看！"萧红命令着萧军。

此刻的萧军顺从得像一个听从口令的兵士，完全按照《步兵操典》规定的动作和步伐接受萧红的"检阅"。萧红把萧军从上到下、从左到

1934 年 12 月 19 日，萧军在上海穿着萧红亲手缝制的上衣赴鲁迅先生宴请

右、从前到后地注视、打量一番，然后高兴得如同一个孩子一样扑进萧军怀里，两个人激动得紧紧地拥抱在一起……

"二萧"赶紧去赴宴，紧赶慢赶还是迟到了几分钟。除了胡风夫妇没到外（鲁迅猜测是没有接到请柬），如约而至的有名闻中外的革命作家茅盾（原名沈雁冰）先生、左翼青年作家聂绀弩夫妇和叶紫，还有鲁迅先生一家三口，他们已经在等候"二萧"的到来。

鲁迅先生这次请客，名义上是为了给胡风的儿子庆祝满月，实质上是鲁迅先生考虑到，"二萧"这对青年夫妻作家，从遥远的东北故乡来到大上海，人生地不熟，不仅孤独寂寞，而且也影响他们的创作，特为"二萧"介绍几位在上海的左翼作家朋友，以便在今后相互往来，有所帮助。

为了纪念鲁迅先生精心为"二萧"设置的这次宴会，为了纪念萧红为萧军做的新礼服，"二萧"特意到法租界万氏照相馆照了一张照片。在这张照片中，萧军自然是穿着那件萧红亲手缝制的黑白方格的新礼服，萧红穿着一件深蓝色的"画服"。有意思的是，临拍照前，萧红顺手从照相馆的小道具箱里拣出一支烟斗叼在了嘴巴上，不会吸烟的她，竟装作吸烟的样子……萧军还在脖子上系了一条米黄色的围巾，更加显得英俊潇洒。

为纪念1934年12月19日鲁迅先生相邀共宴梁园豫菜馆，萧军、萧红特拍此照

据萧军回忆说，他猜测：鲁迅先生大概担心萧军个性鲁莽，行事不慎，不明白当时上海政治、社会环境的危险和恶劣而招致祸事，不但给他引荐了一些实在的文友，还特地指派叶紫做二萧的"向导"和"监护人"。

叶紫原名俞鹤林，又名余昭明、汤宠，湖南益阳人。其父亲和姐姐都是共产党员。1926年，他就读于武汉军事学校第三分校。四一二反革命政变后，父亲、姐姐被害，他只身逃离家乡，先后流落到南京、上海等地。做过苦工，拉过洋车，当过兵，讨过饭，后又任过小学教员和报馆编辑。1933年，加入了中国共产党，与陈企霞共同创办《无名文艺》，同年加入左联，走上文学道路。他是一个才华横溢、思想坚定的左翼作家。叶紫虽然小萧军五岁，但萧军到上海之初，他就像老大哥一样给萧军以种种指点，有时还善意取笑萧军为"阿木林"①。

这次宴会后，鲁迅又介绍二萧认识了胡风、冯雪峰、周扬、丁玲、内山完造先生②、胡老板③等。开始这些人是看在鲁迅先生的面子照顾"二萧"的，慢慢地见到"二萧"确有些实力，特别是萧军为人忠恳、实在，也就自然成了好朋友。从此，"二萧"同上海文艺界人士交往越来越多，同鲁迅先生的关系也日益密切，两家人互访也越来越频繁。鲁迅曾两次与夫人许广平带着儿子小海婴，横穿上海市区造访二萧在拉都路的"寓所"，又请"二萧"到他的住所吃晚饭，这是从来没有过的。

鲁迅先生的关怀就像甘霖雨露一样滋润着萧军、萧红这两棵文学新苗。对

---

① 阿木林：上海方言，笨蛋的意思。

② 内山完造先生（1885—1959），日本冈山人。1916至1947年一直居住在中国，主要经营内山书店。内山完造是鲁迅先生的挚友，自起汉名邬其山。晚年从事日中友好工作，1959年9月20日病逝在北京协和医院，葬于上海万国公墓。

③ 胡老板：指上海河南路文化街文阁文具店老板胡恒瑞。胡恒瑞与陈云同门学艺结好，承父业后，在陈云影响下，倾向进步，广交左联朋友，与瞿秋白、鲁迅、胡风、冯雪峰、萧军、萧红等人往来甚密。

于他们初来乍到上海的一切不适应，先生劝他们多出去走走，多观察勤思考，尤其要注意各种人物的嘴脸，只有尽快熟悉情况，才能尽快站稳脚跟，才能潜心写作。先生知道他俩远离故土生活的艰辛，在经济上不断地周济他们。

1935年元旦过后，"二萧"搬到了拉都路南段的"福显坊"22号楼上，环境比"亭子间"好多了。不凉不潮的紫红漆地板，洁白干净的墙壁屋顶，屋子有四扇向阳的玻璃窗，窗外是青青的草地，一眼望不到边的菜田……此时无论是精神上还是生活上都有了着落，使"二萧"安下心来写了大量的佳作。这段时间也是萧军创作的高产期。他完成了短篇小说《职业》《货船》《樱花》，这三篇小说鲁迅先生看过后，介绍到上海的左翼刊物上发表，并编入了巴金（原名李尧棠）主编的《文学丛刊》第一集第九册。接着又完成了小说《初秋的风》和散文《一只小羊》等。《职业》最初发表在1935年3月1日《文学》第四卷第三号上，得了稿费三十八元，这对于没有正式职业的萧军夫妇的生活不无小补，更重要的是标志着萧军正式登上了上海左翼文坛。

坐在鲁迅先生家窗台上拍照的萧军 1935年

更有趣的是，有一天叶紫来到了"二萧"家，一进门就对"二萧"说：近来太馋了，总想吃点荤荤腥腥之类的东西。萧军也有同感地说：我也总想吃点肉什么的……萧红也急不可待地插嘴说：我也想吃点好的……

"馋，太馋了！"可又有什么办法呢？尽管那时"二萧"经济上稍有好转，但也是每天数着、分着、计划着那几个铜板，勉强地度着日子。平日用冒着火星的泥火炉烧饭，大多数是白水煮面片，有时加点菠菜或油菜。大米饭是煮一泡三，吃一次新鲜饭，吃两三次热水泡饭。高兴了花一角钱买三个鸡蛋，一把小葱，来一顿蛋炒饭，请几个朋友在一起海阔天空，来顿精神大会餐，哪有富余的钱去吃肉哇鱼呀的！这可怎么解馋呀？最后叶紫想出一个主意，让萧红出面给鲁迅先生写信，让先生请他们三个吃一顿。

大概是由于当时这三个"小奴隶"穷得要命，又馋得发疯，就想了这么一个可笑的办法。萧红"勇敢"地接受了任务，信的大意是这样的：我们全"馋"了，他们（指叶紫、萧军）要我写信给您，希望您能够"请"我们吃一顿，大馆子太费钱，小一点的馆子就可以了，吃得次一点，也行……信的落款自然是萧红，萧军和叶紫都没好意思签名，而且萧军还反对让先生请客"解馋"的这个办法……

2月9日鲁迅先生回信（第十六封）了，说："请客大约尚无把握，因为要请，就要吃得好，否则，不如不请，这是我和悄吟太太主张不同的地方。"

那时的鲁迅没有固定收入，仅靠稿费、版税维持生活，要请客就要吃得好，就必须准备足够的钱。一直到3月5日，鲁迅先生请三个"馋"人吃饭了。这次宴请，不仅请了"二萧"和叶紫，还请了黄源、曹聚仁等人。鲁迅在当天的日记中写道：

> 晚约阿芷（叶紫）、萧军、悄吟（萧红）往桥香夜饭，适河清来访，至内山书店又值聚仁来送《芒种》，遂皆同去，并广平携海婴。

阿芷即叶紫。聚仁即曹聚仁，当时是《芒种》的编辑。河清即黄源，当时是《文学》《译文》的编辑，他长萧军一岁，是浙江海盐县人，称得上"江南才子"式的文雅人。

据萧军回忆说：自己在这些人面前毫无拘束，吃饭时大饱口福，他一个人吃的比萧红、叶紫两个人吃的总量还多。席间，文雅的黄源对萧军的那种东北大汉的粗犷、豪放和不拘小节颇有微词，说萧军古怪，一身野气，不像文人……后来又有人笑话萧军，称他为"大兵""土匪"……

当萧军穿着高加索式的绣花衣服，在哈尔滨道里水道街临近道里公园处的那俄式乳黄色的"牵牛房"里，和东北的那些文友们大谈革命和文学时，并未发现什么异样。一到上海却被称为"野人""大兵""土匪"……这时，急于融入上海文坛的萧军感到很疑惑，因而向鲁迅讨教要不要改掉"野气"，如何才能不被歧视，不被当成异类而排斥在文坛之外……鲁迅先生在给萧军、萧红的第十九封信（1935年3月13日）中说：

> 所谓"野气"，大约即是指和上海一般人的言动不同之点，黄大约

看惯了上海的"作家"，所以觉得你有些特别。其实，中国的人们，不但南北，每省也有些不同的；你大约还看不出江苏和浙江人的不同来，但江浙人自己能看出，我还能看出浙西人和浙东人的不同。普通大抵以和自己不同的人为古怪，这成见，必须跑过许多路，见过许多人，才能够消除。由我看来，大约北人爽直，而失之粗，南人文雅，而失之伪。粗自然比伪好。但习惯成自然，南边人总以象（像）自己家乡那样的曲曲折折为合乎道理。你还没有见过所谓大家子弟，那真是要讨厌死人的。

这"野气"要不要故意改它呢？我看不要故意改。但如上海住得久了，受环境的影响，是略略会有些变化的，除非不和社会接触。但是，装假固然不好，处处坦白，也不成，这要看是什么时候。和朋友谈心，不必留心，但和敌人对面，却必须刻刻防备。我们和朋友在一起，可以脱掉衣服，但上阵要穿甲。您记得《三国志演义》上的许褚赤膊上阵吗？中了好几箭。金圣叹批道：谁叫你赤膊？

所谓文坛，其实也如此（因为文人也是中国人，不见得就和商人之类两样），鬼魅多得很，不过这些人，你还没有遇见。如果遇见，是要提防，不能赤膊的。好在现在已经认识几个人了，以后关于不知道其底细的人，可以问问叶他们，比较的便当。

看来鲁迅并不在意萧军要刻意改掉什么，他所关心的不是"多元文化差异"所带来的人际交往的困惑，而是青年作家的安全和成长。他直率地告诉萧军上海左翼作家受逮捕、遭杀戮以及内部不团结的情况。不仅要警惕鼻子尖上贴着标签的敌人，还要警惕那些隐蔽的，藏在队伍内部的奸细、叛徒、蛀虫……正如他早在12月6日第八封信中告诫萧军的："敌人是不足惧的，最可怕的是自己营垒里的蛀虫，许多事都败在他们手里。"

1935年4月4日，在给萧军的第二十三封信中，关于萧军的笔名问题，鲁迅先生建议萧军说：

此后的笔名，须用两个，一个用于《八月》之类的，一个用于卖稿换钱的，否则，《八月》印出后，倘为叭儿狗所知，则别的稿子即使并没有什么，也会被他们抽去，不能发表。

还有，现用的"三郎"的笔名，我以为也得换一个才好，虽您是那么的爱用他（它）。因为上海原有一个李三郎，别人会以为是他所做，而且他也来打麻烦，要文学社登他的信，说明那一篇小说非他所作。声明不要紧，令人以为是他所作却不上算，所以必须得将这姓李的撇清，除了改一个笔名之外无好办法。（《鲁迅合萧军萧红信简注释录》第174页）

按照鲁迅先生的劝诫、嘱咐，"三郎"这个笔名萧军从此就不再用了。并起了一个新笔名"田军"（取农民军队之意）作为《八月的乡村》作者署名。

从1934年10月到1936年2月，约为一年零四个月，鲁迅先生给萧军、萧红写了五十三封信，从文学创作方向到文学界情况的复杂，从上海周围环境到文学家们的种种表现，该注意什么，该发扬什么，都毫不隐讳地写在信上。先生的关怀、教导、期望，像雨露一样滋润着"二萧"的心田，成为鼓舞萧军一生在荆天棘地中前行的力量！

萧军、萧红在上海拉都路中段351住所。1935年5月2日上午鲁迅先生一家曾来过这里，并请"二萧"去盛福西餐馆吃午饭

鲁迅先生每次接到萧军的信，基本都是"即复"，一旦因身体不适或工作繁忙晚回了几日，先生就称还"信债"，并在自己的日记上注明"晚复"。为了不让先生还"信债"，不再因一有事就烦劳先生写回信，而分散先生的精力，既然先生已经请他们到家里去过了，向他们"公开"了家庭住址，有些事情到先生家直接请教就省了先生的时间。再因看到先生家老的老，小的小，病的病，很想尽些力，帮些忙，减轻先生和其夫人许广平的负担。1936年2月萧军决定，把他和萧红这个家，搬到距离大陆新村九号的鲁迅家附近的地方——北四川路永乐里居住。萧红对萧军这一决定非常赞成，很快家就搬了。从搬

到新家开始，"二萧"就成了鲁迅家的常客，而从此停止了书信往来。

五、抗战反帝文学的一面旗帜——《八月的乡村》

1935年1月16日，鲁迅先生为叶紫的《丰收》作了序言。叶紫的《丰收》是一部短篇小说集，共收六篇短篇小说，即《丰收》《火》《电网外》《夜哨线》《杨七公公过年》《乡导》。小说内容是叶紫二十余年生活经历的反映，真正"深刻地写出了破产中的农村面貌来，尽了文学的战斗任务"。由于得不到公开出版的机会，只好决定自费秘密出版。

同年3月28日，鲁迅先生为《八月的乡村》写下了序言。因为听说萧军又搬家了，4月4日，只好将《八月的乡村》文稿、序言和一封信包成一个纸包，经过叶紫转到萧军手中。叶紫借机不分昼夜地将《八月的乡村》阅读一遍，高兴万分，他为这部反映中华民族英雄气概的小说而热血沸腾！他以极快的速度赶到了萧军家，这位正直、坦率、热情的湖南青年党员作家，一进屋就激动地抱着萧军说："好哥哥！你写得真好！"

"好有什么用？上哪儿去出版哪？"

大家都非常清楚，萧军的《八月的乡村》是一部旗帜鲜明的抗战小说，是一部刺痛投降卖国者神经，宣传中国共产党领导人民武装抗日的作品，国民党当局当然是不能允许公开出版的。

"我有办法！"叶紫胸有成竹地说。

于是他介绍萧军把这部书拿到公共租界内一位王先生私人办的"民光印刷所"去出版，前不久叶紫的《丰收》就是在这里印刷的。于是萧军向鲁迅建议，由叶紫他们三人组成革命文学团体"奴隶社"，然后以"奴隶社"的名义出书……

鲁迅先生非常关心支持他们的这一行动，对"奴隶社"大加赞扬。他说"奴隶社"的名称很好，因为它不是"奴才社"，奴隶总比奴才强！奴隶是要反抗的！因此按出版顺序，叶紫的《丰收》、萧军的《八月的乡村》、萧红的《生死场》便列为"奴隶丛书"之一、之二、之三，由鲁迅先生亲自作序并协助、资助，先后"非法"自费出版了。正文前是鲁迅先生的序言，在《丰收》的附页上和《八月的乡村》《生死场》初版书后是萧军亲自拟的"奴隶社"小启。

1935年"非法"自费出版的"奴隶丛书"之一
《丰收》、之二《八月的乡村》、之三《生死场》

这时的萧军已开始学会讲究斗争艺术了，为了蒙蔽敌人，他和叶紫为"奴隶社"假设了一个发行所——上海四马路容光书局，并将5月付排、7月出版的《八月的乡村》印成8月出版……

1935年11月14日，鲁迅先生又为萧红的《生死场》也写了序言。

说起鲁迅先生作序，还有一段有趣的小故事：

《丰收》和《八月的乡村》出版了，当萧红看到叶紫和萧军的书都有鲁迅先生的《序言》，就写信给先生，意思是，他们的书都有您写的《序》，我也要！

萧红的中篇小说《生死场》在三个人中是最早交给鲁迅先生审阅的，原本是想争取"合法"出版。但国民党书报检查者们竟给扣压了近一年时间，绕了一个大圈子，最后结果还是不许可出。此时《丰收》《八月的乡村》已出版几个月了。《生死场》只好也由奴隶社"非法"发行了，应了民间的一句俗语"起了个大早，赶了个晚集"，按照出版顺序只好"屈居""奴隶丛书"之三了。

这还不算，鲁迅的序言写给萧红了，她一看没有先生的笔迹就急了。因为《八月的乡村》"序言"两个字是鲁迅先生的笔迹，萧军制了版。她这序言是许广平先生全部给眷清过了，上面就没有了鲁迅先生的笔迹，所以萧红就感到"不公平"了，就写信朝鲁迅先生要"笔迹"。鲁迅先生回信说："我不大希罕亲笔签名制版之类，觉得这有些孩子气，不过悄吟太太既然热心于此，就写了附上，写得太大，制版时可以缩小的。这位太太，到上海以后，好像体格高了一点，两条辫子也长了一点了，然而孩子气不改，真是无可奈何。"这个小故事充分体现着鲁迅先生的一颗伟大的爱心。

说来萧红的《生死场》的出版也真是一波三折，书名本是萧军在青岛时定好的，可出版前又有了一番争论，最后是胡风给敲死了，就用萧军的"生死场"。

鲁迅先生一贯精心培养青年作家，对萧军、萧红更是厚爱有加。萧军的《八月的乡村》的出版，萧红的《生死场》的发行，两本书都倾注了鲁迅先生的心血。据许广平先生告诉萧军说，为帮助他和萧红修改《八月的乡村》和《生死场》，先生常常不眠不休。这两部小说的原稿都是用一种复写纸复写在日本制造的薄绵纸上，字迹又小又密，看起来特别吃力。在夜间昏黄的灯光下，先生只好在原稿纸下垫上一张白纸才能够看清楚些。这时的鲁迅经常卧病，自己手中还有俄国大作家果戈理的长篇小说《死魂灵》的译稿压着，工作非常繁忙。但他全然不顾这些，放下自己手中的活，戴着老花镜一字字、一句句、一行行、一页页地认真审阅、修改，遇有错字、别字和语法错误，就用他的朱砂红笔改过来，对作品中某些缺点也从不掩饰，甚至包括行文格式，也坦诚地提出自己的看法，一一加以指点，就像一个负责任的语文老师对待自己的学生那样不厌其烦、耐心细致，不知为"二萧"修改稿子耗费了多少宝贵的精力和时光。而且一边看稿一边慨叹着说："哎！人老了，眼睛不成了！"可他从未因稿子的抄写不易看清而责怪过"二萧"……对此，多少年后，萧军在回忆录中说："这对于我们简直是'终生的谴责'！我们不能宽恕自己的粗心和主观！"（《人与人间——萧军回忆录》第251页）

鲁迅先生正是从《八月的乡村》看到了不屈的东北大地，看到了中国的希望，看到了在中国共产党领导下的抗日义勇军，即千万个铁鹰、萧明、安娜……英勇地战斗在白山黑水之间。从《生死场》中鲁迅先生看见了写真的东北田野、大地的植物、山场的家畜、古老的农村，那北方人民对于生的坚强、死的挣扎，还有那在慢慢苏醒的男男女女……尽管他们的反抗是软弱无力的，但他们忘不了杀鸡盟誓，坚强地喊着："生要做中国人，死要当中国鬼！"为此，鲁迅先生倾尽自己的心血培养萧军、萧红等青年作家。

《八月的乡村》初版封面

鲁迅先生给三位青年作家的作品写序言并协助、资助自费出版了"奴隶丛书"，这一举动立即轰动了上海文坛，在全国也产生了强烈的反响。"二萧"从此成为中国著名的左翼作家，成为流亡到关内的东北作家群的杰出代表。萧军常比喻说："假如说我像是一锅豆腐浆的话，而鲁迅先生就犹如那一滴卤水，经他这么轻轻一点！———马上轻清者上升，重浊者下降……这就是我的感觉。"《八月的乡村》，萧军就是按先生的关于笔名的指点，特意署名"田军"的。

鲁迅先生在《八月的乡村》的序言中这样盛赞这部作品：

不知道是人民进步了，还是时代太近，还未湮没的缘故，我却见过几种说述关于东三省被占的事情的小说。这《八月的乡村》，即是很好的一部，虽然有些近乎短篇的连续，结构和描写人物的手段，也不能比法捷耶夫的《毁灭》，然而严肃，紧张，作者的心血和失去的天空，土地，受难的人民，以至失去的茂草，高粱，蝈蝈，蚊子，搅成一团，鲜红的在读者眼前展开，显示着中国的一份和全部，现在和未来，死路与活路。凡有人心的读者，是看得完的，而且有所得的。

"要征服中国民族，必须征服中国民族的心！"但这书却于"心的征服"有碍。心的征服，先要中国人自己代办。宋曾以道学替金元治心，明曾以党狱替满清箝口。这书当然不容于满洲帝国，但我看也因此当然不容于中华民国。这事情很快的就会得到实证。如果事实证明了我的推测并没有错，那也就证明了这是一部很好的书。

好书为什么倒会不容于中华民国呢？那当然，上面已经说过几回了——

"一方面是庄严的工作，另一方面却是荒淫和无耻！"[①]

鲁迅先生真是慧眼识珠，一语中的！《八月的乡村》出版以后，在社会上立即引起了巨大的反响。给当时寂寞冷清的左翼文坛带来了悲愤强悍的气息和粗犷奔放的推动力，全国各地冲破反动势力的阻挠，以万册十万册的数字偷偷地印刷着，不到一年时间就连续再版了五次，还译成了俄、日、英、德几种文字，介绍到国外很快翻译出版。无数的革命青年高唱着"我的家在东北松花江上"，怀揣《八月的乡村》，投入了抗日救亡的伟大斗争。无数的外国朋友通过这部作品，看到了古老的中华民族的"耻辱和光荣"，了解到中国

---

① 鲁迅：《田军作〈八月的乡村〉序》，《鲁迅全集》第6卷，第296—297页，人民文学出版社，1990年。

的"现在和将来"。《八月的乡村》出版后，立即受到了中国共产党的肯定，许多党的领导人撰文或讲话介绍、赞誉这部作品是抵抗日本侵略者的文学上的一面旗帜。

1936年2月25日《时事新报》的《每周文学》第二十三期第二章第四版，发表了当时党在左联的负责人胡乔木同志（左翼文化总同盟书记）写的《八月的乡村》评论文章，其中有这样的评语：

> 《八月的乡村》的伟大成功，我想是在带给了中国文坛一个全新的场面。新的题材，新的人物，新的背景。中国文坛上也有过写满洲的作品，也有过写战争的作品，却不曾有过一部作品是把满洲和战争一道写的。中国文坛上也有许多作品写过革命战争，却不曾有过一部从正面写，像这本书的样子。这本书使我们看到了在满洲的革命战争的真实图画，人民革命军是怎样组成的，又在怎样的活动；里面的胡子、农民、知识分子是怎样的互相矛盾和一致；对于地主，对于商人，对于工人农民，对于敌人的部队，他们是取着怎样的政策，做出来的又是怎样的结果。凡是这些都是目前中国人民所急于明白的，而这本书都用生动热烈的笔调报告了出来。
>
> 这本书报告了中国民族革命的社会基础。在神圣的民族战争当中，谁是先锋，谁是主力，谁是可能的友军，谁是必然的内奸，它已经画出了一个大体的轮廓。它用事实证明了这个基础不在知识的高下，不在性别，也不在年龄。它又暗示了中国民族革命的国际基础。此外，它又向读者说明了革命战争过程中无比的艰难，这艰难却不使读者害怕，使读者抛弃了各种和平的美丽的幻想，进一步认识出自由的必需的代价，认识出为自由而战的战士们的英雄精神。[①]

同年6月25日，党在上海左联的另一位负责人周扬在《光明》第一卷第二号上发表了一篇《现阶段的文学》，其中有关于《八月的乡村》和《生死场》的评论：

[①] 王德芬：《萧军简历年表》，梁山丁主编《萧军纪念集》，第739—740页，春风文艺出版社，1990年。

> 由《八月的乡村》和《生死场》，我们第一次在艺术作品中看出了东北民众抗战的英雄的光景，人民的力量，理智的战术。……他们的作品表现出在过去一切反帝作品中从不曾这么强烈地表现过的民族的感情，而这种感情又并非狭义的爱国主义的，而是和劳苦大众为救亡求生的日常斗争密切地联系着。……它们的很快获得了广大读者的拥护，正说明了目前中国大众所需要的是什么样的作品。①

是的，《八月的乡村》鼓舞人民抗战的信心，打破侵略者不可战胜的神话。同时，这部作品奠定了萧军在现代文学史上的地位，萧军成为人们瞩目的革命作家！这一年萧军二十八岁。

1987年5月，八十岁高龄的萧军精神矍铄，担任团长，率中国作家代表团访问香港和澳门，为"中华文学基金会"筹募。令第一次"走出来"的年轻作家们吃惊的是，那么多的港澳"老总"，团团围住萧军不住声地说，当年参加革命都是受了《八月的乡村》的影响……

"延安五老"之一的董必武同志曾亲口告诉萧军，红军被迫转战西北的长征路上，他们把《八月的乡村》拆开页子来，一页一页地传看着。

《八月的乡村》不仅打响了中国抗战文学的第一枪，而且是第一部描述东北抗日义勇军在中国共产党的领导下，浴血奋战、不屈不挠，开"义勇军文化"先河的力作；同时，《八月的乡村》也是世界武装反法西斯小说的第一部。

《八月的乡村》发表以后，国民党反动派极为仇恨、惊恐，他们不愿意让人民知道东北人民和日本侵略者斗争的史实，尤其怕人民知道这场斗争是由中国共产党领导的。因此下密令"严行查禁，勒令缴毁"，并利用一切宣传工具，攻击、诋毁这部作品。这就从另一个角度证明了"这是一部很好的书"。由此可见，在那风雨如晦的年代，写作和出版这样的抗日文学作品，没有非凡的勇气和爱国热忱，是根本做不到的。

我们从《八月的乡村》的创作到出版，不难看出萧军就是凭着"信许丹心托日月，敢将四体试兵刀"的爱国豪情，冒着时刻被杀头和坐牢的危险撰写、

---

① 王德芬：《萧军简历年表》，梁山丁主编《萧军纪念集》，第742页，春风文艺出版社，1990年。

出版《八月的乡村》的。

鲁迅先生说："文艺是国民精神所发的火光，同时也是引导国民精神的前途的灯光。"这就告诉我们：一个革命作家必须追随时代前进，必须站在时代的最前沿，必须喊出时代的最强音。那么《八月的乡村》正是时代给予萧军创作的机缘，或者说是萧军适时抓住了时代赐给他的创作机缘，向人民奉献的掀起滚滚时代浪潮的作品。

展读这部书，我们清楚地看到：它深刻地揭露了法西斯分子惨无人道、灭绝人性的凶残和战争造成的罪孽；从多方面反映了人民遭受的苦难；集中表达了人民要求反抗日寇的一致愿望；歌颂了中国共产党领导下的东北人民在反法西斯斗争中的不屈的意志和爱国精神；同时也揭示了这场斗争的性质和发展趋势。

小说深入地描写了死亡与恐怖在袭击着东北大地的每个家庭。日寇的残忍，国民党反动当局的退让，促进了沦陷区人民的觉醒，人民被迫走上了战争的道路。在失去了自己眷恋的土地、房屋、家庭、妻儿以后，他们起来斗争了！小说对李七嫂悲惨遭遇的描写，形象地说明了，人民在受到了屈辱以后，不会在刺刀下低头，他们会拿起反抗的武器去战斗，直到流尽最后一滴鲜血。这种反抗，这种斗争，绝不是哪一个人的斗争，而是广大人民群众与日本帝国主义之间的斗争，只要人民群众仍然受着欺压和凌辱，这种斗争就绝不会停止。所以说，《八月的乡村》所体现的反抗精神，凝聚了民族的、时代的内容，有着极大的爆发力。

在《八月的乡村》中，萧军笔下的主人公义勇军组织者、指挥者，共产党员陈柱这一形象，塑造得血肉饱满，处处闪耀着共产党人的思想光辉。陈柱的出现，无疑在表明：中国共产党正在通过许许多多像陈柱一样坚强的干部，在领导东北人民进行着艰苦卓绝的斗争，陈柱的存在也就是党的领导的存在。这一形象的成功，堪称20世纪30年代中国文坛上一个巨大的收获。萧军也就成为第一个歌颂中国共产党领导人民武装抗日的革命作家。

小说中有这样一段文字："这是一片轰鸣！这轰鸣一直是由山谷里倾泻出来，向着对面山头上有红旗飘动的方向、广漠地飞扑过来……"这含义深远的描写旨在告诉人们：这支队伍是由中国共产党所领导的，是用党的思想武装起来的，尽管条件多么困难，斗争多么残酷，道路多么曲折，前途却是光明的。

抗日义勇军队伍虽然还很弱小，但民族革命战争的火种永远不会熄灭，而且会越烧越旺！

正如萧军在《八月的乡村》1957年版后记上说的那样：

> 墨写的历史虽然有时可以被歪曲、消灭，但人民血写的历史是无法、也不可能被歪曲、被消灭的。人民要生活，就要斗争；要不做奴隶，就要斗争。

是呀，人民血写的历史，用血写成的人民的抗争历史，是永远也歪曲、消灭不了的。《八月的乡村》从出版到现在，经过了八十五年的滚滚云烟，尽管萧军曾遭受长达三十多年的错误批判，《八月的乡村》也随之"深埋地下"，但《八月的乡村》的深刻的现实意义和深远的历史意义越来越被历史所证明、所肯定！

记得萧军生前，笔者曾经问过老人家创作《八月的乡村》的动机，还向老人家冒昧地探讨过是否有通过这部作品，来奠定自己在文学史上的地位的想法云云。萧老坦诚地对笔者说："我从来没有想成为大作家，更谈不到在文学史上占据什么地位。当年，我是把《八月的乡村》当广告来写的，希望它是政治宣传品，在反满抗日斗争中能够发挥炸弹一样的作用。我就是要告诉人民，告诉所有的敌人——国内的、国外的：中国领土不可侵，中国人民不可辱！没有武器，我们有拳头；没有金钱，我们有血汗；没有粮食，我们有生命！直到把日本侵略者赶出中国去！""我们既然出生在这个时代，就承担起这个时代给予的命运吧……"萧军就是这样一位义无反顾地承担起时代命运的"具有民族气节的革命作家"！

继《八月的乡村》出版之后，萧军在上海时期，又写成并整理汇集了两部中短篇小说集：《羊》和《江上》。前者收有《职业》《樱花》《货船》《初秋的风》《军中》《羊》七篇，后者收有《鳏夫》《马的故事——在满洲》《江上》《同行者》四篇。

这些作品的题材来源于萧军生活过的地区社会生活的各个角落：城市、农村、厂矿、学校、军队以及监狱等等。无论是在日本侵略者统治下的东北沦陷区，还是在国民党反动当局统治下的青岛、上海都是一样，小说集中展示了处于社会底层世界的人民群众在生死线上挣扎的图景。那一幅幅悲惨的画面告诉人们：这个世界是不公平的！是必须要砸烂的！那么是谁剥夺了广大人民群众的生存权利？是谁侵害了我们民族的尊严？小说告诉我们：是当了走狗的独眼侦缉队长；是看管公园的日本人；是心狠手辣的赵连长；是以伪善面目出现的于举人；是骑着大马、雇着炮手的少东家；是日本特务机关……一句话，是压在中国人民头上的三座大山！这是两部小说集在思想内容上最突出的特点。作品主题的积极意义还在于：这些在底层世界挣扎着的普通人是不甘心于他们的奴隶地位的。作者萧军努力挖掘他们身上的觉醒和反抗因素，激励人民的斗争精神。

接下来萧军又出版了散文和诗的合集《绿叶的故事》，散文和小说合集《十月十五》（包括《为了爱的缘故》《四条腿的人》等），以及中篇小说《涓涓》等作品。

此时的萧军，还参加了《作家》和《海燕》两个文学刊物的编辑工作，虽然他没有履行入"左联"的手续，但他却是上海左翼文化运动中的一名闯将。他已经完成了由一个旧军人到革命作家的转变，真正确立了自己的为人为文的方向与目标，即"以求得祖国的独立、民族的解放、人民的翻身，建立一个没有人剥削人、人压迫人的社会制度"。为此他一生没有踟蹰、犹疑和彷徨，无论在任何情况下，始终向着这个革命的大目标勇往直前！

六、别了，伟大的民族之魂！

萧军、萧红自1934年11月2日到达上海，不到三年的时间里，在恩师鲁迅先生麾下前行、腾飞，两个人双双成为中国左翼文坛令人瞩目的作家，萧军还被赞誉为"东北作家群的领军人物""鲁门弟子"等。可就在二人从困苦中挣扎出来，文学事业如日中天的时候，他们之间在感情上却出现了裂痕。

记得萧军在世时，笔者曾向老人家探讨过原因。萧军坦诚地将原因告诉笔者和所有探讨这个原因的人，笔者认为萧军的分析是符合事实逻辑的。

萧军的主导思想是喜爱"恃强"，而萧红则过度"自尊"。在中国几千年以男性为中心的封建社会中，"男尊女卑"的旧观念顽固地捆绑着人们的灵魂，即使是进步的文化人也难以跳出这个藩篱。加之萧军从小就行侠仗义，扶弱抑强，他与萧红相遇、结合，"拯救"占了很大的比重。"我必须不惜一切牺牲和代价——拯救她！拯救这颗美丽的灵魂！这是我的义务！"萧军确实做到了豁出命来救萧红，可他却忽略了夫妻间的温柔、缠绵、体贴。他总是把萧红当作弱者来保护，这种"保护"有时难免有伤萧红的自尊心。

萧红是从强大的传统的封建势力家庭的禁锢中冲闯出来的"知识女性"，她既有勇敢坚强不屈的一面，又有身心受伤、心灵扭曲的一面。加上身体多病，弱不禁风，她要求丈夫更多的是温情……当两个人处在饥寒交迫的困窘中，大勇者的丈夫——萧军，以自己的生命护着妻子，就足以让萧红感激着，至于其他方面受到一些粗心的忽略，她自然能够谅解而心满意足，压根儿就没有什么其他苛求了。遗憾的是当两个人并肩齐名都成为著名作家的时候，萧军没有调整好自己对萧红的态度，犯了不可挽回的错误。这时的萧红对萧军的"保护"不再是感激，而是感到一种压抑，一种束缚。她半真半假地骂萧军具有"强盗"一般的灵魂！这也深深地伤害了萧军的自尊。到了晚年，萧军回忆起当年与萧红的这段生活还伤心地说："如果我没有类于这样的灵魂，恐怕她是不会得救的！"他悲叹自己好比是一把斧头，人们需要时就来称赞，用过之后就抛到一边，还要骂上一句："这是多么愚蠢而野蛮的斧头哇！"

当两个人都陷入了感情的痛苦之中的时候，萧军毕竟是男人，社会习俗也给了他以优势，他身强力壮、精力充沛、交往广泛，在各种社会和文学艺术的活动中，能够冲淡自己内心的烦恼。而萧红就不同了，这时本来就多病的身体又添了新病，她常常称萧军为"健牛"，而自己则是"病驴"。满身的病痛和低沉的心情像两条毒蛇缠绕着她。有一个时期，萧红感情胜过理智，烦闷、失望、哀愁笼罩了她的整个身心……

这时"二萧"的家已迁到北四川路和乐里的一间房子，离鲁迅先生的家近在咫尺。从搬家之日起，一连好几个月，他俩晚饭后必到大陆新村去，几乎没有间断的时候。特别是萧红，有时是整天整天地耽搁在鲁迅家里，向许广平倾吐着心中的悲哀。虽然鲁迅和许广平像对待亲人一样安慰她，鼓励她，希望她从痛苦中振作起来，但都无法使萧红自拔。

为了缓解一下两个人的关系，使感情的裂痕得以愈合，他们接受了翻译家黄源的建议：萧红到日本去住一个时期，在那里读书、写作、休养身体。

1936年7月15日，鲁迅一家为萧红东渡扶桑饯行。许广平女士亲自下厨烧菜。当时鲁迅先生正发高烧，也来陪坐，并像慈父一般叮嘱着萧红旅途上应该注意什么，有哪些可能发生的事……依依惜别之际，萧红感激先生一家的深情厚谊。但她怎么也没想到，此一别竟是与鲁迅先生的永别！第二天，黄源也为萧红饯行，萧军也自然参加，宴后，三人合影留念。7月17日，萧红乘上了前往日本的海轮……

8月初，萧军怀着难以言表的心情形单影只地来到了青岛，友人山东大学的周学普安排他住在自己的宿舍中。这间宿舍是二层楼上的单间，房间宽敞明亮，楼下有个小体育场。这时正逢暑假，校园清静，体育场里各种体育用具齐全，这使萧军很高兴，他决心摒弃各种杂念的干扰，好好利用这段时光，写出自己满意的作品。

左起：黄源、萧军、萧红。在照片的背面，鲁迅先生写着："悄于一九三六年七月十七赴日，此像摄于十六日宴罢归家时。"

他每天日程排得很满，生活很有规律。海天的无垠，海浪的轻柔，启动着他的缕缕文思。在短短两个月的时间里，他完成了长篇小说《第三代》第一部的后半部和第二部，短篇小说《水灵山鸟》《未完成的构图》《为了爱的缘故》等作品。他还抽闲同友人四处游览，巍峨的湛山寺，有"万国建筑博览会"之称的八大关，远郊秀美的崂山，壮观的石老人浴场，都留下了他的游迹和笑声。他为祖国山河的壮美所震撼，倍增了为保卫这壮美宁愿牺牲自己一切的责任感。

10月，他和友人吕吟声去临淄参观一座日本人开办的煤矿，目睹了中国矿工非人的工作环境，目睹了被砸伤腿的工人爬着从井下往井上背煤的惨景，而日本老板根本不管他们的死活……萧军愤怒极了！苦难深渊中的中国人民，什么时候才能获得自由幸福哇?！他回到上海后，根据这一素材写出了短篇小说《四条腿的人》，首次真实而冷峻地揭示出日本帝国主义奴役下的中国矿工在人间地狱中苦苦挣扎的现实，向万恶的异国剥削者发出了惊天的呐喊控诉！

这期间他曾去过北平和天津，异乡的情趣并没能淡化他对萧红的思念，萧红又岂能忘记萧军！两个人隔山隔水，飞鸿传书，表达着彼此的情谊，相互称呼着为彼此起的绰号，抒发着浓烈的夫妻之情。尽管如此，还是应了民间的一句俗语"刀口药再好，不如不拉口"，两个人的裂痕为后来的彻底分手埋下了导火索。

1936年10月12日，萧军回到了上海，自己安顿下来以后，便急不可待地去见鲁迅先生。10月14号，他把从青岛特意给先生带回来的黄灿灿的小米和自己新出版的短篇小说集《江上》、萧红的散文集《商市街》拿给了先生，还给可爱的小朋友海婴带去了五个火红的大石榴。他还精挑细选给先生购买了"泰山石"笔架，由于见先生的心情急切，竟忘记带去了，为此事萧军一个劲儿谴责自己的记性……

这天天气特别好，鲁迅先生仰坐在桌边的藤椅上，一边吸烟一边安慰萧军："那不忙……不忙的……"还不时地一口一口喝着茶。

好久没有见到先生了，先生那慈父般的亲切使萧军更加感动。他兴奋地向鲁迅先生汇报自己此行青岛等地的收获，他谈着他看到的渔民怎样打鱼，盐工怎样晒盐，煤矿工人怎样背煤……他的见闻很多，兴致也极浓，先生也听得极有兴致，萧军的声音也越来越大。临告别时，先生将自己尽其精力校编、出版的瞿秋白烈士的文集上卷（下卷此时也正在托友人在日本加紧运作着）精装本赠给了萧军。当看到先生身体似乎大有好转，萧军真有说不出的欣喜，他做梦也不会想到五天后……

离开先生归家的途中，黄源狠狠地"骂"萧军，埋怨他今天累着先生了！他批评萧军说话像阅兵喊话一般，先生也就跟着费力大声说话……萧军不好意思地红了脸，知道自己做了蠢事，表示接受批评，并歉疚地说：一见到先生身体见好，就兴奋了，什么都想和先生说，真该死！下次绝不能这样了，一定注意……谁知，此一别竟没有下次了！

天大的不幸终于发生了！1936年10月19日凌晨5时25分，鲁迅先生与世长辞了。这对萧军的打击不啻五雷轰顶！

当萧军和前来给他送信的黄源夫妇冒着凄凉的秋雨赶到大陆新村9号鲁迅先生的寓所时，先生那一双睿智的眼睛已经紧紧地闭合了。萧军顾不了眼前的一切，他扑跪在鲁迅先生的床前，两手抚摸着先生那骨瘦如柴的双腿，放声恸哭，很少流出眼泪的萧军此时此刻竟然泪雨滂沱，这是平生第一个让他痛彻心脾的人哪……

萧耘、建中编著《萧军与萧红》一书中，复述了周海婴同志记述的令他永远铭刻脑海中的八岁时的情景：

> 七八点钟以后，前来吊唁的人也慢慢增加了，但大家动作仍然很轻，只是默默地哀悼。忽然，我听到楼梯咚咚一阵猛响，外边有一个人抢起快步，跨进门来，我来不及猜想，人随声到，只见一个大汉，直奔父亲床前，没有犹疑，没有停歇，没有俗套和应酬，扑到床前，跪倒在地，像一头狮子一样，石破天惊地号啕大哭。他扑向父亲胸前的时候，一头扎下去，好久没有抬头，头上的帽子，沿着父亲的身体急速滚动，一直滚到床边，这些，他都顾不上，只是从肺腑深处，旁若无人地发出了悲痛的呼号，倾诉了对父亲的爱戴之情。我从充满泪水的眼帘中望去，看出是萧军。这位重于友谊的关东大汉，前不几天，还在和父亲谈笑盘桓，替我们分担忧愁呢！而今也只有用这种方式来表达他对父亲的感情了。我不记得这种情景持续了多久，也记不清是谁扶他起来，劝住他的哭泣。只是这最后诀别的一幕，在自己的脑海中凝结，形成了一幅难忘的画面。时光虽然像流水一般逝去，但始终洗不掉这一幕难忘的悲痛场面。

对于鲁迅先生的伟大的爱、无私的情，萧军是终生难以忘怀的。每年鲁迅先生祭日萧军不是书文就是写诗以表深深的怀念之情。

1979年3月3日夜，还没有完全脱离逆境的萧军回忆起在上海、在鲁迅先生身边的许多往事，满怀复杂而怆恻的心情于北京银锭桥西海北楼寓所"蜗蜗居"里写下了三首七律，这三首诗是：

一

悠悠往事逝漫漫，又是春归二月寒！
四十年前思故垒，三千里外梦家山。
匹夫怀璧赢双刖，老骥嘶风怅远天。
桃李无言垂柳碧，一番追忆一怆然！

二

血碧霜飞乌夜啼，珠残璧碎燕巢泥！

春风紫陌思芳草，细浪松江忆藿藜。

化雨师恩酬几许？他山故谊怅何及！

余将倦眼量沧海，浩淼烟波入望迷。

三

一逝流光四十年，生离死别两云天：

蒹葭秋水屋梁月，桃李春风"薤露"篇。

雪岭苍松千载翠，巴山夜雨五更寒！

惊涛拍岸猿啼峡，"千里江陵一日还"。

（《萧军近作》第79页）

当年鲁迅先生的殡葬，是一场空前的向反动势力示威的运动，是一场斗争。千千万万的民众，由于鲁迅先生的死而觉醒，而战斗！

据萧军回忆，鲁迅先生去世当天，宋庆龄、冯雪峰等就商定发布了治丧委员的名单。名单中除蔡元培、宋庆龄、沈钧儒、茅盾、胡风、史沫特莱、内山完造等中外知名人士外，实际上还包括了毛泽东同志。只不过大多数报纸没有刊登毛泽东的名字，大概是出自政治的原因吧，只有日本人办的《日日新闻》在10月20日中文版上，报道了全部名单，说"其中列有中国共产党巨人毛泽东氏之名，极堪注意"①。以冯雪峰为首的上海左翼文艺界党的地下组织，直接参与鲁迅先生的丧葬活动，直接领导了这场示威和斗争。当时，在治丧委员会下，又成立了一个治丧办事处，一切具体工作都由这个组织来承担，萧军作为"鲁迅治丧办事处"的主要负责人之一，全部身心投入了鲁迅治丧活动，把鲁迅的丧事办得轰轰烈烈，办成了向帝国主义、国民党反动派示威的一场大游行，一场战斗的盛会。

10月19日下午3时，鲁迅遗体被移至上海胶州路万国殡仪馆，20日至22日，每天上午为群众瞻仰先生遗容的时间，仅三个上午，上海各界一百五十

---

① 张毓茂：《萧军传》，第170页，重庆出版社，1992年。

六个团体万余名群众来到殡仪馆。吊唁的人有工人、店员、市民、教授、学者、商人、学生……老老少少，男男女女，都佩戴着白花、黑纱，十人为一批，依次进入灵堂，在"鲁迅先生丧仪"的大字横幅下缓缓移动着脚步……

萧军连续三夜值守灵堂，又抬棺扶柩……鲁迅先生的灵柩要移到上海虹桥路"万国公墓"安葬，萧军和治丧办事处的同志们事前选定了移灵路线，并同军警当局进行了交涉。

22日下午2时，上海市人民为鲁迅先生举行了声势浩大的出殡仪式，一万多人的送葬队伍浩浩荡荡地通过上海最繁华的市区，悲壮的送葬乐曲弥漫、回响在上海的天空，街道两旁的住户、行人也都沉浸在巨大的悲哀之中，人们为中国失去一位伟大的文学革命巨匠而肝肠欲断！

国民党反动当局和帝国主义的巡捕房，派出了大批军警和骑着高头大马的巡捕，他们全副武装，荷枪实弹，虎视眈眈，巡查监视着送葬队伍……

为了应对敌人的捣乱和袭击，鲁迅治丧委员会指派萧军为这支万人送葬队伍的总指挥，他跑前跑后，嘶哑着嗓子，沉着冷静、有条有序地指挥着送葬队伍向墓地进发。浩浩荡荡的送葬队伍在萧军的指挥下，井然有序地行进着，使骑着高头大马的巡捕竟无隙可乘。人们全然不顾敌人的威胁，气氛悲壮肃穆，情绪激昂地一遍又一遍地唱着《悼歌》：

> 哀悼鲁迅先生！
>
> 哀悼鲁迅先生！
>
> 他反对帝国主义！
>
> 他反对黑暗势力！
>
> 他是我们民族的灵魂，
>
> 他是新时代的号角，
>
> 唤起大众来争生存……

送葬队伍前头是张天翼书写的"鲁迅先生丧仪"的白布横额；紧跟着是挽联队、花圈队、挽歌队；然后是画家司徒乔绘制的巨幅鲁迅遗像。再后边就是灵车了，灵车后边是家属车，鲁迅先生的夫人许广平和爱子海婴满面泪水，手里捧着《献词》：

鲁迅夫子，悲哀的气氛笼罩了一切，我们对你的死，有什么话说！你曾对我说："我好像一只牛，吃的是草，挤的是牛奶，血。"你不晓得，什么是休息，什么是娱乐。工作，工作！死的前一日还在执笔。如今，希望我们大众，锲而不舍，跟着你的足迹！

——许广平敬献①

正前手执喇叭筒者为萧军　1936年10月22日

　　在家属车后面是一眼望不到头的送葬队伍的滚滚人流，其中执绋者有蔡元培、宋庆龄、沈钧儒、郑振铎、夏丏尊、叶圣陶、郁达夫等各界名人和先生的生前友好。最后是送葬的汽车……

　　鲁迅灵柩到达"万国公墓"已是下午4时30分，因队伍中有许多老者和小学生，他们非要坚持步行送鲁迅先生，所以行进的速度比较慢。灵柩安葬之前，蔡元培、沈钧儒、宋庆龄、章乃器、邹韬奋和日本友人内山完造先生相继讲话，萧军代表"鲁迅治丧办事处"的全体同人和鲁迅生前热心支持的《作家》《译文》《中流》《文季》四大刊物做了激昂的演讲，他悲愤而庄严的宣告：

　　　　就是：鲁迅先生他不应该死，他自己也不想死，他不想用死来逃避自己的责任。他要活，他要用活着的最后一滴血，为中国整个的民族，为世界被压迫的大众，争解放，争平等……可是他的敌人们却要他死，不准他活，接连不断的压迫了他三十年！现在他死了，装在棺材里了……这是他的敌人们胜利了吗？（群众："没有胜利！"）不错，他们并没有胜利，鲁迅先生的死，正是为他们点起了最后送葬的火把！

---

① 张毓茂：《萧军传》，第171页，重庆出版社，1992年。

> 鲁迅先生的死是一把复仇的刀，……我们要承继他这把刀！……要用我们的血和敌人的血，把它喂饱！我们要复仇和前进！……（《人与人间——萧军回忆录》第275页）

萧军热血沸腾、声泪俱下的讲话激起了送葬群众一阵阵暴风雨般的掌声和震天的口号声。接着，上海民众代表王造时、沈钧儒、章乃器、李公朴将一幅白底黑字的锦旗覆盖在鲁迅先生的灵柩上。旗上由沈钧儒题写了三个大字："民族魂"。

落日昏黄，天宇低垂，嘶鸣凄冷的秋风卷起片片黄叶，沙沙作响。18时许，在一片沉痛的哀悼歌声中，萧军同胡风、巴金、黄源、欧阳山、张天翼、黎烈文等十多位青年作家扶着鲁迅的楠木灵柩，把先生轻轻地安葬在墓穴中。悲痛的群众呼喊着：

"鲁迅先生走好！"

"中华民族万岁！"

"弱小民族解放万岁！"

"别了，伟大的民族之魂！"

七、文坛武斗

鲁迅先生去世后，萧军难以平静悲伤的心情，每到周末，无论天气如何，总要到墓地去祭拜一次，鞠上三个躬，献上一束花，说上一会儿话，在墓前墓后徘徊一阵子……鲁迅先生的音容笑貌时时萦绕在他的脑海，先生的谆谆教导时时回响在他的耳畔。他的性格也似乎发生了质变，在果敢、勇武的同时变得越来越沉郁、冷静。10月30日，他从鲁迅墓地回来，在鲁迅先生送给他的那册瞿秋白烈士的文集《海上述林》上卷的扉页上激动地写道："先生：我为要纪念你亲手编成的这本书，又亲手赠给了我，我要读它，我要继承你的战斗精神，和你的敌人！"

鲁迅先生去世周月，萧军还拿去了先生生前倾注心血，关怀和支持的三种刊物：《中流》（半月刊）、《作家》（月刊）、《译文》（月刊）。这些期刊上都刊有鲁迅逝世时的各种照片和纪念文章。萧军点燃了刊物，待那火燃升腾、青烟袅袤、灰蝴蝶飘飞的时候，萧军闭上了眼睛，心里默念着：如先生真有在天之灵，那么，就请您看看这些刊物吧！看看人们对您的思念，看看人们正在继承您的遗志勇敢地同敌人进行斗争……当然，萧军并不是有神论者，他这样做实在是人在极度悲哀时的一种身不由己的行动啊！正如四十三年后，萧军在回忆录中说的那样：

> 尽管我这种感情是浅薄的、幼稚的，甚而至于"迷信"的，……但由于自己被当时悲痛的心情所激荡，竟是"明知故犯"地这样做了。在今天看来，我认为也并没有什么"原则"性的错误，是可以理解的……（《人与人间——萧军回忆录》第264页）

在编辑《鲁迅先生纪念集》时，萧军负责国内外各报刊悼文及"逝世消息摘要"的剪裁、选定、辑录及全部发稿、校对、分类，顺序的编定以及《逝世经过略记》的撰写。应该说为编辑出版这部纪念集，萧军是全力以赴，不辞劳苦。特别是到后期，由于在编辑方针上同一位鲁迅先生生前非常信任的青年作家发生了分歧，争论的结果是，萧军的意见、主张得到了多数编委的赞同，那位青年作家便赌气地"消极怠工"，不干了。于是，整个剪裁、编辑、校对、跑印刷所等等全面工作，大都落在萧军的肩上。尽管如此，萧军却无怨无悔，任劳任怨地、完美地完成了任务。由此可见，萧军不愧是鲁迅先生最忠实的学生，是"鲁门弟子"呀！

在繁忙、悲痛之中，他还撰写了两篇祭悼鲁迅先生的文章，一篇是《十月十五》（查鲁迅日记应是十月十四）[1]，一篇是《让他自己……》，刊载于《作家》月刊第二卷第二号（总第八号）《哀悼鲁迅先生特辑》之上。前一篇是散文，萧军以真挚的感情记叙了与鲁迅先生生前最后一面那令人难忘的故事。后一篇是九封鲁迅书简的注释，每篇都倾注了他对鲁迅先生那深深的敬、浓浓的情，喷吐了他对这位伟人的由衷钦佩和刻骨思念。而且这种感情几乎缠绕了他大半生，以至四十二年后，将自己对先生书简的一般注释升华为具有很高价值的散文而轰动文坛，当然这是后话。

---

① 王德芬：《萧军简历年表》，梁山丁主编《萧军纪念集》，746页，春风文艺出版社，1990年。

鲁迅先生入土为安后，许广平先生担任《鲁迅纪念集》的鲁迅所有照片、墨迹、自传、著作和译作目录等的搜集、整理、编制，挽联、挽词的选录及其他各项材料提供等工作，任务非常重，又是其他人替代不了的。她不愿再住在大陆新村9号了，物在人亡，阴阳隔世，难免触景伤情，影响工作。萧军代她在霞飞坊租了一幢三层的楼房，并帮她搬到了新居。

许广平先生还要把鲁迅先生生前自己已经编好了的《且介亭杂文》三集印出来，萧军为其接洽印刷所，并担任送稿、取稿、初校等工作。因印刷所在公共租界，离法租界往返约十公里远，这任务都由萧军主动承担了。

鲁迅先生逝世时萧红还在日本，要不要把这痛彻心脾的不幸写信告诉她？就在萧军拿不定主意的时候，萧红来信了。原来，先生去世的第五天，萧红在日本的一家报纸上知道了这一噩耗。她在给萧军的信中说："这几天，火上得不小，嘴唇又全烧破了。其实一个人的死是必然的，但知道那道理是道理，情感上就总不行。我们刚来到上海的时候，另外不认识更多的一个人了。在冷清清的亭子间里读着他的信，只有他，安慰着两个漂泊的灵魂！……写到这里鼻子就酸了。"（《萧军全集·9卷》第262页）

1937年1月9日，远离祖国近一年，忍受着离愁病痛的萧红匆忙从日本横滨乘上"秩父丸"号轮船，于1月13日回到了上海，萧军把她接到了吕班路的新居。

萧红回后稍事休息，就和萧军到鲁迅先生墓前拜祭。

冬日的万国公墓，天宇灰蒙，冷风习习，枯黄的落叶，满地的哀草，更增加几分悲凉的气氛。萧军、萧红满含热泪立于鲁迅墓前，向先生深深地三鞠躬。萧红还献上了一束素馨的白花和在东京为先生买的一本《世界名画选》，她低着头，泪流不止……在一旁的萧军，更是悲痛万分。他们深深地铭记着：两个流浪者，从东北到青岛，再由青岛到上海，天高云低，四野茫茫，举目无亲，缺钱少粮，是鲁迅先生这位文坛巨匠张开双臂热情地欢迎了他们。是这位为无数人所敬仰的伟人，用他的坦诚、平易、慈祥，温暖了两颗流浪的心！因为先生的关怀、支持、荐助，才有了《八月的乡村》《生死场》，以失去的土地、天空、受难的人民、浴血的奋争，鲜红明丽地震撼了上海文坛，从此萧军、萧红的名字响彻中华大地……

两个人从墓地回来，萧红感情难以自已，写了一首《拜墓诗》：

踏着别人的脚迹，
我走进了墓地，
又跟着别人的脚迹，
我来到了你的墓边。
那是个半阴的天气，
你死后我第一次来拜访你。
我就在你墓边竖一棵小小的花草。
但，并不是用以招吊你的亡魂，
只说一声：久违。

我们踏着墓畔的小草，
听着附近的石匠钻着墓石的声音，
那一刻，
肺中的肺叶跳跃了起来，
我哭着你，
不是哭你，
而是哭着正义。

你的死，
总觉得是带走了正义，
虽然正义并不能被人带走。

我们走出了墓门，
那送着我们的仍是铁钻击打石头的声音，
我不敢去问那石匠，
将来他为着你将刻成怎样的碑文？[1]

---

① 张毓茂：《萧军传》，第174页，重庆出版社，1992年。

萧红回到上海后也参加了《鲁迅纪念集》编辑工作，不久，又赶上一场中国现代文学史上的奇观——文坛武斗，她还做了萧军这方的见证人。

事情的经过是这样的：

萧军在鲁迅先生逝世周月，为了祭拜先生，焚烧了书刊，这件事不知怎么竟让狄克得知，他在《文坛消息》小报上写文章漫骂萧军是什么"鲁门家将"，是鲁迅的"孝子贤孙"，"烧刊物是一种迷信愚蠢的行为"[①]云云。又是他！又是他！萧军真是怒不可遏！

这狄克又是何许人也呢？1976年10月以后，也就是说四十年以后真相大白

1937年1月13日，萧红归国后拜谒鲁迅墓。左起：许广平、萧红、萧军，前立儿童周海婴

了：他就是山东菏泽巨野人张春桥，是货真价实的国民党华蒂社特务分子。他隐瞒了他的国民党特务身份和反革命历史，隐瞒了他的家庭出身和他父亲的反动历史，于1938年在延安混入党内，又经过多年的投机钻营，上蹿下跳，"文革"期间，竟然担任要职。

就是这个张春桥，1933年春，伙同国民党复兴社特务分子李树慈和马吉蜂等人在济南发起成立法西斯组织华蒂社，由复兴社出资创办了《华蒂》月刊。"华蒂"，就是"中华法西斯蒂"的意思。张春桥是华蒂社的发起人之一和中坚分子，积极为华蒂社发展组织、撰写文章，进行反动宣传。1935年5月，他化名狄克，伙同马吉蜂（马蜂）浪迹于上海文坛，在国民党复兴社特务分子崔万秋的指使下，从事拥蒋反共活动，积极参加国民党的反革命文化"围剿"，疯狂反对鲁迅及其他进步作家，成为拥蒋反共的急先锋。

当时他在上海文艺界还够不上一个作家，他没有什么值得一提的文艺作品，只是在崔万秋的《大晚报》上和一些三四流的刊物上，发表一点"理论"文字和一些小文章而已。但他却是左联的成员，为了欺世盗名，时时伪装出极

[①] 王德芬：《萧军简历年表》，梁山丁主编《萧军纪念集》，第747页，春风文艺出版社，1990年。

左的面孔，以便隐藏在革命文艺队伍之中。

萧军的《八月的乡村》"非法"出版以后，在国内外产生了巨大影响。

这颗文坛惊雷在上海爆炸后，立即在全国刮起了一股抗日文学的雄风，使国民党反动政府非常惊恐。如前文所述，他们开动一切舆论工具，在他们办的各种小报上"围剿"《八月的乡村》，攻击鲁迅先生，妄图扑灭文坛上刚刚燃烧起来的抗日烽火。

张春桥化名"狄克"写了一篇《我们要执行自我批判》的反动杂文，1936年3月15日在文化特务崔万秋主编的《大晚报》副刊《火炬》上发表了，他借用斯大林的名言，指桑骂槐，恶毒攻击鲁迅先生为《八月的乡村》这部小说作的序言。说鲁迅对《八月的乡村》是无原则地吹捧，"无异是把一个良好的作者送进坟墓里去"。还攻击《八月的乡村》是一本不真实的书，指责萧军"不该早早地从东北回来"……张春桥这种以"左"的面孔出现进行赤裸裸的恶毒攻击，鲁迅先生虽然当时还不知道狄克的真实身份，但一眼看穿了他的反动面目和险恶用心，于同年4月16日写了《三月的租界》一文，给予有力地抨击，深刻地揭露了张春桥的反革命嘴脸。鲁迅认为，对敌作战"我们有投枪就用投枪，正不必等候刚在制造或将要制造的坦克车和烧夷弹"。狄克对《八月的乡村》的批判，无疑是想在"坦克车""烧夷弹"未制成之前，先折断了仅有的"投枪"束手待毙！鲁迅一针见血地指出："如果在还有'我们'和'他们'的文坛上，一味自责以显其'正确'或公平，那其实是在向'他们''献媚'或替'他们'缴械。"萧军也写了一篇《有所感——关于一本"不够真实的书"》，载于1936年7月2日《中流》半月刊，署名田军[1]，回击了狄克的挑衅和攻击。鲁迅和萧军有力的回击，使得狄克们暂时龟缩起来，等待时机，以便反扑。鲁迅仙逝后，狄克们认为反扑的时机来了，就抓住萧军在鲁迅墓前焚烧刊物这一"把柄"，开始了新一轮的攻击。

在萧军看来先前的事情已经过去了，他似乎也把它忘记了。没想到，这个反动透顶的狄克，不到一年又故技重演，借题发挥，再次污辱攻击他。如果狄克这类文章是登载在国民党小报上，这是敌人斗争的伎俩，没有必要去理睬他。但是狄克当时是以"左翼"面目出现，以攻击鲁迅和萧军而自居，完全和敌人

---

① 王德芬：《萧军简历年表》，梁山丁主编《萧军纪念集》，第741页，春风文艺出版社，1990年。

一个鼻孔出气，表面装人，背地捣鬼，在执行着敌人的任务！这让萧军万分气愤！他感觉到这就是他刚到上海三天时，先生就曾经提醒他和萧红的："上海有一批'文学家'，阴险得很，非小心不可。"（1934年11月5日鲁迅给萧军的第三封信中所写）看来不是先生无的放矢呀！是完全有所指的。

怎么办？写文章回击吧，没有报刊阵地，辩论道理，又没共同语言。再说和这种外表斯文、生性极不老实，躲在阴沟里叽叽喳喳、无事生非的小人打笔墨官司实在没滋没味，不如用拳头狠狠地教训他一顿痛快，让他记住"疼"，看他以后还敢不敢……这也许是当时萧军解决这个问题的一种独特的方式！为此，萧军决定与狄克展开一场比武决斗，用拳头封住这些阴沟里作祟者的嘴巴。

萧军经过调查，拐弯抹角地找到了张春桥和马吉蜂办小报的那个所谓的编辑部。一进门满脸怒气地指着一个大个子劈头就问："那篇侮辱鲁迅先生还有侮辱田军的文章都是谁写的?!"

"是我写的！那怎么能叫侮辱呢？"大个子上下打量着萧军，不甘示弱地回答。他就是张春桥的走卒马吉蜂，人称"马蜂"。

"好！有种！"萧军轻蔑地一笑，接着说："听着！我没工夫写文章和你纠缠，我就是要揍你！你若能打败我，以后随你骂去，悉听尊便，不再找你；若你打不过我，就请免开尊口，再出这样的文章，不管是谁，我见面就揍你们三通！"

"好吧，奉陪！"这时真正的狄克嘶哑着嗓子蹦了出来。他觉得他的同伙马吉蜂有点功夫，而且比萧军个头高，蛮有把握打败萧军，就故作大度、镇静，阴阳怪气地说："不就是打架嘛！时间、地点请你定吧！"

"明晚八点，徐家汇南菜地！"萧军正欲走开。

只听狄克喊着："好！一对一！"

这时萧军一转身指着狄克和马吉蜂的鼻子厉声说："不！你！你！一对二，我揍你们俩！"说完挺胸迈着健步离开了。

翌日，即1937年的春末，晚上八点钟，太阳已经下山了，借着西天昏蒙的最后一缕微弱的光，还能看清对方是谁。双方都准时来到了决斗地点——法租界拉都路南端一个叫徐家汇的菜地里。只见菜已经收割过了，地也刚刚翻过，大概是菜农准备新的一茬耕作了。土很松软，黑漆漆的一大片向四处铺展着……

同萧军一起来的还有萧红和聂绀弩。临来时，萧军临时提上了一根铁棍子，是为了防备狄克他们可能人多或下死手。但被萧红夺了下来。萧红知道萧军武艺高强，一般人不是他的对手，一旦打得兴起，失手会出人命啊！不过她还是把铁棍子带上了，她怕萧军真的遭到围攻，或对方真的下死手，得给萧军准备一件得力的武器呀。在这些方面，萧红考虑得更周到细致。

到了菜地中间，萧军气宇轩昂地站住脚步，他习惯地环视了周边的环境，只见菜地西面、南面附近被一片稀疏的杂木林子围裹着，北边是一条小河，河里有两条带席篷的破旧木船在悠悠荡荡地漂浮着，似乎还有人影在晃动，远处稀稀落落的灯光在诡秘地眨着眼睛。萧红拉着萧军的胳膊，用忧郁、担心的眼神看着他，萧军却沉着、冷静、胸有成竹地冲着萧红和同来的聂绀弩笑笑说："放心吧！瞧我的吧！"然后示意他俩退到一边去。

狄克和马吉峰一前一后向萧军走来。马吉峰仗着自己长得人高马大，还有点"三脚猫"的功夫，另外，作为走狗他懂得"护主"，必须走在前面。于是他冲着萧军拉开架势，气势汹汹地喊叫："姓田的！请！"

然后他便学着西方拳击的样子，用拳护住脸，两脚上下跳动着，突然向萧军打来一拳。没想到，萧军早防着他这一手呢，一闪身，马吉峰扑了个空，向前打个趔趄，萧军顺势一个扫堂腿，马吉峰就地来了一个狗啃屎。萧军只用了一个简单的"借力打力"，马吉峰的头就重重地往前抢去，几乎是插进地里了，然后萧军在他身上打了几拳。

"好！好！"萧红、聂绀弩拍着手，哈哈地大笑起来。

狄克也模仿着马吉峰的样子，用拳护住脸，两脚上下跳动着。但他一直在边上像个"跳兔子"，围着萧军和马吉峰转悠，不敢靠前，萧军招手让他上跟前来，他却往后缩……

马吉峰那点"三脚猫"功夫，焉能是萧军的对手。第一个回合败了，可这小子不服，恼羞成怒地又爬起来向萧军猛扑，萧军只三拳两脚，就把这小子打得仰面朝天，躺在地上，翻愣着眼睛不动了，萧军抱起胳膊看着他的丑态。过了一会儿他又爬起来再战，第三次只打了一个回合，这小子就完全"失去了战斗力"！索性一屁股坐在地上不想起来了……马吉峰终于告饶了，他向举着拳头，双目圆瞪的萧军乞求说："田先生！别打了！我服输！我服输！"

"那狗屁文章呢！"萧军厉声喝问。

"不写了！不写了！以后再也不敢写了！再写那样的文章剁手指！"

萧军还想往下问，这时法国巡捕跑来了，提着警棍，气喘吁吁地喊道：

"喂！喂！你们什么的干活?！"

"我们练习中国武术！现在正练摔跤！"没等萧军回答，机灵的聂绀弩急忙迎上前去。大家都知道，如果是打架，双方都要被抓进巡捕房，那就麻烦大了。

"摔跤？……"法国巡捕转动着蓝眼睛，瞅瞅这个，看看那个，满腹狐疑。这时张春桥也凑上去，点头哈腰、堆着媚笑说："是练摔跤，是练摔跤！您看，摔倒了一个！"他指了指坐在地上还未爬起来的马吉蜂。

洋鬼子似乎相信了，临走时说："天的晚了，摔跤的也不行，统统回家去！"

听了这话，又羞又愧的张春桥感到摆脱尴尬困境的机会到了，急忙拉起马吉蜂，对洋鬼子频频点头，重复着洋鬼子的话："统统回家去！统统回家去！"然后一溜烟地跑了。他们的身后，徐家汇的上空回荡着萧军、萧红、聂绀弩三人的朗朗笑声……

虽然胜利了，但在归家的途中，萧军却不怎么高兴，他感到左翼文艺队伍中竟有这样的败类，实在令人痛心。如果不是看在他们是左翼文化人的份上，萧军会揍扁了他们，今天是手下留情了。当时的萧军怎会知道这是两个钻进革命文艺队伍中的特务分子呢！萧军更预测不到几十年后就是这个狄克，反革命伎俩变本加厉，害得萧军家破人亡，萧军本人也几乎命丧黄泉……

和狄克相比，马吉蜂要浅薄幼稚得多。抗战期间他曾混进西北抗战剧团当过演员，干了些破坏抗战的勾当，被剧团的塞克等人发觉了，遭到了人们的唾弃。这期间，他在兰州与萧军巧遇，熟悉情况的人当着萧军的面揭露他：背地里曾怎样吹嘘在上海那次武斗中，他和狄克把萧军打得如何如何惨……揭露者还让萧军与马吉蜂再打一场，吓得马吉蜂赶忙说："是他打胜了！他打胜了！我输了！"

1949年后，马吉蜂罪行暴露了，被人民法院逮捕，后死于狱中。

比他"技高一筹"的狄克也没有逃出人民的法网，1976年10月受到历史无情的审判，被人民所唾弃！

当时这场文坛武斗，在上海文坛很快传为美谈，大家都非常钦佩萧军这位侠肝义胆的年轻作家。这段逸事，成为中国现代文学史上脍炙人口的一幕趣闻。

第六章　在抗日的风雨中搏击

一、在全面抗战初期的旋流中

沉浸在鲁迅先生仙逝的悲哀和编撰《鲁迅纪念集》的繁忙中，萧军迎来了中国抗日战争的节点——1937年，这一年他三十周岁。

1937年8月13日，继七七事变之后，日本帝国主义为了扩大侵华战争，在上海又制造了蓄谋已久的八一三事变。日军对上海的进攻直接威胁着蒋介石的统治中心南京，也威胁到英、美帝国主义的在华利益，这就使国民党政府不得不增调军队，实行抗战政策。从此，中国军民全面发起奋力抗击日本侵略军的反法西斯战争。

八一三事变爆发的当时，萧军、萧红正住在上海法国公园附近一家俄国公寓。就像九一八事变在沈阳那样，萧军又一次目睹了日本侵略者对中国人民所犯下的滔天罪行：淞沪战场上炮火连天；日寇的飞机在上海市区狂轰滥炸；火车站上逃难者人山人海……淞江桥被日寇炸毁了，南北来往的火车被截断了，在达一公里宽的江面上，逃难的人群只能在临时搭起来的、仅有不足两尺宽的木板桥上战战兢兢地行走。狭窄的桥面，拥挤的人群，常有人被挤下桥去，落入江中，被浪涛卷走。"救人哪！""救人哪！"老弱妇孺发出一阵阵的惨叫声，真是撕裂人心哪！而且日寇的飞机时常出没，向着人群扔下一颗颗炸弹，有时还超低空轰炸，站在地面上就可以看见飞机上的机枪扫射的子弹，像密集的雨点一样对着手无寸铁的中国百姓……尸横遍野，血流成河！"八一三"后的上海，抗战与投降，侵略与反侵略，前方的浴血奋战与成千上万难民的哭天号地搅成了一团……

强烈的民族责任感迫使萧军恨不得立即到前线去，与日本豺狼真刀真枪大干一场！可是不能啊！拿起枪到前线去是要受到种种条件限制的⋯⋯无奈之下，他只好不顾个人安危，在战火硝烟中，在随时可能遭遇敌机扫射的情况下，除了积极宣传抗日，鼓舞参战部队官兵的斗志外，又与萧红投身到义务接转、救护伤员的队伍中，在最靠近前线的临时建起的一处战时救护所里，萧军、萧红紧张忙碌的身影频频出现。

战斗打得十分惨烈，前线下来的伤员太多了，一车一车地拉到战时新建起来的救护所或临时医院去救治。由于担架都拿到前线去了，拉到临时救护所或临时医院的伤兵，伤轻一些的，大家从救护车上或卡车上，或扶、或拖、或拽地弄到救护所的木板床上等待医护人员救治，而对于那些躺倒的重伤员，萧军就凭着自己的过人之力，一次又一次地或背或扛，以最快的速度把他们送到战时医院去抢救⋯⋯上一车伤员刚安排完，下一趟车又来了，这个救护所伤兵已经满了，只好奔下一个救护所。汽车开足马力疾驰而去⋯⋯看着伤兵们的鲜血从颠簸的车厢板缝隙往外流淌，听着伤兵那呼爹喊娘的哀号声，萧军的心碎了，他气愤地双拳紧攥，大声疾呼："日本强盗！你等着！血债要用血来偿！"

每天从救护所回到家，草草吃点什么充饥，略做休息，萧军便奋笔疾书。为声讨揭露日本侵略者的罪行，他写了一篇《上海三日记》，刊载在胡风主编的《七月》第一集第二期上，文中不乏这样的真实记录：

八月十四日

⋯⋯我不知道在这几点钟枪声炮声交奏以内有多少生命断送了！多少壮实的身躯伤残了⋯⋯

八月十五日

整个的夜，是用了炮声和间歇下来的机关枪声贯彻着；再混杂着不规则的风雨，这声音就不规则的远远近近。有时炮声太近了，窗上的玻璃就蒙到震动⋯⋯这大概是停泊在苏州河边的日军兵舰发射的⋯⋯

八月十六日

⋯⋯大世界的西面一些焦烂了的半焦烂了的汽车底铁骨，还有十几架停留在那里。西南面一家药店的前壁破碎了，门前也堆积着一些人力车，老虎车，独轮车，脚踏车……的残碎的骨骼。还有一片曲卷的烧焦了的人肉皮。

……有两具人的尸体还留在路边。一具的后脑壳不见了……另一个男人的尸体，是掩盖在一条麻袋下，旁边还挺出一只婴儿的脚，是瘦得那样地出奇！

这些悲惨情景的描述真是催人泪下！

萧军还写道：一面"文化界妇女救国会"宣传旗帜飘扬着，在一个弄堂里游行宣传的人们停了下来，她们唱着歌，喊着口号，向群众讲演着。听着一个女宣传员，操着萧军过度熟悉的土音——东北口音，不甚流利的演说，看着她那身上脚下溅染着泥和水的衣和鞋……萧军感动地在文中这样写道："世界上如果有真正奴隶底群队，那只有这个国家的人民……才是一切奴隶群队的榜样！"（《上海三日记》，《萧军全集·11卷》第193—202页）

本来，7月17日在上海华安大厦，"鲁迅先生纪念委员会"成立后召开第一次会议，会议决定本年10月19日鲁迅先生逝世的周年以前，将《鲁迅纪念集》与另外一本侧重于研究性质的纪念册一同出版，萧军这次的任务是负责《鲁迅纪念集》最后的清样校对。但8月13日炮声一响，一切都陷入停顿……

由于国民党政府抗战不力，节节败退，使得日寇长驱直入。上海、南京的一些机关、企业以及大批难民纷纷向武汉方面撤退，上海的大批文化人也都开始流亡到战时首都——武汉去了。先期到达武汉，主持《七月》编辑工作的胡风，约请"二萧"尽快离开上海到武汉和他一起编辑《七月》。

萧军只好昼夜不停地工作，他做好了《鲁迅纪念集》出版的一切善后工作，将稿件交给"文化生活出版社"负责人吴朗西付印。9月1日，上海燎原书店正式出版了萧军的中篇小说《涓涓》。他还应美国作家埃德加·斯诺的要求，将自己和萧红的小传邮寄给他。鲁迅生前曾为"二萧"介绍，认识了美国朋友史沫特莱，她又把"二萧"介绍给曾任欧美几家报社驻华记者、通讯员、燕京大学新闻系讲师，第一个采访红区的西方记者斯诺。斯诺对"二萧"很感兴趣，他曾翻译过萧军的小说《八月的乡村》，还向美国人民介绍了萧军、萧红及他们的作品。

正在"二萧"计议离开上海的具体时间、离开的方式和紧张处理一些未尽事宜的时候，又有一件事情发生了。

一天傍晚，"二萧"听到了一阵啪啪啪急速的打门声，便警觉地进入"战备"状态。萧军示意萧红去开门，他隐蔽在门一侧，手里握紧一件应急的家什。是敌是友，既然已到你的家门，就开门请进，不必问张三李四，是友迅速进屋，是敌立即战斗！十个八个的敌人自然不是萧军的对手，这也是萧军不同常人之处哇！

萧红立即打开了房门，一看来者，却使"二萧"大为惊喜，原来造访者是一位日本友人，她叫池田幸子，是后来成立的日本民间团体"在华日本人反战同盟"会长鹿地亘的夫人。"二萧"立即把她热情地请进屋里……

鹿地亘，本名濑口贡，1903年生，长萧军四岁。毕业于东京帝国大学，是日本著名的小说家。他在学生时代就积极参加无产阶级文学运动，后来成为日本无产阶级作家联盟负责人之一。九一八事变后，他发表了许多反战言论，因而受到日本军国主义的迫害。1935年流亡到上海，开始从事反对日本侵华的活动，与宋庆龄、鲁迅等多有来往。

鲁迅先生对鹿地亘夫妇甚为友好，他介绍一些中国作家与其相识，还选一些中国作家的著作让其翻译，然后鲁迅再校正，由内山完造介绍到日本改造社出版。萧军的短篇小说《羊》，就是这样介绍到日本去的。所以萧军、萧红和鹿地亘、池田幸子夫妇自然相熟了。

刚到上海之初，鹿地亘靠在一家剧团当杂役来维持生计，结识鲁迅之后就辞去剧团杂役的工作，专心从事著作翻译和反战的工作，为中日文化交流做出了重大贡献，具有相当大的影响。鲁迅逝世时他是十六位抬棺者之一，可见他与鲁迅之间的情谊是何等深厚。

鲁迅先生逝世后，为了翻译《大鲁迅全集》日译本，方便请人随时校正译文，在限定的短时间内出书，他们夫妇俩由北四川路搬到离许广平先生住地较近的、编辑部附近中国人的聚居区来住。为了解除许广平先生的寂寞孤独，池田幸子和萧红常过来陪她，有时两个人还在许广平处过夜。

"八一三"后，鹿地亘、池田幸子夫妇匆忙搬离了中国人的聚居区。因为许多上海的中国老百姓，把对日本侵略者的仇恨迁怒到所有在上海的日本人头上，他们俩自然也就在劫难逃了。可当他们搬回北四川路日本人比较集中的旧寓所时，日本人对他俩也充满着敌意，把他们看成是间谍、叛徒。还经常辱骂他俩是"中国人的走狗，应当到主子那儿去，住在我们这里当密探哪?!"

随着战争的升级，日本人更加疯狂地把他们夫妻俩视为异类加以排斥……中国人聚居区不能住了，日本人聚居区也不能住了！到哪里去呢？已经法西斯化的日本国就更不能回了，如果回去肯定把他们俩当叛徒、间谍枪毙！怎么办？在危难中，鹿地亘让夫人池田幸子来找萧军、萧红帮忙想办法。

萧军知道了情况之后，急中生智：先把他们夫妇接到他和萧红租住的俄国公寓，然后找一家旅馆安顿下来，再想办法求朋友，帮助他俩联系内地的一些地方。

到旅馆的第一天，狡猾的旅店老板就看出这是两个日本人，不仅多要了房费，还说："先生，您明白是什么原因？我们这担一份风险哪！说老实话，宁肯不多要您这点钱，也希望你们赶快搬走……"

这里与其说是旅馆，不如说是难民集中营，什么人都有，"客人"人满为患，院子里以前闲置的破床乱桌子上都住上了人，楼内的走廊里、院子里的空地处都燃起了煤炉，逃难的贫民哪有钱到餐馆去吃饭哪！只能自己将就做一点。因此，锅碗瓢盆，甚至洗衣盆套着马桶随处可见，整个旅馆孩子哭，大人闹……

一听说这里有两个日本人，周围全是不友善的冷眼。这时没有一个往日的中国友人再敢和鹿地亘、池田幸子他们见面了，个个避之不及，只有"二萧"对他俩百般关照，给他俩送去了吃的、用的和书报……"二萧"冒着种种愤怒的议论和危险为这两个日本朋友、坚强的反战斗士排忧解难，使两位日本朋友感到了温暖。

很明显，鹿地亘、池田幸子夫妇在上海是不能久留了。为此萧军、萧红到处求朋拜友，为鹿地亘夫妇多方联系去处，直到他们脱离险地。临行时，鹿地亘、池田幸子夫妇向萧军、萧红连连鞠躬表示感谢，可萧军却说："应该说感谢的是我们，你们从自己的祖国跑到中国来，与我们并肩战斗，以大无畏的牺牲精神，投身到反法西斯斗争的血与火之中，你们是我们中国人民忠实的朋友，是坚持正义、反对侵略的杰出战士，我们帮你们是完全应该的……"

安全地送走了鹿地亘、池田幸子夫妇，快接近9月中旬了，"二萧"才决定离开上海去武汉。

由于逃难需要乘船的人太多了，托朋友买船票，一天拖到三天，三天拖到五天，朋友不断地解释："真难买呀！现在是雨天，正好走。天一放晴日本飞机就轰炸，行船危险，所以都挤这两天买船票。"

萧军说："不管它，生死有命！陆地上死，大江上亡，都一样。总之不能在鬼子刺刀下苟活，你就抓紧买吧！哪天船票到手就哪天走。还有，不管船大、小、新、旧，能渡江就行。"这样一拖就到了9月下旬。

经过一段时间的猛攻后，日军依靠强大的火力突破中国军队的防线。蒋介石因幻想"九国公约"签字国能够出面干涉，贻误了战机。此时绥靖之风盛行的西方国家称中国军队主动在上海非军事区挑起战争，破坏和平，对中国的要求置之不理。

经一段时间与日军激战，国民党的军队消耗很大。同时在军事装备上又不占优势，日寇又有海军、空军的协同作战，加之国民党军队上层指挥不当，各部缺少大局观念，各自为战，又相互掣肘，致使处境非常不利，在节节败退中，上海、南京孤城危悬……

萧军、萧红到了非走不可的时候了，他们和难民、伤兵挤在一艘奸商的破旧轮船上西行。在大风浪中，船体上下抖颤着、摇晃着，发出咔嚓咔嚓的响声……船舱内更是拥挤不堪，平时装货的大舱挤满了难民和伤兵。蓬头垢面的难民们在大舱的各个角落萎缩成一团，一家家妻儿老小惶恐不安地相偎在一起；吊胳膊、瘸腿的伤兵们在大舱中间横躺竖卧，撕心裂肺般的呻吟声、叫骂声不绝于耳；他们伤口处的鲜血渗出包裹的纱布，伤痛的折磨竟无人理睬，惨不忍睹的情景触目皆是……

船上的气味又腥又臭，好像是载着一船鱼，到处湿漉漉、黏糊糊的，散发着潮气、霉气……萧军、萧红睡的四等舱就是最底下一层了，空气更是不流畅，呼吸困难，把人憋闷得喘不上气来。床是硬木板的，只铺个小席头儿，硬邦邦的，而且臭虫、跳蚤横行……由于超载，船速慢得出奇，船体向一侧倾斜着行走，随时都有船沉人亡的危险！就这样，萧军、萧红这一对夫妻作家又开始了新一轮的逃亡、流浪……

逃亡、流浪，无休止的逃亡、流浪，几乎成为那个民族危机年月中，中国民众生活的时代特征！

破旧的轮船走走停停，停停走走，如蜗牛一般，10月10日终于爬到了舢板和帆船云集、人声鼎沸、破旧不堪的汉口码头。被晕船折磨得痛苦不堪的萧红，如同一个病人，在萧军的搀扶下，二人被裹挟在滚滚的人流中，走过颤颤悠悠的跳板，碰到前来迎候他们的青年诗人蒋锡金，这是经萧军老友于浣非介绍与其相识的。

萧军到武汉一个月后，日军依靠强大的火力突破中国军队防线。前线的中国军队开始大撤退，因没有讲明各部队撤退顺序，三四十万中国将士挤在几条公路上，被日寇空军轰炸，大撤退变成了大溃逃……11月11日，上海市市长俞鸿钧发表告市民书，沉痛宣告：远东第一大都市——上海沦陷！

二、大武汉的抗战斗士

东北亡！华北亡！上海沦陷！南京失守！中华民族到了最危险的时候！九省通衢的大武汉成了南京国民党政府和大逃亡百姓的避难所。只有银灰色的江汉关大楼上悬挂着的"誓死保卫大武汉"的巨幅标语，似乎给这黄鹤之乡倍增了战时首都的气象。

萧军、萧红从汉口一下船，就被蒋锡金这位热情的小老弟，接到了武昌水陆前街小金龙巷21号[①]的住宅居住。这里有蒋锡金的两间房子，他特意为"二萧"腾出一间，自己住一间。素有火炉之称的武汉，虽已是农历九月了，但仍然热浪滚滚。可萧军仍按东北人的习惯购置了火炉、煤炭等炊具、用品，萧红也抽闲拆洗被褥……

蒋锡金是江苏宜兴人，五卅运动时期，受其父的影响和进步人士的教导，积极参加学生的反帝爱国运动，参与左联发动的爱国文化活动，学生时代就发表革命诗作，1934年从上海正风文学院国学系毕业。1938年在汉口加入了中国共产党，曾任《抗战文艺》副刊主编等等。新中国成立后，一直担任东北师范大学教授，是我国现当代著名诗人、作家、学者，鲁迅研究专家及儿童文学研究家。"二萧"到武汉时他的公开身份是国民党省政府的职员，暗却接受中国共产党派给他的任务，正忙着办进步刊物。他几乎是天天早出晚归，萧红将做好的饭菜给他热着，他换下来的脏衣服也给他洗干净。一旦有闲萧军还和他小酌几杯，两个人无话不说，谈论的话题大多是抗战、国家、人生以及创作，这使单身的蒋锡金似乎也感受到了家的温暖，同时彼此间也加深了了解和友情。

---

① 采用萧军回忆录的说法，蒋锡金家是小金龙巷21号，而不是10号。

萧军到武汉后，与萧红立即投入和胡风、聂绀弩等人一起编辑《七月》杂志的工作中。

《七月》杂志由胡风任主编，七月社编辑兼发行，是抗日战争爆发后在国民党统治区最早创办的进步文艺刊物。《七月》开始是旬刊，于1937年9月11日在上海创刊，至9月25日出版第三期后停刊。胡风先于"二萧"去了武汉，并将《七月》移至那里，同年10月16日，《七月》在武汉再度创刊，为半月刊。后来因战火烧近武汉，停刊一年，于1939年7月转至重庆继续出版，由半月刊改为月刊。此后因条件困

《七月》杂志封面

难，每期往往间隔两个月，甚至更长的时间才能出一集。1941年9月出版第七集一、二期合刊后，迫于"皖南事变"后日益险恶的形势而停刊。然而，《七月》和"七月"作家们的抗战作品却永远铭刻在人们的心里，在中国抗战文学史上留下了闪光的一页。围绕这杂志的作家和诗人，形成了现代文学史上著名的"七月派"。

武汉时期的萧军，在《七月》上发表了《"不是战胜，即是灭亡"》《"不同"的献祭》《王研石（公敢）君——闻两月前申报驻津记者王研石（公敢）被日宪兵捕杀》《谁该入"拔舌地狱"?》《从"重赏之下必有……"说起》《"清血"工作》《〈不够朋友〉论》《踏过去》等等锋芒犀利的杂文或短评（以上杂文均见《萧军全集·11卷》第204—236页）。这些文章愤怒控诉了日本侵略者的罪行，深刻揭露了国民党反动派卖国投降行径，热情歌颂了抗日军民的斗争精神，起到了极大地鼓舞抗日军民斗志的作用。为纪念鲁迅先生，他还写了一篇《周年祭》在《七月》上发表。还以《我们要怎样活下去》为题，在广播电台发表演说……总而言之，各种有关抗日救亡的社会活动中，几乎都有萧军热情洋溢、四处奔忙的身影。同时，在武汉期间，他继续撰写长篇小说《第三代》，并在《七月》上连载，被评论家赞誉为"庄严的史诗"。

1937年的武汉，虽是全国抗战的中心，可仍然笼罩着白色恐怖的阴云。国难当头，国共达成合作。虽然7月17日，时任中华民国国民政府行政院院长兼军事委员会委员长的蒋介石，在庐山发表了"抗战宣言"，但他并不践行自己的

1937年萧军在武汉

诺言，置抗日民族统一战线政策于不顾，仍然用各种卑鄙的手段绞杀革命力量，迫害中共党员和进步人士。鹰犬塞途，虎狼出没，革命者随时都有被抓、被杀的危险！

武汉的左翼作家们经常在萧军、萧红的住所聚会，武昌水陆前街小金龙巷21号被人称为"作家俱乐部"。经常来这里的有胡风、聂绀弩等人，后来端木蕻良也住进了这里。萧军常常穿着在哈尔滨时期就穿的那件哥萨克衬衫，扎着军人式的武装带，不必说这身装束如何怪异，也不必说他那帅气的练剑、打拳的姿势，无所畏惧的步履，充满刚毅坚定的眼神如何与众不同，仅就他天天出入"作家俱乐部"，那些锋芒毕露的抗日表现，那些如同匕首一般的直刺国民党当局的杂文，就已经引起了特务们的注意……好心的朋友们劝萧军应该注意些、留神些，可萧军却毫不在乎地说："为了抗战，我豁出去了！"

繁忙暂时驱散了战争气氛带来的忧心，也暂时冲淡了萧军、萧红之间从上海就开始的感情的阴云。在编辑工作和创作之余，"二萧"一起去造访归元寺，拜谒古琴台，登临洪山宝塔、龟蛇二山，揽大武汉之形胜。站在龟蛇峰巅，望着奔流不息、滚滚东去的长江和古老的荆楚大地，萧军内心有说不出的忧伤，不断发出"我中华神圣之领土岂容日寇践踏"的无限感慨，更坚定了以身许国的决心，但同时为寻找不到为国请缨的机会而忧心如焚！

1937年12月，周恩来同志作为国共谈判的首席代表，来武汉国民政府担任新成立的军委会政治部副部长。利用这个机会，他广泛地接触了武汉各界人士，自然包括各地来武汉的知名文艺界人士。在和文艺界人士的晤谈中，周恩来同志号召文艺界的同志们，在抗日民族统一战线的旗帜下紧密团结起来，组成一个包括各方面人士、一切爱国抗日力量在内的文艺团体。在这个团体中，领导权应该掌握在进步人士手中，而不能落在国民党顽固派的手中。萧军同蒋锡金、孔罗荪等人积极响应周恩来同志的号召，参加了中华全国文艺界抗敌协会（简称"文协"）的筹备、组织工作，为"文协"的成立贡献了自己的力量。虽然他没能等到文协成立就去了临汾，但他的贡献是有目共睹的。

大约在南京失守①后不久，蒋介石的国民政府通过法西斯德国公使牵线，秘密同日本议和。消息走漏后，受到社会舆论的强烈谴责，弄得国民党反动派十分狼狈。

为了笼络人心，欺骗民众，国民党当局经常召开各种形式的招待会，企图蒙蔽、控制各地云集武汉的作家和舆论工作者。这种所谓的招待会，有时由武汉市国民党党部出面，有时由国民党中央宣传部出面，甚至是由时任宣传部部长、中央俱乐部骨干人物，号称"三民主义文艺理论家"的张道藩亲自主持。

12月上旬的一天，由国民党中央宣传部张道藩出面，在汉口市党部礼堂，召集在武汉的京沪津粤湘鄂的文化人，召开一个所谓抗战形势报告会，萧军、萧红、蒋锡金、端木蕻良等都被列入了邀请名单，出席了会议。大家怎么也没有想到，身为国民党副总裁的汪精卫竟在这个会议上大谈"和平"谬论。

大礼堂里黑压压的一片，座无虚席，汪精卫、张道藩等都在主席台上就座。头上的发蜡光可鉴人，皮笑肉不笑时露出一口大黄牙的武汉市国民党党部的一位要员主持大会，他对大家说："诸位：你们都是中华文化之巨擘，今天把大家请来开这样一个大会，目的是谈谈中国抗战的形势。使敝人荣幸之至的是汪副总裁也亲临大会指导，现在请汪主席讲话！大家欢迎！"他撕裂着嗓子说着恭维汪精卫的肉麻烂词，然后就猛烈地带头鼓起掌来，座位上的一些与会者也跟着稀稀落落地拍手。

汪精卫满脸堆笑，身穿一套笔挺的白色西装，他细声细语拖着长腔说："今天诸位大驾光临，共议抗战大业，希望大家多为政府分忧！兄弟也久有心思，和诸位作家、艺术家、新闻界人士交换意见。"说到这里他稍做停顿，左手捂着嘴轻咳了两声，环视一下全场，然后话题一转说，"比如报纸上常见的这句口号标语，'言和者皆汉奸'，兄弟以为还待商榷。因为，从古至今，有战必有和；哪怕是百年战争，也不能只战不和。所以要看怎样的和，如果和了对民族不利，那就不能和，还要打下去；如果和了对民族有利，那就应该不失良机，及时而和；不然的话，一失足成千古恨，成为民族、国家的罪人！这里有光荣和平与屈辱和平之分哪！吾人所当取的是光荣的和平，不知诸位以为然否？"

听了汪精卫这一套卖国和平"高论"，全场众人无不惊愕。说了半天，原来

---

① 学术界认为南京失守于1937年12月5日。

汪精卫是要大家投降——争取"光荣的和平"！这时，中国民主同盟早期领导人、坚定的民主战士李公朴先生和著名戏剧家洪深先生率先拍案而起，相继驳斥了汪精卫的谬论：现在日寇大军压境，人家的刺刀已经扎在我们胸口上，不是投降，就是死拼，哪来的和平可言！这强而有力的反驳，使得全场一片轰动！

显然汪精卫、张道藩再也坐不住椅子了，掏出手帕擦拭着头上的汗水。为了给副总裁大人讨回面子，主持会的那个"大黄牙"涨红着脸说："诸位，诸位：肃静！肃静！不要言之过激！我衷心拥护汪副总裁的训示。和平之路未绝，国人当尽力争取……"

对国民党投降派早已恨之入骨的萧军，这时再也按捺不住内心的愤怒，只见他腾地站起来，走出自己的座位，他冲着蒋锡金和萧红等人说："走！我们走！"萧军这一举动，引起了全场的震动，不知道他要干什么，大家的目光全都投向了萧军，连正在大放厥词的主持人也不再说话了，会场肃静得掉根针都能听得见。这时只见萧军仰起头，冲着主席台上的汪精卫大喊一声："纯属狗叫！"然后拉着萧红和蒋锡金愤愤地离开了会场。因为有气，萧军脚踏地发出咚咚的响声，走路都带着一股风，背后留下了一片哗笑声和不安的骚动。

萧军痛骂汪精卫，堪称现代文学史上一大奇闻！大家都为萧军这一惊人的举动而感到十分痛快！也有人因此而为萧军感到担忧，那堂堂的汪副总裁遭此羞辱，岂能善罢甘休?！

果然预料中的事情发生了：12月10日这天早晨，蒋锡金早早地起床要赶早班轮船到汉口"文协"筹备处机关去上班。他刚到胡同口，三个身份不明的人不由分说将他绑架到汽车上，并飞快地押到陆军监狱。这几个特务把蒋锡金拥到会客厅，从内室走出一个穿中山装的家伙（事后知道是国民党第六部的特务），蒋锡金似曾在哪里见过，但一时又想不起来，他也不想知道他是谁。这个人赔着笑脸，装腔作势地对蒋锡金说："误会，误会！蒋先生，我是告诉手下人请你来，你看看……不会办事呀！"

蒋锡金用眼皮撩一下这个党棍，轻蔑地、慢声慢语地说："大人，别扯淡了，请人有持枪的吗？"

"蒋先生快人快语！说起来我们是有交情的嘛！只是你那个房客，叫萧军的那个东北佬，太刺头了！党国副总裁都敢辱骂，是不能不教育的！"

这个党棍又花言巧语地说了一番，他让蒋锡金给萧军写个便条，说是当天

12点到什么"冠生园"饮宴聚餐，有朋友叙谈。但被蒋锡金严词拒绝了，特务一看无计可施了，只好去小金龙巷骗捕萧军。

小金龙巷是个狭长的胡同。狭，人不能对面擦肩走过；长，多有半里；高，足有丈余。两面是灰砖院墙，院墙上各家的一扇扇的大门紧挨着。这天上午，很少照进日光的狭长胡同竟有了一抹阳光，几个不速之客闯进了21号的大门。萧军一看来者，立即做出了应对的准备。

"你是萧先生吧？有人请你们吃饭，蒋先生已经到了，他叫你们也去，都是熟朋友！"一个为首的特务装作文质彬彬的样子对萧军说。

"我怎么没听说？"萧军冷冷地回答说，并用那双与生俱来的冷漠的眼神横扫了一遍所有的来者。

"临时碰上的，蒋先生不得抽身，特写个条子叫我们给你送来。"他说着拿出一张《战斗》旬刊便笺纸，纸上写着："锡金已到，速来！"这便笺纸萧军认得是蒋锡金用的，看字倒也像是蒋锡金的笔体。可是，这几个人的神情举动，让萧军敏锐地感到味儿不正。再说，"请客"事先一点消息不知道，而且来了一堆陌生人来请，其中必定有诈。萧军那一双乌黑的眼珠子就像两颗没被世俗浸染过的宝石一样明亮，折射出的愤怒之光，让特务们不敢直视，只听他一声喝道："不用装蒜了！有逮捕证拿出来了！有枪也掏出来！不然我是不会去的！"

来的这几个特务中有一个小瘦猴子沉不住气了："妈的！还挺刺头！"

萧军正想寻隙打架，大造声势，让远近皆知。怕的是悄然失踪，被国民党特务秘密逮捕、暗杀……说时迟，那时快，萧军怒目圆睁，抢上一步对出言不逊的小瘦猴子劈面猛击一拳，这家伙的嘴角立即流出了血，跟跟跄跄倒退了五六步，后脑勺撞在墙上。特务们立即哄闹起来，一拥而上同萧军厮打，岂知他们几个哪里是东北大汉萧军的对手！萧军是大吵大闹，同他们从院内打到胡同里。一边打一边喊："揍死你！揍死你！看你还敢不敢来害人！"这几个蠢货被萧军打得叽里呱啦地怪叫着，至于他们说的是啥不管它，湖北话萧军听不懂，他只管揍人就是了！

这么一闹腾，胡同里的家家户户看热闹的人都出来了，不知是谁还叫来了派出所的警察。这伙马大哈不明内情，便只当是打架斗殴，把双方一股脑儿都带到了警察局。这正中萧军下怀，事情弄得尽人皆知，特务们就不好下手了！除了萧军外，警察同时还带走了萧红、端木蕻良和两个前来访问萧红的女学生及前来报信的张鹤暄等，共计六人。端木蕻良还夹上了一条毛毯，拿了一部厚本的《新旧约全书》，好像准备去长期坐牢似的……

"蒋锡金失踪了！""萧军、萧红被绑架了！"冯乃超等人立即跑到汉口原日本租界中街9号（今长春街57号）武汉"八路军办事处"去报告情况。事不宜迟，办事处负责人董必武同志当即开始了营救活动，接着文化界抗议的声明也雪片似的飞来……

战时首都——武汉，绑架抗战进步文化人事件影响很大，引起社会上舆论纷纷。董必武亲自出面，据理力争，他先找到当时的湖北省主席何成濬，后又找到在武汉行营的蒋介石。董必武对蒋介石说："萧军等人不是我党的党员、干部，他们是东北来的爱国青年作家，他们对日寇是国恨家仇，对散布投降言论的人自然不满，斥责几句就被逮捕，以后谁还敢说抗日的话？此事请蒋主席明裁！"

听了董必武的一席不软不硬却又无懈可击的话，老蒋在地上转了几圈，用手摸摸秃头顶，觉得现在是国共合作，讲统战，明晃晃地逮捕著名抗日作家，会引起连锁反应，得不偿失。再说，事情已闹到沸沸扬扬的地步，不放人也不好收场。蒋素与汪有芥蒂，他对汪不向他请示就抓人有反感，既然董必武找上门来，正好做个顺水人情。于是，蒋介石对董必武说："董先生，你的意见很对！两党抗日，共赴国难，少制造摩擦为宜。一两句话，就大行逮捕，被骂两句就抓人，还有什么'宪政'与民主吗?！放人！……"

翌日，敌人以"误会"为名，将萧军、蒋锡金等人全部释放。然而，事后特务们还时时像幽灵一样在小金龙巷窥探、跟踪。这使萧军对战时首都——武汉和国民党的抗战论调完全失望了，他决心寻找新的报国之门，奔赴新的抗日战场！

三、在临汾

1938年1月27日晚上，天墨黑墨黑的，汉口火车站上，间隔很远才有一盏电灯，发出十分昏暗的光。一列装载货物的列车，长龙似的傍着月台，月台上出行的人们里三层外三层的，都在等候着上车。蒋锡金、胡风等人也在这一排排、一圈圈的人流中，他们是来给萧军、萧红、端木蕻良、艾青、田间、聂绀弩六人送行的。《七月》编辑部七个人，一下子走了六个，只剩下胡风自己了，蒋锡金的"房客"①们也全都离开了小金龙巷21号，胡风、蒋锡金难以掩饰对战友们的难舍难分之情。这些即将出发奔赴临汾的英勇的文艺战士和为他们送行的友人们竟然放声地唱了起来，这歌声响彻暗夜的上空，显得那样雄浑、悲壮……直到一声汽笛长鸣，列车哐当哐当地开走了，彼此的视线模糊了……

因为是战时，火车开开停停，停停开开，足足走了十天才到达临汾。路上还发生了事故，幸好列车驶上了保险道，才没造成人员伤亡。

萧军之所以来临汾，要从1937年底说起：抗日战争进入了十分艰巨的阶段，穷凶极恶的日本侵略者向中国派遣了数百万军队，对我锦绣中华实行"焦土政策"。燕赵大地烽烟滚滚，兵火遍地，华北战局越来越紧张。国民党军队节节败退，大同、石家庄、安阳、济南、娘子关等重镇相继陷落……华东战场形势更加危险，继上海沦陷之后一个月，首都南京也告失守。三十多万居民被日寇屠戮，三分之一的房屋被轰炸，六朝古都陈尸遍街，瓦砾成山……

值此民族危亡关头，中国共产党派遣八路军东渡黄河，在敌后开展了轰轰烈烈的人民游击战争。这使为国家、民族存亡而忧心如焚的萧军看到了希望，日夜渴盼自己能早日投身到民族解放战争中去，为死难的同胞报仇。于是他义愤填膺地向敌人发出了战斗的檄文，即《两种教育的结果》《他们等我去复仇》（《萧军全集·11卷》第232、240页）。这两篇杂文都刊载在1938年1月初的《七月》上。但是，此时的萧军已不满足在远离战争的后方舞文弄墨了，他希望能够到战场上与鬼子白刀子进去红刀子出来，杀个你死我活。恰好这时在晋南临汾创办"民主革命大学"的李公朴先生邀请"二萧"等人赴校任教，为其培养抗战人才出力。萧军怦然心动，他认为，临汾虽然不是前线，但日寇已经进逼晋中，威胁晋南，临汾已经笼罩在炮火硝烟之中，无异于大有作为的前线！于是，他与萧红、端木蕻良、艾青、田间、聂绀弩等人于1月27日离开武汉，2月6日到达了临汾。

临汾东倚太岳，西临黄河，北起韩信岭，南接运城市，因地处汾水之滨而得名，战略地位非常重要，历史悠久，是华夏民族的重要发祥地之一和黄河文明的摇篮，素有"华夏第一都"之美称，是个办学的好地方。

李公朴先生不愧是伟大的爱国主义者，坚定的民主战士，杰出的社会教育

---

① 指萧军、萧红、端木蕻良。

家。在共产党与山西军阀阎锡山有条件地建立了抗日民族统一战线的情况下，为培养抗日救亡的中坚力量，他出面建立了民族革命大学。学员来自四面八方，教员多是国内外的名流。这所学校一成立，就建立了十多个系，学生达千人。小小的临汾城，几乎到处洋溢着抗日的热情，到处回荡着激昂的战斗歌声，"民族革命大学"被赞誉为抗战"黄埔"。

萧军他们被分配到文学系教书，职务名称叫"文艺指导"。学校给予的待遇规格较高，每月除几十元现洋外，还有专门服务的公务员。萧军与萧红的公务员是个朴实的晋南农民，叫刘同，萧军和他的关系很好。享受这样高规格的礼遇，这在萧军、萧红还是头一次。

民大的学生素质也非常高，爱国、向上、勤奋、好学。每当落日的余晖涂抹西天边际的时候，许多学生总要围着抗日大作家、鲁门弟子萧军问长问短，萧军就用他那完全的东北腔与学生们海阔天空地畅谈。他们从东北谈到华北，从上海、南京谈到武汉、重庆，从抗日战争谈到欧洲战场，从蒋介石的"攘外必先安内"谈到共产党的抗日民族统一战线……萧军的质朴、粗犷、思想进步、学识渊博，受到学生普遍的尊敬，甚至好多学生和萧军结成了挚友。

萧军到临汾不久，丁玲（我国著名女作家）率领的西北战地服务团也从抗日前线来到了这里。这也是一支由文艺工作者组成的队伍，包括很多知名作家。前后两支文艺队伍，就在这晋西南小城胜利会师了。他们有共同的革命理想和斗争精神，而且同操革命文艺这一武器，无论是老战友还是新相识，都毫无芥蒂地在一起交流切磋，排戏讲演，为"民大"学生授课，搞抗日宣传动员。两支队伍融洽团结，共同把临汾城的抗日救亡运动搞得轰轰烈烈，抗日的烈焰在汾河之滨熊熊燃烧。

可这种热火朝天、生机勃勃的战斗生活持续还不到两个月，形势就急转直下了。山西军阀阎锡山假抗日、真反共，在大势所趋的情况下被迫做出联共抗战的姿态，可当日寇威逼的时候，他同蒋介石一样畏敌如虎，步步退让，而且加紧了反共的步伐。当日寇进攻的炮声传到了古城临汾，临汾城的各抗日机关、社会团体都要向后方撤退了，"民大"也不例外，准备撤到乡宁，两支会师不久的文艺工作者又要踏上撤出临汾的征途。

到哪里去？哪里更适合自己去抗日救国？在这个问题上，萧军与萧红发生了尖锐的冲突。同时由于端木蕻良的介入，两个人的关系就变得十分敏感、十分复杂，感情生活发生了急剧的变化。

端木蕻良原名曹汉文、曹京平，满族，辽宁昌图人，小萧军五岁。早年在天津南开中学读书时就参加了学生运动，后到北京参加了左联，并到上海从事左翼文艺活动，写过《科尔沁旗草原》等著名作品。因为同是左翼作家，又同是东北流亡青年，他同"二萧"来往很密。到了武汉以后，又同住在小金龙巷21号蒋锡金家。据蒋锡金回忆文章《乱离杂记》中所写的情况看，四人在一起（包括蒋锡金本人）就像兄弟姐妹，又像同志会，同吃同住，关系融洽而随便，经常讨论文学创作、时势发展，还想组织宣传队，开办饭馆等。端木蕻良身着西装，脚蹬长筒靴，留着很长的鬓角，脑后的长发几乎盖住脖子，颜容憔悴，举止羞涩……那身西装是当时流行式样，由于垫肩很高，几乎两肩都平了，大家就开玩笑叫他"一字平肩王"……未婚的端木蕻良说话和声细语，性格内向、孤傲、文质彬彬，与萧军的粗犷、豪放、好强、野气形成鲜明对比。

在武汉这段时间里，萧红对端木很有好感，两人都喜欢画画，在一些问题上也有相同的看法。当几个人在争论问题时，端木一般都站在萧红一边。尤其让萧红感到欣慰的是端木不只是尊敬她，而且大力赞美她的作品超过了萧军的成就，这是其他朋友没有做过的。这使感情丰富而脆弱的萧红，第一次感受到来自异性赞美对她的特殊意义。这样，"二萧"本已裂痕重重的感情生活面临着新的考验。到了临汾后，"二萧"的矛盾越来越公开化，夫妻感情的温度几乎降到冰点。而萧红同端木的关系却迅速升温，甚至亲密得已经不避他人了……

需要从临汾撤退的情况下，萧红、端木蕻良、聂绀弩、田间、艾青等都选择了参加丁玲领导的西北战地服务团，准备去运城而后奔西安。唯独萧军却另有打算，他已觉察到阎锡山反共的野心，看到了"民大"的危机，他想辞职去五台山参加游击队，发挥自己懂军事的特长，拿起枪上前线，同日本侵略者杀个你死我活，实现他久已在心的愿望。

在临别之夜，萧军、萧红都没有睡意，两个人并排躺在炕上，各自看着顶棚。萧红还想最后劝阻萧军，但萧军还是坚持自己的主张。萧军在《侧面》一书中记述了当时两个人的对话：

　　萧红：你总是不听别人的劝告，该固执的你固执，不该固执的你
　　也固执……这简直是"英雄主义""逞强主义"……你去打游击吗？那

不会比一个真正的游击队员价值更大一些，万一牺牲了，以你的年龄，你的生活经验，文学上的才能……这损失，并不仅是你自己的呢。我也并不仅是为了"爱人"的关系才这样劝阻你，以致引起你的憎恶和卑视……这是想到了我们的文学事业。

萧军：人总是一样的。生命的价值也是一样的。战场上死了的人不一定全是愚蠢的……为了争取解放共同的奴隶的命运，谁是应该等待着发展他们的"天才"，谁又该去死呢？

萧红：你简直忘了"各尽所能"这宝贵的言语，也忘了自己的岗位，简直是胡来……

萧军：我什么全没忘。我们还是各自走自己要走的路吧，万一我死不了——我想我不会死的——我们再见，那时候也还是乐意在一起就在一起，不然就永远地分开……

萧红：好的。(《人与人间——萧军回忆录》第294—295页)

两个人各不相让，意见很难统一。确实是无法统一呀！萧军要真刀真枪地与日本侵略者决一死战的想法由来已久，早在哈尔滨时就已经占据萧军的心灵。他曾经多次想与北杨到磐石游击队去，高举抗日义勇的战旗，抗倭驱房，因碍于萧红的身体状况没有成行；上海八一三事变，他又想上前线，但没有从戎的机会，无法实现这个理想。现在，日寇的进攻又猖狂到了这个地步，夫妻感情也到了这个地步，报国的夙愿，夫妻的恩怨，使他做出了果断的抉择：和萧红各走各的路，自己到前线去！

"二萧"毕竟曾是患难夫妻，在风里雨里牵手跋涉六年了。当要走到"永远分开"的边缘，那惜别的深情和痛苦反而愈加强烈。当萧红随丁玲去运城的那天夜里，萧军从临汾城内特地赶到火车站送行。

临汾火车站很小，坐落在城郊。与其说是车站，还不如说是一片荒凉、杂乱的野地，那候车室就俨然野地上的一座小庙。有几辆车皮停在轨道上，火车头正在加煤、加水，烟囱里放着白色雾气。萧军在回忆录中说："这，不像车站，简直只是一片偶尔繁荣起来的荒凉的广场！没有旅客，有的只是一些带武装的，不带武装的，胸前过多挂着铁锤子似的手榴弹的灰色的兵……各不相属地交穿地走着。"(《人与人间——萧军回忆录》第296页)这些兵都是从前线退下来的，有许多伤兵还缠着绷带，他们粗野、蛮横地叫骂着，逼着站长赶快开车……伤兵的举动更给这荒凉的小站增加了几分溃逃的慌乱和凄凉……

"我留下来，因为我强壮！"1938年的萧军

萧军在杂乱的人群中匆匆穿行，好不容易找到了丁玲他们那节车厢，尽管天气还很冷，他却热汗腾腾，当他把两个大梨放到萧红手上，深情地注视着萧红的时候，萧红泪眼盈盈地抓住萧军的手说："我不要去运城了呀！我要和你进城（指临汾城）去……死活在一起吧！若不，你也一同走，留你一个人在这里我不放心！"

"不要发傻！"萧军异常温和地劝萧红说，"你还是好好去运城，我们不久就会见面的。你们先走一步，如果学校没有变动仍在这里，你们就再回来。你跟丁玲他们一同走比较安全，他们是有团体的呀！……我留下来，因为我强壮！……"萧军握起萧红的手，感觉到萧红的手已经是不正常地烧热着。

"说过一千遍了……我不仅仅是为了你是我爱人才关心你！仅是同志的关系我也不愿意你这样……你总是不肯听从我的话……你……"萧红一边流着眼泪，一边说着这些话。

"不要紧的呀！我不是经历过很多次死亡关头而都没死吗！我自信我是死不了的！"萧军一边笑着一边用另一只手去摸萧红的脸，萧红轻轻地扭头避开了。一度兴奋得闪亮的目光又一下子黯淡下来，把手抽回来，低着头，任泪水默默地流。萧军还想劝说萧红几句，但萧红倔脾气来了，把头一扭，赌气地说："这怎能比先前呢？你总是这样！没有一次好好听过我的话……随你的便吧！"萧红把一只手从萧军的手中抽出来，用毛巾伤心地揩着鼻子和眼睛。

"一切还不是为了工作吗？第一，我们要工作……"萧军的语调也变得激动起来，极力为自己辩护着。

距离开车的时间还远，萧军同好朋友聂绀弩在月台上聊起来，说出自己的心里话，并将萧红托付给他，聂绀弩在他的《在西安》一文中有这一情景的叙述。萧军对聂绀弩说："我要到五台去。萧红和你最好，你要照顾她。她在处事方面非常幼稚，容易吃亏上当；她单纯、淳厚、倔强，有才能，我爱她，但她

左起：萧军与胡风、聂绀弩　1984年

不是妻子，尤其不是我的。如果她不先说和我分手，我们还永远是夫妇，我绝不先抛弃她。"听了萧军这番话，且以他对"二萧"情况的了解，他意识到了，"二萧"的感情之路，已经跋涉到了绝境。他的心很痛，作为"二萧"的朋友，他不忍心看到这对患难夫妻、生死伴侣从此劳燕分飞。于是他动情地、认真地安慰了萧军，并下决心要做萧红的工作，使"二萧"破镜重圆……①

　　和聂绀弩谈了一番，萧军又嘱托丁玲替他照顾好萧红，而且不顾丁玲的调侃，一本正经地对她说："说实在的，她的身体不好，处理一些事情又不及你熟练有把握。而且你们是有团体的，对于一些事情全要容易些。她到运城不必停留，就随你们到西安，或者你把她设法送上去延安的车……若不然就暂住在你们团里，总之，不要使她一个人孤单单……反正……我们还要见面的，只要……"一向说话直言快语、斩钉截铁、流畅自如的萧军，此时却结结巴巴、婆婆妈妈起来。这是因为，与萧红生活在一起时，萧军总是以"强者""保护者"自居，一旦要"永久分开"了，他本能地为萧红担心起来，"强者""保护者"的失落感占据了他的大脑和心灵。

　　当时还不太理解萧军复杂心情的丁玲，以老大姐的态度和语气安慰萧军说："放心吧！我会的。你这家伙！昨天晚上跟她吵得那么厉害，今天却又关心起来没完……既然你这么关心她，干吗做出那份凶样子伤她的心呢？！你们男人呀！"

　　"大刀向鬼子们的头上砍去，全国武装的弟兄们。抗战的一天来到了，抗战的一天来到了！"

　　"我们都是神枪手，每一颗子弹消灭一个敌人；我们都是飞行军，哪怕那山高水又深……"

―――――――――――――

① 参见聂绀弩：《在西安》，《聂绀弩全集》第4卷，第135—136页，武汉出版社，2003年。

车厢里忽然响起嘹亮的歌声，似乎在分组唱着，一首歌还没有终结的时候，另一组的歌声又起来了……

一声汽笛很短促地响起来，接着机车嗞嗞地响叫着，排除着过多的蒸气……已经是夜间9点钟了。

"你回去吧！再晚就不能进城门了！"萧红揩着眼睛，接连地催促萧军下车。

南下运城的列车终于要驶离临汾站，萧军下了火车，频频回头望着从车窗里探出头来的萧红，看着那一张苍白的脸，两个人的心情都感到"一种真正的沉重的压迫"……此时，战地服务团的人也都从车窗里伸出头向萧军挥手，不知是谁戏谑的带头高喊："萧军万岁！"而后响起了悲壮的《国际歌》声……列车呼啸着奔向了暗夜……

萧军决然地扭回头，急速地走下了站台，走下出站的斜坡，朝着临汾城里的方向疾步走去。没有灯火，没有亮光，更没有人声，只有一片万籁俱寂的无尽的黑茫茫的田野……

四、从临汾到延安

送走了萧红和战地服务团的友人们，萧军怀着凄楚的心情踏着茫茫的夜色，疾步如飞地赶回"民大"宿舍。一头扎在床上，闭上眼睛，他的眼前开始晃动着：刮着风沙的如同荒凉漫野一般的车站广场；呼哧呼哧地喷吐着白色雾气的火车头；小站上乱纷纷地溃退的正规军官兵；不肯放他进城的把守城门的卫兵；聂绀弩瘦长的身影；丁玲圆乎乎的笑脸；"西站团"友人们唱歌时的各种表情……最后是萧红没有血色的脸庞，还有那一双含着泪水的大眼睛，像银幕上的特写镜头似的，由远及近逼向他，在他的眼前定格。"死别已吞声，生别常恻恻"，一向被称作硬汉的萧军，此刻竟被这儿女情长几乎淹没了所有的思绪。似睡非睡，几分蒙眬几分醒，他在昏昏沉沉中，耳边又响起了那歌声："打起火把……拿起枪，赶快上战场……"

萧军狠劲地睁开了眼睛，强迫自己回到现实中来。可第一眼看见的却不是古旧的天棚，也不是笨拙残破的家具，而是墙角处那一双棕红色的矮靿的小皮靴，这可是萧红平素最喜欢穿的呀！他清楚地记得，她每次穿起这小靴子走路，总是故意要显得一点愉快和轻盈……得想办法转给她！想到这儿，他立即找来一块旧布，把小皮靴包好，还写了一封短信放在包裹里。信的内容是：

红：

这双小靴子不是你所爱的吗？为什么单单地把它遗落了呢？总是这样不沉静啊！我大约随学校走，也许去五台……再见了！一切段同志（指丁玲）会照顾你……（《萧军全集·10卷》第252页）

直到这时，萧军还不忘关照、保护萧红。他大概永远也理解不了，这个叛逆的女性灵魂深处的独立自主意识有多么强大！尽管她在人生的关键时刻走过了许多弯路，在她最危难的时候是萧军救了她……等到萧军终于明白萧红时，已时过境迁，为时晚矣！

碰巧，"民大"的工友来通知萧军到本部开会，他知道了有一位平素和他要好的教员要去运城，萧军求人家把包裹捎给萧红。

萧军还把一部分手稿（主要是长篇小说《第三代》的部分底稿）、两本日记和十几封信件等，也包成一个包，同时也写了一封信，这是捎给丁玲的。萧军考虑到丁玲的地址固定些，既然自己要去打游击，带上这些东西肯定不方便，还有遗失的危险。于是，他拜托丁玲为自己暂时保存着。他在信中说：如果自己死不了，再交还给他；万一他死了，请丁玲把这些东西顺便扔进黄河里……

办好这一切，萧军就到校本部去开会。会议还没开完，警报就响了，人们四下散去，纷纷躲避敌机的轰炸。

"民大"决定迁往乡宁，萧军决定去五台山找抗日游击队。他四处寻找，费了一番周折，终于找到了八路军兵站开了一张去五台山的通行证（内容是萧军自己写的）。但由于去五台山的路已经不通了，萧军只得加入了学校撤退的队伍，随着教师、学生们一起撤离临汾。

此时的临汾，日军飞机不断地轰炸骚扰，那涂着"太阳徽"的机翼在阳光下闪着刺眼的光芒，时而抛下一颗颗罪恶的炸弹，远处不时传来几声轰鸣的炮声，临汾城人喧马叫，完全处在一片慌乱之中……正如萧军在《侧面》中描述的那样：

城门太狭窄，常常被进来的骡驮，出去的人群，以及人身上驮载的那过大的被包拥塞住。守卫的兵沙哑地吵叫着，骡子们摇摆着耳朵，灼热地喷着气息，骡夫们以及押解这骡驮的兵们，就理直气壮地大骂：

"……总得让牲口先过去啊！这是警备司令部的东西，一刻也不能耽误……你，守门的……为什么不禁止他们等一等……"

"扯你妈的屁……你腰里有手榴弹，甩出两颗……不就过去了吗？"

…………

被腾搅起来的浮尘，看不到边际地翻转着……只要一刻不注意，就会封闭了你的鼻子和眼睛。人在这样世界里如果生活一天，他的血流和五脏也许会被淤塞住，停止了它们的活动的机能。（《萧军全集·10卷》第306—307页）

萧军和"民大"的教员及学生们好不容易冲出了狭窄的城门和尘土的迷阵。本来萧军为了行军方便，在出发前就换上了胶鞋，扎上了绑腿，行囊打得紧实、方正。心想：这才像个行军打仗的样子，至少一天也可以跑二百里路哇！可当他看着这手无寸铁、松松垮垮、散乱无章、缺乏指挥的撤退的"军人"队伍时，他忧心如焚，急不可待地向校方郑重提出三点建议：

第一，要给学生发枪支，并且子弹要充足，以便同敌人进行游击战；第二，由学校当局和教员、学生的代表三方组成一个委员会，作为这支队伍的最高领导机构；第三，以后行军要有切实周密的计划，给养、伙食、警戒……都要有具体的部署和切实的安排。萧军还举例说，不要像太原撤退那样，像一群无组织的狗似的逃跑出来……

无疑，萧军的这些建议是完全从时局出发，从实际出发，是有的放矢的，是合理的！可是校方当局竟然没有采纳，这使萧军很气愤。接下来又发生一件事情，一位留洋回国的所谓"教授"，不停地欺侮身边的勤务兵，不断地给勤务兵找麻烦。萧军好言相劝他听不进，从小就好抱打不平、疾恶如仇的萧军，抡起手里的枣木棍子向这个"东洋流"打去，狠狠地教训了他。萧军还和一些进步的教授们团结起来，站在学生一边，同学校当局的某些不合理的，甚至是反动的做法做斗争，他还提出把"艺术队"的一部分组建成"山西战地服务团"……萧军的这些革命行动和设想，引起了学校当局反动一方对他的极大不满。到乡宁时，他们正式通知萧军脱离"艺术队"，到吉县本校的"军政系"教书。可当"民大"到吉县时，他们又宣布解除萧军的教师职务，这就更坚定了萧军脱离"民大"到前线去的决心。

刚到吉县时，"民大"校长、二战区司令长官阎锡山故作礼贤下士、平易近人的姿态，接见了萧军和几位教授。

阎锡山穿长袍，戴礼帽，好一派乡绅打扮。他坐在太师椅上，脸上堆着笑，不停地说着，一边说一边用一只手反复地摩挲着自己的头和脸。为了表示愤怒和焦急，他有时也跺脚，拍打桌子。他时而笑，时而怒，就像一个合格的话剧演员，尽量把戏演得精彩！

阎锡山首先分析了目前军事失败的原因，他说"兵贵神速"，我们输在一个"迟"字上；接着又吹嘘自己的功绩，传达了所谓前线的好消息，说什么日军在山西有九个师，可我们只有二十万人，日军被我们解决了不少；同时对中央军军纪败坏的行为表示愤怒。他骂咧咧地说："妈的，吃了羊肉，羊皮还不给留下，这是什么玩意儿！要是我的部队，立即拉出去枪毙！"他喋喋不休地说要动员几百万群众，以乡宁、吉县、大宁等地作为山西的复兴基地，还说要把学生全部集中到吉县，他要亲自训练十天或两个星期，而后分配到各地去，要教员们上午上课，下午由他给教员亲自讲"物产证券学""共产主义的错误"等。听到这里，萧军不禁十分愤怒，好你个畏敌如虎、唱高调的阎老西，日寇把刀架到你的脖子上了，你还不忘反共！跟你能抗出个什么"日"来！

萧军强忍住心中的怒火，等这个老军阀把狗屁戏演完。因为他要去延安再转道五台山，而去延安的路上有阎锡山的部队哨卡的阻拦，必须有阎锡山签发的通行证才能通过。萧军耐着性子，等到阎锡山的"狗皮膏药"卖得兴高采烈的时候，他提出签发通行证的事。这个老狐狸又反复摩挲着自己的头和脸，上下打量着萧军，沉吟了一会儿才慢吞吞地说："好嘛，去延安看看我也赞成，国共合作，抗战一家嘛。你回来时欢迎你再来谈谈！"

就这样萧军拿到了阎锡山出具的去延安的通行证，决意要走了。这天晚上，在吉县城郊的一个窑洞里，萧军向学员们告别。这批学员来自祖国的四面八方，他们本来是想在这抗战"黄埔"寻求到救国救民的真理，能够学到实现自己远大抱负的本领，可是如今……他们心头一片渺茫，救国的大路究竟在哪里？不知道自己该去向何方。有人悔恨，有人抱怨，有人悲伤，还有人跟着国民党军政人员向南方落荒而逃……别说这些不谙世事的青年学生，就是许多教授、文化人也都处在彷徨之中。

当萧军向学生们说明自己要脱离"民大"时，整个黄土窑洞，几十双眼睛都含满了泪水。每个人都静默得如同金属浇铸的一般，没有动作，没有声音……整个窑洞像是一所年代久远的古墓，墓外就是无边无垠的沙漠或是停止流动的海洋……

"萧先生！"一个大头颅的有一条高而直的鼻子的青年人带头打破了这沉寂。

"你不能走哇！不能走……你带着我们一同打游击去吧！……这种学校，他们就是要企图不负责任地埋葬我们……我们……"他的每一个字的发音全是颤动着的，他就站在萧军的对面，萧军看得清楚，他说话时激动得嘴唇也是颤动着的。他狠狠地搅动着手指，可能想努力使自己镇定下来，但是两条细细的泪还是流了下来……看到这些，萧军的头也垂下了。

"我们来到这里是不容易的！……我是云南人，我徒步跑到武汉……我本来打算入延安抗日大学的……他们说这个学校是和抗日大学一样的性质……我才来的。谁知道……这些猢狲们……"这是从屋子的一个角落发出来的声音，声音是撕裂的，但很强壮。萧军没有看清他的脸，因为被别人的脑袋挡住了视线。

"我们青年人，总是容易被欺骗的……"

"我们就等待在这里吗？我们的精神太痛苦了……"

大家你一言他一语，愤怒、悲伤充斥着整个窑洞……

"你们不能再说了！应该让萧先生说……让代表替我们说话，代表——"被称作代表的学生就是第一个发言的那位男同学，只见他揩抹了一下眼泪，手指抖颤地从衣兜里摸出一张纸单，然后就听他颤声地说："萧先生，请你给一点意见吧！我们同学全都很苦闷，留在这里等待学校分配呢，还是自动离开学校去打游击？总而言之，我们不乐意无条件地被敌人俘虏了去，听说敌人已占了大宁了……"

屋子里又开始死一般静寂了，每个人像全停止了呼吸！是呀，这是他们的生死存亡的转折期，他们把自己敬爱的萧先生当作主心骨，指望着萧军给他们指点迷津。这让萧军很感动，可是萧军又能怎样呢？正如萧军在回忆录中说的那样：

这使我感觉到自己此时似乎成了一座碇泊柱，一些飘摇的船只，全把它们的系留的锚索，套进了我的脖子，我不能不勉强使自己真的成为一尊碇泊柱了。虽然我自己也还需要一尊更坚牢的碇泊柱，我也还是一只不大能够安定自己的船……（《人与人间——萧军回忆录》第313页）

萧军稳定住自己的情绪，耐心地向学生们讲清了自己目前的处境，冷静地分析了大家所处的形势，指出了下一步的路该怎么走。

萧军说，他自己是不能再留在"民大"了，学校方面不需要他了，不要他在艺术大队，不让他和学生一起参加民运工作。别的工作也不让他做，只给饭吃，只能住在司令部里写小说，材料还得由校方提供，不是自己想写啥就写啥，这样的安排他是不能接受的！

萧军进一步阐明自己的观点：他们（指校方中的反动势力）集中学生，却在每天诋毁"共产主义的错误"，宣扬着他们的胡言乱语的学说，把成万的青年招拢来，拿我们这些教员做陪衬……凡是有点正义感的人们，是不允许他们破坏统一战线的！可是，我又不能带着你们打游击，因为我们没有枪支，没有子弹，主要的是我们对此地的人民太生疏了，而且人民几乎逃得精光，即使他们（指校方中的反动势力）不把我们赶回去，我们也会饿倒在旷野里。况且他们很快就会把我们截留住，捉回去，他们会加我一个蛊惑学生叛变的罪名……所以我还是得走自己的路哇！

萧军安慰学生们：你们不必过度担心，他们既然招拢了你们来，非到于他们毫无益处或者毫无办法的时候，他们是不会甘心丢弃你们的，也绝不甘心使你们自由去漂流……

最后萧军激动地说：我们既然出生在这个时代里，就承担起这个时代给予的每人自己的命运吧！……不要逃避——也不能逃避——不必悲叹……按照人生合理的方向改进它就是！……不要有一刻耽误或延迟，要固执，要坚决……（《人与人间——萧军回忆录》第314页）萧军说完坐了下来，两条手臂撑住前额，他觉得自己实在是没有什么可说的了，窑洞里又开始一片沉寂……

"我的家在东北松花江上，那里有森林煤矿，还有那满山遍野的大豆高粱。那里有我的同胞，还有那衰老的爹娘。'九一八'，'九一八'，从那个悲惨的时候，脱离了我的家乡，抛弃那无尽的宝藏。流浪！流浪！……哪年，哪月，才能够回到我那可爱的故乡？哪年，哪月，才能够收回我那无尽的宝藏。爹娘啊，爹娘啊，什么时候，才能欢聚在一堂？"不知是谁带头唱起了张寒晖作词的《松花江上》。学生们那凄凉、哀婉、愤怒的歌声，在窑洞回荡，一直飘到洞外，辽远的夜空……

分别的时候到了，大家唱着歌离开了窑洞。萧军站在大门前默默地和学生们握手，在月光朦胧中，彼此注视着，相互的叮咛都在眼神中流出。有的学生红着眼睛屏住泪水；有的任泪水流淌……萧军目送着学生们走下山坡，走进树影，直到什么都看不见了……很少流泪的萧军，此时感到自己的脸上凉凉的，轻轻地有两条泪水流下来……

1938年3月11日，萧军独自踏上了征程，火速赶往平渡关渡口，他要西渡黄河，然后随八路军敌后部队到五台山革命根据地去。他晓行夜宿，走乡串店，开头倒也轻松自在。可当他沿着奔腾咆哮的黄河西进时，山势越来越险峻，道路越来越难走，有的地方狭窄得只能容一只脚站立着，峭壁上不时崩落着碎石和岩片……白天，低翔的恶鹰窥视着山岭和地面，随时准备啄食死人或动物的骨肉；到了夜里，萧军虽燃起篝火，但也不敢安心睡觉，因为黑暗中，不远处有点点绿光闪烁着，从小在辽西大山里滚爬出来的萧军十分明白，那是饿狼的贼光……

他击风搏雨，跋山涉水，战胜了疲劳，赶走了饥饿，终于在黄色雾障里走到了平渡关渡口，挤上了最后一艘渡船。黄胡子、黄眼球的老艄公一声呼喝，渡船立即被吸进了中流……到达对岸后，一个八路军的小战士检验了萧军的护照，然后萧军便踏着黄土，伴着风沙，急匆匆地奔向延安城。

3月20日^①，萧军到了"天气是晴朗的，路上一种浓郁的使人陶醉的泥土味，随处升腾着"的延安城。在城南照相馆，他拍下了这个历史瞬间的身影：右肩上扛着一个三四尺长的木棍，木棍上挑着一个破包裹；头戴一顶旧毡帽，脚穿破胶鞋，右胳膊挎一个当时农民进城常用的帆布褡裢，俨然一个十足的流浪汉！

到达延安后，萧军急匆匆地找到了八路军总部，表示要随东征部队到五台

---

① 据萧军《侧面》考证为3月20日。

1938年3月20日，萧军第一次抵延安

山去。有关同志告诉他，战况不明，敌军大举南下，请耐心等待时机。几天后萧军又去询问情况，有位负责同志告诉他，因战事吃紧，交通中断，去五台山暂时是不可能了。为此，萧军心急如火，他只得耐着性子在边区招待所先住下来，利用这段"等待"时间去瞻仰了宝塔山，观光了延河水，饱览了革命圣地延安的大好风光。

延安古称延州、肤施，从隋代开始称为"延安"。它坐落在层峦幽远、黄土连绵的渭北高原，自古就有"三秦锁钥，五路襟喉"的美誉，历来是陕北地区政治、经济、文化和军事中心，兵家必争之地，素有"军事重镇"之称。1937年，中共中央进驻于此，同年设延安市，为陕甘宁边区政府所在地，直到20世纪40年代中期，这里都是中国革命的大本营。延安的山光水色、风土人情，给萧军留下了美好的印象。

萧军到延安没几天，丁玲和聂绀弩从西安也到了延安，他们是来向党中央、毛主席汇报西北战地服务团工作的。

一天，萧军正在招待所看书，丁玲和聂绀弩破门而入，萧军看见两个老朋友，高兴的心情难以言表。他急切地告诉丁玲和聂绀弩说，眼下去不了五台山，打游击的梦破灭了。丁玲说：那就跟我们走吧，参加西北战地服务团的工作，等有机会再到前线去当"英雄"！聂绀弩还特意告诉他，萧红已经在西安了……

毛泽东主席从丁玲那里得知《八月的乡村》的作者萧军到延安了，很想见见这位鲁迅先生的大弟子，就派秘书到招待所去看望萧军。秘书在离开招待所前问萧军愿不愿意去见见毛主席，（也许是毛主席派秘书来请萧军，秘书没有把话说清楚）萧军回答说："我打算去五台打游击，到延安是路过，住不了几天。毛主席公务繁忙，我就不去打扰了！"就这样谢绝了。

丁玲知道后，埋怨萧军说："既然到了延安，谁不想见一见毛主席，机会难得呀！况且毛主席还派秘书来看望你，难道你还要等毛主席亲自请你吗？你这个家伙真了不起呀！"

"我有什么了不起？哪有等毛主席来看我的意思！"萧军被丁玲的话打动了，决定随她去杨家岭见毛主席。可是还没等萧军动身，毛主席竟先一步亲自到招待所看望萧军和大家了。毛主席还在招待所设宴为萧军、丁玲、聂绀弩、何思敬等人接风洗尘。席间，毛主席亲切询问了萧军的生活经历、东北沦陷区的情况；特别着重了解了鲁迅先生在世时的生活和工作；向众人深切表达了对鲁迅先生由衷的敬佩，还对鲁迅先生给予了空前的评价……萧军虽然是第一次见到毛主席，但因毛主席平易近人，和蔼可亲，毫无领袖的架子，他也就一点也不感到矜持拘束，想到什么就说什么。显然毛主席很喜爱萧军这种坦率豪爽的性格。而毛主席的博古通今、雄才大略、见识过人、风趣幽默，也使青年时期一向桀骜不驯的萧军佩服得五体投地。萧军晚年回忆起这段往事时，依然深感愧疚，他说："毛主席礼贤下士，平易可亲，气度非凡，和毛主席相比，我自己年轻气傲，就显得太渺小了。"

在延安逗留期间，萧军还应邀参加许多活动。在陕北公学开学典礼的会场上，毛主席第二次看见萧军时，就像多年不见的老朋友重逢，两个人又亲切地聊起来。毛主席还把萧军介绍给在场的陈云、李富春、成仿吾等同志。并拉着萧军一起到操场上去会餐，还在大风沙中共喝了一个大碗里的酒[1]。和毛主席同用一个碗畅饮，高谈阔论，开怀大笑，那种"大风起兮云飞扬"的雄奇豪放的气概，萧军非常喜欢。虽然此次来延安没能如愿上前线去和敌人搏斗，但是意外地见到了毛主席，受到领袖的热情款待，这是平生最光荣、最幸福的事！他觉得只身历险跋涉延安，值了！不虚此行！萧军晚年回想起来，仍然激动不已。

五、西安婚变

萧军在延安住了半个多月，想到五台山去打游击的心愿还是无法实现。丁玲、聂绀弩借机一再盛邀萧军到西北战地服务团，"以加强抗日宣传的力量"，并告诉他萧红也在西安。

1938年4月上旬的一天，萧军随丁玲、聂绀弩一同搭上了一辆破旧的军车奔赴西安。一路上车子不停地颠簸，萧军的脑海也不断地翻腾，他反复揣摩着

---

① 张毓茂：《萧军传》，第200页，重庆出版社，2001年。

和萧红见面时可能发生的一切情景。他深深地预料到，他们六年的婚姻可能会画上句号，那将可能是个什么情景呢？……萧军思来想去，不管怎样，他都要恪守一个原则，即："如果我还爱着她，而对方不再爱我，或不需要我了，我一定请她爱所要爱的去，需要她所需要的去，绝不加以纠缠或阻拦；如果我不爱她了，不需要她了，她就可以爱她所要爱的去……"（萧军《为了爱的缘故 萧红书简辑存注释录》金城出版社2011年8月版，第259页）基于这个原则，萧军在临汾与萧红分手的前夜说了："我们分别以后，万一我不死，我们还有再见的一天，那时候你如果没有别人，我也没有别人，如果双方同意，我们还可以共同生活下去……如果不是这样，那就各走各的路吧！"然而，萧军怎么也没有想到，在众人眼中艳羡的、风雨磨难中牵手六年的、比翼齐飞的"作家夫妻"，他们的婚姻生活竟在一眨眼的工夫落下了帷幕。没有缠绵悱恻，没有痛断肝肠，更没有吵吵闹闹，终结得那样简单，那样急速！

聂绀弩在他的《在西安》①一文中描述了他们回到西安时的"实况"：

> 半月后，我和丁玲从延安转来，当中多了一个萧军……一到××女中（我们的住处）的院子里，就有丁玲的团员喊："主任回来了！"萧红和D·M（即端木）一同从丁玲的房里出来，一看见萧军，两人都愣住了一下。D·M就赶来和萧军拥抱，但神色一望而知，含着畏惧、惭愧、"啊，这一下可糟了"等复杂的意义。我刚走进我的房，D·M连忙赶过来，拿起刷子跟我刷衣服上的尘土。他低着头说："辛苦了！"我听见的却是："如果闹什么事，你要帮帮忙！"

对此，聂绀弩是清楚的，文弱温和的端木怎敢与勇猛强健的萧军对垒？如果两个人因萧红而格斗，他肯定不是萧军的对手，他真的惧怕萧军的拳头……

对萧军的突然到来，端木和萧红处在尴尬、紧张之中。因为，在临汾"二萧"开始分别这一个多月的时间里，萧红与端木已经确立了"关系"。萧红首先镇定下来，她怕端木吃亏，她要快刀斩乱麻！她必须充当端木的保护神。因为萧红最清楚，萧军的拳头是从来不打妇女、儿童的。于是她挺身而出，来了个

---

① 聂绀弩：《在西安》，《聂绀弩全集》第4卷，第139页，武汉出版社，2003年。

先发制人，她走到萧军面前，郑重地对他说："若是你还尊重我，那么你对端木蕻良也需尊重。我只有这一句话，别的不要谈了。"说完转身匆匆走进了丁玲的房间。对此，萧军虽然有思想准备，但没有想到会来得这么快。他没有发作，而是超乎寻常地冷静下来。由于一路奔波，弄得满身尘土，他放下行李便去洗漱。这时萧红又悄然而至，她没容旅途劳顿的丈夫萧军喘口气，便直奔"主题"，态度安详，微笑着对萧军说："三郎，我们永远地分开吧！"显然，她把"我们永远地分开"加重了语气。

"好！"萧军放下正在擦着头脸的毛巾，扭过身来很平静地回答着。

萧红听了沉吟了一下，便不再言语，径自离去。一向以"铁血男儿""坏脾气"著称的萧军，此时此刻面对着曾经牵手、风雨跋涉的妻子萧红如此"绝情"的样子，他的"血性""坏脾气"竟荡然无存了！屋子里的人们被这场面惊呆了，面面相觑，不知道说什么好。他们简直不敢相信：一对在那风雨如晦的松花江畔相知、结合，在青岛、上海、武汉、临汾患难与共达六年时间的，人人看好的"共命情侣""作家夫妻"，在西安就这样没有任何废话和纠纷，干脆利落地分手了；一对鲁门麾下的"小小红军"（二人笔名谐音），从此就这样诀别了！

对萧军、萧红二人的西安婚变的原因，多年来人们从不同的观念出发，做出种种评论，各讲各的"道理"。有的作者缺少客观的和全面的考察；有的过于纠缠、想象作家的私生活，不惜添枝加叶，遮蔽了史实的真相。特别是近年来某些人的极为偏颇的看法和捕风捉影的流言，已经完全逸出文学研究、作家研究的轨道，不说是别有用心，也是商业炒作！笔者写《萧军传》，对萧军人生道路的轨迹，他对中国革命事业、对中国现代文学的贡献，对他的性格特质、生活方式、为人处世做了一个比较全面的了解、考证之后，认为对萧军、萧红二人西安婚变原因的分析，应该尊重萧军本人的阐述。为此，我们有责任和义务把萧耘（萧军二女儿、秘书）女士的《父女恳谈录》中的相关讲述呈现给读者。其内容如下：

分手在结合之初已铸就

晚年的父亲性格依然刚烈分明，而谈及这样的事他就显得平缓许多，他坐在阳台那把旧式的靠背椅上，烟斗中青烟袅袅逸散……

他说，其实生活中、世界上，每时每刻、每分每秒都有男人女人在分分合合、合合分分……而萧红和我的离异所以会引起人们的关注，并且几十年议议论论，说什么的都有，那可能是由于我和萧红全是从事文学写作的人，发表过文章，出过书……大小有点儿影响，拥有些读者，所谓"名人"吧！人们对于有些"名气"的人在私生活方面的琐事，常常是怀有着一种近于天真的"好奇心"，这也是可以理解的。记得鲁迅先生曾经说过类似这样的话：任何伟大的人如果就其吃喝拉撒睡……的诸方面来观察，他和普通人并无不同的（大意如此罢）。我们也不例外。痛苦和幸福，一般来说这是属于主观范畴方面的东西，也多是在别人眼里想当然的东西。它们常常是和实际情况并不相符的啊！就像俗话讲的"谁的鞋挤脚，只有脚趾头儿知道！"正如老托尔斯泰在《安娜·卡列尼娜》的一开头说过的"幸福的家庭是相同的，不幸的家庭各有各的不幸！"幸福，在别人的眼睛里，而痛苦却是在自己的心里……说出来如此，不说出来也如此，它是客观存在的。

我与萧红的结合，纯属是"偶然"的。

可以这样说——我们是偶然地相遇，偶然地相知，偶然相结合的"偶然姻缘"！如果不是在那种特定环境中，如果她还是大家闺秀，如果我没有看到她写的那些个诗：

这边树叶绿了/那边清溪唱着……

我们是绝对不会成为一对恋人的！以萧红当时的情况——怀着身孕即将临产；花白的长发无血色的脸；一件洗褪了色的蓝布长衫穿在身上，开叉一直撕裂到近乎腰际；赤着双脚趿拉着一双被踩倒了后跟帮的鞋……丝毫无美丽可言！但是当我一下子看到了她随手放在床板上的"诗"，即刻感到世界在变了，季节在变了，人在变了，当时我认为我的思想和感情也在变了……出现在我面前的是我认识过的女性中最美丽的人！也可能是世界上最美丽的人！她初步给予我那一切的形象和印象全不见了，全部消泯了……在我面前的只剩有一颗晶莹的、美丽的、可爱的、闪光的灵魂！我马上暗暗决定和向自己宣了誓：我必须不惜一切牺牲和代价拯救她！拯救这颗美丽的灵魂！这是我的义务！我这样做了。

当时唯一的能救萧红的办法，只能是救她出去，和她结婚、同居。为此，我还和最好的朋友夫妇吵崩了。他们替我惋惜，认为我太傻气，不该背上这样一个沉重的包袱，而且还是一个怀着别人的孩子的女人！他们可以无私地帮助我，容忍我，但人们却不肯容忍萧红。"为了爱的缘故"，我毅然地带着萧红出走了，因为当时如果我不救她，等待萧红的命运只有一个——那就是仍被作为人质押在旅馆，最终沦落到被卖的地步，成为妓女！骗了她的那个男人，是一去不回头的……

仅为此我请教了父亲的老朋友。

"舒群叔叔，当年既然您和方伯伯都与萧红交往，友情不错，怎么就没想到同萧红结合呢？"

他笑一笑，率直地回答："我们当时都是光棍汉、穷光蛋，没有固定的职业，自己都养不活，顾上顿没下顿的，又怎么能养得起一个女人——更何况，我们虽然穷，却都是很年轻啊！谁又愿意娶一个怀着别人孩子的女人做老婆呢？！当时萧红的形象又是那副样子……这样的'傻事'只有你爸爸萧军他才干得出，也只有他才具有这样的豪侠胆量和勇气呀！……"

听说了这番话的父亲颇有些自豪："所以，至今也觉得满意我。"他耸耸肩，继续着关于萧红的话题：

（萧军）至少我发现并拯救了一个未来出色的女作家！但是1938年我们永远分离的历史渊源早在这相结合的开始就已经存在了。第一，我从来没有把萧红作为一个"大人"或"妻子"那样看待和要求，一直是把她作为一个孩子——一个孤苦伶仃、瘦弱多病的孩子来对待的。尽管我是个性格暴烈的人，对于任何外来的、敢于侵害我的尊严的人或事常常是寸步不让，值不值就要"以死相拼"的；但对于弱者，我是能够容忍的，甚至容忍到使自己流出眼泪，用残害虐待自己的肢体（例如咬啮自己）来平息要爆发的激怒……这痛苦，只有自己知道，有时也会不经意地伤害到她或他们，而事后憎恨自己的痛苦也只有自己知道。

第二，我是一个皮粗肉糙冷暖不拘的人，自幼出自农村，六七个月上就没有了母亲，我是吃着乡亲们的"百家奶"长大的"野孩子"。十八岁当兵，受过若干年严格的军事训练，从十岁多就开始练习各种武艺，什么饥寒劳碌穷苦……可以自豪地说全经见过！我从不诉苦、不发牢骚，我不愿向任何人谈论自己的病痛或伤害，我以为那是无益也无用的，是伤害自尊的事！我相信一切靠"力量"：什么战胜什么？谁战胜谁？！即使是战败了，也不哼一声，不要显示任何软弱和多情，不流一滴眼泪……这，才像条汉子！由于我的体格健壮，有着使不完的劲，又从小没人疼我爱我，我便知道不能心疼自己，可怜自己，所以我永远心胸开阔、斗志坚强、无畏与乐观！而萧红则不然——她精神上是被摧残的；感情上是被伤害的；人格上是被侮蔑的；肉体上是被伤毁的……孤独和寂寞确是时时在侵蚀着她。她的思想时常是很烦乱的，感情也是极易被伤害，敏感而凄楚的。同样的一种打击，一种生活上的折磨……在我是近乎"无所谓"，而在她却要留下深深的难于平复的伤痕！比如蚊子咬了她叮肿了一个"大包"、钢笔灌不进去墨水等等这样的小事，她也会想得出引申出许多命运的不公平来，甚至独自落泪、感伤……她的精神生活是病态的，以至"自尊"得到了病态化的程度，有时又陷在了深沉的几乎是难以自拔的痛苦的泥沼之中！表面上却又好矜持逞刚强，这便苦了她自己，往往成了一个两重、三重，甚至多重性格的人，活起来实在是很吃力。陷在了感情的危机当中，我，有勇气和力量杀得进也杀得出，而她却不能。她往往是"知恶恶而不能去，知善善而不能从"！她对几次婚姻的处理就是明显的例证。这对于几千年封建传统观念的"大男子世界"的男人来说不算什么大事，对萧红来说，真是损伤惨重。

第三，她孱弱多病，又时常处在身心不安、矛盾、焦烦，以至不能支持的地步。而她又是以自己的生命来对待自己的工作，毫无松懈，这也是很快地熄灭了她的生命之火的重要原因之一。她在由日本给我的信中说："你亦人也，吾亦人也，你则健康，我则多病，常有健牛和病驴之感，故每暗中惭愧。"你想想看，"健牛"和"病驴"如果是共同拉一辆车，在行程中或最后的结果总要有所牺牲的——不是拖

了病驴，就是要累死健牛，很难两全！若不然就是牛走牛的路驴走驴的路……①

见此，笔者也如身临其境，似乎亲聆萧军那坦荡真诚的讲述……

再说萧红，笔者据相关史料查证，后期情况基本是这样的：

1938年4月，与萧军分手后，她也离开了"西战团"，与端木蕻良一起回到武汉，仍然住在蒋锡金的房子里。5月，两人在武汉正式结婚。11月，萧红在江津白朗家生下一个男婴，这是她和萧军的孩子。产后第四天，萧红称孩子头天夜里抽风而死。产后萧红回到重庆，应邀写下一些纪念鲁迅先生的文章……

1940年1月底，萧红随端木蕻良离开重庆，飞抵香港，住在九龙尖沙咀乐道8号。这是一座窄小的住宅，屋子里只能放一张床、一张桌子、两把椅子、一个茶几，人走动时需侧着身子。她本想到香港追求"新生活"，取得新收获，但美好的梦境被严酷的现实和病患的身体碾碎，幻灭了……这时的萧红非常消瘦，常常发烧、咳嗽、头疼、失眠……她常常意识到自己的时间不多了……但她眉宇间仍锋棱隐露，不减当年才女、奇女的风采。她不因失望而悲哀，她用大工作量来振奋自己的精神，她要去争夺"这个世界我有份，我要拿出东西来影响它……"她不顾一切地写！写！写！

她咳嗽，甚至整夜不停地咳嗽，有时还咯血，只见她弯腰蜷缩在高高垒起的稿子旁，那昏暗的灯光从她的窗口整夜倾泻出去……

1940年8月3日，香港文协、青年记者协会香港分会、华人政府文员协会等文艺团体联合在加路连山的孔圣堂召开纪念会，纪念鲁迅先生六十岁诞辰，萧红负责报告鲁迅先生生平事迹，纪念会上还演出了萧红到港后写的哑剧《民族魂》。9月1日，萧红的《呼兰河传》开始在《星岛日报》副刊《星座》连载，12月27日连载完毕。

《呼兰河传》给我们展示了作家寂寞的童年，虽然在病中写这种自传体小说是苦痛的，但儿时甜美的回忆也给作家带来些许的快乐。她在作品中努力开掘着死水般生活的微澜，寻找黑夜中的亮点……从而才有了茅盾先生"它是一篇叙事诗，一幅多彩的风土画，一串凄婉的歌谣"这样的评价。

---

① 萧耘、王建中编著：《萧军与萧红》，第138—143页，团结出版社，2003年。

1941年4月，国际友人，美国著名记者史沫特莱女士归国途中路经香港，特地到九龙看望萧红，她催促萧红住院治疗，并表示医疗费她回国去募捐。萧红听从史沫特莱的建议到玛丽医院做全面检查，发现患有肺结核。史沫特莱女士让萧红陪她住在英国主教何鸣华家里，在近一个月的时间里，史沫特莱寸步不离萧红，不准她写作，强迫她休息。环境的优美，适当的治疗，有规律的生活，萧红的身体确有好转。可史沫特莱回国后，萧红的起居又没有了约束，又搬回了乐道8号那个小鸽子笼里，又没日没夜地写起来。她计划要用两年时间写十个短篇……

史沫特莱回国后，把萧红的短篇《马房之夜》介绍给朋友，发表在《亚细亚》月刊上。这使病中的萧红格外兴奋。

10月，萧红因久病不愈，又到玛丽医院去治疗，院方提出试做新式疗法：气体注射。结果空气针一注入肺部，萧红就再也站不起来了……在病榻上，萧红写了最后一篇小说《小城三月》。她用血泪饱蘸墨汁，写尽人间的不平和苦难，以忧伤哀婉的笔触，悲愤地向封建势力控诉……

11月底，萧红不甘受医院冷遇，想返回九龙家中养病。她曾对青年作家、她弟弟的密友骆宾基说："……若是萧军在四川，我打一个电报给他，请他接我出去，他一定会来接我的。"①

12月8日，太平洋战争爆发，九龙陷于炮火之中，柳亚子先生应萧红之约，到九龙乐道萧红住处去探望她。次日，端木蕻良和骆宾基护送萧红从九龙转移到香港，住进思豪酒店。

1942年1月12日，日军占领香港。萧红病情加重，被送进香港跑马地养和医院，因庸医误诊为喉瘤而错动喉管手术，致使萧红不能饮食，不能说话，身体极度衰弱……六天后，端木蕻良和骆宾基将萧红又转入玛丽医院。1月19日夜12时，她在拍纸簿子上歪歪斜斜地写下了"我将与蓝天碧水永处，留下那半部《红楼》给别人写了……"，又写下"平生尽遭白眼、冷遇……身先死，不甘！不甘！"

---

① 骆宾基：《萧红小传》，第96页，黑龙江人民出版社，1981年。骆宾基（1917—1994），原名张璞君，吉林珲春市人。1938年入党。曾任东北文化协会常务理事兼秘书长，《战旗》《文学报》《东北文化》主编。新中国成立后，历任山东省文联副主席，中国作协北京分会副主席等职。主要著作有《边陲线上》《幼年》《五月丁香》《萧红小传》《骆宾基短篇小说选》《镜泊湖畔》等。

1942年1月22日11时，年仅三十一岁的萧红默默离开了人间。这位没有受过高等教育却有着写作天才，被誉为"20世纪30年代的文学洛神"的女作家，永远地香消玉殒了。25日黄昏，香港浅水湾，地近"丽都花园"海边，埋下了这位女性作家孤寂、悲凉的亡灵，从此，十五年静听海涛闲话。1957年8月15日，中国作家协会广州分会将萧红在香港浅水湾的骨灰迁到广州东郊银河革命公墓重新安葬。

应该说，萧红最好的两部作品是《生死场》和《商市街》，那是在她生前最好的岁月写出来的。到香港后她在身心最为煎熬的情况下又写出了《呼兰河传》和《马伯乐》。

《马伯乐》这部作品展示了萧红多方面的潜能和创作上的新风格，是一部难能可贵的讽刺作品。上部大约十万字，大时代出版社于1941年1月出版了单行本，萧红自己设计了封面。11月中旬，下部前九章由香港《时代批评》杂志全部连载完毕。当编辑袁大顿问她续稿怎么办，萧红凄楚地表示："不可能写了……很可惜，还没有把那忧伤的马伯乐，做一个光明的交代……"

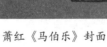

萧红《马伯乐》封面

如果说，萧红所说的半部《红楼》，大概指的是《马伯乐》续篇的话，那可喜的是七十六年后，美国著名的汉学家，萧红的研究者和译者葛浩文（Howard Goldblatt）先生，呼应了萧红的心语，给《马伯乐》写了续篇，就像高鹗给曹雪芹的《红楼梦》写续篇一样。

骆宾基著《萧红小传》封面 1981年11月版

记得曾经有人这样说道:"香港是萧红人生旅途的最后一站,骆宾基则是她姻缘路上的最后一个情人。"不管此说是否公允和准确,但萧红从病重到逝世的这段时间里,是骆宾基始终守护在萧红身边,是骆宾基的《萧红小传》见证了萧红病重期间和弥留之际的这一切。

萧红离开萧军以后和端木蕻良的这段婚姻生活如何,张毓茂先生在他的《萧军传》中也做了全面的概括和总结,内容如下:

> 至于DM,实际上也远非萧红所渴望的理想伴侣。当时就有人预见到将是一个悲剧。萧红的挚友聂绀弩曾以爱罗先珂的童话激励她,要她像大鹏鸟那样飞得更高,更远……然而,绀弩终于痛惜地说:"我知道,比看见一切还要清楚地知道:那金翅大鹏鸟……从天空,一个筋斗,栽到'奴隶的死所'上了!"
>
> 武汉吃紧,日寇兵临城下时,DM却扔下萧红先去了重庆,让萧红怀着身孕,大腹便便地挤在逃难人群中撤往重庆。她在甲板上被绳索绊倒,昏厥过去,如果不是被人发现抢救,她几乎会死在旅途上。后来,她又随同DM去了香港,与DM相处并不和谐,她不仅生活困难,心情也很颓伤。在香港被日军攻占的混乱日子里,终于在医院中死去,结束了她三十一年的悲剧旅程。她留下的遗言是悲凉的……在弥留之际,她终于又想起了萧军这个粗豪而又肝胆照人的血性男儿,并说:"假如萧军得知我在这里,他会把我拯救出去的……"①

晚年的萧军活跃在国内外文坛,可他仍然没有忘记萧红,曾作多首悼诗怀

---

① 张毓茂:《萧军传》,第206页,重庆出版社,2001年。

念她。1979年7月21日，当萧红仙逝三十七年时，萧军在《题青岛观象一路一号故居小楼照像》时，对萧红满怀追忆，写下了两首七律，笔者兹录于此，为本篇做结。即：

一

小楼犹似故时家，四十年前一梦赊；
碧海临窗瞰左右；青山傍户路三叉。
深宵灯火迷星斗；远浦归帆贵浪花。
往事悠悠余几许，双双鸥影舞残霞。

二

生离死别两浮沉，玉结冰壶一寸心！
缘聚缘分原自幻；花开花谢罔怆神。
珠残镜破应难卜；雨走云行取次分。
尽有伯牙琴韵在，高山流水那堪闻。

（《萧军近作》第28页）

六、兰州结缘

1938年4月萧军与萧红在西安婚变后，萧军一度沉浸在痛苦之中。当时萧军虽然平静地答应了萧红提出的"永远地分开"，但他又找萧红认真地谈了一次。因为萧军考虑到萧红正怀有身孕，建议她等生了孩子之后再考虑是否分手，如果她不愿要这个孩子，可以归萧军抚养。"二萧"结婚六年一直没有孩子，萧军特别喜欢孩子，到朋友家，见到人家的孩子，他总是亲孩子的小手、小脚，还抱起来转两圈。现在知道自己要做父亲了，即使萧红要永远离他而去，他也愿意留下这个孩子，这是他们爱情的结晶啊！可是，萧红离意已决，心如死灰，不再接受萧军的好意，更不愿意把孩子留给萧军……

此时，对于"二萧"的分手，不知详情的朋友们也都议论纷纷，开始一些人把同情的天平自然倾向于女性萧红。而此时的萧红似乎心情轻松起来，居然饶有兴致地穿起了西装裙、毛皮小短袄，还歪戴一顶浅沿儿小礼帽，穿着马靴，手拿小竹棍儿（萧红送给端木的定情物），和同样也歪扣一顶无沿毡帽儿的端木，每天手挽手出双入对地在驻地走来走去"秀恩爱"。他们的洋气打扮与浪漫的举动与"西战团"其他人那一身"土八路"的军衣军裤成了鲜明对比。尤其那"得意"的"艺术家"的样子，也引起许多人的热议：大家为了抗战紧张地忙碌着，而他俩却像是"客座"一般地"优哉游哉"。当然，明眼人一看就知道，这两个人故意在大家面前晃来晃去，实则是在向萧军"示威"……尽管萧军是条拿得起放得下的汉子，但天天眼见这种"示威"，心里怎能舒服呢！①

在这种尴尬、难堪的处境中，萧军不想分辩什么，解释什么，更不想与萧红、端木论个高低上下。与萧红分手，他表面上是冷静的，内心里却翻肠搅肚，他怎么能在西北战地服务团再待下去呢？他决意要去新疆，那里有许多老朋友在开展抗日救亡宣传工作，丁玲、聂绀弩也十分体谅萧军，同意他到新疆去。

同行的有戏剧家塞克（陈凝秋）、舞台灯光家朱星南、民歌收集作曲家王洛宾和他的妻子话剧演员罗珊。萧军主动拿出刚刚结算的一笔稿酬，作为五个人的路费。去新疆必须经过甘肃省省会兰州市，他们五人乘上了一辆长途汽车，沿着弯弯曲曲、坡坡坎坎的西兰公路，蜿蜒在渭水之滨，4月下旬从西安出发，经过艰苦的旅行，4月28日清晨终于到达了黄河畔的土城兰州。

他们一到兰州就受到先于他们从上海到兰州的中共党员吴渤（原名吴皋原，笔名白危）和上海正风文学院进步女学生王德谦的热情接待。

王德谦的父亲王云海（蓬秋）先生祖籍河北高阳县，早年参加孙中山先生的同盟会，到美国留学后回到国内。原在上海工作，后转到南京，儿女们自然也就在上海、南京上学了。1935年末，王云海随友人刘达夫到兰州，刘达夫时任甘肃省民政厅厅长，推荐王云海担任兰州市电灯局局长。王云海在任职期间清正廉洁，政绩非凡，使兰州市的电灯由红豆粒似的灯光而大放光明，但他却遭到地方势力的嫉妒、排挤，迫而离开兰州，到甘肃省榆中县当了一名县长。

七七事变后，王云海积极从事抗日救亡工作。他的儿女们各个爱国、进步。大女儿王德谦原是"上海大同大学"中文系的学生，性格开朗，思想进步，常在邹韬奋主编的《生活周刊》和沈兹九主编的《妇女生活》等进步报

① 萧耘、王建中：《萧军与萧红》，第158页，团结出版社，2003年。

刊、杂志上发表文章，结识了许多左翼作家。因在校组织"学生会""读书会"而被校方视为危险分子，勒令其退学。而后王德谦又考上了"上海正风文学院"专修文学，并与青年作家、新闻记者吴渤友谊最深，一直兄妹相称。他们俩在上海时就认识并崇拜萧军。

王云海的长子王德彰就读在南京金陵大学机械系，二女儿王德芬在苏州美术专科学校上学，他们都多才多艺，能歌善舞。王云海先生不仅自己积极投身抗日救亡工作，还把因七七事变而失学的三个儿女从上海、南京、苏州接回来，一同参加抗日救亡宣传工作，他们组织了一个"王家兄妹小剧团"。

王德谦还致信吴渤，请他也到榆中来。吴渤接到王德谦的信，日夜兼程，速速赶到了榆中县。他一方面为了抗日救国，另一方面也为了更加接近自己心仪的德谦姑娘。王云海安排吴渤担任榆中县保安队的副队长，负责保安队的政治思想教育和军事训练工作，他同时也参加了王德谦兄妹小剧团的演出工作。

王家兄妹小剧团演出的第一个节目就是陈鲤庭、崔嵬的街头剧《放下你的鞭子》。这是九一八事变后，东北全境沦陷这种形势下产生的具有时代特征的抗日宣传剧目。

该剧讲述了九一八事变以后，从中国东北沦陷区逃出来的一对父女在抗战期间流离失所、以卖唱为生的故事。一日，女儿香姐正要提嗓儿，却因饥饿难熬而晕倒在地，卖艺老汉即举起鞭子打她，观众中一名青年工人十分愤怒，大声高呼："放下你的鞭子！"夺下了卖艺老汉手中的皮鞭，并加以指责。卖艺老汉和香姐一起诉说了日本侵华、家乡东北沦陷后的辛酸事，全场感动地高呼："打倒日本帝国主义！""日本侵略者从中国滚出去！"

剧本运用街头卖艺形式演出，演员与观众打成一片，借以揭露九一八事变后，东北人民在日本帝国主义残暴统治下的悲惨遭遇，使观众认识到必须团结抗日才有生路。《放下你的鞭子》这出激魂荡魄的爱国剧目，在抗日战争初期曾广泛演出，激起观众的救国情绪，鼓舞了人民的抗日斗志。

王德彰扮演卖艺老汉，王德芬扮演卖艺老汉的女儿香姐，吴渤扮演青年工人，王德谦的大弟弟德威扮演打鼓的小伙计，王德谦和最小的弟弟德乾及其他人扮演观众、学生、伤兵等。

王家兄妹精湛的演出轰动了榆中县，榆中县的旧势力十分仇视抗日救亡活动，他们勾结甘肃省政府中的亲日派，以"组织赤化宣传"的罪名，将王云海

"撤职查办"。1938年1月，王云海只得带着全家离开榆中县回到了兰州，定居在兰州市炭市街49号前院。后院住着兰州市民众教育馆馆长柴若愚。在这位爱国老人的支持下，"王家兄妹小剧团"得以在民众教育馆大礼堂演出，首场演出就轰动了兰州市……他们又应邀为西北训练团、中苏飞行员和苏联运输兵演出……他们还举办画展，德芬的宣传画被新安旅行团制成幻灯片，带到全国各地去放映。德芬每周还要利用三个晚上时间，到甘肃省政府教唱抗日救亡歌曲，还帮助画壁报。德谦参加了"中国妇女慰劳自卫将士会甘肃分会"，被选为宣传部部长。德彰参加了西北抗战剧团，当演员兼剧务主任。擅长绘画的德威和擅长歌舞的德乾都参加了"新安旅行团"（简称"新旅"，是中共外围组织），成为年龄最小的团员。王家兄妹几人为抗日救亡忙得热火朝天。吴渤和王德谦经常向八路军兰州办事处负责人谢觉哉和伍修权汇报工作，还写信邀请萧军和塞克到兰州来工作，并将他在兰州王家的居住地址告诉了萧军他们。

萧军在兰州　1938年

1938年4月28日，萧军、塞克等五人到兰州后，就暂时住进了王家，使这座古朴的小院又增添了几分欢乐。一天晚上，"王家兄妹小剧团"又在民众教育馆演出《放下你的鞭子》，萧军五人都去看演出。

"高粱叶子青又青，九月十八来了日本兵！先占火药库，后占北大营。杀人放火真是凶……"德芬扮演的香姐，甜美凄婉，如泣如诉的《九一八小调》唱得观众都流下了热泪，场上响起了山呼海啸般的口号声："打倒日本帝国主义！""誓死不当亡国奴！""全国人民团结起来！"此时此景，感动得萧军也热泪盈眶，仿佛又一次置身于血泊殷红的白山黑水之中，那亡国奴的苦难，那不愿做亡国奴的抗争情景又一次出现在他的眼前……同时，德芬姑娘的天真、美丽以及艺术天赋，在萧军心中点燃了爱的火花。过去的不可再来，未来的要奋力追求！是呀，这位感情丰富、炽热，刚刚三十岁的汉子，他自然要有新的向往……

第二天早晨，萧军拿着一个很雅致的浅灰带绿仿龙泉窑大开片花瓶，送到德芬和姐姐德谦的房间，瓶颈上还绕着几道朱红色的椭圆形小珠串，这是当时小姑娘们最喜欢的。瓶内插着两枝黄色的刺梅花，一支长，一支短。黄花、绿叶、红珠，颜色调配得非常美，给德芬姑娘的闺房点缀得顿时增添了春天的气息。德芬姑娘接过花瓶放到桌子上，心想，这位大作家架子一点也不大，不像在上海电车上看到的那样，对人不理不睬的。他怎么知道我爱花呢？真是个有心人哪！想到这儿，一种异样的感觉掠过了心扉……

一起住进王家的五人中，塞克三十多岁，是老大哥，萧军三十整，其余三位都是二十多岁，他们与王家兄妹相处得非常融洽。每当晚饭后，王家小院就成了小剧场，真是好戏连台。首先是朱星南拉起京胡，萧军说，来一段"西皮摇板"，然后便唱起了《打渔杀家》中主角萧恩的名段："父女们打鱼在河下，家贫哪怕人笑咱，桂英儿掌稳舵……父把网撒……怎奈我年迈苍苍，气力不佳呀……"

"好！好！"小院里爆发出一阵阵的掌声。

"接西皮快三眼！"萧军吩咐朱星南后，又接着唱："昨夜晚，吃醉酒，合衣而卧……"萧军越唱越来劲。他嗓音宽厚低沉，唱得有板有眼，很有韵味。而且一个人能扮演萧恩父女两个人，唱、念、做、打无一不能，有身段，有节奏，没想到这位作家还有这么"两下子"！大家热烈鼓掌，赞不绝口。德芬更是佩服得不知讲什么话好，心中荡漾着丝丝甜意……

第二个节目，是民歌收集作曲家王洛宾亲自演唱的他为萧军《八月的乡村》中《奴隶的爱》这首诗谱曲的歌。这是书中朝鲜族姑娘安娜唱的："我要恋爱，我也要祖国的自由！毁灭了吧，还是起来？毁灭了吧，还是起来？奴隶没有恋爱，奴隶也没有自由……"

最后一个节目是男女生四重唱，贺绿汀作曲的《游击队歌》……歌唱得非常精彩，大家精神振奋，斗志昂扬，因为天色晚了，怕影响老人们和街坊邻里休息，只得余兴未消、恋恋不舍地各自散去了。

5月初，经王德谦介绍，萧军担任了兰州《民国日报》副刊《西北文艺》的编辑，还协助王德谦主编兰州的《妇女旬刊》。不到一个月的时间，就写出了《应该怎样准备我们自己》《发刊词》《文学的旧形式利用》《奴隶和奴才》《补白二章》《消息》《"造奇"的精神》《左右做人难》《略论："形式"加"主义"》《鲁迅全集预约感》《抓住题目做文章》（见《萧军全集·11卷》第246—264页）等，均先后发表在《西北文艺》和《妇女旬刊》上。萧军的这些文章犀利深刻，

萧军与王德芬在黄河边 1938年6月

生动幽默，颇有鲁迅杂文的战斗风格，引起了广大读者浓厚的兴趣和好评。

工余时间，萧军大多是用来陪伴德芬，他们双双坠入了爱河。但此举竟遭到了王家许多人的指责，甚至连吴渤也坚决反对。原因是，萧军大德芬一轮（十二岁），又离过两次婚，诗礼传家的王家没见过这样的既无"父母之命"又无"媒妁之言"的婚姻！这样的婚姻可靠吗？能保证萧军永远钟情于德芬吗？德芬的家长和亲人强烈提出这种种疑问也是难免的。

5月9日晚饭后，萧军和德芬从黄河边约会回来得很晚，王家下逐客令了，让萧军明天搬走，已经在省党部给他找到了一间小屋，同时家长强令德芬：永远不许同萧军来往！从这一天开始，她被家里"软禁"了。只有大姐王德谦最知道萧军的为人品德，从中为他们牵线搭桥，传书递简。

"隔离"之后，德芬眷恋萧军的感情不但没有淡化，反而日益强烈，萧军的形象、才华、待人的豪爽热诚、饶有风趣的话语都像磁石一般吸引着这个纯情的姑娘。她回想着，黄河边上，她依偎在萧军怀里的甜蜜，夜是那样静，月是那样明，风是那样清，多么富有诗意的热恋哪！当然，萧军也绝不会退缩的，相反，为了争取到自己的爱，他是相当勇敢的。两个人不能见面，只好通过书信表达爱意。仅在5月份一个月的时间里，两人往来书信竟达七十多封！萧军在信中与德芬相约：立即公开，登报订婚，然后一起出走！德芬回信表示：海枯石烂，生死相随！但大姐德谦坚持劝他们要耐心等待父母回心转意，萧军听了德谦的劝解，当然也怕一旦与王家家长关系彻底破裂，使德芬感情上太痛苦。为了快刀斩乱麻，于是便在一个晚上亲自登门，同王云海先生进行了一次恳谈，恭谨、郑重、诚恳地向老人家表示了他爱德芬的诚意，提出了与德芬订婚的请求。

王云海毕竟是受过新思想熏陶的人，他对萧军的才华、人品原本是很赞赏的，加上近日来大女儿德谦的反复斡旋、解释，今天又看到萧军表白得那样真挚、强烈，他也深深受到了感动，只好说服夫人答应了萧军和德芬的婚事。

1938年6月2日至4日的《民国日报》上，王蓬秋以父亲的名义，刊出了萧军和王德芬的"订婚启事"，全文是："王蓬秋启事：小女王德芬于本年5月30日已与萧军君订婚，因国难时期一切从简，祈诸亲友见谅是幸。"①

为此，萧军和德芬高兴地手牵着手，跑到黄河边幸福地拥抱在一起……此时此刻，蓝天白云，大地田野，滚滚黄河水，巍巍五泉山，一起祝福他们：山高水远，地久天长！

之后，萧军在中共地下组织成员丛德滋主办的民众通讯社内办了一桌宴席。至此，十九岁的王德芬陪伴着萧军，在革命的征途中劳碌奔波半个多世纪，生儿育女，相濡以沫，这黄河之滨闪电般的恋情贯穿了他们艰苦坎坷的一生，直到终老。

1938年6月6日，萧军和王德芬离开了兰州直奔西安。在临行前，萧军又写了一篇短文《告别》，在兰州《民国日报》副刊上发表。文中怒斥、痛骂了当时投降变节的张国焘。文章中写道："人是不能像一只狗似的为了一个馒头，就没有选择地靠一个主人而终生；但是也不能像最近那位'弃暗投明'的张国焘先生……口口声声说他是要'舍身报国'，而客观上却是做了减削、分解民族抗战力量的勾当。"（《萧军全集·11卷》第261页）文中的"张国焘"三个字原来用×××代替，6号早晨他才叫排字工人重新换上"张国焘"。萧军知道，如果早写上"张国焘"这三个字，《民国日报》肯定不仅不给发表，反而会惹祸上身，一时间走脱不了。果然如此，报纸发表后产生了爆炸性的影响，国民党反动派气急败坏，党棍们恨透了这个思想左倾的抗战作家。他们大冒其火，到处追捕作者。他们哪里想到，此刻萧军正在黄土高原的崇山峻岭中与新婚的妻子王德芬憧憬着生活的美好，和战友们畅谈着抗战的未来！结果《民国日报》总编辑苏之畅受到了撤职的处分，萧军此举在兰州传为趣闻佳话。②

① 王德芬：《我和萧军风雨50年》，第39页，中国工人出版社，2004年。
② 王科、徐塞、张英伟：《萧军评传》，第134页，中国社会出版社，2008年。

七、战斗在"天府之国"

萧军拥着铁定了心跟着他的王德芬姑娘，心中充满着无尽的喜悦。6月12日，破旧不堪的长途汽车把新婚燕尔的萧军夫妇载到了古城西安的大雁塔下。本来萧军是要到新疆去的，可忽传新疆情况有变，又改为去武汉，但又得知日军进逼，武汉正在撤退，便决定到西安再转道成都。到西安后，萧军带着王德芬首先去西北战地服务团，拜访了丁玲等老朋友。朋友们对于萧军夫妇的到来表示了十分热情的欢迎，摆下了丰盛的宴席，祝贺萧军、德芬新婚。几天后，顶着火辣辣的骄阳，萧军携德芬乘卡车，沿着川陕公路穿过秦岭大山向成都进发了。在路上足足走了一个多月，备尝了蜀道的艰险，于7月18日终于到达了"天府之国"成都。

萧军早就向往这座文化古城，二王庙、武侯祠、杜甫草堂、薛涛井等名胜古迹，蓉城秀丽的风光，使萧军这个从辽西大山走出的硬汉大开了眼界。成都文化界的朋友们热烈欢迎萧军的到来，中共党员、左翼作家周文在上海就与萧军熟悉，他首先伸出援手，介绍萧军到成都《新民报》担任副刊主编。沙汀、李劼人、陈翔鹤、刘开渠、罗念生等也很快成为萧军的朋友。安家落户有了工作，萧军立即全身心地投入到抗日救亡的战斗中。

新民报报社设在成都春熙路孙中山先生铜像背面的大街上，位置比较醒目。它是由成都地方军阀邓锡侯支持的，办报宗旨是维护川军的利益。但在宣传抗日救亡上还是比较积极的，该报在当时的成都有一定的政治影响。《新民报》是一张四开单页的小报，副刊仅占第三版的大半版，篇幅不大，萧军接手后却把它办得别具风格。刊名是扁体宋字，上下横剖两栏，上栏写着：萧军主编。下栏标明：无稿费，不退稿。萧军在副刊上创办了"新民谈座"，开设了四个专栏，即《工人岗位》《青年岗位》《妇女岗位》《救亡岗位》。萧军的编辑方针是"坚持抗战，鼓励救亡；坚持团结，发扬进步"，旗帜鲜明地宣传抗日，以文艺的形式呼唤广大人民群众团结一心，同日本侵略者做斗争[1]。同时他还创办了一所夜校，即印刷工人文艺补习夜校，萧军亲自授课，还邀请一些作家和学

---

① 任耕：《萧军在成都》，《抗战文艺研究》，1983年第2期。

者兼课，萧军尽一切努力把夜校办得轰轰烈烈。在不长时间里，就扶植了一批工人和青年业余写作力量，如勾小波（萧波）、任耕（赵适）、元宙（范涡河）、周文耕、邱毅等人，他们积极宣传抗日救亡，壮大了左翼文学的力量和社会影响。

萧军在办报的实践工作中体会到，只有动员各方面力量，才能掀起轰轰烈烈的抗日热潮。于是，他始终以战斗者的姿态抗争着、工作着。他发表了大量的杂文，文笔尖锐犀利，不愧是鲁迅先生的大弟子。他又约了几个穷朋友宋寿彭、刘鲁华等人，千方百计筹集了一笔资金，在祠堂街（成都的文化街）开办了一个"跋涉书店"，萧军亲自书写了牌匾。10月4日，"跋涉书店"正式营业，以出售进步书籍为主，吸引了大批青年学生、工人和职员。

10月19日，中华全国文艺界抗敌协会成都分会筹备会在"少城公园"召开了"鲁迅先生逝世两周年纪念大会"，"鲁迅生平"的报告是萧军做的，他慷慨激昂的演说，引起了强烈的反响。为纪念鲁迅，跋涉书店印出发行了五百张大幅木刻鲁迅先生头像，这是中共党员、青年木刻家王大化的作品，深深受到文艺界和大、中学校师生们的赞赏和喜爱。

11月间由跋涉书店出版了萧军的旅行散文集《侧面》①的第一个单行本。这是萧军从本年8月初开始动笔撰写的，书中真实地记录了他从临汾到延安的所见所闻所想所感，从一个侧面反映出中华民族抗击日本侵略者的艰难历程，受到了读者们的热烈欢迎。

在成都，萧军还经常到各大学和大型集会上去发表抗日救亡的演讲，还参加政治、文学方面的座谈会。1938年12月9日，成都召开了"一二·九"纪念大会。萧军登台演说，他以幽默风趣、嬉笑怒骂的语言风格讲了三个历史故事，借古讽今地对国民党顽固派进行了猛烈抨击。他那含讥带讽的弦外之音、立场鲜明的言外之意，激起了到会者一阵阵哄笑声。气得混进会场的特务们张口结舌，刚要去殴打、逮捕萧军，可到会群众蜂拥而起，把萧军裹在中间，特务们无从下手，反而被群众冲散了。然后这些群众像保护国宝一样，把萧军簇拥到大街上，高唱着抗日救亡歌曲集体游行去了……

1939年1月14日，"中华全国文艺界抗敌协会成都分会"正式成立了。萧军

---

① 1939年3月22日，萧军的十九万字的旅行散文集《侧面》全部完稿。改书名为《从临汾到延安》。

1939年萧军在成都

被选为理事，同时担任会刊《笔阵》的常务编委，结识了很多成都文协的骨干——进步的文艺工作者，萧军和他们相处得十分融洽，大家同心合力开展抗日救亡文艺工作。

4月8日，成都文协在春熙路青年会礼堂举行了一次"文艺演讲会"，萧军和四川大学教授谢文炳应邀做演讲，萧军演讲的题目是《奴才文学和奴隶文学》。他在演讲中猛烈地抨击了汪精卫之流及汉奸文人，引起了极大的震动。

9月9日，王德芬诞下一个女婴，这是萧军和王德芬第一个爱的结晶，他视为掌上明珠。可以想见，萧军东漂西泊，三十二岁才有了一个孩子，怎么能不像数九隆冬的一缕暖阳温暖着他的身心呢！孩子的出生确实带给了他新的希望。萧军非常高兴，又因为自己爱唱歌，故而给长女取名"萧歌"。

1939年10月19日，是鲁迅先生逝世三周年，成都文化界要举行纪念大会，会议规模之大是空前的，萧军是会议筹备人员之一。会前，萧军除通宵达旦地写文章之外，还忙着开筹备会、约人、寻找合适的会议场所、发请柬、准备会议上用的演讲稿等等，没有一刻消闲。文协会刊《笔阵》出了纪念鲁迅特刊，发表了萧军的《鲁迅先生三周年逝世献言》和《成都文协筹备纪念鲁迅》两篇文章。萧军在文中深情阐述：为什么要纪念鲁迅？鲁迅先生到底纪念和其他纪念不同的地方在哪里？鲁迅先生是个什么样的人，他以什么手段形成了自己的意义？我们要怎样纪念这位伟大的人……应该纪念和承继发展他的一些什么？等等（《萧军全集·11卷》第402页）。文章中萧军还建议成都文协编辑《鲁迅年鉴》，成立成都鲁迅学会，等等。

19日上午8时许，纪念大会就要正式开始了。虽是金秋时节，但坐落在四川盆地的成都，此时仍是热浪滚滚，春熙路青年会大礼堂屋顶上四个大风扇呼呼地喘着粗气。礼堂里座无虚席，参会者以男女青年为多，为了一睹《八月的乡村》作者的风采，他们一大早就赶到会场，忍着酷热，翘首企盼着萧军上台演讲。当时萧军正在主席台一侧的休息室静待演讲会开始，还未等会议主持人说什么，忽见一个胖乎乎的警官模样的人跳上台来，抢过话筒喊道：

"诸位！诸位！因为社会治安的关系，今天的演讲会休会了！大家散了吧！"

"什么社会治安！扯淡！"会场立即沸腾了，人们怒吼着，不肯散去。

"诸位！诸位！本警署刚刚收到准确情报，有人企图用土制炸药袭击会场，大家赶快散去吧！免生意外！"胖警官抹着脸上的汗水动员大家散场。

"不行！不行！"

"我们得看看萧军先生！"

"请萧军上台！请萧军上台！"人们不依不饶地高喊着，会场完全失控了。

这时，那个胖警官眼珠一转，计上心来，以另一种腔调说："散了吧！散了吧！人家萧军先生还是重视自身安全的，早就走了！你们赶快散了吧！"这时全场为之愕然。

正在台侧休息室喝茶水的萧军，听到这个胖警官在光天化日之下公然造谣，立即站起身来想冲到台上揭穿反动警官的谣言，岂知，四个警察就像四大金刚一样早已把休息室的门封住，不许萧军出去与群众见面。其中的一个警察对萧军说："萧先生，今天的会开不成了！你出去露面他们就更不走了，还是让他们早点散去吧！太危险了！"

当胖警官造谣说他"早就走了"的时候，萧军就明白了，这是一条非常阴险的奸计。反动警察的目的是为了阻止萧军的抗日演讲，怕他"煽动"群众"危害"治安，但不能明说，只好造第一个谣言——有人用土制炸药袭击会场，好把参会者吓跑。当大家不散不走，要看看萧军时，就造了第二个谣言：说萧军怕炸死不顾群众情绪溜走了。这不仅把今天的演讲会搅黄，还把萧军形象描绘成只顾个人安危、胆小的鼠辈，而且可以一传十、十传百，破坏革命作家与群众的血肉关系。造谣者为这一箭双雕而自鸣得意之时，却不知萧军是文武兼备的勇士！那打马吉蜂、羞张春桥、骂汪精卫、斥张国焘等等趣闻佳话，早已在抗日文坛上传得沸沸扬扬！区区几个警察算什么！萧军岂能容他们的阴谋得逞！萧军先是静立不动，在暗中蓄力，同时也是麻痹对方。少顷，他猛然一冲，真是力抵千斤。只见他两膀用力一撞，就把门边把守的两个警察撞倒了，另外那两个刚要伸手，萧军左腿起右腿落，只是两个动作，令他们双双被踢了一个狗爬子。四员把门"金刚"，一转眼就都变成站不起来的癞蛤蟆了。这时萧军夺门而出！一个箭步就冲上了舞台，台下群众看台上跑上一个人来，其中有看过萧军的就喊："萧军！萧军！快看！萧军来了！"

萧军站在舞台中央，两手高举，大声呼喊："我是萧军！朋友们，感谢你们的光临！不要听他们的'三套鬼画狐'①！"接着又指着那个已经显得很狼狈的胖警官说，"刚才这位先生说这里要爆炸，我给吓跑了，看吧，我就在这儿！这不是明目张胆地造谣吗？太无耻了！我们的演讲会照常开，坚持就是胜利！"

"好！好！坚持就是胜利！"台下一片欢呼，全场起立，掌声似海潮掠过，激动着人心。

众怒难犯，警察们只好在一片哗笑声中灰溜溜地收队了。

萧军请大家坐下后，开始了慷慨激昂的演讲……在演讲的最后说："兄弟姐妹、同胞们！鲁迅先生曾在黑暗的上海战斗，用他那弱小的身躯，顶住黑暗的闸门，放我们过去的……黑暗总要过去，光明就在前头！"

这次会后，萧军又写出了《鲁迅先生逝世三周年纪念大会》《鲁迅先生逝世三周年成都文化界纪念大会宣言》等文章。

由于萧军在成都的影响越来越大，被国民党特务们视为眼中钉，他们会同无耻文人加紧了对萧军的迫害。一方面他们把舆论工具对准萧军，什么"捣乱分子""鲁门家将""共产党走卒""东北蛮子""土匪""尊神"等等，一股脑儿扣到了萧军头上；另一方面他们把萧军列入了暗杀黑名单。萧军每次外出，后边都跟着"尾巴"，考虑到妻子女儿的人身安全，萧军不得不经常变换住所，在成都一年多时间里，竟搬了七次家。

面对着白色恐怖的威胁，萧军本人没有丝毫的畏惧，他把自己对敌斗争的坚决态度，公开发表在自己主编的《新民报》副刊上，文章中有这样几句话：

　　我的资本——脑袋一颗；

　　我的武器——尖刀一把；

　　我的办法——两手换（拼个你死我活），到必要时就把这颗脑袋掷出去！

他又在《有何脸面相见？》一文中说：

---

① 东北方言，意是弄鬼耍滑，搞阴谋。

一支笔

　一头颅

此头可碎

　笔不可侮——

俗话说："横的怕愣的，愣的怕不要命的！"面对萧军这位文坛侠客，特务们也惧怕他三分，轻易不敢对他下手：一是声望大，怕引起麻烦；二是武功过人，轻易对付不了；三是这位"拼命三郎"真敢拼命，要命的特务们怕吃亏丢命……

萧军确实在大衣口袋里装着一把牛耳尖刀，每天夜间回家，一路上总要走走停停，突然转身，特别注意身后是否有特务跟踪。临进家门之前，必须先走过去，回头确认无人"盯梢"，再折回来进家门。

转眼间，1940年在"山雨欲来风满楼"的政治形势下到来了，国民党反动势力从各方面侵入成都，萧军所在的《新民报》也受到了压力和排挤。在各个学校里，国民党反动派贴出了《限制异党活动》的"黑榜"，凡是榜上有名的都不准请来讲课、演讲，不许学生们看这些人的作品，不许学生们和他们接触。萧军自然是"榜上有名"之人，而且特务们的暗杀名单上也赫然写着萧军的名字。这时一些有影响的左翼文化人、中共党员或被捕、或被暗杀的消息频频传来。中共地下党组织为了保存实力，安排进步人士分批撤离成都。地下党四川省委书记罗世文通知萧军立即离开成都，否则将遭毒手。周文和沙汀已于1939年底去了延安，临别时也嘱咐萧军赶快离开成都。

形势如箭在弦，萧军不得不离开成都了。3月7日，萧军安排好妻子女儿，以游山玩水为名，只身简装离开成都去了峨眉山，又从嘉定经宜宾、泸县、白沙，于3月27日到达重庆"文协"。萧军离开成都不久，成都发生了"抢米风潮"，两名报社记者被国民党特务借故当即枪杀了。4月初，罗世文和在成都以开设"努力餐"饭馆为掩护的中共地下组织军委书记车耀先也都接连被捕了，成都城充满一派杀机。

4月中旬，王德芬带着七个月大的女儿，在刘开渠夫妇的资助下，乘飞机前往重庆，一家团聚后，暂时借住在重庆南温泉"文协"宿舍。

萧军决定去延安了。在他与八路军办事处取得联系，等待安排赴延安这段时间里，他开始创作了一部话剧《恩仇以外》。在这之前，他在成都日寇轰炸机的狂轰滥炸之中完成的四幕话剧《幸福之家》也于5月20日在重庆正式出版了。这部剧本从一个侧面反映大后方的世态风俗，歌颂忠贞爱国，批判了市侩哲学……这是萧军话剧创作的大胆尝试。

成都的这段战斗生涯，萧军深为怀念，1978年冬月曾写有《忆成都》诗一首，以志此一段鸿雪因缘：

当年飘泊忆蓉城，水碧山青尽有情。
诸葛祠前千岁柏，薛涛井畔望江亭。
烟花三月鲜于锦，九孔桥横曲若弓。
竹韵蕉声听夜雨，孤灯小阁坐更更。

（《萧军近作》第2页）

第七章　延安时期和龙江风雨

一、初到延安

初到延安，是指萧军第二次来到延安的初期。

1940年6月，萧军与重庆"八路军办事处"负责人董必武、林伯渠、邓颖超等同志取得了联系，他决定去延安的行动得到了他们的支持。恰巧老友舒群这时路经重庆去延安，愿与萧军一家同行。接下来，他们在"东北救亡总会"负责人于毅夫同志的大力协助下，更名改姓，和二十多人乘坐一辆宝鸡酒精厂的大卡车，一路翻山越岭到了宝鸡。而后又乘火车到达西安八路军办事处。

萧军他们的到来受到了热烈欢迎，党组织周密地安排了转送他们的工作。为了萧军等人的安全，对他们每个人的身份都做了适当的掩护。休息几天后，萧军化装成八路军的医生，王德芬化装成护士，舒群扮成八路军卫兵，与其他同志一起，乘八路军办事处的军用大卡车，向中国最光明的地方进发！

时值初夏，沟壑纵横的黄土坎上麦浪起伏；白云朵朵的蓝天上雄鹰翱翔；一片片散漫的白羊追逐着、啃食着稀疏的青草；头上扎着白羊肚手巾的放牧人高唱着，悠扬的"信天游"回荡在黄土高坡上……渭北高原好一派雄浑壮美的画图呈现在人们眼前。经过一路上的沟沟坎坎、颠颠簸簸，萧军他们于6月14日安全地到达了革命圣地——延安。

当时革命人士到延安，都要划归于一定的"组织系统"。萧军是以"鲁迅先生弟子""著名的抗日小说《八月的乡村》作者"的名分隶属于"边区文协"的。他们先在陕甘宁边区政府交际处住了两天，然后，周扬派人把舒群接到延安鲁迅艺术文学院去了，萧军一家三口被接到边区文协定居，萧军成了"边区文协"的专业作家。

第二次到延安之初，想到自己成为延安一分子，萧军的心情无比激动！他凝视着那巍峨的宝塔，闪亮的延河，内心充满了欢畅："啊！两年了，延安，我又回来了！""水流千遭归大海"，经历了东撞西突，南征北讨，千难万险，曲曲折折，从闭塞的辽西大山里冲出的野孩子，已经成了一名革命作家，如今又正式投入中国共产党领导的革命队伍中来了！不能不说这是萧军人生的重大选择呀！他深深地知道，他在恩师鲁迅身边开始完成的由一个旧军人到革命作家的转变，真正确立的"以求得祖国的独立、民族的解放、人民的翻身，建立一个没有人剥削人、人压迫人的社会制度"的为人为文的革命方向与目标，只有在延安才能得以实现！延安是雄鹰展翅翱翔的天宇，是鱼儿纵横畅游的海洋！为此，他决心以最饱满的政治热情、最无私的工作态度，一丝不苟、全身心地投入工作中去。

初到延安的一段日子，萧军主要从事文学创作：一是续写长篇小说《第三代》的第三部分；二是完成了从重庆就开始创作的四幕话剧《恩仇以外》，这是一部多角度反映抗战生活的剧本；三是作为鲁迅先生一手培养起来的青年革命作家，他时时不忘宣传鲁迅精神。

10月19日，在延安各界纪念鲁迅先生逝世四周年大会上，萧军负责起草了《鲁迅先生逝世四周年延安各界纪念大会宣言》。

同一天，"文协"成立了"文艺月会"，萧军任干事。"文艺月会"主办了《星期文艺学园》，还进行了巡回文艺讲座，由萧军和一些作家们任讲师，与各地各单位的"文艺小组"建立了密切关系。

1941年元旦，"文艺月会"创办了会刊《文艺月报》，萧军是编辑之一。《文艺月报》不设主编，由编辑们轮流"坐庄"。

元月15日，"文协"成立了"鲁迅研究会"。在成立大会上，萧军报告了鲁迅研究会成立目的、组建经过和今后研究纲领等。大家一致推举萧军、艾思奇、周文三人组成干事会，并设有一个十人编委会，编辑《鲁迅研究丛刊》。作为鲁迅研究会的主任干事，萧军负责主编。在丛刊第一辑中，萧军写了《时代——鲁迅——时代》和《"延安鲁迅研究会"成立经过》，详细地记录了延安"学习鲁迅，继承鲁迅精神"的实况。此时，"鲁迅研究会"已经隶属中华全国文艺界抗敌协会延安分会（简称"文抗"）领导。萧军被选为"中华全国文艺界抗敌协会延安分会"的理事，之后，延安分会又推举了七位主席，萧军占一席之地。

党中央、毛主席对作家们十分关怀，为了改善他们的工作和生活环境，1941年8月，把他们从偏僻的杨家沟迁移到了窑洞较多、地势开阔的兰家坪，还将半山腰平台上一大间砖房仓库，改建修缮成"作家俱乐部"，为作家们学习、开会、娱乐开辟了场所。

为了募得修缮资金，萧军自告奋勇去向党、政、军领导人毛主席、朱总司令、边区政府主席林伯渠去募捐。毛主席分三次捐了边币一千元，林伯渠捐了三千元，朱总司令也捐了一千元。

作家俱乐部的内部设施由萧军和画家张仃负责布置，墙壁、灯具、桌椅虽然很简朴，但样式新颖，别具一格，既雅致又大方，还节省资金。

9月21日，萧军被邀参加了朱德总司令主持的、在军人俱乐部召开的"延安东方各民族反法西斯大会筹备会"，参与大会日程安排的筹备工作，并在10月26日参加了大会开幕典礼。之后，写出了《敬致：延安东方各民族反法西斯大会》一文。

10月19日，"文抗"在中央大礼堂召开了"鲁迅先生逝世五周年纪念大会"，萧军做重要讲话，题目是《纪念鲁迅：要用真正的业绩》，会后全文刊载在10月20日《解放日报》上。

11月16日，萧军被陕甘宁边区政府主席林伯渠聘为参议员，他积极参政议政，不仅参加了边区政府召开的第二届参议会，而且在发言中有三点建议，即：

1. 对如何提高、加强、改善边区的保育工作，提出了几点具体意见；

2. 在社会教育问题上，提出应设立正规的"小鬼"（即勤务兵）学校；

3. 关于提高、普及边区文化工作问题……

以后他又提出了好多建议，都被边区政府一一采纳了。

这一时期，萧军除完成了长诗《乌苏里江西岸》创作外，还发表了多篇杂文，如《说起》《再"说起"》《〈七月〉与胡风》《小题目》《说"吉利话"》《第八次文艺月会座谈拾零》《"艺术家的勇气"》《为本报诞生十二期纪念献辞》《我的态度》《延安"星期文艺学园"纪念特辑献辞》等。此外，还在《解放日报》上发表了《为"九·一八"十周年致东北四省父老兄弟姊妹书并寄各地文艺工作者》等。作为《鲁迅研究丛刊》的主编，他按时完成了第一辑、第二辑的编辑工作，还亲自撰写了一些文章。

右起萧军、陈布文、张仃和他的女儿乔乔。1941年于延安"鲁迅研究会"。巨幅鲁迅肖像为张仃作品

为了办好自己主编的《鲁迅研究丛刊》，萧军聘请画家张仃为美术顾问。《鲁迅研究丛刊》第一辑的封面和底页上的鲁迅肖像就是出自张仃之手。鲁迅头像画得高大，形神兼备，非常有气魄。

张仃，号它山，我国著名画家，是萧军的锦州老乡，辽宁黑山人，小萧军整整十岁。1932年入北平美术专科学校国画系学习，抗日战争爆发后曾投身"抗日宣传队"，以漫画为武器宣传抗日。1938年赴延安，任教于鲁迅艺术学院，后到文艺界抗敌协会，任陕甘宁边区美术家协会主席。

萧军和张仃相识于1937年八一三抗战后的武汉，在东北作家罗烽家里，两个人见了面。"他乡遇故知"，强烈的乡土观念，使两个人一见投缘，一直交往不断。

萧军和张仃都酷爱唱歌，初到延安，清晨或傍晚，常常相约，延水河边常常传来萧军和张仃他们俩嘹亮高亢的歌声。他们还拜男低音歌唱家杜矢甲为师，常常接受他给予的专业指导。

萧军平时最爱唱的歌曲是苏联的《红色的战士》，歌词内容是："（一）我们是红色的战士，保卫贫穷的人民，保卫他们的田地、房屋和自由。（副歌）我们有许多的大炮，我们有许多的枪，无数熊熊的火炬，号召着决死的战斗。（二）我们因为沙皇的残暴，忍受着长久的饥饿，我们在枷锁下面，吞饮着眼泪。（副歌）……（三）时间已来到了，弟兄们，打倒一切刽子手！那残酷的旧世界，再不能绞杀我们……"

还有一支歌是苏联的《游击队员之歌》："沿着高山沿着平原，游击队员在前进着，为了战胜日本强盗，打到敌人后方……司令将军亲自上火线，游击队员更冲向前，我们的马儿高声叫唤，我们的刺刀发着光……"

这些歌，曲调雄壮高亢而有力，节奏快，歌词振奋人心，句句都表达了革命战士的心声！嗓音宽厚、洪亮的萧军，带着自己真切的感情越唱越爱唱，百唱不厌，整个身心都被自己的歌声陶醉了。尤其是天黑以后，他顺着延河往家走的时候，歌唱得就更加嘹亮、更加有力。他兴奋地想到，只有到了延安，到了全国抗战的中心，到了中国共产党领导的人民当家做主的地方，他才能够如此心情愉悦地放声高歌！

萧军一路走着、唱着，附近路过的几个土山头都回荡着他的歌声，熟悉他的同志们都喊道：

"萧军又在唱了！"

"萧军的嗓子真棒！"

延安初期的萧军，真是如鱼得水，心情总是十分舒畅。他感到延安的一切都是那么新鲜、光明，到处生机勃勃，充满活力。

1941年7月9日，王德芬生了一个男孩，萧军为其取名"萧鸣"。

萧军用作家的视觉来深入观察、体验延安的一切，发现并不是处处都尽如人意的。尤其是某些"宗派主义""排外思想"时有出现，令萧军常常处在尴尬、痛苦之中。加之萧军秉性刚正，坦率直言，说话、办事不注意方式，这就使他在人际关系上很快出现了许多不和谐。

比如，他在《文艺月报》上发表文章批评何其芳的诗《革命，向旧世界进军》和立波的小说《牛》。他评论何其芳那首诗："我感觉不到情绪、形象、音节、意境……只是一条棍子似

1941年，萧军、王德芬与长女萧歌、长子萧鸣于延安

的僵化了的硬梆梆的东西。"萧军甚至还有"这不是诗，何其芳不适宜写诗"等等如此尖刻的批评，自然引起何其芳等人的反感。当时刘雪苇曾出来为何其芳辩护，萧军又在报上同刘雪苇展开激烈的争论……

1940年以后，由于抗日战争形势的发展，特别是党的统一战线政策影响不断扩大，延安的文化人越来越多，他们有来自国统区的，有来自苏区的，有来自海外的，还有土生土长的，等等。当时延安文艺界主要有三个"山头"，即柯仲平领导的"文协"，丁玲领导的"文抗"，周扬领导的"鲁艺"。三家虽然有共同的抗日目标和革命要求，但对一些理论与实践问题各持不同见解，争论得没完没了。在争论中，有些人说萧军清高、孤傲，萧军为此感到很气闷。

文艺界的宗派主义倾向，从上海左联时期就开始了，在延安也仍然存在着，对此，萧军更感到苦恼、烦躁。这时，周扬在《解放日报》上发表了《文学与生活漫谈》一文，用冷嘲热讽的语言指责在延安的一些作家"他们写不出东西却把原因归之为没有肉吃……"这大大激怒了延安的许多作家们，心情烦躁的萧军看了这篇文章就更烦躁了，于是他便与艾青、罗烽、白朗、舒群等开了一个座谈会，大家聚到一起，纷纷发表自己的看法和意见，会后由萧军执笔，写成了《〈文学与生活漫谈〉读后漫谈集录并商榷于周扬同志》（见《萧军全集·11卷》）。这篇文章与周扬的文章针锋相对，以"反讽"的语言说：人要吃肉，是生理需要，和吃饭、睡觉、结婚一样都是正常的。只有三种人不想吃肉：一是发下了宏愿决心不吃肉，二是生理上有不吃肉的毛病，三是像周扬同志那样有自己的小厨房可以经常吃到肉……还提道：到延安来的都不是为了来吃肉，是为了来革命！正如周扬到延安来不仅仅是为了当院长、吃小厨房和出门有马骑一样……

萧军他们的这篇文章也寄给了《解放日报》，却没给刊载，稿子被退了回来。这件事虽然是出乎他们预料的，但其他人却没把这件事放在心上，或者说放在心上但没想、没说该如何如何。可好求个"为什么"的萧军，却认为《解放日报》太不公平，太不民主！为什么"反批评"的文章得不到发表？这引起他的反感，他要弄个明白。这期间萧军还碰到一些其他不愉快的事，懊恼之中，便想索性离开延安回重庆，去和敌人直接地、痛痛快快地、面对面地斗争，省得在这里生闲气……

二、"党应当制定一个文艺政策"

有人说，时间并不能将历史磨灭，深刻的历史永远不会被时间所遗忘。1942年5月2日，中共中央宣传部在延安杨家岭召开了文艺座谈会，八十多位作家、艺术家及文艺工作者参加了会议。5月2日和5月23日，毛泽东发表了《在延安文艺座谈会上的讲话》。该讲话分为"引言""结论"两部分。它联系延安和各抗日根据地文艺界存在的问题，提出了中国共产党解决这一系列问题的理论和政策，为中国无产阶级文艺发展指明了道路。讲话明确提出了文艺为工农兵服务的方针，强调文艺工作者必须到群众中去、到火热的斗争中去，熟悉工农兵，转变立足点，为革命事业做出积极贡献。讲话是对"五四"以来中国新文化运动的经验和教训的总结，是对马列主义的文艺理论的重大发展。广大文艺工作者对毛泽东提出的文艺工农兵方向的学习贯彻，推动了根据地文艺事业的发展，标志着新文学与工农兵群众相结合的文艺新时期的开始。

这个具有里程碑意义的会议，与萧军有很大的直接的关系，萧军为此次座谈会的召开做出了不可磨灭的贡献。事情的经过是这样的：

第二次来到延安之初，萧军过了一段快乐的时光。后来由于一些人际关系不够和谐，萧军内心很是苦闷和烦恼，就想离开延安回重庆。因为萧军第一次到延安时，作为一代领袖人物，毛泽东曾亲往招待所看望并设宴招待他和聂绀弩等人，如此礼贤下士的亲和态度，给萧军留下了很深刻的印象。所以，他决定找毛主席叙谈叙谈，并向他辞行，还要询问党的有关文艺政策的诸多问题……

1941年7月18日下午1时许，萧军来到了毛主席在杨家岭的窑洞。毛主席立即从烟盒里抽出两支烟，递给萧军一支，两个人一边抽烟，一边聊着。毛主席知道了萧军有要离开延安的想法，感到很奇怪，就关切地询问原因，对他自己或延安有什么意见，希望萧军能开诚布公地提出来。毛主席的热诚感动了萧军，他便直言不讳地谈了同周扬的有关争论和《解放日报》的不公平的做法，以及其他一些不良现象。

毛主席非常认真地听取了萧军的倾诉，虚心地接受了其中合理的部分，同时对有些问题做了深入的分析和解释，对萧军的偏执和局限，做了平等的朋友式的批评和劝导。至于他和周扬的争论，毛主席并没有正面评价孰是孰非，只是给萧军出了个主意："《解放日报》不发表你们的文章，有什么了不起！你们不是有个《文艺月报》吗？可以在那上面发嘛！你看怎样？"①

这真让萧军大喜过望啊。接着又直率地问毛主席："在文艺方面，党有些什么政策吗？"

"哪有什么文艺政策？现在只忙着打仗、种小米，暂时还顾不上呢！"毛主席也直率地回答萧军，并诚恳地希望萧军有什么建议提出来。萧军便敞开心扉、和盘托出，他说："党应当制定一个文艺政策，使延安和各个抗日根据地的文艺工作者有所遵循，有所依据，统一思想统一行动，加强团结，更有力地引导革

---

① 经毛主席提示，该文发表在1941年7月27日延安《文艺月报》第8期上。

命文艺工作健康发展。"

"你这个建议很好，你别走了！帮我收集一下文艺界各方面的意见和情况，作为将来制定文艺政策时的参考，你看怎样？"作为伟人的毛泽东早已在构思和设计文化战线上的战略部署，他尊重实践，想把情况了解得更多一些，听了萧军的建议后，认为时机到了，便因势利导地对萧军说了上边这些话。

萧军是一个极坦荡、豪爽的硬汉，第一次到延安时，毛主席亲自去招待所见他，就使他非常感动。毛泽东的伟人风范、理论素养、人格魅力，使萧军感佩和敬仰。今天看到毛主席的态度又如此诚恳，萧军当即爽快地表示："一言为定，不走了！"临离开毛主席住所时，毛主席还特意叮嘱萧军要收集一些反面意见……

萧军回家以后，立即把手里现有的一些材料陆续寄给了毛主席，接连两次给毛泽东写信汇报情况，还向毛主席借阅《毛泽东抗战言论集》。

1941年8月2日，萧军接到毛主席的复信。在延安文艺座谈会前后，毛主席曾给萧军写过十封亲笔信。

毛主席的信热情地肯定了萧军的优点，坦率地指出了萧军的弱点，字里行间透露出真诚，可谓推心置腹，肝胆相照。从这封信中可以看出：毛主席对萧军这样的知识分子的性格和心理特征也是非常了解的。当时的毛泽东可谓从善如流，又循循善诱，因而吸引了大批文化界进步人士，如众星拱月，心向延安。

萧军对毛主席从初识的好感，直到心悦诚服，乃至一生对党、对毛主席忠心耿耿，即使后来屡遭不公正的待遇，对毛主席也丝毫没有任何抱怨情绪。1976年9月9日毛泽东逝世时，处于逆境之中的萧军竟痛哭失声，写下了字字如珠玑似的悼念诗文。所有这些，足见萧军对中国共产党、对领袖之忠贞，也深刻地显示出毛泽东作为领袖的巨大魅力！

受到了毛主席的挽留以后，萧军在延安成了毛泽东座上的常客。正如毛主席所说，"谈得来"。有几次，毛主席与萧军一谈就是一整天，有时畅谈至深夜，话题无所不及……

毛主席想通过萧军团结更多的作家、文艺家；而萧军也很希望更多地引荐国统区来的作家见到毛泽东，并也能够像自己一样受到毛主席的亲切关怀。

毛主席给萧军回第一封信后，于8月6日、8月10日又接连写给萧军两封信，8月10日下午8时半的信中说自己有时间，约萧军"惠临一叙"。当晚，萧军踏着月色奉约前往，谈话时顺便告诉毛主席："现在有大批的国统区作家到延安来投奔革命，他们都想见见您。艾青、罗烽、白朗、舒群都有这种愿望，您能不能抽个时间和他们见见面呢！"

"群贤毕至，有失远迎啊！"毛泽东亲切而又风趣地说。

"代我向大家问好。抽时间我一定去看看大家。"

毛主席真是一言九鼎，说到做到。8月11日傍晚，毛主席从杨家岭住所走到"文抗"的住地看望作家们。这让萧军喜出望外，立即飞也似的去通知艾青、罗烽、白朗、舒群和其他作家。由于毛主席是"突然袭击"，罗烽、舒群外出了，只有诗人艾青在家。艾青闻讯，立即脱下平时的军装，换上仅有的西装，还扎上了领带，像过节日似的来见毛主席。萧军则像老朋友一般，和毛主席无拘无束地交谈，并不时插话，开玩笑，而毛主席也毫不介意，亲如家人，并将要在适当时机召开延安文艺座谈会的意向信息透露给大家。

这次谈话一直持续到深夜12时半，天黑人静，毛主席只好由勤务兵点亮了马灯陪着下山回家。

第二天一大早，毛主席又让勤务兵给萧军送来一封信，邀请萧军等人早饭后再去面谈。

接到了毛主席的邀请信，大家都高兴得手舞足蹈。萧军和罗烽、舒群、艾青等先到毛主席的住所谈论起来，快到吃中午饭的时候，毛主席又让萧军写了一张条子，邀各位的家属也到毛主席处共进午餐。于是，萧军夫人王德芬抱着儿子萧鸣，和罗烽夫人作家白朗、艾青夫人韦嫈，一同兴高采烈地到毛主席的住处做客。毛主席还特意邀请了中共中央组织部部长陈云、宣传部部长凯丰前来作陪。席间，大家畅谈了文艺方面的诸多问题，气氛非常亲切感人。

按照毛主席的吩咐，萧军陆续将搜集到的文艺界资料寄给毛主席，也常到毛主席那里去面谈。毛主席还把萧军给他的信和搜集的文艺界的资料转给相关同志去阅读。

毛主席在同党内外同志充分交换意见后，决定召开一次文艺座谈会。

5月2日，延安文艺座谈会在杨家岭中共中央办公厅大礼堂召开。毛泽东、朱德、陈云、凯丰、贺龙、博古等出席了会议。会议由宣传部代理部长凯丰主持。毛泽东致开幕词后，就请萧军做首席发言，萧军有点犹豫。丁玲悄悄鼓励他说:"你是学炮兵的,就第一个开炮吧!"萧军终于起来第一个发言。题目是《对当前文艺诸问题的我见》。他谈了六个问题:一、立场。我要站在什么立场写作呢?第一为求得民族的解放,第二为求得人类的解放。一切是为这"解放"而服务。二、态度。科学的态度——要严肃,要客观,把握住事物和人的最本质的东西。三、给谁看?第一要使读者读得懂;第二要使他们发生兴味;第三,能使他们从感觉到思维;第四,再由思维到行动——又复归于社会,在内容上尽可能深而又紧,在形式上尽可能浅而又浅,提高和普及要并行,朦胧和模棱的作品要不得,要健康,要团结,要向上。四、写什么?多写进步的,典型性较大的,必然的,尖锐的一面,"从卑污中寻出美来——发扬它,从美中寻出卑污来——消灭它"。五、如何搜集材料?不要特殊化、居高临下,犯"牧师式"的毛病。作家应是下海——生活的海,去取珍珠的人。先到那些最复杂、变化最快、斗争最尖锐、明暗度最显著的地方去。六、学习,要支出,也要收入。在广度上,别人进一步,他们要进三步,别人不知道的,他要尽可能知道;在深度上,一定要懂得事物最本质的东西……

5月16日座谈会复会。在毛主席的亲自主持下,到5月23日才闭幕,前后历时21天,几次小组会和两次大会相结合,毛主席在5月23日大会上做了总结性发言。开幕词和总结性发言就是著名的《在延安文艺座谈会上的讲话》。傍晚时分,毛主席与全体到会的同志们在大礼堂门前合影留念,萧军选择站到最后一排的台阶上……

三、牵进"王实味事件"

萧军说:"一个作家仅靠了一点原始性'天才'与浅薄的一点文学上的基本知识,他的创作生命一定要死灭。他一定学得更多,更深,思索得更多更深;生活得更多更深;战斗得更多更深……才有望。"(《人与人间——萧军回忆录》第400页)

他是这样说的,也是这样做的,加之一生都没多大改变的"军人习性",使得他对计划好的事情总是要办的,要办的事情总是千方百计要办好的。1942年延安文艺座谈会前后,他总想到边区各地转转,看看,要求自己必须要深入生活,体验生活,经常获得新鲜的素材,他尤其想了解三五九旅的战士生活,希望自己能为他们写点什么，尽自己这个"老战士"之责。

为此，延安文艺座谈会一结束，萧军立即给毛主席写信，求毛主席向王震旅长要张通行证。毛主席复信王震外出，等他回来后再与他沟通。

萧军只好静等，因为没有"路条"走不了多远。然而，还未等王震旅长回来，却发生了一件意想不到的事，萧军牵进了轰动延安的"王实味事件"。不仅终未能实现旅行计划，而且还弄得满城风雨，受到同志们的冷落，以至被扣上"同情托派王实味"的帽子，乃至整整四十年！新中国成立后的一些政治运动中常常被旧话重提，老账新账一起算了……

萧军与王实味素不相识。虽然同在延安，但一个工作在"文抗"，一个任职在中央研究院。那么，萧军怎么会搅到"王实味事件"里去了呢？说来也很简单。

在批判王实味不断升级的时候，有一位既是王实味的朋友，又同萧军关系很要好的作家跑来找萧军，希望他仗义执言，救救王实味。他知道萧军同毛主席有交往，因而幻想毛主席能看在萧军的面上予以从轻发落。一向重感情、讲义气的萧军，当时确也自恃与毛主席有友情，便不加思索地答应了，并登门说情。毛主席听完萧军的陈述后，对萧军说，王实味的问题很复杂，不但犯了政治错误，还有托派和国民党特务嫌疑问题，望萧军不要插手。萧军碰了个软钉子不打紧，可他为王实味求情的传闻却不胫而走，终致成为轩然大波。

应当说，萧军当时是对王实味不了解的情况下的"仗义执言"，因此惹起轩然大波，并非是一个成熟革命者清醒的理智判断，以致给萧军后来的政治和文学生涯，均蒙上了一层浓重的阴影。

四、陕北刘庄务农

毛泽东以领袖的知人之明，在称赞萧军"是极坦白豪爽的人"的同时，也对他狂傲、暴躁的性格弱点看得很清楚，在给他的第一封信中就恳切地劝导他"要注意调理人我关系，要故意地强制地省察自己的弱点……"这使萧军深受感动，也曾下决心克服这些弱点和缺点，但一遇到具体事情来却很难兑现，这就应了"江山易改，禀性难移"那句话吧！对一些党员干部的官僚主义、政客作风他看不惯就要讲出来，这样，与一些同志的关系依然不断地出现矛盾。

1943年，延安整风到了"审干"阶段，康生搞"抢救失足者运动"，简称"抢救运动"。"抢救运动"大约搞了半个多月，毛泽东及时发现了问题，及时进行了纠偏，紧急指示让"抢救运动"停下来，特别强调"审干"不能搞"逼、供、信""一个不杀、大部不抓"。1943年8月15日，毛主席提出的首长负责等九条方针正式发布了，用"一把手负责"等政策规范，杜绝了"审干"中的过火行为。尽管如此，各单位之间、人和人之间多了嫌隙，少了来往，萧军与毛主席也不再见面了，这时他在人际关系上又发生了问题。

"文抗"解散后，兰家坪旧址改作了中央组织部招待所，"文抗"的党员作家和许多老同志们都相继分配到各单位去参加整风，作为非党群众的萧军无处可去，一家仍住在山上的窑洞里。萧军终日埋头创作，长篇叙事诗《乌苏里江西岸》已基本完稿，这是萧军创作的最长的诗歌，他如泣如诉地为那些抗日义勇军的英烈们写下悲壮的万余行的史诗！但他对自己这部作品不太满意，正在辛苦地认真地修改着。再有，在上海时就开始写的且随写随发表的长篇小说《第三代》，是他为东北父老乡亲创作的"斗争生存史"，这部作品已缠了他五六个年头了，他初步计划要写几十万字，甚至上百万字。虽然创作的执着使他兴奋，但作为快要当上三个孩子父亲的人，他深感创作时间的缺少，加之人际关系不够理顺，他的心情非常寂寞。他在题《第三代》篇首的诗中倾诉自己的心绪，记下了当时的情景：

> 漫挥热泪写心辞，甘苦同杯只自知。
> 二月春寒惊客舍，卅年人海恼霜丝。
> 匹夫怀宝应成忏，老蚌含珠了是痴。
> 风雨孤舟飘欲倦，挑灯闲唱《大江》诗[①]。

（《萧军全集·14卷》第191页）

从诗中可见一向热血沸腾的萧军此时的心情是何等凄苦孤寂！这种心绪往往又易引发人的焦躁。当时萧军妻子王德芬已将近临产，大腹便便，行走十分不便。人住在山上窑洞里，而每日三餐需到山下食堂就餐，确实很感困

---

① 《大江》指苏东坡《念奴娇·赤壁怀古》。

难。萧军便向招待所×主任提出，王德芬可否在山上的自家窑洞里吃饭，饭菜由萧军给带去。萧军以为这不是什么过分的要求，不料却被严厉拒绝了。这位×主任说："任何人不准特殊化，必须下山在食堂里吃饭！"萧军虽然耐着性子说明理由，可始终未得到允诺，于是萧军发了火，质问×主任道："既然你说任何人不许特殊化，你们两口子怎么让小鬼（勤务员）把饭菜送到山上去吃呢？"

"我是主任，你敢批评我！"×主任满脸涨红，被萧军指责得恼羞成怒，大发雷霆。

"别说是你！毛主席说过，连共产党有什么错误都可以批评！"占住理的萧军更加毫不示弱。

两人是越吵越凶，话也越说越难听，最后×主任拿出了撒手锏说："你嫌这里不好，可以走哇！"

"走就走！"×主任的无理说辞和"逐客令"，使火冒三丈的萧军，决心离开招待所，到乡下去当老百姓，自己种地，自己养活自己，决不在这里吃"下眼食"。那位×主任当时也不过说说气话，他没有想到萧军真的会走了，×主任也是个年轻人，他也不肯服软，便听任萧军离去。

1943年11月3日[①]清晨，天昏暗暗的，绵绵秋雨下个不停，萧军挈妇将雏，离开了中央组织部招待所。他们的行李很简单，只两个包裹由毛驴驮着，不多时就到了陕甘宁边区政府。恰逢边区政府林伯渠主席外出开会，由边区政府民政厅长刘景范接待了萧军夫妇。刘景范同志立即安排萧军一家先在边区政府招待所住下，他想让萧军冷静下来，准备再做挽留工作。可萧军已横下心来，非要下乡种地不可。这位刘厅长怕话说多了刺激萧军，也考虑到萧军无非是一时怄气，真的到了乡下，会有诸多不便，萧军便会坚持不下去的，那时再做工作让他回城也不迟。

过了几天，刘厅长便给萧军开了通行证，并派毛驴把萧军一家送到延安县川口区第六乡。在碾庄住了近一个月，因延安县剧团也要在碾庄休息过冬，延安县代县长徐天培写信，让川口区区长赵天元把萧军一家安排到碾庄附近的刘庄去。

---

① 采用萧军《延安日记》记载的时间。据萧军《延安日记》1943年12月3日记载："从中央招待所整整走出一个月……"就此得出萧军是11月3日离开的中央组织部招待所。

12月4日，萧军一家正式搬到了刘庄。在刘庄一户姓刘的老乡家的一座石窑里安了家。这石窑原是储粮用的，它是由大石块砌成的，内、外墙都没有用水泥或白灰"勾缝儿"，更没有抹泥巴，大石块裸露着，四壁透风，窑里边又潮湿又寒冷。窑内现盘了一铺小火炕，就勉强可以住人了。一进门，窗旁是炕，炕旁是灶，镶着一口小铁锅，没有取暖的火炉，只能靠烧饭时烧热了炕取暖。窑里有个石头马槽，因没有水缸，就把马槽刷洗干净装食用水。①

1944年1月3日（农历癸未年腊月初八），这是一年中最冷的一天，素有"腊七腊八冻掉下巴"的农谚。就在这天，王德芬临产了，村里不仅没有产院，还没有接生婆，萧军被迫自己为孩子接生。由于缺少接生的经验，站错了位置，产妇的羊水激了萧军一脸。因为事先做了一些准备，一切还算顺利，母女平安哪！这是个胖乎乎的女孩，为纪念这次下乡务农，故取名"萧耘"。

石窑里寒气袭人，王德芬和刚出生的女儿只能待在暖炕上，到中午时王德芬才能把女儿抱出窑外向阳处晒晒太阳。两岁的萧鸣，没有棉衣棉裤，就把仅有的毛衣毛裤都穿上，戴一顶大人的带耳遮的军帽，还穿一件公家发给大人的棉背心，自己跑到村里去玩，有时萧军去砍柴也带着儿子上山，为了防备野兽伤到孩子，他就把萧鸣绑到野兽够不到的树枝上……

萧军砍柴，坡来坡往，山上山下，累得头上的汗水滴答地掉在黄土地上。背柴下山在路上休息时，只能靠着土山坡喘口气，身上被汗水浸透了，冷风吹过，如铁甲般寒凉。砍柴时，因杜梨树有坚硬的刺，手指多处被刺扎破了，为孩子洗尿布时因河水含硝，被扎破的手指感染化脓了，肿胀得钻心地疼痛。到家里他还要烧火做饭，照顾产妇和婴儿。有一次背柴下山，由于山坡太陡，柴背得太多，竟连人带柴滚落到山崖边上……②

条件虽然非常艰苦，但萧军却毫不在乎。但他怎么也没有料到，最大的困难是没有粮食。开始到农村时，区里或乡里借给他们粮食吃，12月初，区政府宣布对萧军生活上一切不出借了。

原来萧军一家到延安后，一直享受供给制待遇，吃饭、穿衣全由公家供给，生活虽然艰苦，却冻不着饿不着。现在不仅供给全部停发了，连"借"都不可以了，他们成了经济上无依无靠的人了。而当时正是严冬，要开荒种地，

---

① 以上参见王德芬《萧军在延安》，《新文学史料》1987年4期。

② 参见萧耘、建中编著《萧军与萧红》，团结出版社，2003年。

也得待到明春，而且得等到秋天粮食成熟才能吃到新粮。可眼前的燃眉之急是粒米未有，又一文不名，真是到了穷途末路了（后来萧军知道了是为了"逼"他回城。见萧军《延安日记》，1944年1月19日《萧军致林伯渠信》）。但即便如此，萧军这个执拗的硬汉仍不气馁，不后悔，不回城。经过一番斡旋，他又从乡里借了一些小米和钱，热心的村长送给萧军二十斤洋芋和一些葱。

对于萧军，也确实是"善有善报""天无绝人之路"哇！就在一家四口（大女儿萧歌一直在保育院）伸手求借的日子让萧军尴尬和无奈的时候，竟鬼使神差地冒出一个叫贺忠俭的陕北牧羊人，他救援了萧军一家。这个贺忠俭四十多岁，瘦削高挑的个子，棱角分明的五官，黝黑里透着紫红的脸膛，一看就是一个忠厚、勤劳、讲义气的汉子。贺忠俭家在碾庄，萧军一家刚到农村住在碾庄时，与贺忠俭家比邻。贺忠俭的妻子刚生下一个女孩，没有衣穿，没有尿布。萧军和王德芬见状急忙把为自己即将出生的孩子准备的为数不多的小衣服送给贺家的婴儿，又不惜把正用着的旧衣服、旧床单撕成一块一块的给女婴当尿布……贺忠俭感激不尽，知恩图报，认定萧军是好人，非要结拜为兄弟不可。当得知萧军家处于困境时，这个善良的庄稼汉毫不迟疑地说："你们一家人的口粮我包了，有我们吃的，就有你们吃的！"

贺忠俭把放羊挣的小米分给萧军家一半，以后收入一升，就立即分给萧军家半升，收入两升分给萧军家一升……碾庄和刘庄离得很近，贺忠俭几乎隔一两天就来看望萧军。每逢到川口镇赶集路过刘庄时，总要买一个热乎乎的烧饼送给萧军的儿子萧鸣吃。晚上，贺忠俭同萧军盘腿坐在石窑的炕上，一边抽烟，一边计划着明年如何帮助萧军开荒种地的事。从贺忠俭身上，萧军深深体味到中国农民坚毅博大的胸怀。他在后来创作长篇历史小说《吴越春秋史话》时，书中古代侠士专诸的形象就是以贺忠俭为原型的。

萧军出身农家，从小就干农活，辽西粗粝的水土，不仅铸就他硬朗的身子骨，也铸就了他勤劳吃苦的品格，他完全不同于一般知识分子家庭出身的作家。他每天向房东借用扁担和两个大水桶，到山下小河里去挑水，把权作水缸的石头马槽装得满满的。没有柴烧，萧军就到十五里外的荒山上砍柴，一趟往返三十多里路，背回几十斤柴火，这是他童年时在第一故乡——下碾盘沟练就的本事呀！他计划着多砍些干柴，要在这数九隆冬把明年的烧柴全都备下，待到春暖花开时，就可以投入全部精气神去开荒种地了。

面对着数不尽的困难，萧军既不蹙眉也不抱怨，有时还要唱几声……萧军家这一切，左邻右舍的刘庄人都看在眼里，很快对萧军全家产生了好感。

最初老乡们以为萧军是个"大特务"，被送到乡下来劳动改造的……后来一看不像，不仅有好感，甚至还十分敬佩，主动帮忙。萧军背柴回来，老乡们热情帮他卸下来，用笤帚为他扫净身上的柴屑和灰土……看到萧军家缺吃的，便这家送白菜，那家送土豆，还有红豆、豇豆、萝卜、豆芽、豆腐、馍馍……王德芬分娩时，村长主动借给萧军一斗麦子，以便磨成面粉给产妇做面汤吃，有一位村民还赊给萧军二斤羊肉……穷苦农民是非常善良、好客的。他们已经把萧军当作了自己庄里的人，这使萧军感到充实、舒畅；但同时感觉自己无以为报，心里很歉疚。

乡亲们听说萧军是个"大作家"，作家是干什么的呢？他们虽然不十分了解，但有一点是可以肯定的，是个有学问的人。于是就在春节期间，家家请萧军写对联，还纷纷争着抢着请萧军去喝酒吃年饭。本来，萧军是赌气才下乡务农的，不料一来二去，他却真的爱上了黄土地上的这些淳朴实在的农民弟兄，竟然想在这里长期"安营扎寨"——不走了！

然而，萧军下乡务农的事，终于让中央领导人知道了。

萧军夫妇和二女儿萧耘在延安东山 1945年

1944年3月3日，渭北高原上的春风呼呼地刮着，向阳处野草已露鹅黄。毛主席派秘书胡乔木来看望萧军，陪同胡乔木一道来到刘庄萧军石窟的还有延安县委书记王丕年。大概是怕助长萧军的骄气，或者怕萧军感到难为情，乔木同志没有提到是毛主席的安排，只说是自己路过这里，顺便来看看萧军，他关怀备至地问道："老萧，日子过得怎样啊？"

萧军开怀大笑，把手一挥说："好得不能再好啦！"

乔木皱皱眉，非常诚恳地说："这里卫生条件太差，村里连个医生也没有，万一孩子生了病，多不方便，我看你还是回城里去吧！"

这句话倒深深地打动了王德芬，作为母亲，她确实时刻担心孩子们的健康。对于萧军的此次下乡，她一开始就不怎么赞同，但事情是由她引发的，以萧军的性格，她知道劝说是没有用的，下乡以后，夫妻共患难，相濡以沫，相依为命的深情，更使她不忍心去指责萧军。幸而天赐良机，现在乔木同志亲临寒舍劝解，王德芬深知机不可失，便从旁一再示意萧军不应辜负领导的厚意……

萧军是个吃软不吃硬的汉子，如今，战友和妻子既动之以情，他倒反觉无言以对了，火气也消了许多，略做沉思，平静地对乔木说："谢谢二位啦！让我好好考虑考虑再回答你们。"

两位客人走后，萧军拿起了烟斗，装上了当地农民种植的土烟叶，坐在炕沿边使劲儿地吸着："回城里还是留乡下？"心里翻江倒海般地折腾着。萧军深深地知道：党的高层领导人都是非常好的，像毛主席、朱总司令、周恩来副主席、彭真、林老、吴老、董老、谢老……接触过的这些领导同志，对自己都是很亲切的，没有把自己当外人……可是一想到那些……"哎！"很少叹气的萧军，使劲儿地磕打烟袋锅儿里的烟灰，长长地叹了一口气……

王德芬立即委婉而又情意缠绵地劝说丈夫："党的高层领导人，特别是毛主席没把你当外人，你就该多想想他们，都那么大岁数了，还天天在为全国的老百姓操心，我们还有什么委屈不可以受的？我们不应当因基层部门的一些领导的缺点就对党产生隔阂……"

"我什么时候和党产生隔阂啦？！"萧军对这句话接受不了，瞪着眼睛反驳道。却不料王德芬寸步不让："不管怎么说，你这次下乡，事实上就是同党疏远了。别忘了，这是在陕甘宁边区呀，让国民党反动派知道，又该造谣了，政治影响该有多坏！你不是常说不应做亲者痛仇者快的事吗？你这样做，对谁有利呀？"

听到这里，萧军开始不再说话了，顺势头朝下躺在石窑的炕上，眼睛半闭半合，显然心动了！王德芬见萧军不反驳了，知道他已听进去了，便乘胜追击道："这次乔木大老远地到乡下来，我看不会是无缘无故来的，八成是毛主席派他和王丕年来动员你回去。你既拥护党，就应当回延安城里去，就应该争取加入共产党，你应当回延安找毛主席谈谈这个问题。"

"这……"萧军若有所思地说，"以后再说吧！"

萧军终于决定返回延安了。

1944年3月7日，县委书记王丕年派来两头毛驴，把下乡务农一百二十多天的萧军一家送回延安城。临走时，萧军把积存的八百多斤干柴送给了房东刘大娘。村里老乡们听说萧军一家要走了，都来送行，贺忠俭也从碾庄赶来相送，萧军把在延安的住址留给了他。乡亲们送萧军一程又一程，萧军和大家依依惜别，紧紧地拉着手，许多人都流下了热泪。最后萧军说："送君千里，终须一别！请回吧！欢迎你们到城里去！"贺忠俭和乡亲们挥着手，一直望着萧军离去的影子，从不踟蹰的萧军，此时是一步三回头……

五、迎接抗战胜利的日子

萧军从刘庄回到延安，开始被安排到中央党校学习。当时中央党校由毛泽东亲任校长，彭真任副校长，共分六个部。萧军自然被分到了文艺界干部集中的三部，参加该部第四支部学习小组。王德芬带着儿子萧鸣、二女儿萧耘分配到该部第七支部，即妈妈支部学习小组。三部比起其他部门的工作、生活各方面都活跃多了，除了正常的文艺创作和活动外，他们还成立了"秧歌研究组""京剧研究组"。

此时抗日战争已经到了最后阶段，干群情绪高昂。秧歌研究组经常走上街头演出，去宣传群众，鼓动军民士气。他们演出的延安方言剧《一朵红花》《牛永贵负伤》。秧歌剧《王二小开荒》（后以群众通称的《兄妹开荒》为定名）等等剧目都深受广大人民群众的欢迎。萧军因为酷爱京剧，参加了京剧研究组的各项活动。1944年夏日，在一次军民联欢会上，萧军登台表演，与周戈同志搭档，演出了传统京剧《萧何月下追韩信》，萧军扮演的武生韩信，不论扮相和唱念做打均极具专业水平，他出色的表演使观众惊叹不已。

受到了鼓舞的萧军，创作剧本的热情勃发。他在看了延安评剧研究院（后改为延安京剧研究院）演出的新编历史京剧《逼上梁山》之后，饶有兴致地对这个研究院的负责人阿甲说："现在抗战即将胜利，好比已到'武王伐纣'的阶段了。我们应编一部《武王伐纣》的京剧，你看怎么样？"

"好哇！老萧，那就借助您的大手笔如何？"阿甲十分欣喜地回答萧军。

"行！一言为定。"

萧军很快写出了《武王伐纣》中的一场《鹿台恨》，是根据我国明代产生的一部长篇小说《封神演义》中"鹿台挖心"那段故事编写的。他在尽力接近历史真实的前提下，去掉了其中的神怪糟粕部分，表现人民唾弃、憎恨、推翻商朝的决心和行动，连比干的"忠心"也挽救不了商纣覆灭的命运，以此借古讽今。

萧军从刘庄回到延安，在中央党校整整住了一年。后被调到延安鲁迅艺术文学院文学系做教员，老

萧军在延安 1945年

友舒群在文学系当领导，王德芬也到该院美术系去学习。1945年3月6日（以萧军《延安日记》记载为准），一辆大马车把萧军一家人及仅有的一点家具都搬到了鲁迅艺术文学院所在地桥儿沟。

在这里，萧军看到师生们的生活很艰苦，学生和教师积极响应毛主席和党中央的"自己动手，丰衣足食""发展经济，保障供给"的号召，满腔热忱地投入"大生产运动"中，除上山开地备荒外，还计划着如何卖烧饼、背煤、贩卖鸡蛋，还要组织学生开展糊火柴盒等等力所能及的生产活动。

初来乍到，萧军全家一切都从零开始，由于缺粮，伙食比较"恶劣"，两天分了四个馒头，萧军全给妻子和孩子吃了，自己忍着饥饿……面对着重重困难，萧军不仅要求自己努力"生产"与大家一起共渡难关，还要求妻子王德芬多在生活上忍耐些，好好与人相处，把心气放平静些……教师和学生们对萧军的到来表示极大的欢迎，陶然、何其芳、荒煤等同志尽全力帮助萧军安置生活。

4月25日下午，文学系举行了开课典礼，萧军做了讲话，他有针对性地对学生们提出希望和鼓励，并以自己的亲身经历告诫学生们不要操之过急，文学是没有捷径可走的。要想当个人民的文学艺术家，要不断地努力创作，除学好文学之外，还要不断地学习哲学、政治、经济、历史以及其他知识，普遍、深刻观察各方面的生活……

文学系的许多学生都曾读过萧军的书，或是在萧军主持的"星期文艺学园"做过学生，他们都很敬重萧军，学生们诚恳热烈地希望教师们能够给他们

以帮助（《人与人间——萧军回忆录》第448页）。这使萧军很受鼓舞，他下决心要把他们教好，不让学生们失望，不辜负党和人民的期望。他每天要认真上好六个小时的课，工作之暇，他完成了新编历史京剧《武王伐纣》的全部创作，共四集，每集约三十场，共计一百二十分场。延安京剧研究院原本安排演出，不料因转瞬抗战便取得胜利而搁浅，直到1950年才在抚顺公演，并轰动全市。

1945年，世界反法西斯战争发生了根本的转折，日本帝国主义陷入了四面楚歌的境地。8月15日，日本天皇裕仁以广播《终战诏书》的形式，向公众宣布三百三十万日军放下武器无条件投降。美联社在这一天向全球发出的电文是："最惨烈的死亡与毁灭的汇集，今天随着日本投降而告终。"在那一刻，从南到北，从东到西，神州大地上的中华子孙沸腾了！整个世界震惊了！世界反法西斯战争终于结束了！经历流血牺牲、残酷至极的十四年，中国人民的抗日战争终于胜利了！

抗战胜利的捷报传到延安时，萧军也和全体军民一样欣喜若狂，立即挥笔赋诗，在《闻胜有感》的"叙"中写道：

> 胜讯初传，浑如梦境，似悲似喜，以惧以忧，万情交纵，哭笑难成！溯忆八年抗战以来，费却多少人民英雄鲜血，始获此"初果"！惜敌氛犹未全戢，而萁豆之煎，却正沸沸也！瞻往瞻来，能无忧惧？夜深难入睡，披衣执笔，诗初成，而东天已破晓矣！

这首诗的全文是：

惊　讯
胜利秋风战马骄，旌旗影动闪枪刀！
漫夸铁甲师无敌，直捣"黄龙"路匪遥。
行见"金汤"成败垒，窃怜覆卵碎完巢！
惊闻捷报浑如梦，痴立山头看火烧。

诗尾并有附注：

胜利之夜，延安各山腰、山头窑洞前，纷纷燃起高高的野火，十余里相望不绝；各学校、机关通夜举行狂欢晚会，有人痛哭失声，有人狂笑若痴，有人因兴奋过度而晕倒。余痴立山头，恍如梦境。（《萧军全集·14卷》第199页）

萧军的这首诗精辟地概括了敌人可耻的惨败，歌颂人民神圣的胜利，并阐明一个真理：战争的胜负，主要决定于战争的性质，非正义的侵略战争，不管你是什么样的"雄师"（日寇自矜：雄师无敌）、"金汤"（日寇曾自夸满洲设防固若金汤），最后难免"覆卵碎完巢"。全诗充分地表现了诗人的爱国主义思想。

在狂喜之际，萧军不忘抗日牺牲的烈士，同时瞰往瞻来，对内战的危险忧心忡忡。他深知：抗战以来，多少人民英雄流血牺牲！而蒋介石却涂炭人民的胜利硕果，磨刀霍霍，萁豆之煎正沸沸也！于是萧军夜深难入睡，披衣执笔，写下了：

小　招
——为抗日殉难的八路军、新四军诸烈士作

既无坚锐又无粮，何事男儿搏战场？
热血浇出花世界，丹心铸就玉天堂！
金牌十二"风波"险，朱履三千"鸡狗"忙。
遥向长空一揾涕，千秋侠骨朽犹香！

萁　豆　悲

血战连年四海昏，谁将只手拯元元？
忠奸自古明水火，龙虎由来际风云。
萁豆相煎悲有迹，情亲奴主掩无文。
如荼往事应犹记（难忘），殷鉴垂垂何太真?！

（《萧军全集·14卷》第200页）

我们从萧军这些诗中不难看到，一方面萧军坚决反对蒋介石的"萁豆相煎"的内战，另一方面则怀着解放战争必胜的信心，号召人民起来进行革命战争。这一深刻的主题思想，反映了诗人对人民解放战争所采取的鲜明而正确的态度。可人们做梦也不会料到，萧军的这些诗几年后竟成为他反党、反社会主义、反人民解放战争的"罪证"，不过这是后话。当时的萧军无比振奋，产生了加入中国共产党的愿望，并为此去找彭真同志谈自己的想法。

萧军为什么要去找彭真谈入党问题呢？一则彭真是中央党校副校长，更重要的是他俩很谈得来。他们是在毛主席家里相识的，自那以后经常往来，友谊日笃。萧军把自己在刘庄写的为什么要参加中国共产党的日记给彭真看了。作为政治家，彭真也效仿毛泽东那样，首先肯定萧军的动机是真诚的。然后，在很了解萧军这位文学艺术家的性格和弱点的基础上，开诚布公地对萧军说："党的原则是少数服从多数，下级服从上级，地方服从中央，领导你的人工作能力不一定比你强，你能做到服从吗？"

萧军还真没有认真思考过这个问题。他望着彭真严肃恳切的面容率直地答道："彭真同志，你说的我现在还真办不到。我已经养成了这样的习惯：我认为不对的就反对，不管他是谁。我更不习惯于服从、照办。谁要是硬性命令我做什么，我立刻会产生一种生理上的反感，我自知这是我的弱点，但很难克服，至少目前还没有克服。看来我还是留在党外吧，省得给党惹麻烦。"于是萧军又撤回了入党的要求。对此，彭真一点也没有感到意外和反感，温和宽厚地安慰萧军说："不要紧，你可以继续努力，什么时候彻底想通了，你再来找我也不迟，我随时欢迎你！"彭真相信：正直、刚烈、爱党、爱国的萧军终有一天会参加到党的队伍中来的。

虽然入党问题没有再谈下去，但萧军对党、对革命事业负责的态度一直是很明确的，正如他在日记中写的那样：

> 一切以革命利益为前提，见到就说，万一它们对革命有些用处，总是好的。我应绝对打破一类"明哲保身"以及"知好歹"的庸俗观念。国家是人人的国家，革命是人人的事业，任何人绝取消不了一个人革命的权利。……对革命的责任是不应丝毫放弃的。（《延安日记》下卷第178页）

与彭真谈入党问题之后萧军提出要去东北工作的要求，彭真欣然允诺了。当时，抗日战争刚刚胜利，党中央、毛主席早就做出了英明决策：派出军队和组织各方面的干部迅速开赴东北、华北解放区开展工作，接管日伪占领区，保卫人民的抗战果实。鲁迅艺术文学院也组织了几个工作队分批出发了。9月20日，舒群、田方任队长，带领一批人先期奔赴东北解放区，奔赴华北的工作队是由艾青、江丰任队长。萧军急于随同舒群等前往东北，但组织上考虑到萧军孩子太小行动不便，暂缓出发。

11月，中央决定，鲁迅艺术文学院全部迁到东北解放区去办学。这就遂了萧军的心愿，他真是欣喜若狂。

11月15日，由周扬、沙可夫率领的"鲁艺文艺大队"从延安出发，萧军夫妇带着三个儿女，随着这支队伍向东北进发。离开延安前，萧军写信告诉毛主席要向他辞行。11月9日，毛主席派人开汽车接萧军去枣园。已经三年多没有去毛主席家里了，这次是去告别，不知此次分别，何年何月还能再见到这位令自己尊敬的毛主席，想到这里萧军难免心里掠过一丝酸楚……

毛主席在枣园家里见到萧军非常高兴，对萧军的东北之行给予热情的鼓励，希望他利用自己在文化方面的长处，发挥自己的影响，与彭真密切配合，协助彭真开展东北的文化工作。说着，毛主席忽然把话题一转，又一次谈起萧军入党问题。毛主席说："听彭真同志说，你有过入党的要求，好哇，我们欢迎你！"毛主席说到这里，望了望在座的时任中共中央书记处书记和中央革命军事委员会副主席的刘少奇同志，少奇同志也点头微笑，表示赞同毛主席的话。接着毛主席非常恳切地叮嘱萧军说："到了东北，如果考虑成熟了，可以向东北局提出来。"

萧军后来果然于1948年7月向东北局提出了入党申请，经东北局报请，党中央批准了萧军入党的请求。只是由于"《文化报》事件"的爆发，萧军的党籍化为乌有，这当然也是后话了。

萧军与毛主席和刘少奇同志，一直谈到了中午，毛主席还带萧军到朱老总家去看望朱德同志，而且在朱德同志家共进午餐，毛主席以此为萧军饯行。

弹指算来，萧军第二次到延安，从1940年6月14日到达，直到1945年11月中旬离开，近五年半的时间里，他撰写了四十多篇的作品，大多在1941年1月到 1942 年 5 月发表，只有三篇发表在 1945 年。从创作的形式上看，虽然有专论、杂感、建议、小说、诗歌等，但总体上说，作为小说家的萧军，在延安时期主要写作的是杂文。从有些杂文中可以明显地看出萧军对当时延安文艺界的某些现象并不十分满意。他的立意是好的，是想帮助党尽快改正这些不尽如人意的缺点和毛病。他急于要表达自己的好意，但往往把握不住自己的情绪，在率真之中失于偏激。

萧军是从国统区过来的革命作家，他对解放区的一些现象一时还难以适应，再加上某些文艺界领导人身上存在的宗派主义，使萧军在延安时期与一些人的关系颇为紧张。于是，他就用杂文的形式表达了自己的看法。毛主席《在延安文艺座谈会上的讲话》中提到的文艺为工农兵的方向，以及建立文艺界的统一战线，歌颂光明和揭露黑暗与还是杂文时代等问题，就是针对文艺界当时的实际情况而发的，其中也包括萧军应予注意的问题。①

延安时期，萧军最有分量的文章当属《大勇者的精神——要做到伟大，而不在装伟大！——〈裴多汶传〉序言》，这是一篇纪念性的论文，开始发表在 1945 年 1 月 29 日《解放日报》上，后又刊登在《抗战文艺》第 10 卷，第 2、3 期合刊的《怀念罗曼·罗兰》专栏上。萧军称赞 20 世纪上半叶法国著名的人道主义作家、社会活动家"罗曼·罗兰——是属于那具有着：水晶似的灵魂，纯金的心，太阳似的光和热……用刀或用笔，为人类底进步而战，流尽最后一滴血；吐出最后一口气息……这样英雄群队中底一人"。他又高度赞扬了罗曼·罗兰在艺术上所追求的"真诚"，即"真诚的感情，真诚的思想，真诚的美和力量"。

写到这里，笔者立即想到，难道萧军不也是像罗曼·罗兰一样，是一位"执了这'真诚'底剑从诸种悲苦、困厄、堕落、失迷……而冲杀过来的"吗？萧军的一生不"也正是用了这'真诚'的笔底剑，蘸了自己'真诚'的血液，冲杀过来的一人"吗？

文中，萧军由对罗曼·罗兰对"真诚"的执着追求发出了呼唤，他呼唤"大勇者"们的精神，能够"透进甚至每一条极纤细的血管里来罢，每一颗极细小的细胞里来罢"。萧军一方面歌颂这种美好的精神，另一方面，他又憎恨、诅

---

① 参见王科、徐塞《萧军评传》，重庆出版社，1993 年。

咒着一切丑恶的事物："在今天，我们也不能够再容忍过去那若干年代利用这民族底脓疮，栖息在它里面的那些'蛆虫'类，吸食我们的血液，咀嚼我们的脂肪，腐蚀、败坏我们的筋骨和灵魂"。更不能够容忍"那些企图败坏或偷窃这伟大的人民用自己的血肉换得的神圣的、胜利的'战果'而要据为己有，甚或要传至子孙的骗子和流氓"。从中我们不难看出，萧军的文章就像一把利剑，直刺要窃取人民抗日胜利果实的国民党反动派。萧军在文中斩钉截铁地说：人民就"只有驱除他，甚至消灭他。而且要把这批民族、国家的蟊贼，'人中底败类'者底骨屑，沉进那无底的大海去或制作于人有益的肥田调料"（《萧军全集·11卷》第580—585页）。纵观全文，萧军以鲜明的爱憎感情和酣畅的语言概括了罗曼·罗兰一生战斗道路以及艺术上的成就，是一篇颇具见地、颇具影响力的专论性文章。

延安时期，萧军涉及鲁迅的文章共有七篇，其中值得重视的是有关鲁迅历史小说《铸剑》的研究。萧军赞同鲁迅先生对创作历史小说的态度是："不脱于历史，又不拘于历史。"萧军自己也是本着这一精神创作他的历史小说和历史剧的。萧军在《时代——鲁迅——时代》一文中评价、赞扬鲁迅先生说："为中华民族的生存、解放、发展而战斗，和其他伟大的人物一样也是为人类的正义、公理、幸福、自由而战斗。不断解剖自己，鞭策自己，不断解剖敌人，鞭挞敌人……'不苟'与'实践'——这是先生基本的思想和精神，也是先生实现这思想和精神基本的方法。"

此外，萧军还写过一篇纪念萧红的散文，题为《零落》。他在文中称赞萧红为"一个给予她的民族、国家以及人类带过一些光和热的作家"，并用"年来故友飘萧尽，待赋招魂转未能"的诗句，以表自己对萧红的永久怀念。

延安后期萧军还写过一首新诗，题为《胜利来到了！——但

延安时期萧军的三个儿女，左起：萧歌、萧耘、萧鸣

我们不能忘记》。这首诗，表达了自己对中国共产党和苏联人民的热爱，同时也表达了对企图下山摘桃子、窃取吞食抗战果实的豺狼——国民党反动派的憎恨。诗的最后萧军"用我们那'枪的语言'"写道："谁敢进犯、谁敢强抢、谁敢偷窃，就杀死它——像杀死一条癞皮狗似的杀死它！消灭它——像消灭一只苍蝇似的消灭它……"谁也不会想到，三年后在"《文化报》事件"中，萧军被扣上了反对人民解放战争的帽子，而这首诗正是对这一污蔑的极有说服力的反证。①

总而言之，萧军在延安这五年，是他在党和毛主席亲切关怀帮助下长足进步的五年；是他个性意识与各种思潮激烈碰撞的五年；是他一如既往地敢讲真话的五年；是他文学艺术探索多项发展的五年……这是个复杂的五年！一句话，是他在领袖身边难忘的五年！

六、"哈尔滨，我回来了！"

1945年11月15日，萧军告别了工作生活五年多时间的延安，一家五口，随"鲁艺文艺大队"前往东北解放区。在这支特殊的队伍里，仅孩子就有二十六七个，大多数人都是步行，只有母亲和孩子可以坐在骡驮轿②里。已怀有身孕的王德芬带着三个幼小的儿女自然享受了这个待遇。萧军分到了一匹骡子，但他没骑，而是让骡子驮了两木箱书籍、文稿及很多珍贵的历史资料，自己跟在骡子后面步行。

队伍从延安经过甘谷驿、延川、清涧、绥德、吴堡、螅蜊峪，再到山西省临县、兴县、岢岚、五寨、中鲁、威远堡、左云、丰镇、阳高、罗文皂等地，向察哈尔省的张家口进发，然后再转道赴东北。一路上朝行夜宿，一天换一个住处，吃的几乎都是小米饭煮洋芋。行军的劳累艰苦萧军全不在意，他要回到阔别多年的故乡啊！兴奋的心情难于言表。一路上有说有笑，有时，还打趣地逗王德芬说："老媳妇还未见公婆呀！"

走了四十六天，历经了两千多里路的风雨跋涉，1946年初，"鲁艺文艺大队"到达了晋察冀解放区的张家口，因战事频仍，道路不通，只好滞留在此。

① 参见徐塞《萧军的文学世界》，春风文艺出版社，2008年。
② 即两个骡子中间架一个像船一样的窝篷。

萧军一家暂住在晋察冀日报社的宿舍里。在这里，萧军同晋察冀日报社社长、诗人邓拓相识。二人一见如故，互感相见恨晚，常常樽酒论文，彻夜长谈。

5月1日，王德芬在张家口又诞下一女婴，为纪念萧红取名萧小红。

5月20日，萧军因急于回东北，便把家属留在张家口，和张仃夫妇、吴雪夫妇等几位同志先行出发了。临行前夕，邓拓派人送来一首诗并附短简说："萧军同志：刚才可惜没有多谈，送你一首小诗，看后一笑。明早你出发时，希望能看看你，别了！握手。"诗云：

1945年11月，萧军夫妇及长女萧歌、长子萧鸣、二女儿萧耘（萧军怀抱着的）在张家口。

> 战歌诗思绕长春，结伴还乡气若龙！
> 《三代》鸿篇才未尽；十年游客意犹浓。
> 胸怀作计充闯将；去住为生胜老农。
> 翰墨场中飞虎出，高峦深泽纵奇踪。

萧军步邓拓原韵和诗一首，以表答谢。他在"叙"中说："行装收拾罢，已是次晨三时许，灯下步云特（即邓拓——引者注）原韵为留诗一首，以致念。"诗云：

> 一别乡关十二春，豪情湖海慕元龙。
> 醇醪乍酌人初醉；古塞春迟绿未浓。
> 虽许丹心酬父老；只余一笔报工农。
> 相逢他日知何往？同气连枝迹有踪。

（《萧军近作》第11—12页）

那时，不论是萧军还是邓拓，都是那样豪情满怀、踌躇满志，他们谁也不会料到三十年后，在相同的时间段里先后遭逢困境。邓拓丧生，而萧军有幸大难未死。直到"四人帮"覆灭后，在为邓拓举行追悼会前，萧军应邓拓夫人丁一岚之嘱"写些悼念文字"。1979年3月19日夜，萧军"衷情怆恻"，"夜深难寐，成诗二律"，以悼念自己的挚友：

一

丹心凛凛路迢迢，一夜风狂怒海潮！

文字狱兴"莫须有"；抄家谳定遄难逃。

十年血碧燕山月；此日魂招"金水桥"。

漫道才高憎命促，《满江红》赋雨潇潇。

二

卅四年前喜识君，夜阑杯酒共论文。

春风紫塞张家口；结伴还乡哈尔滨。

杨柳依依天外路；征尘滚滚岭头云。

何堪此日成追忆，岂有苍苍丧斯人？

（《萧军近作》第10—11页）

萧军和几位同志兴致勃勃地离开了张家口，5月25日到了赤峰，后辗转到达承德。终因交通受阻，于7月7日只好又返回张家口。在承德临行前，为《热河文艺》写了一篇《要继承鲁迅的文艺传统——敬献给〈热河文艺〉作者和读者们》的文章。

在张家口滞留期间，萧军与邓拓、何干之、成仿吾、欧阳凡海等一起，成立了"鲁迅学会"。萧军在成立大会上做了题为《鲁迅》的演讲。又应约为《晋察冀日报》撰写了《关于鲁迅先生的旧体诗半解》《灰败思想底根源一解》《蹲在牛角上底苍蝇》《闻"让"有感》《旧事重提》《闲话"东北问题"》《弹今吹古录》《再来一个"五四"运动》《鲁迅学会的过去、现在与将来》《浴血而立的中国人民！——为悼李公朴、闻一多、陶行知诸位殉难先烈！》等文（以上文章均见《萧军全集》第12卷）。

1946年8月7日，《东北日报》第一版登载了一则醒目的消息：《适应新形势需要，东北大学扩大规模》。消息披露：东北大学的鲁迅艺术文学院扩大招生，将由《八月的乡村》的作者、全国著名的东北作家萧军先生任院长，因而惹得报名青年蜂拥而至（事先萧军本人并不知道这个任命）。8月中旬，时任中共东北局副书记的彭真同志亲自派人到张家口接萧军。萧军一家六口乘坐一辆无篷卡车，张家口卫戍司令部派了一连战士，分乘四五辆卡车，护送萧军一家和一批文艺工作者，他们一百多人一起，穿越内蒙古东部大草原向哈尔滨挺进。

那时，内蒙古大草原刚刚解放，时有国民党残部和土匪出没；荒蛮的大草原天高风劲，还常有野兽对行人构成生命威胁。公路因被破坏，坑坎泥淖，不仅车辆颠簸摇晃得厉害，而且常常灭火，令司机和乘客十分头疼。就这样，车队在秋日的草原上艰难地驰行着，经过喇嘛寺、鲁北、突泉、开鲁、通辽、白城子、昂昂溪，于9月13日到达了嫩江省省会齐齐哈尔市。嫩江省省长于毅夫是萧军的老朋友，他会同文化、教育界的名流车向忱、关梦觉等一起迎接了萧军。次日，在该市为萧军召开的欢迎大会上，萧军发表了演讲，随后又为齐齐哈尔市的教师、学生以及青年文艺爱好者们做了多场报告。讲稿整理成《杂谈摘录二则》后，载于1946年9月22日《新嫩江报》。

9月23日，萧军终于回到阔别十二年的哈尔滨。祖国光复了，松花江的流水，太阳岛上的太阳，石块铺设的中央大街，以及索菲亚教堂的悠悠钟声依旧那么迷人。然而，物是人非，许多故人，如萧红、金剑啸、侯小古、黄之明（黄田）等已离开人间，自己已经成了四个孩子的父亲，萧军不由亦悲亦喜，感慨万端。

9月27日，哈尔滨市又举行了各界欢迎萧军先生大会。萧军心情万分激动，会后面对滚滚滔滔的松花江水他高喊道："哈尔滨，我回来了！"并成五律一首：

金风急故垒，游子赋还乡。

景物依稀是，亲朋半死亡！

白云红叶暮，秋水远山苍。

十二年如昨，杯酒热衷肠。

（《萧军全集·14卷》第191—192页）

这首诗真切地表达了萧军对已故战友们的深深怀念和自己奋发努力的心情。死者长已矣，活者当奋斗！但怎么也没有想到，这个曾是他步入文坛起点的松花江畔的大城市——哈尔滨，几乎成了他政治生命和文学生涯的终结处。这源于《文化报》与《生活报》的一场论争。

萧军刚一到哈尔滨，东北局、东北行政委员会和彭真同志出于对萧军的信任和才能的认可，便委托萧军投入宣传群众的热潮中去。接受了这一政治任务，萧军自然是刻不容缓地、忘我地、全身心地开展工作，应哈尔滨各学校、机关等团体的邀请进行了五十多天六十多场的演讲。有时一天讲三场，每场人数多达一两千人，一讲就是三四个小时，而且没有扩音器（即便有萧军也不习惯用），只能凭借着本身的声音。在演讲中，萧军解答了群众提出的许许多多在当时影响社会、影响民心的实际问题。每一场演讲都是一场不轻松的演出，甚至是一场激烈的战斗，总是要"累得汗流浃背以至于力竭声嘶"。

当时的哈尔滨刚刚解放不久，政治情况十分复杂，演讲是要冒很大风险的：一方面，暗藏的日伪特务、土匪、会道门等等潜在的恶势力还很大，新政权还不巩固，革命的影响还不深入；另一方面，苏联军队的败坏纪律的行为，在社会上留下很坏的影响。热心的朋友们都劝告萧军说："你一上台演讲，肯定要陷入被动，甚至可能被轰下台！"可萧军却认为："正因为群众情况如此复杂、广泛，因此我们必须要澄清一下，免得某些别有居心的人从中煽风点火，浑水摸鱼，这对于巩固我们的民主政权、中国共产党的影响是不利的。古语所谓：'不入虎穴，焉得虎子。'应该是'明知山有虎，偏向虎山行'！……让我试试看，仅仅是轰一下是不要紧的！"（《人与人间——萧军回忆录》第463页）

由于萧军坚持这样做，为了他的安全，组织上要为他配备一个警卫员，被萧军谢绝了。萧军认为，没有谁会来打死一个无权无位的区区作家，他说"没见过一个平民百姓身份的文艺作家，后面还跟着一个警卫员！……即使这样，警卫员又顶什么用呢？这只能加重了你的'身价'，再就如《三国演义》上关羽所讲的'插标卖首尔'……"（同上）

萧军演讲解答问题的主要内容是：

一、苏联究竟是社会主义国家还是帝国主义国家，是友人还是敌人问题；苏联红军强奸妇女和抢东西问题；苏联把一些工厂，例如鞍山等地的机器绝大部分拉跑了的问题；等等。来解答群众根据苏联红军在东北军纪败坏的行为提出的这些质疑。

二、中国共产党和国民党有什么本质上的不同？

三、中国共产党对知识分子、青年学生的政策如何？

四、中国共产党团结的对象包括哪些人？

五、中国现阶段的革命性质是什么？

六、在哈尔滨中国人和俄国人的关系问题。

…………

这些问题有的政治界限并不清楚，极有澄清之必要。此外还有关于鲁迅先生同萧军的关系的问题；有关于萧军个人的创作情况的问题；也有关于萧军与萧红的恋爱和婚变的问题以及一些五花八门、千奇百怪的问题；等等。其中最敏感、棘手的，是关于苏联军队纪律和中苏关系问题。

对于这些问题，萧军大体上确定了一些答案，只是关于苏联军队败坏纪律的一些问题、抢东西问题、破坏工厂拉走机器问题，群众是有凭有据地提出来的，这是无法否认的，更无法辩解。一方面不能逆着群众而否认事实，另一方面又要"站稳立场"保护苏联社会主义国家的形象，这个问题确实难度很大，萧军冒着一定的政治风险和随时被群众赶下台的危险，竟很好地完成了任务。

为了尽量演讲好，他调查研究，多看资料，让自己内蕴丰厚，久蚌成珠，在深耕博采中，淬炼出属于自己的真知灼见。

每次萧军演讲回来都主动向彭真同志及时汇报：群众提出了哪些问题，他是怎样回答的，回答得对不对？回答得如有不妥还应该怎样补救，与彭真共同研究、商量、分析……后来，萧军把群众提出的各类问题和自己的解答概括、归纳、总结成四大集书面材料，呈报给彭真同志，作为党和政府进行解放区各项工作的参考。

萧军的演讲不是事先拟定好的讲稿，也没有提纲，采取的是"从群众中来，到群众中去"的即兴方式。有的问题是邀请单位事先提出的，大多数问题是听众当场递的"条子"，而且是群众迫切需要回答的、政治界限并不清楚的、极有必要澄清的问题。据不完全统计，萧军解答了群众提出的大大小小的问题竟达两千多个。

萧军演讲，神采飞扬，妙语连珠，那些或自出机杼，或启人深思的观点，经常令人如沐春风，豁然开朗。他深入浅出、精辟独到的妙论，竟如金樽清酒，醇香甘冽，令人心醉神迷，受到了群众的好评。萧军的这些演讲，有力地宣传了马列主义、毛泽东思想和党的政策，对提高群众觉悟，肃清日本帝国主义十四年奴化教育的流毒以及日伪统治造成的反动影响，起到了很好的作用。

萧军思维"跳脱"，行事不拘一格，在众语喧哗的时候，他有着更清醒的认知，更睿智的识见。比如在一所女子中学演讲的情况：

这所女子中学的政治情况很复杂，教师和学生曾深受国民党政治宣传的影响，对人民解放战争、中国人民的革命事业抱着怀疑乃至仇视的态度。朋友们都劝萧军谢绝邀请，但畏难不是萧军的性格，他照样去了，"拼出一把生灵骨，探探黄河几澄清"。结果不出所料，萧军在这里陷于困境。当听众不断对苏军纪律败坏，侮辱中国妇女的行为提出质问时，萧军说："诸位的感情，诸位的想法，以至今天诸位的愤怒，我是完全可以理解的。我丝毫也没有责怪诸位的意思。不论一个国家，一个民族，以至作为一个'人'，全应该有他的一定的自尊心，不能够容忍任何外力加以侮辱和玷污！譬如说，苏联红军败坏纪律的行为，那全是作为社会主义国家本身所不能容许的，也是作为苏联朋友的我们的国家、我们的民族、我们的人民所不能容忍的！因此你们的愤怒是理所当然、应该的！假如这些败坏纪律的行为加到我的头上：抢我的东西，侮辱我本人以及亲人，我也要愤怒的，也要反抗的。但是另一面，我相信斯大林也不会容许这类败坏纪律的行为存在的。据我所知，有一些败坏纪律的分子，当场就要执行死刑的，你们知道不知道？"

"我们不知道！我们没看见！"听众怒吼起来，震荡了整个会场，使萧军感到紧张和吃惊。但萧军没有慌乱，他又采取以退为进打迂回战的办法解释道："是的，那些败坏纪律分子的被处死，我也只是听说，没有亲眼看见。你们不相信我的话，我也确是拿不出真凭实据来，但是能不能允许我问一句？"

"你问吧！"

"好！谢谢你们！关于苏联红军某些败坏纪律分子的所作所为，我也是'道听途说'的，也没有人给我看过什么'真凭实据'；今天到会的诸位女士、先生们，你们谁能拿出一些'真凭实据'？使我相信诸位所说的全是亲眼所见，亲身所受呢？"

萧军这一"反问"或者说是"反攻"出人意料，没有人出来响应，这个问题在会场上引起了一片交头接耳的喊喊喳喳声。萧军赶紧抓住时机，趁机收兵了。他说："诸位女士，诸位先生，既然当场一时拿不出'真凭实据'来，我也拿不出'真凭实据'来，我们这场没有'真凭实据'的辩论就作为互相怀疑的'悬案'搁置这里吧。否则，我也不是那苏联红军中败坏纪律的分子，诸位也不是真正的受害者，我们之间应该没有任何仇恨，我这次讲演就到这里结束吧。"

萧军最后又趁热打铁讲了四点意见："第一，应该承认这种败坏纪律的行为是绝对错误的，绝对可耻的．为社会主义国家的军队军纪绝不能相容的，我们要反对。第二，据我所知，这次和法西斯战斗，苏联军队伤亡是很大的。兵源缺乏，万不得已，把一些情节较轻的刑事犯人，临时编入了军队，使他们戴罪立功。由于他们并没有受到充分的军纪训练，因此就犯下了这样那样败坏纪律的罪行。第三，这些罪行发生后，我们今天采取怎样的态度呢？是原谅吗？是仇恨？如果我们承认苏联是我们的朋友，我们可以原谅，由一分到一寸、到一尺；如果他是帝国主义的军队，我们是应该绝不原谅的。第四，至于今天到会的诸位女士和先生们，你们对于苏联和帝国主义是怎样看待？采取哪种对待的态度？这完全是你们绝对的自由和权利！我没有任何权利应该参加意见的！"（《人与人间——萧军回忆录》第467页）这些话说得真是滴水不漏！

这里所引用的萧军的讲话，虽然是萧军晚年回忆出来的，也许同当时所讲的有某些出入，但大致不错。可以看出，萧军当时在苏军败坏纪律这个敏感问题上，虽未能百分之百说服所有听众，至少在那所女子中学起到一定的稳定作用。除此之外，萧军在佳木斯还有几次大的演讲。

今天我们回顾这些，可见萧军当年的演讲确是吃尽辛苦、费尽心机，表现了萧军充分利用自己在东北知识界和青年学生当中的威望和影响，诚心诚意地为党做宣传工作。可世事难料："游子"归来后的这一番苦心和奉献，不仅没有得到应有的理解和支持，反而引发了一场毁灭性的"批判"哪！

七、《文化报》《生活报》

1946年11月上旬，萧军离开了哈尔滨，根据组织的安排赴佳木斯就任东北大学鲁迅艺术文学院院长之职。萧军真的当"官"了，按照供给制的规定，萧军这个院长的待遇是：四间小房子、一个厨工、两个保姆（朝鲜族的朴大嫂和她的女儿贤玉）。每餐四菜一汤，出门有马车，还有带枪的警卫员。虽算不上"锦衣玉食"，但在当时完全可以说待遇够丰厚了，生活够幸福了，出入够威武了！可萧军他不习惯这种前呼后拥、呼三喝四、请示汇报、当官得意的新生活。他先把警卫员辞去了；他更不习惯有人喊他"萧院长"，他听惯了别人称呼他"萧军同志"或喊他"老萧"……这新的环境、新的工作，这"当官"的滋味他很不适应。于是，仅仅在这新的岗位上当了四个月的"院长"，就下决心坚决把这顶"乌纱帽"从自己头上摘下去，辞职回哈尔滨干自己想要干的事情，干自己能够干好的事情去。

萧军在他的回忆录中说："我国的老聃曾说过'知人者智，自知者明'。知人的'智'我不敢说有，但自知的'明'，自信还是有一些的。我这个人怎么能当院长呢？当'官'的人应该是属于另外一种人的。首先他本人要有当官的兴趣，其次要有这方面的本领。在我是既无兴趣，也无这方面的本领。记得当我在哈尔滨出席群众集会讲演时，就不止一次有人递条子问我在共产党里是哪一级的干部，也问我是不是共产党员。我只能坦率地告诉他们，我只是个区区的文艺作家……我为自己做了这样的鉴定：做党员我不是那样的材料；当官不是那样的坯子。"（《人与人间——萧军回忆录》第468页）为此，在"鲁艺"忙了一阵子之后，萧军向东北局递上了一纸辞呈，请求辞去"鲁艺"的院长职务，拟回哈尔滨筹备鲁迅学会和鲁迅文化出版社，在等候批准之时，他和妻子儿女们在佳木斯度过了1947年的春节。

辞职申请被东北局批准了，1947年的3月21日，萧军把家人留在佳木斯，只身回到了哈尔滨。这个一直为祖国、为人民勤奋地笔耕墨耘的斗士，他多年来的愿望是想办一个出版社，当时的东北局副书记彭真、宣传部部长凯丰（原名何克全）不仅同意了萧军的这一请求，还拨给他三两半黄金做开办费；哈尔滨市政府把坐落在尚志大街5号的一所临街的二层楼房也拨给他做基地。

萧军根据毛泽东主席曾说过的"鲁迅的方向就是中国新文化的方向"的这句话的意义，为了弘扬鲁迅精神，就将出版社定名为鲁迅文化出版社。然后便东拼西凑弄到了一些老印刷机，一些铅字字模，一把裁纸刀，招请了一些有经验的印刷工友和一些青年工人。为了减轻国家负担，出版社创办伊始就坚持走"以商养文""自给自足"的道路，开始为各机关加工印制一些票据之类，用以维持职工们起码的生活。而萧军全家的生活费仍由东北局供给，和出版社无关。萧军任出版社社长，聘任徐定夫为经理，这是位有做生意经验的青年人，萧军把三两半黄金交给了他。

萧军还请人做了一些大额匾，白底蓝字，放大了鲁迅先生的字体，还请一位日本画家把张仃在延安时期设计的鲁迅研究会的会徽上的鲁迅头像，透描在临街房子中间的一块大玻璃上，也是蓝色的，足有一米宽长。因此，背地有人讥讽说这不像出版社，倒像"殡仪馆"。

除了鲁迅文化出版社的牌匾外，还挂了鲁迅学会、鲁迅社会大学筹备处两块牌匾。当时的萧军一心扑在党的文化事业上，雄心勃勃地想把事业做好、做大。

萧军把鲁迅文化出版社办起来后，彭真同志调任内地工作了，由高岗接替了他的职务。

当时的哈尔滨大型报纸只有《东北日报》和《哈尔滨公报》两家。《东北日报》是东北局和东北行政委员会的机关报，由中共东北局宣传部和行政委员会直接领导；《哈尔滨公报》是伪满遗留下来的一份形式上民办的报纸。这两家日报的内容基本上是一致的，是属于政治性和指导性的。尽管也有副页登载一些文艺性的零碎文章，但形式上不够活泼多样。因此，一些青年人就希望萧军的鲁迅文化出版社能够出一份文化、文艺性质的小报，周刊、旬刊都可以。

当时萧军估量过鲁迅文化出版社的财力、物力，特别是纸张来源等困难，深深知道再办一份报纸谈何容易。不过，面临着群众要求得十分迫切的情况，萧军决定"硬起头皮，挺直腰板"，大胆干起来！经过东北局宣传部批准，1947年5月4日，由萧军任主编的《文化报》在哈尔滨正式创刊。这时的萧军不仅担任鲁迅文化出版社社长、《文化报》主编，同时，还兼任东北文协常委、研究部部长。

《文化报》创刊伊始，是8开的小报，彩色套版，五日刊，每次仅印一两千份。刊载文化、文艺活动消息，三言五语的短文、小诗、书评等。在编排形式方面力求新颖、活泼，每期的报头都更换不同颜色，弄了一些"报花"、小插图之类，萧军自己题写了报名。

当时最大的困难是纸张紧缺，别说没有钱，即使有钱也买不到白板纸。印刷《文化报》的用纸，只能买到一些土产的包装纸（即粗糙的复生纸）。这种纸颜色灰暗，不结实，薄厚不匀整，一面有光，另一面有清晰的草屑疙瘩，草屑疙瘩弄掉了就成了透光的小窟窿。所以，字不容易印清楚。印刷用的铅字也是七拼八凑来的，字模残缺，字体、字号不全。而且这些老旧的铅字已经磨损得没了牙齿和棱角，又没有铸字炉，磨损了的铅字只能靠人工刻字来补充了。

尽管困难重重，萧军还是把《文化报》办起来了。虽然是粗糙模糊的小报，但在萧军的惨淡经营下，在当时文化生活比较干枯的哈尔滨，它深受文学青年们的喜爱，"竟如一滴滴清水很被读者偏爱着"。由于满足了人们渴求文化的愿望，影响越来越大，谁知《文化报》创刊不到两个月，竟惹来了一些闲言碎语，什么"只登自己喜欢的东西，不问政治方向"，什么"萧军这个人自由散漫惯了，很少听从党的招呼"，等等。当时，萧军还没有入党，有人对他的办报资格也提出了质疑。事实上萧军在创办《文化报》之初，曾向凯丰同志要求派一个党员同志来报社领导，凯丰说："哈尔滨刚刚解放，党内干部很缺乏，哪有人可派！你一直搞文化工作，也清楚党的政策，就自己掌握嘛，如果遇到什么问题，可以随时来找我。"

闲话出来之后，为了爱护萧军，凯丰同志就委派萧军到黑龙江省齐齐哈尔市富拉尔基县（今富拉尔基区）去参加土地改革工作。萧军服从了组织上的安排，但担心《文化报》可能就此夭折，希望能有人接办，可遍寻无着，只好忍痛割爱，暂时停刊了。凯丰安慰他说："没关系，刚办了一个来月嘛，回来还可以接着办。"并没有解释为什么抽调他去搞土改。

6月30日，萧军携妻带子赴富拉尔基县参加土改工作。9月14日，一岁多的小女儿萧小红因患痢疾合并肺炎而夭折，给萧军很大打击。

土改工作参加三个月，10月份萧军全家回到了哈尔滨。读者们又要求萧军把《文化报》恢复起来。由于群众需要，经过一番认真的筹备，1948年元旦，萧军就将《文化报》复刊了。复刊后的《文化报》虽仍为五日刊，但

《文化报》，凌海市萧军纪念馆提供

版面扩大了一倍，报上的栏目更加活泼多样了，什么短篇小说、散文、科学小品、读者问答、"文章理发馆"、国内外文化、文艺消息，偶尔还刊载一些各种性质的短论和社论，真可谓琳琅满目，丰富多彩。1948年5月4日，《文化报》满周年的时候又出了"半月增刊"。

这年6月12日，王德芬生一女，取名萧滨。

由于《文化报》深得广大读者喜爱，在市民中产生了很大的影响，销售量猛增到每月七八千份之多。同时，鲁迅文化出版社也印行了许多受读者欢迎的书，如马列、毛泽东等伟人和鲁迅先生的"活页文选"、普及小册子，还有烈士们的遗著，英雄们的传记，还再版了萧军的《八月的乡村》和萧红的《生死场》，等等。还在佳木斯、吉林两地成立了鲁迅文化出版社分社，在哈尔滨道外成立了分销处。出版社的"产业"也进一步扩大了：完善了印刷厂，建立了墨水厂（生产"金鸡牌"蓝色墨水），还有面粉加工厂、铅笔厂、文具商店等；在顾顺屯建立了"鲁迅农场"（即灯笼果园）；等等。并且创立了鲁迅社会大学，由萧军亲自授课，青年们踊跃报名，积极参加学习。这个带着《八月的乡村》的作者、鲁迅大弟子、延安来的老干部等名号的萧军，在当时的哈尔滨，工作成绩实在是太多了！威望实在是太高了！影响力实在是太大了！

这时一些好心的朋友暗示提醒萧军："你的报纸发表文章要注意些，听说要向你'夺权'了。"

"我有什么权可夺？要这个出版社社长吗？随时可以拿了去，这对我是一种'解放'！在经济上我已经被它拖累得筋疲力尽，焦头烂额了！"

"不是这个'权'，是群众的'权'。"

"你办的小报的销路快赶上'大报'了，群众一天比一天多；你又做过那么多天群众性的演讲。你虽然也是延安来的，但你不是共产党员哪！延安是'金矿'，但从金矿出来的并不一定全是'金子'呀！"

"……你不是属于鲁迅先生所领导的'民族革命战争的大众文学'一派吗？"

萧军听完哈哈大笑，认为自己无论是用口还是用笔，想的、说的、做的都是为中国共产党多争取几个群众，使他们了解共产党的政策，懂得一些革命道理来拥护这个政党，把中国建设得更美好些。这也是萧军本人多年来为文为人的目标，如此而已。除此之外，个人要群众威信有什么意义呢？他觉得自己在全心全意为党工作，压根不存在什么"争夺"群众的问题。心里没鬼，不怕鬼叫门！因此，对自己身边复杂的政治环境，朋友们的多次提醒都没能引起他的丝毫警觉，他继续热烈地、不顾一切地工作着。

然而，事实很快证实朋友们的担心并非杞人忧天。

1948年5月，又一份报纸在哈尔滨创刊了，叫《生活报》。开张与《文化报》一模一样。但该报纸张平整洁白，字体清晰娟秀，和萧军主编的《文化报》相比，各方面都胜一筹。用萧军在回忆录中的话说："这份报纸的开张和《文化报》是一般大小，也是五日刊，报头的颜色是鲜红的。所不同于《文化报》的是这份报纸是纯白报纸印刷的，相形之下《文化报》所用的那种白不白、灰不灰、黄不黄的纸张，首先就显得寒伧之相可掬，大有孔雀与乌鸦相比之势！"（《人与人间——萧军回忆录》第472页）

更值得注意的是这份报纸是东北局宣传部主办的，由担任中共东北局宣传部秘书长、文委书记、副部长的刘芝明亲自领导，由20世纪30年代上海孤岛时期的"国防文学"戏剧大师《武则天做皇帝》一剧的作者宋之的（1956年4月死于肝癌，年仅四十二岁）为主编，编委多是当时哈尔滨的知名人士，多是共产党员。《生活报》无论是财力、物力资本，还是人力资本、发行条件等等方面，都是《文化报》望尘莫及的。

八、《文化报》事件

所谓《文化报》事件，是指宋之的主编的《生活报》与萧军主编的《文化报》之间展开的一场激烈的论战。最后，是以组织的名义做出的《关于萧军问题的决定》与《关于萧军及其〈文化报〉所犯错误的结论》而告终。《文化报》因此被终止了经济来源而停刊，萧军则被冠以"反苏、反共、反人民"的罪名被迫在文坛上消失了……

《生活报》一出版，就有朋友警告萧军："这份《生活报》是针对《文化报》和你办的。"萧军不以为然地说："没有什么不好，那就竞争嘛！"

实际上，朋友的说法并不是空穴来风。因为《生活报》在创刊之前，曾经召开了一个新闻发布会，招待文化界各方人士，几乎遍请了哈尔滨市大大小小的文化名人，唯独没有大名鼎鼎的鲁迅文化出版社社长、《文化报》主编萧军。都是在东北局宣传部领导下的单位，这种做法显然不是工作上的疏忽。

更为严重的是，《生活报》在创刊号第一版的版心，竟用醒目的黑色边框圈着一篇题名《今古王通》的一则短文：文中大骂隋末的一个知识分子王通，说他封自己作孔子，"沽名钓誉""少不了有些群众要被迷惑。这种借他人名望以帮衬自己，以吓唬读者的事，可见是古已有之了。不晓得今之王通，是不是古之王通的徒弟"云云。

忽然出现了一份新报纸，在当时的哈尔滨不能不算是一件大事，特别是一开场就痛骂王通，人们一眼就看出了《生活报》的锋芒所向，都清楚"今之王通"指的是谁。一些好心的朋友劝诫萧军说："你要当心，'信号弹'已经发出来了，离炮轰的时间就不会太长了！"可萧军并不敏感。

《生活报》的编者们当然明白，以萧军暴烈、刚直的性格，是不会默默忍受这种指桑骂槐式的挑衅，必然愤而应战。他们实际上把《今古王通》这则短文当作西班牙斗牛士手中的红布，萧军果然中计了。

萧军用《古今人名大辞典》查了一下，发现"古之王通"有四个，其中《生活报》所说的隋末的王通"在隋末唐初的那一特定的历史范畴、具体的社会基础上，也还不算坏人，他的阶级成分既不是恶霸地主，也不是土豪劣绅，更够不上买办资产阶级，无非读了一点孔孟之书，教了几个学生，还帮助唐太宗李世民把当时那混乱的天下统一起来，使老百姓过了几天安定的日子。从史书上验证，并没发现他有什么'病狂'的表现，更没有为了'沽名钓誉'做过'迷惑'群众的演讲以至于办小报等等行为"。这就更让萧军认为古之王通与自己既不相通又不相干。于是，写了一篇《风风雨雨话王通》的短文，在《文化报》上刊登，以表回击。

这里需要说明的是：萧军的回击并不是为个人，一向行侠仗义的萧军，这次又为古人打抱不平了。萧军在文中说："给已死的古人随便扣帽子，造谣中伤，倚持自己某种政治地位，组织身份随便云云，欺负古人不能还嘴，这不独不够公道，也有点近乎流氓的屠头的下流行径。于是我心血来潮，就写了《风风雨雨话王通》，想为古人喊冤几句。"（《人与人间——萧军回忆录》第474页）文中最后萧军诚恳地表示："《文化报》以及萧军个人有何过错，不独同志、朋友应该给以堂堂正正的批评与纠正，即使一个读者，他们也有这权力和义务。"萧军还表示他不相信《生活报》会针对他而来，并自嘲说自己挨骂的经验很多，即使真的骂他，也不在乎，还以四句打油诗结束了全文。诗曰："赢得年年笑骂多，家常便饭等闲过！是非今古平平仄，开水一壶烟两棵。"①尽管萧军在文中不乏嬉笑怒骂之词，但总的倾向还是表达了团结的愿望。

"今古王通"的论战，经有关同志在双方进行了斡旋后停止了，《生活报》似乎没有什么反响了。但这正如萧军三十二年后回顾往事时说的："这可能是大雷雨前暂时的沉寂吧。"

这时，老友舒群苦口婆心地开导萧军，规劝他、批评他，让萧军懂得思想上入党和组织上入党要统一起来。萧军这才于1948年7月25日向东北局正式提出入党申请。

8月，萧军入党申请得到了党中央、毛主席的批准，并由东北局正式通知萧军可以参加党小组活动。可惜，由于《生活报》掀起的批判萧军和《文化报》的轩然大波，使萧军没等参加组织生活，党籍就从此化为乌有。

1948年8月26日，"大雷雨"终于来了！《生活报》抓住《文化报》8月15日为纪念抗战胜利而发表的社论中的一句话"各色帝国主义者"大做文章，以《生活报》社论的名义发表了标题鲜明的《斥〈文化报〉的谬论》一文，正式举起了向《文化报》宣战的旗帜，硬诬陷萧军指定苏联是"赤色帝国主义者"，而且还指责《文化报》社论中没有"向苏联红军致敬，感谢他们解放我国东北的恩德和丰功伟绩"的字样，等等，这视为"反苏"；同时这天《文化报》上刊载了1945年萧军在延安时写下的几首格律诗，其中的《萁豆悲》这首诗，《生活报》诬陷萧军把蒋介石当兄弟了，这视为拥蒋、反对人民解放战争；再就是在同一天的《文化报》上有一篇小笑话《来而无往非礼也》，是对苏联公民大不敬，有意挑拨中苏关系，这是萧军"反苏"的罪证之一……

《生活报》刊出《斥〈文化报〉的谬论》的社论之后，接着就连篇累牍地发表围攻萧军和《文化报》的文章，什么《分歧在哪里？》《"剥开皮来看"》《论萧军的求"真"》等一系列社论。刘芝明还亲自写了长达万言的批判文章《关于萧军及其〈文化报〉所犯错误的批评》，以党的领导人和理论家的姿态，对萧军的

---

① 张毓茂：《萧军传》，第258页，重庆出版社，1992年。

思想、言行、创作，进行了多方面的毁灭性的所谓"批评"。一时间给萧军罗列的罪状除了上边的三条之外，还有：《文化报》迁就小资产阶级了；《文化报》发展萧军的个人英雄主义，毒害青年了；《文化报》居然敢和党中央的统一战线政策唱对台戏了；《文化报》发展资本主义方向了；等等。萧军和《文化报》当时被列举的罪状众多，萧军在回忆录中说："已经记忆不起来了，也没有必要在今天再罗列它们吧。"

当时对于刘芝明和《生活报》依仗权力、地位的绝对优势，以非同志式治病救人的态度，用断章取义、歪曲诬陷的手段对萧军展开的攻击和批判，对于一贯不屈从于任何暴力和强权的萧军，不但毫无良效，反而引起他强烈的反感和蔑视，以致忍无可忍！从9月份开始，以《古潭里的声音——驳〈生活报〉的胡说》，在《文化报》上发表，萧军一方面认真检查了自己，做了必要的解释，同时也予以反批评，这就展开了两报之间的大辩论。

《生活报》对《文化报》和萧军发动的是山摇地动般的攻势，以"闪击战"式的战法，突然袭来，而且竟将"反苏、反共、反人民"的名头，加到《文化报》和萧军头上。《生活报》的一些领导人用心可谓深，设计可谓险，竟想把《文化报》和萧军一击而掊，一棒子打死！

对于《生活报》的硬是东钩西稽、锤钉入木、咬为铁证、千方百计坐实萧军和《文化报》"反苏、反共、反人民"罪名的行为，萧军——这个从辽西大山的碾盘沟里打磨出来的"石头疙瘩"，怎能甘心默认？！

1948年9月12日，萧军在《古潭里的声音之四》中写道："恐吓与辱骂绝非战斗"……《生活报》"意思是说，给我扣上个'反苏、反共、反人民'的铁帽子，原来是为我'好'，希望我'进步'，希望'团结'我。……这种'团结'的方法，这种为我'好'、希望我'进步'的办法是很可怕的"。萧军及替萧军鸣不平

"生也凄凄，死也凄凄。"1948年清明萧军在亡女萧小红墓前

的同志们也写了一系列文章答辩，以明了事实，求得和解，友谊相处。

然而，《生活报》凭借强大的政治力量、组织手段和经济措施，以绝对的优势来压垮萧军和《文化报》。在这种政治压力下，一些畏惧强权的萧军的朋友也都纷纷和萧军划清界限了，断绝了往来，甚至用真名或化名写了批评萧军的文章，有的《文化报》的投稿者也被迫表明自己的立场，同情理解萧军的同志、朋友、读者们都敢怒而不敢言了。紧接着，纸张来源切断了，银行贷款取消了，《文化报》各个分销处不准代卖了，各学校、各单位禁止订阅了……

萧军在回忆录中说："在这种八面楚歌，十面埋伏，一发千钧，弹尽粮绝的形势下，我也只好封社、停报，把出版社的一切资产等类全数交公（比原来的三两半黄金资本总要多一些了），我净身出社。"（《人与人间——萧军回忆录》第476页）

《文化报》从1947年5月4日创刊到1948年11月2日被迫终刊，出了正刊72期，增刊8期，共计80期。发表过不少有益于土地改革、人民解放战争的作品，在当时的东北解放区产生了极为广泛的政治影响，它在传播革命文化思想方面起过积极的作用。《文化报》的主要读者群是广大文学青年和学生，该报对他们社会知识的积累、文学创作的训练、革命政治的认知等方面的启蒙作用巨大，一句话，《文化报》在当时的哈尔滨文化界有很大影响，深受广大人民群众的欢迎，遗憾的是它仅仅存活了一年半的时间。

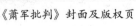

《萧军批判》封面及版权页

本来经过对论争双方文章的辨析，可以得出萧军"反党、反苏、反人民"罪名不成立的结论，但中共中央东北局的介入加速了论争的进程，影响了论争的结果。

1949年5月，东北文协发表了《关于萧军及其〈文化报〉所犯错误的结论》，东北局做出了《中共中央东北局对萧军问题的决定》。该决定在指出萧军"反苏、反共、反人民"的严重错误之后，声明"停止对萧军文化活动的物质方面的帮助"。

由于萧军对"错误毫无认识"，态度又"特别顽固"，拒绝在东北文协和东北局对他做出的决定上签字。所以，从1949年6月份开始，全东北地区大张旗鼓地展开了长达三个月的"萧军思想批判"运动，一大批文艺工作者受到株连。从此以后，萧军就被牢牢地钉在了"反苏、反共、反人民"的耻辱柱上，成为新中国成立前夕作家中以言定罪的第一人。巨大的政治压力不仅不能使他屈服，也未能封住他的笔和嘴，他还公开进行反批判，他郑重地向刘芝明等人预言式地宣告："历史是无情的，现实是严峻的，人民的眼睛是亮的，真理不能恃权而强奸，也是不能恃'众'霸占的。"[1]就这样，年仅四十岁的萧军，在他这一生创作的黄金时段被迫离开文坛，下放到抚顺煤矿去"体验生活"，开始了漫长的申诉和等待……

应该说："《文化报》被停刊导致了萧军的东北新启蒙实践的流产和东北地域乡土文学的终结，东北作家群在继上海分离、延安失和之后终于解体。在后来的运动中，'《文化报》事件'又被一遍遍旧事重提，萧军也因之被一次次批判。"[2]

当历史恢复它本来面目的时候，再找出那些当年给萧军定罪的所谓依据，实在叫人无法相信，尽是些捕风捉影、断章取义、任意歪曲的材料，是罗织的罪状！

这场不应该发生而又难以避免的悲剧，让我们心中难免隐隐作痛，久久难以放下。假如萧军性格不那么有其独特的个性，不那么耿直坦率、仗义执言，会看风使舵、阿谀奉承一些；假如萧军不是一心扑在党的事业上，在人民群众

---

① 刘景华：《萧军自有千秋在》，梁山丁主编《萧军纪念集》，第284页，春风文艺出版社，1990年。

② 宋喜坤：《萧军和哈尔滨〈文化报〉》，中国社会科学出版社，2015年。

中不那么有深刻影响、较大的威望；假如萧军本人不那么觉得自己就是党的人，为党的事业而拼搏，心中没鬼而对什么都无所谓，说话办事谨小慎微、瞻前顾后一些；假如萧军一直在佳木斯安安稳稳地当他的高待遇的鲁迅艺术文学院的院长；假如……遗憾的是历史不允许有假如，悲剧从松花江边开始，一下子就是三十多年哪！

第八章 "蜗蜗居"里的文场驰骋

一、在抚顺

"……十面楚歌惊午夜，八方雷雨起晴空。弓摧剑折余何在？行尽长程又短程。"（《萧军全集·14卷》第576页）这是"《文化报》事件"后萧军处境的最真实写照。

1948年12月17日，东北局文化部迁往沈阳，刚刚被撤销了一切职务的萧军也被安排随之前往。

"这俨然像经历了一场小梦！……我坐在去沈阳的列车上，望着车窗外那茫茫的夜原，听着那单调的车轮和铁轨辗砸着的咯嗒嗒，咯嗒嗒的响声，很快就睡着了。"（《萧军近作》第251页）萧军在回忆录中记述了这一幕。

到了沈阳，萧军一家被安排暂时住在城内文化部二楼上。意想不到的巨大打击没有给他带来颓唐，反倒激起他的傲骨与自信。他请求党组织批准他到前线去参加战斗，为新中国彻底解放尽自己的一分力量，让枪林弹雨考验自己的赤胆忠心，可无论萧军怎么说，东北局文化部负责人刘芝明都不同意。

那么把萧军安置在哪里呢？真让刘芝明煞费了"苦心"！安排在沈阳吧，沈阳刚刚解放，一切还未走上正轨，刘芝明不放心，怕萧军给他闹出什么乱子来。再说了，一个浑身长满"刺"的人，每天在他眼皮子底下晃荡，他随时都有被"刺"扎了的危险，安排在沈阳肯定不妥……于是他想出一个两全的办法。一天他对萧军说："老萧，你应该到下面去体验体验生活，看看哪儿适合你？"

其实，萧军并不愿待在沈阳，恨不得立即离开刘芝明这些人，离得越远越好，永远也不要再见到他们。然而刘芝明又不敢放萧军走得太远，怕他离开自已的视线，离开自己的掌控范围而失去控制。于是便说："你就到鞍山或者抚顺去吧！"

1949年1月3日，萧军离开沈阳去找自己要去工作的地方。他首先选择到鞍山炼钢厂去。其原因在于，他在1946年9月回到阔别十二年的哈尔滨，进行五十多天演讲的时候就知道：这个始建于1918年5月的"鞍山制铁所"，九一八事变后，随着日本军备规模的扩大，为其侵略战争的需要，鞍钢的生产规模得到了突飞猛进的发展。可日本侵略者无条件投降后，完好的鞍钢落到苏联红军手中。从1945年9月下旬到11月上旬，仅四十多天时间里，苏联竟用监押的数万名日本战俘，将鞍钢的机械设备连同其他一些物资，据不完全统计共达七万余吨都拆卸运走。尤其是一些关键设备被拆卸运走之后，造成破坏的后果极为严重，整个工厂生产能力下降为零。又据相关材料透露：鞍钢的原有设备，完好的部分多被苏联拆下后，运到他们自己国家的钢铁工厂，甚至一些拆卸搬迁时损坏的残次设备也下落不明，估计已经被苏联回炉或报废了……这就使鞍山虽然比沈阳解放得早，但由于工厂被严重破坏，短期内很难修复设备，进行开工生产，恢复正常秩序。

在鞍山停留期间，萧军遇到一位延安时期的故旧——作家老×，他当时正担任一个分厂厂长，领着工人抢修。老×看到萧军非常高兴，请他到家吃饭。席间饮酒举杯时，萧军忽然看到老×手上的疤痕，便惭愧地拉住老×的手说："真对不起，那时我们打架，给你留下了伤疤……"

"没啥！没啥！我也打了你嘛。不过，你这家伙手太狠……"老×哈哈大笑说。

原来当年在延安的时候，萧军和他为了小公务员担水的事曾发生过争执。萧军看不惯老×他们好逸恶劳以及"摆谱"的做法，自己该干的活不干，却分派公务员去干，认为这是一种剥削行为。老×则认为萧军是吃饱饭撑的，多管闲事。他先骂了萧军，萧军怒而动手，两个人撕打起来，终于打伤了老×的手指。这件往事，使萧军感到非常尴尬。老×当时还挺大度。然而，1958年对萧军"再批判"时，这位×厂长却写文章算旧账，落井下石，斥责萧军是"流氓作风"[1]……

---

① 参见张毓茂《萧军传》，重庆出版社，1992年。

萧军在鞍山待了不多天，看到鞍钢当时的秩序太混乱了，自己却插不上手，很难发挥什么作用。加之与老×的旧蒂，使他感到不快，便于1949年3月1日去了抚顺。

抚顺是我国著名的煤都。对于煤矿工人，萧军过去就有过接触。那是1936年10月，萧军曾从上海到青岛，他和友人吕吟声去临淄，参观过山东的博山煤矿，看到煤矿工人被外国资本家敲骨吸髓，过着暗无天日、牛马不如的悲惨生活，曾以此为题材写过名为《四条腿的人》的短篇小说，对帝国主义、封建把头进行了血泪控诉。现在，革命胜利了，东北人民得解放了，矿工是煤矿的主人，他们的生活与旧社会该有着怎样的翻天覆地的变化？萧军抱着急于了解的心情，经批准，全家六口于4月4日搬迁到了抚顺。

在抚顺，萧军和妻子王德芬都被安排在抚顺市矿务局总工会。萧军开始负责创建矿务局资料室，王德芬被安排在总工会文教部的文娱组工作。

抚顺除有一所露天煤矿外，还有三个井下煤矿，即龙凤矿、胜利矿和老虎台矿。为了收集抚顺煤矿的有关资料，采访和撰写抚矿劳动模范的先进事迹，整理他们的传记，萧军经常到矿上去，和井上、井下的工人们同吃、同住、同劳动，而且是三班倒。他头戴安全帽，身穿劳动服，手提十字镐，脚蹬水袜子，挤进闷罐（下矿井的吊车）里和工人一起下井劳动。下班后还教工人们读书识字、唱京剧……

当时的许多矿工一天书都没念过，连自己的名字都不认识。萧军和下井的工人们谈天说地，劝他们不要延续旧社会的恶习"今日有酒今日醉"，不要"胡吃海喝"，应该月月向银行存款，日后娶妻生子安家过好日子。新社会了，矿工是矿山的主人，就要像主人的样子，好日子还长着呢！这些推心置腹的话句句说到矿工们的心坎上。萧军不愧是人民的儿子，无论在哪里，无论在什么情况下，都能同人民打成一片，在抚矿，凡认识他的矿工都亲切地管他叫"我们的老萧"，说他是矿工的知心人。①

在与矿工们的密切接触中，萧军得以深入了解矿工们的身世和内心世界。中国广大矿工的苦难历史和同中外资本家英勇斗争的光辉业绩，深深感动了萧军，使他不顾当时所处的逆境而辛勤笔耕。

---

① 参见原煤炭部部长张超的《萧军，矿工的知音》。梁山丁主编《萧军纪念集》，春风文艺出版社，1990年。

如前所述，5月间，东北文协发表了《关于萧军及其〈文化报〉所犯错误的结论》，东北局做出了《中共中央东北局对萧军问题的决定》。由于萧军对"错误毫无认识"，态度又"特别顽固"，拒绝在结论和决定上签字。所以，从1949年6月份开始，全东北地区大张旗鼓地、集中地展开了长达三个月的"萧军思想批判"运动，就连抚顺矿务局的黑板报上都赫然写着"声讨三反分子萧军"的字样。

带着"反苏、反共、反人民"三顶帽子的萧军虽然为自己的冤屈而愤懑，但并未因此而消极、沮丧、颓唐，仍然没有停下自己手中的笔。因为新中国的成立就是自己毕生为之奋斗的理想的实现！在全国革命进军的大好形势下，为迎接新中国诞生的曙光，人人都该努力奋斗，个人的委屈算得了什么呢？

于是他忘我地工作着，不但白手起家建起了资料室，还积极参与筹备"抚顺煤矿劳动模范大会"，为其收集第一手资料，以便撰写劳模事迹、传记及上报材料。后来他写出的歌颂我国煤炭工人的第一部长篇小说《五月的矿山》，就是因为这个时期的素材收集和文学积淀。

在劳动和采访中，萧军结识了不少矿工朋友，淳厚朴实的矿工们并未因他是"三反分子"而疏远他。西露天矿的劳动模范张子富和萧军最要好，萧军曾将他的事迹整理成上报材料，并写成传记。后来，张子富被树为新中国煤矿战线的第一个劳动模范。萧军的长篇小说《五月的矿山》的主人公鲁东山的原型就是这位具有大公无私、舍己救人的高尚品质和主人翁精神的张子富。

1949年萧军在抚顺

1949年10月1日，毛主席在北京天安门城楼上向全世界宣告：中华人民共和国中央人民政府今天成立了！中国人民从此站起来了！新中国的诞生使萧军大半生的理想、奋斗成为现实。喜极而泣的萧军和十几万抚矿职工通宵达旦，一起欢庆这个伟大的日子。

刚刚解放的抚顺，广大矿工和居民不仅要求提高物质生活水平，而且迫切要求改善他们的精神文化枯竭的现状。

10月间，抚顺矿务局总工会征得市委和矿务局同意，委派担任工会文教部文娱组组长的王德芬建立抚矿京剧团。王德芬任团长，王德芬以萧军为后盾，聘任他为剧团顾问。萧军这个顾问，不仅既"顾"又"问"，还协助王德芬四处活动，联络矿上的京剧爱好者，以抚顺已歇业的京剧团几十个演员为班底，再从各地招来一些流散的演员，很快聚集一百二十多人成立了抚矿京剧团。

剧团选中了位于闹市中心的抚顺工人第一俱乐部作为自己的剧场。由萧军每周定期给演员们上政治、文化和京剧改革等课程。剧团初建时演出的都是些未经改革的传统剧目，上座率不高，经济上不能自给自足。为了改革京剧，更新剧目，萧军便把他在延安写的京剧本《鹿台恨》扩充为四集连台剧本《武王伐纣》。

萧军不仅爱唱戏，而且会写戏，他既是《武王伐纣》剧本的原创，也是总导演。萧军在创作剧本的时候，用手敲着桌子，一边闭目轻摇着头，有板有眼地唱着自己写的戏文，一边不断修改。正如明末清初戏曲理论家李渔所言："手则握笔，口却登场。"所以，他创作的剧本很适合演员演唱。他还请另四名演员任副导演，萧军与他们相互切磋，大家工作配合得非常融洽。

这部剧在1950年3月正式公演，结果竟连演三十六天四十四场，上座率创抚顺市新纪录。据调查统计，占抚顺全市人口三分之一的矿工几乎都看戏了，可以说场场爆满。通过参加抚矿京剧团《武王伐纣》的演出，一向被人们贬为"花子班儿"的原抚顺市京剧团的演员们，也都提高了社会地位。

尽管萧军当时还背着"三反分子"的招牌，顶着时时、处处被批判的恶名，但矿工和演员们都把他视为自己敬爱的师长和朋友。萧军也想在抚顺一展宏图，像办《文化报》那样在抚顺为积极开展革命文艺活动尽自己的全部力量。

正当萧军要大干一场的时候，不料1950年10月，美帝国主义发动了侵朝战争后，东北地区开始疏散人口。王德芬带着四个孩子，属于疏散对象，便于10月下旬离开抚顺回沈阳，经批准，随即转到北京，与分别十二年的父母团聚了。

刘芝明知道了萧军在抚顺矿务局又工作得风生水起，就让他移交了资料室和剧团的工作后，离开抚顺回到了沈阳。这时萧军提出他也要去北京的要求，却遭到刘芝明的严词拒绝。刘芝明问萧军说："老萧，你为什么非去北京不可？"

"我老婆孩子在那儿，我当然要去嘛！"萧军回答得很痛快。

"你上北京想干啥？"

"写作呀！"

"你在这里也一样可以写作嘛！"刘芝明感到有说服萧军的理由了，"我说老萧，你就在沈阳写作吧！体验生活一年多了，也该坐下来写一写了。我们给你安排一个幽静的住处，倒出五间花厅，怎么样？你写累了，想要出去逛逛，咱们有汽车；你要看戏、看电影，咱们有六七家电影院、戏园子。至于伙食，我们给你安排小灶……行不行？"

刘芝明千方百计阻止萧军去北京，究竟出自什么心理，当然只有他自己知道了。可他没想到萧军却软硬不吃，斩钉截铁地一口回绝说："不行！"然后还微笑着说："一看到你们，我连一个字也写不出来，我的部长大人哪！"

萧军如此顽固、无礼、嚣张，把刘芝明气得脸色煞白，竟说不出话来，结果不欢而散。

这件事过去不久，一场声势浩大的"萧军思想批判"运动更猛烈地进行着。连工厂、医院、机关等等单位的黑板报、壁报上都贴满了批判萧军"反动思想"的文章和标语。萧军十分坦然，就像与他什么关系都没有一样。他后来说："我反正是债多不愁，虱子多不咬！"过了一阵，萧军又去找刘芝明。刘芝明先是皮笑肉不笑地、用带有挑衅的口吻问萧军："老萧，看过我写的批判你的文章了吗？怎么样？谈谈感想。"这是指刘芝明发表的批判萧军的长篇文章《关于萧军及其〈文化报〉所犯错误的批评》一文，文章中说萧军"像狼一样的贪，像虎一样的猛扑，像鹰一样的搜索……"

萧军回答说："当然早已经认真拜读过！"然后他又蔑视地、冷冷地回敬刘芝明说："不怎么样！"

"为什么？"刘芝明为萧军对他的蔑视而感到困惑。

"若是我批判萧军就不这么写。你把萧军比作什么狼、虫、虎、豹、鹰等猛禽山兽，但凶兽毕竟不是巴儿狗！你还记得吗，鲁迅先生说过：'自己的血肉宁愿喂鹰喂虎，也不给巴儿狗吃，养肥了癞皮狗乱钻乱叫，可有多么讨厌！'"说完便仰头哈哈大笑。

刘芝明不禁愕然，感到受到了从来没受到过的极大的侮辱似的。从这以后，批判更加升级了。一天，萧军又去找刘芝明问道："你们还有完没完？若是还没完，我当然在这里奉陪，绝对不走。否则我可要去北京了！"

"你想去北京告状？"

"告状？没那份兴趣！"

"我们不打算再批了，也不斗了，我知道你这个人很顽固，不怕批也不怕斗！"刘芝明一边说，一边苦笑着摇摇头。

"这可不是我怕与不怕的问题，而是你们需要不需要的问题，你需要，我就是'酸菜炖土豆——硬挺'！你要是能批得我少吃一碗饭，少睡一个钟头觉，我就佩服你！"

两个人短兵相接，刘芝明很是下不来台，只好找个托词说："老萧，你去北京的事，我无权决定，得请示中央！"

"好，你请示吧！我等你两个星期，多一个钟头也不等。"萧军斩钉截铁地回敬刘芝明。

两个星期过去了，刘芝明没有答复。萧军果然恪守前诺，什么也没有再问，自己买了张火车票，便义无反顾地去北京了。

二、行走在京巷崎岖的小路

1951年1月，萧军离开了天寒地冻、漫天飞雪的东北，到北京与妻子儿女们团聚了。当萧军携妻子儿女拜见早已在首都定居的岳父岳母时，王德芬年迈的母亲泪眼模糊地看着一别十二年的女儿、女婿，欢喜万分。老人家伸出枯槁的手抚摸着四个聪明、乖巧的外孙子、外孙女们的额头，拉着他们的小手，亲吻着他们肉嘟嘟的小脸，激动得不时地用手帕擦拭着自己的泪水。此时萧军却在一旁乐呵呵地说："姥姥，我说话算数吧！今天把德芬完整无缺地交还给您老了！……"

"哪儿的话，还多了四口人呢。"德芬的妹妹德莹故意狠狠地瞪了萧军一眼，然后撇着嘴笑盈盈地插话说。

萧军看到当年还是小女孩的德莹也长大成人了，禁不住逗乐说："嗑瓜子儿的，都成了大姑娘了！"

原来当年在兰州萧军和德芬谈恋爱时，德芬的母亲不同意，德芬每次出门时，总是派德莹随伴监督。为解母亲的疑虑，德芬还不能把德莹甩掉。萧军就想了个办法，一到他和德芬密谈，卿卿我我说情话时，就给德莹往衣兜里塞上一包瓜子儿，让她一边去嗑瓜子儿一边玩儿着。德莹虽小，却善解人意，她很喜欢萧军这位大哥哥，希望姐姐同他好起来。于是便守口如瓶，从不对母亲"泄密"。萧军心里一直很感激这个对他的婚姻有功劳的小姑娘，所以对德莹总是另眼看待。现在又重提当年嗑瓜子儿的事，惹得德莹和大家伙都大笑起来，德莹说："我若不去嗑瓜子儿，岂不误了你们的终身大事呀！还上哪儿有这四个宝贝去呀……"

然而，家人、亲友们团聚重逢的喜悦，却不敌萧军被"政治"蒙上的阴霾带来的困扰。

萧军在进京前，曾从沈阳回到抚顺，向矿工们、剧团的演职员们及矿务局工会的领导们告别，大家热烈地欢送萧军，都以为萧军此去定能大展宏图！可谁能料到，等待他的竟是三十多年的蛰居生活呀！

萧军要求正式"调转"去北京，刘芝明不同意，只同意他到北京短暂探亲，要限期回沈阳。如果不回东北工作，东北局文化部不给他办理调转手续和"供给关系"。萧军与刘芝明多次交涉也没结果。一句话：东北局文化部不放萧军走！很显然，这是刘芝明对萧军"不屈从"于他的一种报复手段。因此萧军若在北京待下去，东北局文化部不给转"工作关系"，北京就没有哪个单位能够正式接收萧军，不给转"供给关系"就领不到个人的生活费，包括衣、食、住、行、学习等必需用品和一些零用津贴，及其子女的生活费、保育费等统统都没有。一句话，他们在用行政手段掐断萧军生活的一切来源！这样一来，经济上只能靠王德芬的"供给"所得维持一家人的生计。到1954年，北京由供给制改为工资制，在劳动局上班的王德芬定为行政十九级（科级干部），每月工资七十八元，这就是全家人的生活费。

萧军是一个宁折不弯的汉子，做任何事都不会反悔，面对困境他更不会采取摧眉折腰、奴颜婢膝的一些手法去"认错"乞求。对东北局对他做出的"反苏、反共、反人民"的错误结论，他从没有"认罪"过！对刘芝明等人的欺上瞒下、利用职权而胆大妄为、蓄意陷害，他从没有屈服，而是警惕了许多。经过再三考虑，他决意：不能"乖乖地"在东北就范！东北局不给办理"工作关系"和"供给关系"，他也绝不回东北了。于是，萧军在北京就成了一个没有工作单位、没有"供给关系"、没有生活保障的"流民"。但他不灰心、不气馁。他想：在风雨飘摇的旧社会，自己都九死一生地跋涉过来了，在这阳光明媚的新社会，又有什么可怕的呢？没有工作，就专心在家写作，成为一个真正的"坐（作）家"。"但得能为天下雨，白云原自一身轻"，个人的荣辱同祖国、民族、革命事业相比，实在是太渺小了！在命运的考验面前，他心里没有失衡，而是坚强地驾起自己生活的一叶扁舟，同风浪搏击！开始了紧张的写作，开始了新一轮文场的艰难驰骋！

萧军忆起了在东北受批判时朋友们对他的激将之言。一次谈话中，舒群对他表达了大家对他的担忧。萧军闻听后曾响亮地表态："不可能！谁想让我少吃一顿饭，少写一个字都不可能！"

萧军一向是一言九鼎，此时的他，生活过得十分拮据，而他的创作欲望也十分炽烈，他以超人的顽强实践自己的诺言。

到北京不久，萧军就为东北"两报之争"事件，向中共中央递交了一份汇报材料《批评与自我批评》。接着他修改了1935年7月发表的成名作长篇小说《八月的乡村》；1951年5月8日写完了《第三代》第八部的后半部，这部八十五万字的鸿篇巨制终于基本结稿了；尔后，从6月4日开始，他日以继夜地撰写歌颂我国煤炭工人的长篇小说《五月的矿山》；还润色了京剧新编历史剧本《武王伐纣》；等等。

12月8日，萧军的次子出生，取名萧燕。

萧军到京后，他的父亲和继母也都投奔儿子来了，一个没有固定收入的人要养活一家老小十几口人，生活的艰难困窘可想而知。他只好向亲友求借度日，指望着著作出版后用稿酬还债，他还向有关部门借贷，但屡次遭到拒绝……

在走投无路时，他想起了老领导彭真。彭真同志时任北京市市长，萧军给他写了封长信要求工作。彭真非常了解萧军并对他素有好感，便义无反顾地安排他到市府文教委员会文物组担任一名考古研究人员。

1952年萧军在北京

1952年8月1日，萧军到文物组正式上班了，地点在北海公园内画舫斋。萧军对考古工作虽然是从头学起，但还是挺感兴趣的，经常跟随其他同志外出到挖坟掘墓的现场，察看古迹，鉴定文物。他还计划写一部《中国文物史纲要》和《北京史》。由于东北局文化部不给萧军转"工作关系"，市府文教委员会文物组每月只能酌发给他生活费一百二十元，另加房租补贴二十元。这样，生活基本总算大体凑合，萧军可以安心写作了。

萧军把一部部写好的书稿抄写得工工整整，送到人民文学出版社要求出版。可他万万没有想到的是，在书稿的出版上，却一而再、再而三地受到沉重的打击。先是《武王伐纣》被人民文学出版社退回，接着是《五月的矿山》和《第三代》也被退回。

人民文学出版社社长冯雪峰本来是萧军多年的老相识、老朋友，他们俩曾在鲁迅先生麾下同反动文化势力并肩战斗过。可他碍于《中共中央东北局对萧军问题的决定》的政治压力而不仅不助一臂之力，而且不敢秉公办事。于是萧军怒气冲冲地跑到出版社去质问冯雪峰："你看过书稿吗？毛病在什么地方？为什么不能出版？"

冯雪峰承认他没看过书稿，表示自己有难言之隐，苦笑着请萧军原谅和理解。

萧军一不做，二不休，索性把《五月的矿山》和《第三代》两部书稿装在麻袋里，同时给周总理和毛主席各写了一封信，让妻子王德芬雇一辆三轮车拉到中南海，请门卫同志转呈周恩来总理，再由周总理转交毛主席审阅。

1954年6月间，萧军收到了中央文教委员会的复信，说是毛主席同意出版萧军的两部小说，要萧军持函与人民文学出版社接洽。于是萧军找到冯雪峰，冯雪峰看了公函立即爽快答道："有了上边的批示，我们当然给你出书！"

冯雪峰满以为萧军既达到了出书的目的，便会高高兴兴地离去。想不到萧军不但不走，还盯住他质问说："雪峰，我的书稿你看过没有？"

"没有看过。"

"那么，你以前有什么根据不给我出，现在又为什么同意出版？请问你这是什么主义？是'属稿主义'，还是'属人主义'？"萧军连珠炮般地逼问着。冯雪峰深知萧军这位老朋友的脾气，便不与萧军正面交锋，他劝萧军说："行啦！行啦！属稿也好，属人也好，现在反正给你出书不就结了吗？老兄请回吧。"

可是事情并没完，在《八月的乡村》再版问题上两方又发生了争执：人民文学出版社坚持说，必须把鲁迅的序言和萧军自己写的前言、后记全部砍掉才能再版，理由是"统一体例"。萧军与其争执再三，出版社仍表示没有通融余地，否则不予出版。萧军最后只好屈服，忍痛割爱。他心里明白：这绝非什么"体例"问题，而是怕鲁迅的序言会在群众中抬高萧军的身价。就这样《八月的乡村》终于在1954年9月再版，只印了两万册。《五月的矿山》于同年11月出版，印了两万两千册。在这里需要说明的是：据笔者不完全统计，《八月的乡村》自1935年7月在上海初版到1988年6月萧军逝世，国内外再版不下二十多次，唯有1954年9月版，拿掉了鲁迅的序言……

《第三代》直拖到1957年6月强迫改了书名为《过去的年代》（并要求减少字数，这一条萧军没答应），才勉强出版，只印了一万两千册。这些书的印数同当时其他动辄几十万甚至上百万册的印数相比，实在少得可怜。萧军这些作品在市面上很快销售一空，读者也强烈要求再版，可是出版社对此却置若罔闻。

尽管书的出版册数少得可怜，萧军依然受到很大鼓舞。他由此认定，只要积极争取，他的作品还是可以出版的，并乐观地认为可以继续靠写作为生了。于是，1954年8月，这位乐观的关东大汉便轻率地辞去好不容易争取到的、工作了两年的文物组考古工作，关在家里埋头搞起创作来。可是很快，严酷的现实把他的理想击得粉碎，他才认识到自己的想法过于天真，并为此付出了沉重的代价。

1954年12月9日，萧军的四女儿出生，因皮肤白嫩，萧军为其起名为"玉"，也意喻自己的清白。

这个时期，他完成了三十四万字的历史长篇小说《吴越春秋史话》的创作，在出版完全无望的情况下，他居然还能坚持写作，不但写作，还顽强地要求出版。他再次修改了京剧本《武王伐纣》，新撰写了《中国历史故事拾译》等将近一百万字的作品，一并交给了出版社，要求出版。当书稿遭逢的命运是统统被拒绝出版时，萧军才算真正清醒过来：靠文学创作为国家做贡献，靠稿酬来维持一家人的生计，这个想法太不现实了！自己不眠不休、废寝忘食写出来的东西不能发表，即使是毛主席批准出版的作品，也束手束脚，何况其他呢？总不能每本书都去麻烦日理万机的毛主席吧！于是他心痛地、悲凉地决定放下手中的笔，走与鲁迅先生"相反"的道路——弃文从医。

于是，他参加了针灸、正骨、按摩学习班，都以优异成绩获得结业证书。他还写出来《正骨学辑要》讲义和《简要针灸疗法》讲义。

1957年6月21日，王德芬生一女，因孩子皮肤较黑。萧军给其取名"萧黛"。

萧军在正骨班学习时结识了一位叫慕辛野的人，他曾是傅作义将军的部下，是与傅作义一同和平解放北平时起义的。但他不愿靠政治地位上的优待而坐享其成，喜欢自食其力。正骨学习班结业之后，自己在北京开业行医，成了很有名的正骨医生。于是萧军又向他学习正骨，在他的诊所实习，并和他及王夷（萧军的同乡同学）三人成立了一个"正骨研究小组"。他们还在慕辛野的诊所办了两期学习班，每期两个月，招收正骨学员二十名，由萧军根据自己整理撰写的《正骨学辑要》讲义讲授正骨理论课，慕辛野讲解正骨手法，他们的讲授很受欢迎，学员们都能认真学习。因为都是晚饭后上课，王德芬得闲也去听课助阵。

经过几年的拜师学技，加上刻苦钻研中国古代医经，萧军认为自己已经可以开业行医，糊口谋生了。1959年5月，萧军又写信给北京市市长彭真，要求破格给予考试，准予他改用刘蔚天之名开业行医。市政府派卫生局局长接见了萧军，随即由中医科科长会同两位针灸、正骨专家，对萧军进行了一次技术和医理测验，结果令两位专家十分满意，认为萧军的医技具备开诊所的水平了，但要等着市卫生局的正式批准后，才能接待患者开始营业。

萧军在欣喜之中郑重其事地给自己的诊所起个名字为"萧氏医寓"，还刻了

萧氏医寓牌

牌子（此牌现存辽宁省凌海市沈家台镇下碾盘沟村萧军故居），等批复一下就悬挂起来。他还给卫生局寄去了他撰写的《中国古典体操及手技疗法》的手稿请审阅。但时过月余，一直没有回音，萧军又给彭真同志写信也未得以回复。怎么回事呢？原来，市里领导和相关部门考虑到一位曾驰名中外的作家，个人开诊所，政治影

响太坏，所以不能批准萧军开业行医。他们经仔细研究，决定安排萧军到北京戏曲研究所去工作。

9月1日，萧军终于接到北京市文化局通知，要他到人事处商谈工作问题。看来当医生的希望是没有了，萧军只好同意了组织上的这一安排。

1959年国庆节一过，萧军便去上班了，成为北京市戏曲研究所的一名戏曲研究员。由于东北局文化部始终不给转"工作关系"，所以萧军一直没有"工资级别"，每月只发生活费一百一十元。

工作有了着落，家里经济条件也有了些许好转，可热爱文学创作的萧军实在难以同文字割舍。创作的激情始终冲动着萧军，从8月份开始，他白天要干好戏曲研究所的工作，每天夜里创作京剧本《吴越春秋》。这时正逢国家三年困难时期，家里主副食不足，深夜里饥肠辘辘，连块充饥的窝窝头都没有，更别提烟和茶了，只能喝一杯白开水。营养不良，加上夜不停笔地写作劳累，一向以体格健壮而自豪的萧军，患了肺结核，瘦骨嶙峋，别人都说他病得脱相了。即使如此，他仍以惊人的毅力坚持写下去。1961年9月7日他拍了一张照片，并在照片上题诗一首：

病后偶题

我体素顽健，有生五十四年来初不解病苦为何物。今夏偶罹肺炎，兼呈结核现象，殊使家人亲朋惊异。我于生死，虽颇淡漠，亦不能无所耿耿焉！留此一照，为此生此时存纪，并题短句一章，乌乎不可？诗曰：

悟却情禅又道禅，知非知命迥何难；

峻嶒瘦骨坚于昔，落拓生涯犹少年。

镜里羞惊添白发，樽前初惜故青衫。

学书学剑四十载，追忆无由已惘然！[1]

1962年5月6日，萧军完成了京剧脚本《吴越春秋》，全剧本近四十万字，共分八部，一百多场，可以连演十余天。为创作这部剧本费时八百多天。完稿

---

① 萧耘、建中：《萧军：自许多情歌慷慨》，第88页，大象出版社，2004年。

1961年9月7日萧军在这
张照片上题写了《病后偶题》

的剧本仍然不能出版，只能束之高阁。对此，1962年5月9日夜，萧军"衷情殊怆恻，夜静灯明，成诗数章，用志余情"。其中的一首七律写道：

输却春光八百日，赢将剧本××场。
精禽碧海千秋泪，寒塞西风九月霜！
故事新翻余一痛，陈腔重唱亦堪伤！
孤臣孽子哀今古，褒贬何由已渺茫。

（《萧军全集·14卷》第236页）

1962年12月到1963年5月，他又撰写了一部名人传记《毁灭与新生》，署名"楚天鸿"。作品虽然写出来了，但和过去一样，一部部书稿均被陆续退回来。理由是什么"由于纸张和出版力量不足""不得不割爱""希望取得您的谅解"等等。萧军深知这些无非是托词，真正的原因，只因为他是萧军！是被诬陷的"三反"分子萧军哪！

萧军——他艰难地、亦步亦趋地行走在京巷那崎岖的小路上……

三、"如荼岁月亦何言"

萧军到北京后，从1959年一直到"文革"前这段时间，比较而言，是他生活还算平静的时期，除著作不能出版、经济仍然很是拮据外，似乎没有什么政治风浪来拍打他的后海鸦儿胡同海北楼。此时的萧军得以观云看浪，舞剑练功，赋诗习字，努力让自己的心境也随之平静下来。

萧军在戏曲研究所的主要工作是编辑《京剧汇编》，给有关文化部门、戏曲团体和剧作家们提供研究、整理、改编或演出的资料，进而使优秀传统剧目得以保存、传播、继承和发扬。

由于工作的关系，在戏曲研究所，萧军结识了许多戏剧界知名人士，尤其是与中国戏曲家协会艺委会副主任、北京市戏曲研究所所长荀慧生先生结成了亲密挚友。荀先生是中国著名的京剧表演艺术家，是京剧旦角四大流派（梅、程、荀、尚）之一荀派艺术的创始人，与梅（梅兰芳）、尚（尚小云）、程（程砚秋）一起被誉为中国京剧戏曲"四大名旦"而蜚声海内外。萧军对荀派艺术非常赞赏，他觉得荀派擅演的诸剧，是更能贴近平民百姓生活的，荀派塑造的那些古代被侮辱与被损害、敢于同封建势力做斗争的妇女形象是美好的、感人至深的。像荀灌娘、尤三姐、陶三春、晴雯、金玉奴、杜十娘、尤二姐等等女性人物，一直深受群众的喜爱和同情。当时萧军正拟写一部《中国戏曲史》，还想写一部《四大名旦比较观》，因此就经常和荀慧生在一起畅谈，越谈越亲切，竟成为知己，两个人彼此钦佩，相互仰慕。荀慧生能在艰苦的艺术生涯中，呕心沥血地追求艺术的完美境界，这使萧军产生一种强烈的创作冲动，他下决心再次提笔，为荀慧生写一部传记，把这位艺术家的坎坷人生和宝贵的艺术经验记录下来传之后世。至于能否得到出版，他没有考虑。1966年春，萧军以《菊海云烟录》为书名，开始撰写这部传记文学，荀慧生也愿意与萧军合作，遗憾的是初稿未能完成，便因故而中断了……

1968年9月下旬，萧军被押送到北京郊区沙河"农业劳动大学"参加集训，受批斗和进行劳动改造。萧军已决心再不忍受侮辱。一到沙河营地，他立即给集训班的负责人写了一张条子声明："如果谁敢对我做人身侮辱、人格侮辱，我将与之同归于尽！"这几句话掷地有声，使那些色厉内荏的"造反派"头头们不得不对萧军有所顾忌。

恰好，不久便发生了一件使这些人胆战心惊的事。一个看守故意戏弄年过六十的萧军，"命令"他挑几十担水，萧军如数担完后，他又格外刁难，而且骂了一些脏话。萧军发现他在拿自己寻开心，便扔下水桶，操起扁担大吼一声，向这个小丑奔去，吓得他连声呼救抱头鼠窜……这件事虽然使萧军挨了批斗，但只是草草地走走过场了事了。这期间尽管大会批小会斗，有时一天批斗两三场，却没人敢在会上对萧军动手动脚，出言侮辱他。大概是他们真正领教了萧军的拼命精神……

在沙河劳动一年，1969年10月中旬，萧军等一批所谓"审查对象"又转到市内二里沟市委党校继续关押集训。直到1971年11月19日，才解除了关押，可以自由地去吃饭、上厕所。1971年2月，集训班又迁到"团湖农场"，"审查对象"们都参加种水稻、起猪粪、挑土、除草等体力劳动。后集训班又迁回市里……允许每周二、四、六和星期日晚上回家住宿，较前管制也松了些。1972年2月，集训班迁到新街口新开胡同冶金部招待所内，萧军到市委总指挥部第十连参加挖防空洞劳动达半年之久。从这时开始可以天天回家居住了。

此时萧军家原三间屋子，被街道主任霸占了两间，一大家子人只能挤在一间屋里，除了放床，就什么也放不下了，没有萧军读书写字的地方。1973年春节期间，萧耘、萧燕将房间东北角一间不足四平方米的储藏室布置成了写作室，内放一张三屉桌，桌上放一小书橱，桌旁放一把椅子后，就再没有地方了。储藏室没有窗户，没有暖气，白天看书都得开灯，冬天冷，夏天热。萧军给写作室起名"蜗蜗居"，萧燕找来一块咖啡色小木板，刻上了"蜗蜗居"这三个字，还涂上了石绿色，钉在了门额上。萧军为此题诗一首，贴在木牌的上方。这首诗是：

题"蜗蜗居"

蜗居虽小亦何嫌，"芥子、须弥"两大千。

"苍狗白云"瞰去往，镜花水月幻中参。

"虫沙"几历身犹健，烽火频经胆未寒。

一笑回眸四十载，闲将"琴剑"娱余年。

（《萧军全集·14卷》第487—488页）

1973年1月19日，萧军又被转到"市委第二学习班"，每天除劳动学习外，没有受到新的折磨。回到家里抽暇练剑、弹琴以做消遣，自寻其乐。然而好景不长，萧军又被当作重点"靶子"，在一个月里连续几日受到大会批判。萧军对此十分蔑视，觉得那些大呼小叫的人实在可悲、可怜、可笑！因而他什么话也不说，他已经懒得说话了。而那些批斗者也打不起精神，所以敷衍几次之后，也就销声敛迹了。学习班的×政委只好例行公事找萧军谈一次话。×政委干咳了两声，支支吾吾地还未说出个所以然，萧军就尖刻地说："上边只要揪出什么大人物，大约一律是我的后台，一律同我有勾结，看来以后我的后台还要不断增加，是吗？"×政委理屈词穷，只好尴尬地结束了谈话。

这年7月末，×政委忽然又召见萧军，以一种恩赐者的姿态宣布萧军被"解放"了，"恢复'文化大革命'前的身份"。这位×政委以为萧军听到自己如此赦免，一定会感激涕零，说一番"感谢宽大，加紧改造"之类的套话。谁知萧军却与众不同，他严肃地要求学习班党组织应该给他作一份书面的"政治结论"。×政委对这个不知好歹的倔强老头儿十分反感，冷冷地说："没有必要再作什么政治结论嘛！"

"有必要！"萧军分毫不让，针锋相对地说，"把我当作老牌反党分子，大会批，小会斗，折腾了这么久，若不给结论，请问，我到底是个什么人呢？我对我的孩子们怎么交代呢？如果下次再搞什么政治运动，不是又得当'运动员'吗！"×政委无言以对，只好以"向上级反映"搪塞过去。萧军却不甘罢休，他自己动笔把和×政委谈话写成了一份书面材料：

一、我是一个享有中华人民共和国宪法规定的一切权利、义务的伟大公民。

二、我是一个有公职的"北京市文化局戏曲研究所"的研究员。

三、我是一个从事了几十年文艺创作的革命作家。

萧军把这份材料复写三份，一份交给北京市委第二学习班党委立案，一份寄给中共中央毛主席和周总理备案，一份自己留着。在那种政治气氛下，这样做就被看成是对抗性的。因此，两个多月后，萧军果然被撤销了公职，连进学习班学习也失去了资格，回家当了一名离休赋闲人员，每月由西城区新街口办事处发给生活费一百一十元。可是，萧军却对此满不在乎，当朋友问及，他却笑呵呵地说："这点钱撑不死，饿不着，挺好！"

1974年7月，萧军彻底结束了整整八年之久的"群众专政"。

四、中华民族的正气歌

萧军从1948年"两报"论争陷入斗争的旋涡开始，直到"文革"结束，工作和生活艰难到无法想见的程度。但是，作为一个无限忠于党和人民的革命作家，他毫无怨言，忍辱负重，不改初衷，争取一切机会向中央写信，表达自己献身革命的愿望；克服一切困难从事写作，从未放下手中的笔，为中国现当代文学做出了卓越的贡献！

特别是在人生中遭受冷遇和磨难的摧折时，萧军仍然胸怀坦荡，一身正气，宁折不弯，"饥寒历尽雄心老，未许人前摇尾生"！表现了一个革命作家面对考验，忠心耿耿、铁骨铮铮的完美人格和高风亮节。据不完全统计，在

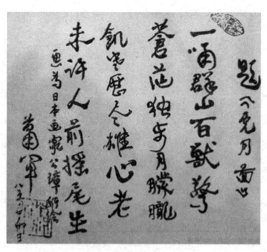

萧军手迹《题〈虎月图〉》

八年的时间中，萧军竟写诗六百余首。这些诗直抒胸臆，喷吐了自己对祖国、对民族、对党和人民的赤子之情，表达了自己坚强斗志和誓与"四人帮"斗争到底的崇高情怀，这是一个革命战士的宣言书，是中华民族的正气歌！

如对1966年8月23日国子监文庙的这段遭遇，他曾有诗曰：

自嘲三章之二

烈火堆边喊"打"声，声声入肉地天惊！

藤条皮带当空舞，棍棒刀枪闪有风。

俯伏老翁呈瘦脊，恐惶妇女裂裤裆。

"英雄""猛士"多年少，袒露臂章耀眼红。

（《萧军全集·14卷》第382—383页）

对于被抄家，妻子被抓走，萧军曾有诗表达自己的悲愤之情：

家破人离并叙

一九六六年八月二十三日，我在文庙被大武斗后，即囚押于北京市文化局后院"黑窝"中。一天，孩子们来探视，秘密告诉我，八月廿五日家中诸物已被抄没殆尽矣！屋子也被封闭了两间，妈妈被抓走，不知去向了……夜深难入睡，口占此诗以志之耳。

家破人离燕覆巢，漫漫长夜坐迢迢。

难分石玉昆冈火，一混鱼龙怒海潮！

信许丹心托日月，敢将四体试兵刀。

虫沙劫历般般在，生死荣枯余"弁毛"。

（《萧军全集·14卷》第291—292页）

正像许多古往今来的仁人志士一样，在被监禁中写诗明志，萧军在"牛棚"中也慷慨悲歌，写了许多如泣如诉的诗篇。

如1966年9月6日，在北京市文化局因羁中的萧军，写了一首白话诗《在拘留羁押中》：

> 不存在任何幻想，
> 也没有任何乞求，
> 只有挺起胸膛迎接着"现实"的风浪，
> 任凭它们击打吧！
> 像一具临海的礁石似的，
> 宁可赢得百孔千穿——粉身碎骨，
> 也休想乞恕低头！
> 如今我只是一个囚人，
> 失却了一个人应有的任何权利！
> 我不能不把自己的心肠更硬一些，
> 所要的只是求生存的钢铁意志；
> 任何过去和牵挂，
> 如今对于我全是有害的，
> 它们已经属于过去的"奢侈品"，
> 让它们毁灭了罢！
> ——不再顾惜或再留恋回头。
>
>
> 我也曾读过多少伟大人们的传记；
> 自己也写过若干临危不屈的人物；
> 如今是真正面临到自己了，
> 要把自己的理论在这血淋淋的现实面前印证罢！
> 你是做个"谎言者"？
> 还是做个自己理论的实践者？
> 为了孩子和亲人们，

为了真理的信仰，

应该承受任何折磨：

"人之子"是被钉在十字架上的；

有多少先知者，

他们是用了自己的血和生命，……

才把真理的花培养起来的！

他们的灵魂不朽！

他们的生命永在！

他们不是淤塞历史河床的泥沙；

他们是人类中的珍珠！

（《萧军全集·14卷》第152—153页）

1968年9月14日，被关押在北京市文化局后院小屋中的萧军感慨万千，提笔写下《偶成四律》。其中第一首是为怀念鲁迅和毛主席写下的，诗中说：

绝代文章绝代人，何期一旦赋获麟？

圣王并世嗟千古，星斗同天拱北辰。

赍志传薪怀石火，丹诚托日共秋春。

操刀待割说姜吕，白发雄心猥自珍。

（《萧军全集·14卷》第309页）

1966年10月25和28日，萧军写下了《先师逝世三十周年忌日 代祭》二首：

有涯岁月水流年，半付行云半作烟！

寒暖无端时易序，阴阳舛错卜来难。

春花开罢秋花谢，前浪才消后浪掀。

历经风波五十载，等闲蜀道亦何干？

三十年前拜座前，斑斑往事忆如烟。

门前桃李飘零尽，犴狴余生几幸全？

大道传薪知匪易，高山仰止亦何艰！

囚窗落日鲜于血，遥嘱南天一惘然！

（《萧军全集·14卷》第300页）

萧军在这两首七律中，既表达了对鲁迅先生的无限怀念，又深感自己华年易逝，对祖国贡献无多，有愧于恩师教诲的情怀。同时也充分流露出对祖国命运的无限担忧，鲜明的爱憎、鲜明的立场，都凝聚在诗中。

又如，1968年12月31日夜，"大雪初霁，夜风怒作，寒气时袭窗而入"。此时的萧军正被囚羁于沙河"农业劳动大学"校舍中。白天他把鲁迅先生一部语录抄完，回忆三十四年前此时正在上海得识恩师，到现在先生已经逝世三十二年，自己也已年届六十二岁，不免心情怆恻，成诗二律以纪之：

一

师恩浩荡海天深，卅四年前立雪门。

混沌初开承指点，春风坐沐忆传薪。

哲人萎却怆华宇，噩耗惊飞震国邻。

一笔投枪寒敌胆，千秋浩气育斯民。

二

一番追忆一怆然，孺慕何关耳顺年。

愊忆茫茫凭孰诉？胸怀落落几同参？

恩传夸父狂追日，何有娲皇誓补天？

不肖敢忘金石训，春秋有笔继残编！

（《怆怀鲁迅先师二律　并叙》，《萧军全集·14卷》第331页）

1969年1月份，被关押在郊区沙河镇朱辛庄"农业劳动大学"内劳动改造的萧军，不到一个月时间内，仅七律诗就写下二十五首。萧军激越的情绪伴随着无尽的哀思，像一股汹涌澎湃的洪涛，荡起滚滚的诗潮，他的这些诗，让人们不难看出他对鲁迅战斗精神的含蕴传承，他的爱国主义思想的袒露高扬。

萧军一生养育了八个儿女（最后存活下来二男四女），他疼爱他们，为了这些儿女，他宁可牺牲自己的一切。正如萧耘女士所说："我们兄妹七八个人，拖累了父母近乎大半生！但是父亲却毫无怨言，也无后悔！"萧军在他的许多诗中表达了一位父亲对儿女们的满满的爱，深深的情。

1969年1月5日，萧军二女儿萧耘和爱人王建中（当时是男朋友），为萧军赶制了平生唯一的一件棉坎肩儿。两个人顶着呼啸的北风，冒着鹅毛大雪，骑车三十多里，把它送到了父亲的手上。当晚，为了这件事，萧军失眠了，他背着"看守"，偷偷地写了一首《寄耘儿·并叙》的诗：

> 一九六九年一月五日（星期日）次女耘儿来探我，携其亲手所制
> 棉背心一件畀余，并言所制粗劣。余心感极而悲，成诗一章以纪。时
> 正隆冬"二九"风怒雪飞时也。
> 暖背暖心亦暖胸！一针一线总关情。
> 刘庄遥记生儿夜，驿路频听唤父声！
> 幼爱矜庄无二过，长怀智勇继家风。
> 此生有汝复何憾？热泪偷沾午夜醒。

据萧耘女士在文中说："如今这诗幅，就悬挂在我的床头，每每注目，温暖无限，思绪连绵……"[①]

还有《怀燕儿及滨儿·并叙》《盼归家》《赠燕儿同滨儿姊弟一路去山西太谷农村插队》《为怜儿女》《望儿窗》等，不一而足。读着萧军饱蘸血和泪写成的诗作，真是荡气回肠，发人深省，久久难以释怀。

在"囚禁"中作诗，当然绝对不能大张旗鼓地写，更不能让"看守"们看见，只能是夜深人静背着"看守"们偷偷地写下来，然后藏在饭盒里或鞋垫下，甚至是棉裤的夹层里，待儿女们探视时再偷偷地带走。从这些诗可以看出萧军不论在怎样险恶的逆境中，始终昂扬着他一贯所提倡的"大勇者精神"，表达自己对祖国对人民的热爱之情以及对真理必胜的信心。

1969年1月27日他在《无求无惧》诗中说：

---

① 萧耘：《接我到这世界上来的人》，河南教育网，2014年6月13日。另见《萧军全集·14卷》第332页。

无求无惧罔心忧，魏阙江湖两未年。

爱是归田枯草木，情甘逐水泛汀洲。

乱朝何预商山叟，谋国翻成阶下囚。

凭有烛奸秦镜在，照人肝胆待何由？

（《萧军全集·14卷》第341页）

1976年，中国历史进入一个重大转折的阶段。1月8日周恩来总理逝世，7月8日朱德委员长逝世，9月9日毛泽东主席逝世。三位伟人相继去世，举国悲悼，四海哀歌。六十九岁的萧军在知道自己的诗作无处发表的情况下，仍然挥毫泼墨，连连写下了泪雨滂沱的诗篇，表示对领袖深沉的悼念。如作于4月5日清明节的《周恩来总理逝世后有悼》二首：

一

无私无畏复何求？赤胆丹心日月俦。

历尽惊涛归大寂，赢将啼泪洒神州！

东风杨柳三春雨，紫塞黄花一夜愁。

民命天听千古鉴，苍江流水去悠悠。

二

惊雷隐隐夜迢迢，风雨鸡鸣驿路遥。

天丧斯人成永痛，行看大厦赋飘摇。

妖氛未戢钟馗老，竖子初狂雉后骄。

漫道金人缄口易，传薪石火有尔曹。

（《萧军全集·14卷》第485页）

1976年10月19日夜，萧军写下《毛泽东主席逝世有感》，其中一首是：

万众同悲殒大星！古今中外拟何从？

一生赍志拯中国，天地为心济世穷。

八亿黎庶活化雨，千章古木抱春风。

谆谆遗教篇章在，啼泪抛将读大经。

（《萧军全集·14卷》第486页）

1976年10月6日，中共中央的领导核心顺应全国人民的意志，一举粉碎了"四人帮"。随着"十年动乱"的结束，中国历史开启了一个崭新的时期。萧军为此欣喜若狂，奋笔赋诗云：

闻变有感

长安落叶下西风，一镐经天万籁鸣！

"四海翻腾云水怒"，千帆迤逦战旗红。

十年墨面怀余悸，亿众同欣喜乍惊！

祸福无端环自转，恢恢天网漏何能？

（《萧军全集·14卷》第488页）

真是情辞不凡，肝胆照人！读罢令人热血为之沸沸然！

随着新时期的到来，萧军坎坷的一生终于在晚年有了转机，他迎来了祖国的春天，也迎来了自己人生的春天！

众所周知，萧军是以小说名世的优秀的革命作家。然而，他还是一位诗歌造诣极深的、不折不扣的大诗人。考察萧军的创作旅迹，不难发现他是从诗歌创作开始走向文学殿堂的。在他人生几十年的经历中，"无论是在顺境还是逆境，是悲是喜，何时何地，总是诗情很浓，没有中断过作诗"[1]。就连他的小说里，也流淌着诗的韵律、诗的美感，更不用说那些诗化的散

舞剑中的萧军

---

① 王德芬：《椒园诗话》，《北疆》1982年第4期。

文了。

萧军从1926年开始写诗，到1986年逝世，整整六十年。据不完全统计，收集在《萧军全集》中的他一生创作的诗歌竟有一千余首，这是他留给我们的又一份宝贵文学遗产，值得我们认真研究、发掘、继承。

萧军的诗各体兼备，有新诗、语体诗、旧诗。旧诗中有五言、七言，律、绝等，题材广阔，有感而发。新文学史家、萧军作品评论家们，对萧军的诗，特别是对他的晚期诗作给予的评价是："在新时期的浩荡春风中，这个'出土文物'诗兴勃发，诗歌创作如春潮喷涌，诗歌艺术登上了'老更成'的巅峰。"①

萧军晚期的这些诗，既有对党和人民的热情歌颂，也有对"四人帮"之流的愤怒声讨；既有对祖国美好河山的描摹勾勒，也有对往昔岁月的感怀回顾……那强烈的爱国主义情怀，高尚的民族气节，坚定的革命斗争信念，是这些诗的总的主题，它同时代诗坛上风雷激荡的洪钟大吕一样，谱入了主旋律。

比如，对祖国新貌的歌颂："春回大地瞻前程，行待花开万里红""阳关有路开新陌，驿柳迎风闪翠薇""行见连阡杨柳绿，欣看十里杏花红""鸿飞天外沧溟远，鹤唳晴宵万里声"等等（《萧军近作》第35、33、50、51页）。真是千红万紫，笔墨缤纷，为读者展示了一幅幅绚烂多彩的伟大祖国的美丽图景！

更让人钦佩的是：萧军晚期的那些赠答、唱和、题画、游记等诗中，也都热烈抒发了自己对党对祖国对人民的赤子之情，表现了一个革命作家的高尚情怀和宽广胸襟。如："大劫频经身健在，盘根几历刃初硎""荣辱随缘自在过""挥戈跃马试新征""何如六翮战秋风""荣辱久抛身外事，鸡虫失得亦何争？青山未老春来去，野草闲花自在生"（《萧军近作》第34、24、35、51、22页）等等。那大度豁达的胸襟，那生动深刻的哲理，那真挚自然的情辞，那清新峭拔的特色，形成了萧军诗卓尔不群的风格。

萧军曾真切地说，小说是写给别人看的，而诗才是写给自己的……正是这些诗，伴随他走过几十年坡坡坎坎的笔耕生涯，一直到他生命的终点。正如萧军逝世后，从维熙深情地说："萧军走了。他虽然没有像诗祖屈原那样，给人世留下《天问》，却也留下了他生命谱写的《九歌》。"②

---

① 王科、徐塞：《萧军评传》，第316页，重庆出版社，1993年。

② 萧耘、建中：《萧军：自许多情歌慷慨》，第93页，大象出版社，2004年。

五、史诗型巨著《第三代》

毋庸置疑，使萧军蜚声文坛的作品是1935年7月在上海"非法"、自费出版的《八月的乡村》。这部受到鲁迅先生热赞并为之作序的长篇小说，打响了中国抗战文学的第一枪，是世界武装反法西斯小说的第一部。正是这部作品，奠定了这位从辽西大山走向文学世界的作家在中国现代文学史上的地位。不过，成名之作不一定就是成熟之作，用萧军自己的话说：当年我是把《八月的乡村》当广告来写的，希望它是政治宣传品，在反满抗日斗争中能够发挥炸弹一样的作用……我的这个目的是达到了……"这部书只好算一枚还嫌太愣的青杏"①。而代表萧军创作最高水平的则是他的另一部长篇小说，即八十五万字的《第三代》。

《八月的乡村》是在半年时间内完成的，而撰写《第三代》，萧军则倾注了十八年的心血。该作品的创作时间横跨了三个历史时期：抗日战争时期、解放战争时期和新中国成立初期。尽管这期间他创作、发表了其他体裁的多部作品和大量的杂文，忙碌于许许多多的革命工作以及经历着政治上的屡屡受挫、生活上的艰难窘迫，但他始终没有放弃《第三代》的创作，甚至是将主要精力和心思都集中在《第三代》上。应当说，他把多年来积累得相当丰富的创作经验用于创作这部力作。

那是《八月的乡村》刚刚出版不久，萧军就开始把自己的注意力转移到探索东北人民的苦难和反抗精神的历史渊源和必然出路方面来了。他想在《八月的乡村》的基础上，进行历史的回顾，写出家乡反抗队伍的形成，写出东北是个什么历史基础，并把蕴藏在广大人民群众身上的那种不屈不挠的气节写出来。基于这种动机，萧军于1936年的春天就开始了《第三代》的创作。

《第三代》全书共分八部。第一部写于上海，第二部最后完稿于1936年夏天的青岛海滨。第一部、第二部分别于上海连载在1936年《作家》月刊杂志1卷3—6号和1936年2卷1号、2号上。《作家》月刊被国民党查禁后，由上海文化生活出版社分别于1937年2月、3月出版了单行本，即《第三代·第一部》《第三代·第二部》。《第三代》的第一、二部一问世，就曾引起评论界的重视，被

---

① 《萧军同志谈创作》，《创作通讯》增刊一，中国作家协会吉林分会编，1983年。

誉为"雄浑、沉毅、庄严的史诗"①。

《第三代》的第三部于1937年刚刚开始创作，上海就爆发了八一三抗战，党组织安排萧军等革命文化界人士去了武汉。1937年10月，第三部完稿后，曾在《七月》上连载，当时的书名署的还是《第三代》。1940年6月，萧军到了延安，继续创作《第三代》。1948年在哈尔滨，鲁迅文化出版社重印了第一部、第二部单行本，又被人们赞为"东北农村的史诗，融合了东北的自然的雄大的气魄"，"在平分土地的今日来读"，"平添了新鲜的色彩"②。

《第三代》分卷单行本封面

可是，全书于1954年7月在北京全部修改完成后，却得不到出版。后因为有中央文教委员会给萧军的复信，说是毛主席同意出版萧军的两部小说（《五月的矿山》和《第三代》）后，出版社才同意出版。但是提出了一些苛刻的要求，什么书名不许叫《第三代》，需改换个名字，还要删减字数，等等。萧军不得已接受了改换书名的意见，故将《第三代》改为《过去的年代》，对其他的要求萧军说："你们改吧，我改不了⋯⋯"就这样，人民文学出版社一直拖到1957年6月，改用作家出版社的名义才给予出版，而且只印了一万两千册，并因遭到评论界的冷遇，很快从图书馆下架封存了。好在这一书名的改动，使萧军受到了"启发"，他拟定在《过去的年代》以后，续写《战斗的年代》和《胜利的年代》三部曲，预计三百万字。"企图把我国这几十年来的历史变动和一些可爱、可敬的人物，以至可恶、可恨、可憎⋯⋯的人物，在文艺作品里会给他们留下一些形象，让我们的后来者，也知道知道他们的前人是在怎样被侮辱与被损害、痛苦和折磨的生活中挣扎过来，又是用了多少和怎样的血的代价才换得了幸福的今天和明天"③。由于历史的原因，萧军本人一直身处逆境，《战斗的年代》和《胜利的年代》这一写作计划未能完成，这对于文坛和读者来说，不能不说是个不小的遗

① 常风：《近出小说四种》，《文学杂志》，1937年6月1卷2期。
② 《萧军同志谈创作》，《创作通讯》增刊一，中国作家协会吉林分会编，1983年。
③ 萧军：《后记》，《第三代》，第1039页，黑龙江人民出版社，1983年。

《第三代》上、下卷，黑龙江人
民出版社1983年版封面

憾。萧军复出后，1983年2月黑龙江人民出版社重新出版全书时，又将书名《过去的年代》改为《第三代》。

尽管《第三代》曾随同作家本人一起，被禁锢和埋没了二十多年的时间，但是，当人们重新阅读和提起时，它就像一朵艳丽的奇葩，给现代文坛平添了许多新鲜色彩，仍然让人们感受到它那永久的艺术魅力。因此，它受到了文坛应有的重视。

首先看一看现代文学评论家们是怎么说的：

"不论是从概括现实生活的广阔、丰富和博大，还是从艺术风格的雄浑、宏伟和沉毅来说，《第三代》都无愧为现代文学史上罕见的史诗型巨作。"①

"尽管《第三代》较之《八月的乡村》在一定的特殊背景下没有产生开先河的影响，但它在中国现代文学史上仍然是不可多得的力作。如果说李劼人的《死水微澜》《暴风雨前》和《大波》以小说的形式填补了甲午战争到辛亥革命这段历史生活用文学反映的空白的话，那么，差不多与这三部作品同时产生的《第三代》则是当时以长篇小说形式反映辛亥革命后若干年间社会生活的稀世之作。尤其作品中那流淌、荡漾的人情美，不仅给《第三代》，给萧军的小说创作留下了闪闪发光的一页，而且也给整个现代文学史留下了辉煌的一页。"②

"在《第三代》里，萧军对东北人民在《八月的乡村》中所表现的反抗精神做了深广的历史探索，他在寻找东北人民反抗精神的历史渊源。这种历史的审视并非是超越空间的，它以带有东北特有的地域性的民族文化的底蕴进入作家的沉思之中。在这部作品中，萧军将他的历史思索聚集于他所熟悉的家乡农民对命运的痛苦挣扎与反抗道路的选择上。这种历史的沉思成为我们衡量这部作

---

① 张毓茂：《萧军传》，第277页，重庆出版社，1992年。

② 陈光陆：《一部哀婉的纯情史诗——浅谈萧军〈第三代〉中的人情美》，《东疆学刊》（哲学社会科学版）1987年第4期。

品的价值指向的重要依据。"①

"经典的作品是经得起时间的考验，是历久不衰的，像《呐喊》《子夜》《围城》等，经典作品是不过时的，代表着一个作家的远见和洞察力，《第三代》经过数十年的考验依旧陈列在现代优秀小说之林，这也就证明了《第三代》可以纳入经典行列。"②

那么为什么说《第三代》是史诗型巨著呢？这要从三个方面谈起：

一是从《第三代》所描写的时代背景上看。

萧军把《第三代》反映的背景限定在辛亥革命后到第一次世界大战爆发的初期、袁世凯酝酿称帝、五四运动即将发生的这一历史时期，这是有其深刻的历史意义的。这一历史时期虽然短暂，却是近代中国历史上最沉闷、最腐朽，人民最受屈辱，充满苦难和失望情绪的年代。

众所周知，辛亥革命虽然推翻了几千年的封建帝制，但它的革命是不彻底的，它没有完成中国民主革命的历史任务。既没有实现中国社会，特别是广大农村阶级关系的大变革，也没有动摇帝国主义在中国的侵略势力，甚至连这个政权的本身也落入了反动封建军阀手里。反动封建军阀为了达到巩固自己统治的目的，不顾人民的死活，加紧了封建复古和与帝国主义的进一步相互勾结。从而加速了中国社会半封建半殖民地化的进程，使中国人民进一步陷入了苦难的深渊。

小说虽然没有从正面直接来阐述这场资本主义革命的不彻底性，但仅从东北辽西一个小小山村——凌河村，广大农民生活的沉浮遭际，使读者不能不清醒地认识了它的价值。如小说中写道："共和"不过是"黄龙旗"换成了"五色旗"，"大总统"登上了宝座代替了"皇上"而已。又如晚辈失手把春二奶奶推倒致死，人们想到的仍然是如何执行"大清律"来处罚……有人还小心翼翼地保留着清时的辫子，不是为了表明对皇上的如何忠诚，他们的态度是：皇上也好，大总统也罢，全没有像对一只兔子那样感到亲切，他们怕的是不知什么时候皇帝重坐龙墩，恢复清王朝……

小说深刻地反映出：由于资本主义革命的不彻底性，封建势力和殖民主义者没有受到根本触动，中国的政治、经济环境一天天坏下去。从乡村到城市，封建地主、官绅和帝国主义者仍像大山一样，压得人民喘不过气来。

---

① 徐塞：《萧军的文学世界》，第106页，春风文艺出版社，2008年。
② 朱姝姝：《重读萧军长篇小说〈第三代〉》，《唐山师范学院学报》，2016年第1期。

在这个特定的历史时期，旧的传统思想也仍像绞索一样桎梏着人们。如小说中的自耕农的典型——汪大辫子，在乡下破产了，为了改变命运，一家人逃入城市以后，他对金钱极其眼红，一心想弄钱，为了有朝一日再回凌河村买地、买驴、买奶牛，然后再给儿子们各自娶下一房媳妇，自己就可以"真像一个爷爷似的在凌河村走来走去……"他就这样时刻编织着发财的美梦。但残酷的现实打破了他的梦想，他就像惊飞的苍蝇一样，在城里转了一圈后又不得不狼狈地飞回原处——凌河村……小说清楚地告诉人们：不打碎旧的国家机器，不建立一个国家独立、民族解放、人民翻身的没有人剥削人、人压迫人的社会制度，被压迫者走到哪里都厄运难逃！这岂止是一个汪大辫子呢？作者从受着封建与资本双重思想毒害的汪大辫子身上，揭示出时代更为黑暗、浓重的投影。

在这个特定的历史时期，无论是乡村还是城市，到处都是尖锐的阶级对立、民族对立，到处都是人民的痛苦和灾难。人民为了生存，在忍无可忍的情况下，反抗的情绪在蕴积、在高涨……就像地火一样在聚集，时刻准备着燃烧、升腾……

小说真实地展示了这个酝酿着更大风暴年代民众反抗的图像：内蒙古草原的饥民群体到各村强迫地主大户开仓放粮；长春街头的游行队伍向日本帝国主义示威抗议……这些可歌可泣的行动，强烈地反映了城乡被压迫、被掠夺的人民反抗怒火的不断升腾。虽然战斗的年代还没有正式到来，但小说《第三代》已传递出战斗的信息……表明萧军对辛亥革命初期中国社会生活历史思索的深刻性与准确性。为此，评论家们称《第三代》是具有史诗般气魄的作品，是长篇小说中的经典、精品，则是公允的、恰如其分的。

二是从《第三代》所提供的两大历史生活的场景上看。

全书共分八部六十四章（节），农村与都市互相渗透着描写。前四部（一至三十五章）描写的是以辽西偏僻的小山村——凌河村为中心的农村生活场景。在这里作家对那蜷缩在低矮茅屋中的广大农户，祖祖辈辈过着的贫困悲苦生活做了详细的记叙；对那豪华地主庄园中的种种罪恶做了深刻的揭露；对那杀富济贫、铤而走险的绿林好汉做了热情的赞颂；等等。

后四部（三十六至六十四章）描写的是以长春这个半殖民地化了的新兴城市为中心的都市生活场景。在这里，作家不惜笔墨，通过破产的自耕农汪大辫子一家进城，把读者引到了近代中国都市生活的各个角落：贫民窟、小客栈、小酒馆、工厂、学校一直到官府、监狱、宴宾楼、妓院乃至洋人医院、教堂和租界地……从而让人们看到：不仅封建势力仍然在显示它的威力，帝国主义势力也在随意施虐、欺诈中国人民。一方面是平民百姓、童工的痛苦挣扎，一方面则是达官富商们和殖民主义者的豪华淫逸、骄奢残暴……

作品就是通过凌河村和半殖民地化的长春城——当时中国东北农村和都市的一个缩影的具体的描绘，纵横交错地展现了那个黑暗年代里，东北社会生活的各个方面，真实地、多侧面地表现了东北人民深重的、无穷尽的灾难和困苦。然而，《第三代》并没有止于对这些场景和人民苦难的表面展示，而是通过强烈的对比描写和对不同阶层人物行为和内心的解剖，具体深入地揭示了造成人民苦难的时代背景和社会政治、经济的根源，这就更显示了作品的深刻之处。

三是从小说塑造的人物所表现的大勇者精神上来看。

《第三代》通过一系列人物刻画向我们展示了个性鲜明的众多的人物形象。其中萧军将自己最大的热情倾注在具有反抗性格的农民身上，以泼洒、细腻、动人的笔触塑造了三代大勇者。

第一代大勇者有井泉龙、林青、海交等。

小说中的井泉龙是以辽西山区具有不屈性格的老一代农民形象出现在读者面前的。他虽不是登高一呼的时代豪杰，但这个曾与洋人进行过真刀真枪斗争的"老义和团"，他身上蕴藏着火一般的耿耿正气和英雄气质，在民风剽悍的凌河村称得上首屈一指的大英雄。

萧军笔下的井泉龙，其反抗性格是外在的，他像火种，引燃凌河村村民心头反抗的一团怒火。他豪爽仗义，疾恶如仇，蔑视一切权贵。他不顾自己年迈体弱，敢于在众人面前揭露大地主杨洛中的险恶用心；他敢于挺身而出，带领全村人到杨家去保释因杨洛中勾结官府而被无理逮捕的村民，即使自己被杨洛中关到"局子"里也不屈服；他敢于拧断村里庙中龙王的脑袋，用以揭穿杨洛中散布的"天不下雨是神意，是村中人心不平"的谎言；他敢于带头抗拒杨洛中逼迫村民放下地不种，去为他护宅值夜的倒行逆施，以至被打伤腿致残后，仍不示弱地去大闹杨洛中的寿宴；他敢于暗自收留杨洛中等人的死对头"土匪头子"刘元，毅然把女儿大环子许配给刘元为妻，并鼓励刘元到城里去寻别样的出路，与恶势力做不息的斗争……

井泉龙的大勇者精神使地主恶霸杨洛中一听见他的名字，甚至一听到

"井"和"龙"这样的字眼儿就感到紧张，在背地里咬牙切齿地咒骂井泉龙是条"老疯狗"……总而言之，在《第三代》中的井泉龙身上，很有一种激发人们反抗意志的力量和气节，这正是东北人民身上的那种坚强不屈、大义凛然、无所畏惧的反抗性格的具体体现。井泉龙——是萧军奉献的现代文学艺术长廊中闪耀着不灭光辉的典型形象。

同时小说也揭示了由于受时代的限制，井泉龙等的反抗和斗争也还只能是个人的、孤立的。

小说中的另一位第一代大勇者林青，与井泉龙相比，他的反抗性格是内向的、深沉的。他的琴弦、他的歌声不停息地倾诉他内心的种种不平。他幼年父母双亡，曾去黑河做过淘金人，又去长白山加入过挖参队，在生活的磨难中，他追求着正义，蕴积着复仇之火……

除此之外，小说中的第一代大勇者还有破产农民海交，无尽的苦难、不肯屈从的个性和对统治者刻骨的仇恨，扭曲了他的性格，使他走上了另一条道路——铤而走险、落草为寇，成为一名对权贵胆大心狠，对穷苦百姓秋毫无犯的呼啸山林的好汉。

第二代大勇者有刘元、翠屏等。

小说中的第二代大勇者刘元出场时只有十八九岁，他最本质的特征是他的坚定的反抗性。他进入高山密林，拿起武器，跟地主、官府进行搏斗，从未动摇、妥协过。即使受了伤，不得不自己偷偷地爬回凌河村，也绝不向官兵投降。他承继着井泉龙等老一代身上的叛逆精神和海交等交给他的"胡子"的事业；他极端鄙视杨三之流投降官府、甘当奴才的变节行为；但也不甘心重复海交走过的那条盲目冲闯的无望的旧路……他忠义、仁勇、稳重、坚毅，杀坏人绝不手软，对朋友、对自己"绺子"上的弟兄非常友善。山区农民淳厚朴实的民风在他身上表现得淋漓尽致。当然，由于时代的限制，刘元还一时找不到正确的出路。萧军在《第三代》中着力刻画他的自发反抗精神时还让他背负着寻找新的历史使命的任务，这就从"官逼民反"的传统题材中开掘了新的时代意义。

翠屏，是萧军塑造得非常成功的农村劳动妇女形象。她大胆、泼辣、明理，又勤劳能干。她敢爱、敢恨、敢说、敢笑、敢骂、敢打。在强权面前，她从不低头，丈夫被抓，她不用眼泪去乞求，而是痛骂恶霸地主杨洛中。为了反抗段警长的侮辱，她准备了一把尖刀……又毅然决然地上了羊角山，给"胡子"弟兄们缝补衣服，掌管账房、仓库，习武打枪增长本事，不久还成了射击手……
在翠屏身上同样蕴含着不肯屈从于恶势力和苦难命运的反抗性格。这是一个极
为普通而又闪烁光辉的中国劳动女性的代表。

第三代大勇者有农家孩子杨三英、当童工的汪二柱、青年爱国者焦本荣
等。在小说中，杨三英、汪二柱他们虽然年龄尚小，但由于生活的磨难和环境
的熏陶，已经开始懂得什么是正义与邪恶，在幼小的心灵上埋下了对封建统治
者、洋人以及资本家仇恨的种子。焦本荣更是积极投身反帝爱国的洪流中。小
说第八部的后半部，特别是第五十九章"游行示威"中，具体真实地描写了在
全国掀起的反对日本帝国主义趁第一次世界大战爆发机会进一步侵吞中国领土
的反抗浪潮，同时也描写了在全国掀起的反对妄图称帝的袁世凯接受丧权辱国
的"二十一条"罪行的反抗风暴。小说中写道：

趁了第一次欧洲大战的时机，日本帝国以武力占领了我国的胶州
湾、青岛以及胶济铁路全线和它的附近矿区以后，接着就利用了袁世
凯要做皇帝的野心，终于在一九一五年五月九日向中国政府提出了
"二十一条"的"通牒"；袁世凯于当月的二十五日正式承认了这要
求。——这掀起全国人民反抗的风暴也卷到了长春城。……

…………

自从这反抗的风浪从关内传染到东北几省，几个较大的城市，便
很快地或多或少或大或小地开放了它们战斗的花！……

…………

第一个领队的人，因为过度的激昂和喊叫，中途他竟呕了血晕倒
了下去，但他却推举了焦本荣代替了自己。

这里不容推辞，不容谦虚，他终于慷慨地接过了这人手里的宣传
品和用以指挥的旗……

喊叫着、讲说着、诅咒着……前进着。……

…………

"反对日本鬼子灭亡中国！"

"反对卖国贼袁世凯做皇帝！"

…………

"打倒日本鬼子……"

"打倒卖国贼……"

"打倒……"①

小说以宏大的气魄和深沉细腻的笔触，描写的这群情激动的游行大示威，那跳动在民众和青少年心头的反帝爱国情绪，使读者感受到了那个时代的新的斗争激流的涌动。虽然《第三代》中的大勇者还都一时无法找到一条正确的出路来摆脱那种无穷尽的苦难，但从全书末尾的游行大示威中，人们已经可以隐约听到新时代必将到来的钟声。

正如李健吾在《第三代》第一、二部刚一发表时所说："作者暗示我们，唯一的活路不是苟生，而是反抗。这种强烈的社会意识，到了作者的《第三代》，虽说如今才有两卷问世，我们已经感到它的力量和作用。阶级斗争，还有民族抗战，是萧军先生作品的两棵柱石。"②

总而言之，萧军的《第三代》"以它对历史环境、人民苦难的多侧面的具体描绘，以它对不同人物性格、命运的多层次的细致展示，也以它通篇洋溢着的强烈爱憎情感和对人民反抗气节的热烈赞颂，形成了自己那种平易、沉郁而浑厚的艺术风格和特色，表现了对历史的深刻解剖和对民魂的深沉探索。因而具有一种史诗性的艺术魅力和历史价值"③。

六、"秉笔灯前写故闻"——《吴越春秋史话》

众所周知，萧军是我国现、当代文学的承上启下者，是一位多产和极富社会责任感的"具有民族气节的革命作家"。他的作品题材广泛，体裁多样，小说、散文、诗歌、戏剧无不涉猎。在艰难拮据的境况下.，他从未放下自己手中的笔，更不曾放弃自己的信念——为了祖国的独立、民族的解放、人民的翻身和一个没有人剥削人、人压迫人的社会制度的实现，而倾尽毕生的心血。《吴越

---

① 萧军：《第三代·下卷》，第926—931页，黑龙江人民出版社，1983年。

② 萧耘、建中：《萧军：自许多情歌慷慨》，第65页，大象出版社，2004年。

③ 李凤吾：《时代的画卷 民魂的探索——试论萧军的长篇小说〈第三代〉》，《求是学刊》1983年第4期。

春秋史话》是他的长篇历史小说，收在《萧军全集》第5卷。

那是1955年，萧军完成了《第三代》的写作后，于7月4日，即农历五月十五，距他五月二十三的出生日还有八天时，转而开始创作《吴越春秋史话》（以下简称《史话》）。并有诗以纪之：

写历史小说

秉笔灯前写故闻，花飞絮泊几秋春？

已无涕泪忧家国，余有诗书伴困贫！

蜀血三年传化碧，巫山千古自行云。

五湖烟雨苍茫外，一叶扁舟箬笠身。

（《吴越春秋史话·后记》，《萧军全集·5卷》第353页）

写写停停，直到1956年4月12日，萧军完成了初稿，然后进行了反复的修改。1957年4月底写完了书稿前记。同年7月即送人民文学出版社希望能够出版，但是过了好长时间，人民文学出版社以纸张供应和出版力量不足，文艺作品不得不多方让路，出版计划亦需再做压缩等理由拒绝了出版。并将书稿转给了通俗读物出版社，当时该社表示愿意出版。

可到了1958年，很多文艺界的人士在风波中被波及，1月份，《文艺报》开辟了《再批判》专栏，将丁玲、艾青、罗烽等在延安时期发表的文章都拿出来重新批判了。作为"运动分子"的萧军虽然当时没被打成右派分子，但也未逃离厄运。通俗读物出版社自然拒绝了《史话》的出版，把书稿退回了……这一拖压竟是二十三年过去，直到粉碎"四人帮"后，黑龙江人民出版社才于1980年9月出版了这部书。

当1956年4月萧军的《史话》完稿的时候，长篇历史小说并不多，可谓寥若晨星。可当黑龙江人民出版社将这部书印行问世时，长篇历史小说园地已经是百花争艳、异彩纷呈了。但即便是这样，此书的首次印刷二十万册，竟很快发售一空。为此，2008年6月华夏出版社又再版，不仅封面设计、装帧等别具一格，还增加了大量的插图。

当我们今天探究萧军的《史话》是怎样一部书的时候，首先有必要知道《史话》的写作蓝本《吴越春秋》是怎样一部书。

《吴越春秋史话》2008年版封面

《吴越春秋》成书于东汉，被学界认定为我国最早的一部文言长篇历史演义小说，作者是东汉学者赵晔，会稽山阴（今浙江绍兴）人，他是开历史演义先声的第一人。

《吴越春秋》大量取材于《左传》《国语》《史记》等史籍，而且《隋书·经籍志》将《吴越春秋》列入"史部·杂史类"。因此，古代学者多将此书看作历史著作。随着对古代小说观念和作品研究的深入，现代学者才渐渐认识到《吴越春秋》的文学价值，倾向于把它看成历史小说。

《吴越春秋》全书以吴越兴亡为线索，从吴、越开国一直写到亡国，面面俱到。全书共十二卷，所涉人物达一百八十多人，其中大多是以历史人物为原型的，另又加入一些虚构的人物。

吴越争霸，千载流传。由于春秋战国之交这段历史包蕴着兴亡荣辱的深刻历史教训，向来为历代写家所偏爱。继赵晔之后，又有不少优秀的文艺作品传世，它们或多或少都取材于该书。如唐代的说唱文学《伍子胥变文》，宋元话本《吴越春秋连像评话》，明代梁辰鱼的传奇《浣纱记》，明清冯梦龙、蔡元放编的历史小说《东周列国志》，近代的《吴越春秋说唱鼓词》，现代剧作家曹禺创作的话剧《胆剑篇》，等等。

萧军垂青这一题材已久，正如萧军在《史话》前记中所说：

我对于本国殷周之交、春秋战国之交以至明清之交这几段历史转掘期，有着特殊的兴趣……

人之所以尊重历史，研究学习历史，由于它不独能够给我们以过去的知识和概念，更重要的还是在于能从这些概念和知识的启示，有助于我们现在以至于将来的生活——少犯类似的错误，处理事物可以变得更明智些。

人之所以尊重艺术，不仅在于它能给我们以愉快和安慰，最重要的还是在于它能提高人底美好的情操，坚强人底为善和追求真理的意志，深刻、扩大人底思想，洁净我们的灵魂，尽可能免得人性堕落于"畜生道"——好战和自私。（《前记》，《萧军全集·5卷》第1页）

就是这种"特殊的兴趣"，驱动着萧军"为不使自己那时期的生命浪费和时间空白"，开始掀动沉重的历史之章，到烟锁尘封的春秋战国之交去寻觅题材，在历史的烽烟中进行艺术思索，创作了这部用历史来折射现实的佳作。

无疑，《史话》是以古代历史文学名著——《吴越春秋》所承载的"历史"材料为依据，截取了春秋战国之交发生在吴、楚、越三国之间的内争外斗的历史，以传统的章回体的形式、现代小说的手法讲述了吴越争霸的历史故事，深刻地揭示出了吴、越两国强弱、兴衰的辩证规律，形象地反映、真实地展示了我国古代劳动人民浩大的生活画卷，热情肯定和讴歌了蕴藏在广大民众身上的那样带着某种原始野性的生活耐力、坚忍不屈的反抗性格和英雄气质。这正是遵循了毛主席的"推陈出新""古为今用"的文艺思想和鲁迅先生的"选材要严，开掘要深"的历史小说创作原则，以现代的历史观、人生观、文艺美学观对其加以艺术加工的一部历史小说。全书上、下两卷，四集，共二十四章，三十四万字。

《史话》从楚臣伍子胥（名员，字子胥）因父兄惨遭楚平王的迫害逃亡郑国开始写起，又因楚太子芈建出卖郑国的阴谋败露而受牵连，再从郑逃到吴。始到吴国，正值吴国内乱，他审时度势辅佐公子姬光集团诛杀政敌吴王僚，姬光因此做了吴国国王，即吴王阖闾。伍子胥因功显赫，从亡命之徒一跃而成为吴国新君阖闾的当朝太师……

《史话》紧接着写了吴越之战。越国在"槜李之战"中使吴王阖闾丧命，其子夫差继承王位。之后《史话》以一半以上的篇幅着重描述吴越两国的争战，"夫椒之战"吴胜越败。成了俘虏的越王勾践，在范蠡、文种的谋略下，得以保全性命。他深怀一颗复仇之心，忍辱负重，卧薪尝胆，"十年生聚""十年教训"，励精图治，厉兵秣马。"笠泽之战"后，形势急剧逆转，最后越国终于消灭了吴国，勾践成为春秋末期最后一个霸主。

《史话》的突出贡献在于它源于历史，又不拘泥于历史。萧军以他深邃的历史洞察力和深厚的艺术功底及朴拙而有力的文笔，不落前人窠臼地讲述曲折的历史故事，大胆地推陈出新，深刻地开掘了这一历史题材，使《史话》成为一部独具特色的佳作。笔者根据诸位评论家对史话的研究评价，总结出以下三点：

第一点，坚持唯物史观，着意描写人民群众是推动历史前进的动力。"作者运用了历史唯物主义观点，一反千百年来的英雄史观，科学地分析了历史前进的动因，热情地歌颂了推动历史前进的广大人民群众，这样，就使许多扑朔迷离的社会历史现象得到了深刻的阐释。首先，作品形象地说明了'得民心者得天下，失民心者失天下'这一万古不变的真理。综观全书，我们清楚地看到，无论是个人、集团或国家，凡是顺应历史潮流，得到人民群众支持的，就能成功和胜利，否则，必然日暮途穷、被历史抛弃。"[①]

比如，开篇描写楚臣伍子胥能够如脱网鱼般潜入深渊，胜利逃亡，以至报仇雪恨，就是因为那些普通群众舍生忘死地相助。同样，公子姬光集团之所以能推翻吴王僚的暴政，勾践之所以能雪会稽之耻，也都离不开那些草民百姓的支持。沉滞的历史巨轮，是人民群众推转的！这样的例证在《史话》中比比皆是。

历代写家在描写以上这些情景时大都以唯心的英雄史观出发，在描写历史题材的旧文艺作品中，即使不把人民群众贬成历史垃圾，也不过是可有可无的陪衬，或是英雄人物的垫脚石而已。而《史话》的可贵之处就在于，它以大量的篇幅把人民当作历史的主人来描写，成功地塑造那些杀身成仁、舍生取义、慷慨悲歌的人民英雄形象。这些人物，虽然千百年来不见经传，却用自己的血肉之躯铸成了中华泱泱五千年的青史。

《史话》倾力讴歌了古代的劳动人民的宽厚胸怀、崇高品质、牺牲精神和巨大贡献。比如，救助伍子胥的渔丈人和浣纱女，为了支持正义而含笑赴死。在处理渔丈人、浣纱女救援了伍子胥脱险后的结局时，《越绝书》《吴越春秋》《东周列国志》直到一些旧戏文，都无一例外地写为：为使伍子胥放心，绝不走漏消息，他们竟当着伍子胥的面一个个自杀了。其中《东周列国志》最为突出。还有赞诗曰："绝君后虑甘君死，千古传名渔丈人。"而萧军在处理这一情节时，与前人大相径庭。

《史话》中描述道：当渔丈人渡伍子胥过江后，回家为他取饮食。伍子胥却疑心渔丈人要出卖他，去勾引楚兵来捉拿他。因而拔出剑来躲在岸边树后准备

---

① 王科、徐塞：《萧军评传》，第260页，重庆出版社，1993年。

截杀。当老人给他拿来鲜鱼、薄饼、合水的麦饭，他饱餐之后，感激得跪地呜咽。老人家在伍子胥未到之前已见到了两国的通缉令，知道他是楚、郑两国以"千金之赏，禄位之封"悬赏的政治要犯，不仅不去举报他，反而还如此厚待他，他怎能不感激涕零呢？所以他让渔丈人把名字告诉他，以图后报。渔丈人微笑着谢绝了伍子胥，并语重心长地说了这样一番话："连眼前的千金之赏，禄位之封我全不想要，我还希图你的什么'后报'呢？说给你姓名有什么必要呢？郑国知道我放了你，他们会杀死我；楚国知道我放了你，他们也会杀死我……如果你还能记住我今天渡你、饭你、放你的情义——我知道你们这些贵族们，是惯于忘掉患难中的情义，有的时候还要恩将仇报。如果将来你在楚国得志时，不要忘了楚国的黎民百姓，不要随便杀害，虐待他们，不要随便驱使他们去为了自己的野心去战争……"接着伍子胥要把镶嵌着价值百金珠宝的剑送给渔丈人以示报答。渔丈人怒道："你这人为什么会这样卑屑狭小呢？"然后陡然立身，将画有伍子胥头像的通缉令撕得粉碎，扔进江中……渔丈人的坦荡胸怀和凛然正气，使伍子胥深感羞愧。

再如，刺杀暴君的专诸和要离，视自己生命为草芥，谱写了一曲悲壮的献身之歌；忍辱负重的西施、郑旦牺牲自己最宝贵的青春和爱情，为光复祖国做出了独特的贡献。应该说，《史话》中塑造的这些古代劳动人民的英雄群像，是一座座耸立的丰碑，永远为后世所铭记。

第二点，深刻地挖掘了吴、越兴亡荣辱的社会原因，总结了"一时胜负在于力，千古胜负在于理"的历史教训。《史话》以其独特的风格站在我们的面前，使读者阅后顿悟，有醍醐灌顶之效。

比如，伍子胥初到吴国过着吹箫乞食的生活，他不去投靠当政的吴王僚，而是投身到在野的公子姬光集团，辅佐他消灭了吴王僚而成为吴国的君主。原因何在？《史话》做了深刻的揭示：因为吴王僚残酷暴虐，好战喜功，嗜杀成性，给人民造成深重的灾难。而公子姬光能克制自己的贪欲，关心百姓的疾苦。率军作战时，以身作则，赏罚分明，与官兵同甘共苦，因而取得了人民群众的支持。于是民间流传着"吴王僚，不终朝；公子光，我之王"的歌谣。姬光身边不但有伍子胥、被离等贵族、官吏出身的人物的辅佐，而且像专诸、要离、孙武等来自民间的人民豪侠，也肯于拼死效忠，这就是：得人心者得天下！

再如，《史话》展开对吴越之战、吴楚之战、吴齐之战以及吴晋争夺盟主的描写，进一步揭示出"民心所向"的规律性。特别是"夫椒大会战"之后吴越两国的斗争，这次会战的结果是吴国大获全胜，越国惨败至极。不独越国向吴国称臣投降，而且越王勾践、王后以及臣子范蠡等都被押到吴国做了奴隶，石室囚禁，忍辱克制，蓬首垢面，擦车喂马。为了向吴王夫差表示忠心，勾践甚至还要去品尝夫差生病时拉的粪便……与此同时，胜利了的吴王夫差却头脑昏昏，骄横狂暴，不可一世。侵占别国的土地，掠夺别国的财富，在国内大兴土木，穷奢极欲，把人民像牲畜一样驱赶到战场上去送死。更可憎的是他堵塞言路，昏庸不明，亲奸佞，远贤臣，对伍子胥、公孙胜等忠臣的忠言诤谏充耳不闻，最后还把他们一个个都冤杀了。因此以夫差为首的吴国统治集团，在国内和国外都遭到人民的强烈反对，国力日衰，终为越国所灭，落了个"土崩瓦解，夫差掩面愧死余杭"的下场。

第三点，《史话》在处理历史真实与艺术真实方面，做了有益的探索。在艺术上，萧军在《史话》中把历史真实与艺术虚构巧妙地结合起来，从而产生了感人的艺术魅力。正如萧军自己在《史话》前记中所说，他写历史题材作品本着"不脱离历史，不拘泥于历史"的方法、态度和原则。如果我们把"不脱离历史"比作是广阔无垠的原野，那么"不拘泥于历史"就是萧军放纵想象的野马驰骋在原野中……

比如，在描写人民和勾践共赴国难上，《史话》处理得极为成功，它既没有因歌颂人民而忽视勾践，也没有像旧文艺作品那样神化勾践，把越国的复兴完全归功于他的谋略、才干和他的"卧薪尝胆"的奋斗。《史话》一方面写他是个"杰出的君主"，是因为他能在逆境中忍受常人所无法忍受的耻辱和折磨，千方百计地骗取吴王的信任和宽恕。得势回国后，又能纳忠从善，暂时放弃君王的享受和贪欲，强迫自己去过着同百姓一样的俭朴贫困的生活，以此向人民示好，为自己蓄积力量。另一方面也没有模糊统治者的阶级本质，《史话》使人清楚地看到，勾践之所以能够忍辱、克制、奋斗，他的根本目的是为了恢复和巩固他的统治地位，一旦成功，他的本性就完全暴露了。《史话》认真地揭露了勾践要称霸诸侯，要占有西施，猜疑多忌，阴鸷残暴，杀害功臣，只可以共患难而不可以共安乐的帝王本性。小说最后"烟波一棹范蠡去越 鸟尽弓藏文种亡身"大结局，就深刻地揭露了这一点。《史话》中勾践这个活生生的人物形象，给人留下深刻的印象，有着深远的认识价值和教育意义。

再如对西施的处理，也是一种艺术上的创新。传统写法是西施最后同范蠡终成眷属，化了名的范蠡携带西施乘一叶扁舟隐没于茫茫的太湖，这似乎颇有些罗曼蒂克的韵味，也能引起某些读者的激赏，但它没有脱离才子佳人的老套子。萧军的《史话》完全突破了这种陈旧的框框，而是写勾践灭吴后欲占有西施，王后却出于妒恨要杀死西施。在这危急时刻，范蠡巧施妙计，成全西施和她的恋人田和重逢后双双远走高飞了。这样的艺术处理，既揭露了勾践和王后的荒淫、残暴的本质，也讴歌了劳动人民对爱情的忠贞和对自由幸福的热烈向往，同时也展现了范蠡的仁爱胸怀。可谓匠心独运，更能显示出作家卓越的艺术才能。

我们说，一部作品能够保存下来不仅仅是因为其语言、情节的安排得当，更是因为它所蕴含的精神及对人民的启示。《史话》在深刻地挖掘了吴、越兴亡荣辱的社会原因，总结历史教训的同时，着意刻画了一大批个性鲜明的历史人物，作家还对自己所写的人民英雄、烈女等历史人物都赋有诗文大加赞颂，比如：

专诸

一剑恩酬知己债，天涯何处悼英魂？
苍烟衰草迷离处，似血霜林红正殷！

范蠡

会稽山前策杖行，扶危济困试初锋；
三年饮恨分君辱，身去功留一笑中。

越女

绝壑危峰百丈悬，猿啼虎啸共盘桓；
悟来身胆双修后，一剑千夫未许前。

干将、莫邪

灯昏午夜剑炉红，谁识当年共命情？
月冷星疏平野阔，双双孤影战秋风。

（《吴越春秋史话·后记》，《萧军全集·5卷》第353—354页）

在某些章后还附有评说，直接表明作者的观点，则是历史小说的一种新尝试。

《史话》观照古代生活的视角是全新的，它描写的春秋末期的社会风貌、典章制度、乡情民俗等等，也使读者获益不小。它的目光不独投向最高封建统治者国都的殿阁楼台和沙场上的战车铁骑，也投向炉火旁的剑工、田地里的农人、叶舟上的渔夫、残灯下的村姑……从这里，我们看到古代劳动者的生活、工作和斗争。打鱼、浣纱、采葛、狩猎、耕田、练武、杀敌……这一切都写得活灵活现，生气盎然，如在眼前一般，把我们的心魂带进了两千年前的社会生活中。如果不是和人民心对着心、灵魂对着灵魂地去贴近他们，怎么能够写得如此引人入胜呢？在别的历史小说中确实很少看到这些。

最后不得不说，萧军是从文化土层较薄的辽西大山、从武学道路走上文坛的，是给人印象耿介粗粝的作家，他却令我们十分惊奇：作为现代小说家的萧军，在《史话》里对于春秋时期历史知识的掌握，对于历史场景的展现，对现场气氛的烘托，对于古代人物内心活动的描写，和跌宕起伏的叙事手段，及生活细节的描绘……是那样丰富多彩，真实而动人。其中的一些历史细节知识，或许专做史学研究或专做文史考证研究的专业人员也未必懂得。

《史话》的结构宏大严谨，笔法灵活多变。人物众多，线索纷繁，生活视野宽广，由于它采取了单元结构和人物串联的方法，纵横交错，穿插铺排，使小说的情节既清晰单纯，又跌宕多姿，产生了非凡的艺术魅力。

"总之，萧军这位勇敢的作家，敢于为人民谱写春秋，他的史话实在是为古代劳动人民树立的一座丰碑。也许史话还有这样那样的不足，正如大匠挥斤于巨石，绝难有小摆设的玲珑剔透一样。尽管如此，仍无损于它雄浑劲健的神韵和苗壮博大的灵魂吧！"[1]

---

① 张毓茂：《萧军传》，第290页，重庆出版社，1992年。

第九章 大放异彩的出土文物

一、东坝河村的乡居生活

1977年，因唐山大地震波及了北京，萧军家的银锭桥西海北楼寓所的墙壁开裂了。虽然房管局用钢管将整个楼加固了一番，但仍有危险。为安全起见，4月8日，萧军和夫人王德芬迁往北京东直门外的东坝河村，租下了临东河边、处在麦田地中的两间小民房。这里离村民聚居区有一段距离，老夫妻俩非常安静地过起了"晨去长林夜坐庭，悠悠天籁蝼蛙声。蛤蟆稳步凭来去，无惊无碍两相宁"（《萧军全集·14卷》第540页）的乡居生活。

小民房比较破旧，萧军和儿女们动手做了简单的修葺，里里外外收拾干净，把室内粉刷一新，安上了纱窗、防雨帘子，油漆了门、窗，等等。还在窗台外安放了石桌、石凳，用于吃饭、喝茶、聊天。民房院占地东西南北足有二丈五尺多，有八棵"铁骨权丫"的老枣树环屋以伺，还有幼毛桃、小胡桃、少白杨等树木当门而立。子女们协助安上了木栅栏做围墙，又在院内紧挨木栅栏栽种了百余棵花椒树，因此，萧军将新居命名为"椒园"。

这时的萧军虽然是"解放"了，却被撤销了公职。除每个月须到西城区新街口办事处去领取生活费外，就可以不上班了，自然也没有让他参加什么政治活动一类的事，他成了赋闲人员。此时，"隐居"在京郊农村，倒也清闲自在。每天黎明即起，老夫妻双双到附近园林局的苗圃跑步、打拳、舞剑……回来时顺路捡些枯枝，搂些落叶用于烧火炕用，还捡拾些马粪，以便给花木当肥料……白天两个人忙着整地、栽花、植树、施肥，萧军还要到村头大井去打水，一担水需往返四百多米，每天挑水六七担，用于浇灌花木。虽然是年逾七旬的老人，仍然像个

1977年萧军在京郊东坝河村

小伙子一样健壮，一样勤劳能干。

经过"匆匆百五天"的辛勤劳作，到了秋天，花卉树木都长起来了，整个院子犹如姹紫嫣红的植物园。萧军在一首三百六十字的《椒园颂》（《萧军全集·14卷》第508—509页）中表达了自己热爱自然、热爱劳动、热爱祖国的赤子情怀。他最后写道：自己要在"无求无惧亦无贪"中享受自己的暮年。

萧军的老朋友们，董竹君[1]母子、楼适夷[2]、姜椿芳[3]、陈涓、张琦、骆宾基父女等陆续来访，陈隄教授[4]也从遥远的黑龙江赶来，他们有祝贺"乔迁之喜"的，有叙旧闲聊的，有祝萧军七十大寿的……特别是老友画家张仃刻意从城里搬到萧军的另一间租房住下了，一住就是半年余，每天笔墨丹青后，还饶有兴致地与萧军回忆当年两个人在延河边引吭高歌、无忧无虑、无拘无束的美好生活情景……朋友们全都羡慕萧军过上了神仙般的日子。萧军自己更是"矮屋两间双白发，青灯坐对足开颜""唯期乐且康""窃比小神仙"！他欣慰地写下"故友新朋集小庭，绿荫深处笑声声！频经野火烧难尽，一夜春风吹又生"（《萧军全集·14卷》第539页）的诗句。

在舒适幽静的椒园中，在政治环境不断的改善中，萧军又开始了繁忙的写作。他对来访的友人笑呵呵地说："我是有窝就下蛋，有水就行船，绝不等什么好环境、好条件才能工作。为了不使生命空虚，时间浪费，我必须工作。"[5]

---

[1] 董竹君（1900—1997），上海人。女权主义先锋，传奇爱国的革命女性，上海"锦江饭店"创立人。著有自传《我的一个世纪》。

[2] 楼适夷（1905—2001），原名楼锡春。浙江余姚人，中共党员。现代作家、翻译家、出版家。

[3] 姜椿芳（1912—1987），江苏常州人。我国著名翻译家、文化家、教育家，被称为"中国大百科之父"，中国的"狄德罗"。

[4] 陈隄（1915—2016），原名刘国兴，曾用笔名果竹、曼娣、衣尼、殊莹等。辽宁辽阳县人，中共党员。原黑龙江大学中文系教授，兼任哈尔滨文学院院长。主编《东北文学研究史料》刊物，并担任黑龙江省文学学会副理事长、黑龙江政协委员。

[5] 王德芬：《萧军简历年表》，梁山丁主编《萧军纪念集》，第820页，春风文艺出版社，1990年。

如前所述，作为小说家的萧军尽管经历了人生几十年的奔波和创作的辛劳，但他却从未间断过诗词、诗歌的创作。在椒园，他"夜阑兀坐窗前，仰视星斗"或"远瞰茫茫大野，恍如此身遗世，洵可乐焉，诗以志之"。他首先开始整理他在"文革"期间所写的旧体诗作，然后又把青年时期在吉林卫队团当骑兵时和以后的经历中所写的古体诗作，凭残稿和记忆，用毛笔一字一字地抄下来，录在京毛边纸上，依年代顺序分门别类地整理、归纳

萧军晚年与夫人王德芬

为：《黄花吟草》《松滨吟草》《故诗遗拾录》《囚庭吟草（上）、（下）》《梦回吟草》《圣寺春秋吟草》《团河吟草》《新开吟草》《陶然吟草》《悸余吟草》共十集，取名《五十年故诗余存录》。这近千首古体诗整理完毕，萧军感慨万端，情不自禁地又挥笔题诗三首：

一

如荼岁月亦何言？余得残诗赋简笺。

时耶命兮空搔首，因耿国尔一连环。

身成囚羁天南北，贵代斯文五十年。

午夜梦回思百结，起看星斗正漫漫。

二

梦结株连罪孥妻，人残家破欲何依？

沙河劳校冰霜日，文庙坛前烈火时！

生死关头余一线，幽明歧路卜难知。

妖氛鬼影迢迢夜，风雨鸡鸣赋乱离！

三

儿女家人每探看，如囚如犯苦相监！

穷搜细检贪于鼠，目动眉听狡若猿。

何有诗心吟浩渺，聊将余怒诉云天。

万千往事余一痛，八载悠悠足惘然。

（《萧军全集·14卷》第182—183页）

在整理故诗的同时，还时有新作。据《萧军全集》所载，在东坝河村蹴居一年多，写新诗作百余首。萧军文思敏捷，诗情奔涌，见啥写啥，干啥写啥，随兴尽兴，随时随地都有新诗作诞生。如：

晨跑

霜天晓月暗长林，三五疏星衬远村。

为爱凌晨空气好，何妨跑步试强身。

搂树叶

一耙在手任扒搂，落叶悠悠下打头。

塞满篮筐兼口袋，归家路唱"庆丰收"。

捡马粪

妻拾马粪夫担筐，沿路寻将俯起忙。

引得行人斜眼看，"何来一对老蜣螂？"

拾树枝

枝枝拾得渐成束，俨若鹊乌建巢屋。

偶向长天一喘息，似此生涯乐自如。

担水赞

双肩日练力增强，一担悠悠走不忙。

寄语亲朋休挂念，廉颇虽老体犹康。

田畴漫步

漫步田畴瞰远天，朝迎旭日暮观山。

胸怀荡荡何所冀？蓬岛归来不羡仙。

（《萧军全集·14卷》第518页）

还有《栽花艺柳》《村鸡报晓》《半弯新月》《虫蚀叶》《东坝河蹴居》《路上口占》《步月》《风雪》等。

萧军也像古代那些诗人那样，对咏物诗情有独钟。自己身边的事物往往使他灵感迸发，总是把自己的崇高理想和独特发现附丽在这些事物上，通过自己的审美观照使笔下的事物焕发出夺目的艺术光彩，以此来抒发自己高远的情怀。在椒园院内，房东有八棵老枣树，到了秋天结实累累，还常有啄木鸟站在树上啄食害虫，于是诞生了《老枣树》《啄木鸟》《钟》这三首"自喻"诗：

老枣树

铁骨杈丫托地坚，风风雨雨一年年。

秋来结子红于锦，何与闲花斗媸妍？

啄木鸟

叮叮叩木只寻虫，尾短喙长造化工。

朝凤自难侪百鸟，应输紫燕若黄莺。

钟

不叩不鸣一老钟，秃柯古寺自凌空。

沧桑风雨行径惯，应是无声胜有声。

（《萧军全集·14卷》第519—520页）

萧军的这些诗写得淋漓酣畅，脍炙人口，在现代咏物诗的长廊中也不乏为上品。我们仅以《老枣树》为例加以赏析。

《老枣树》是一首寄慨遥深的七言绝句，表现了老作家萧军对党、对祖国、对人民的深沉敬意和旷达开阔、勇敢乐观的生活信念，堪称不可多得的佳作，值得我们吟味再三，置于座右。

"铁骨权丫托地坚"，诗的首句就形象地描画出老枣树不同凡俗的风貌。在树木的大家族中枣树平庸无奇，岂止平庸无奇，甚至是有些其貌不扬！它没有光滑鲜亮的表皮，也没有柔软颀长的枝条，它黑如漆硬如铁，毫无媚人之处。但它骨力不凡，桀骜不驯，"非同池柳新稊弱，偶遇春风即折腰"，自有自己的追索，自有自己的怀抱。它紧紧依附着哺育自己成长的母亲大地，特立高洁，凌霜傲雪，度过了"风风雨雨一年年"。从这点上说，枣树不也同那高洁的青松、俊逸的翠柏、伟岸的白杨一样，是树木中的"奇男子""伟丈夫"吗！

在这首诗里，萧军特别赞美的是枣树的宝贵品格——它不忘大地母亲的哺育之恩，它的每一周年轮，都是搏击风雨、勇猛精进的记录，它的每一根权丫，都蕴满了大地的芬芳乳汁。

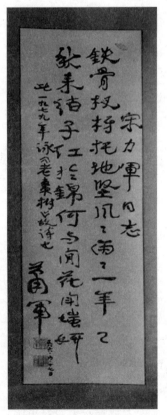

萧军书赠宋力军故诗《老枣树》 1986年4月17日

它不以花取胜，不去"苦争春"，而企盼着自己"秋来结子红于锦"，然后将自己甘甜、馨香、醉人的硕果无私地献给人民，这就是他对大地母亲的最好回报。从小到大，从生到死，它一直在默默无闻地劳作，无私无畏地贡献，哪里还有与闲花野草争高竞长的工夫呢？至于媸妍、美丑、功过、是非，人们自有定论，历史自有答案。《老枣树》这首咏物诗读后，一个充满人格化的具象就凸现在我们面前，一个折射出作家心灵意识的高大形象就矗立在我们面前！

古人云：文如其人。诗亦如此。回顾萧军那坎坷多艰，而其志不悔、赤心不变的经历，我们不是完全可以认为《老枣树》是一首自况诗吗？在独特的审美观照中，审美主体与客体融汇为一，心灵的感应与艺术的发现水乳交融。于是，诗人的笔下流溢出了真正的诗，诗中站立起了一个情态毕现的抒情主人公！《啄木鸟》以及《钟》等诗作亦是如此。

在艺术创造上，萧军注重以形写神，以神赋形，使全诗神形兼备，相得益彰，主题深刻，寄寓深沉。读之，激人奋进，思来，浮想联翩。有幸的是：1986年4月17日，萧军把《老枣树》书赠予笔者，裱褙完毕，悬挂陋室，得以每日吟诵，受益终生……

在东坝河村乡居时，萧军还曾两次去八宝山革命公墓礼堂，参加了荀慧生追悼会和老舍的移灵祭。应荀慧生夫人之邀为荀慧生作挽联一副，并向荀慧生的夫人录赠自己于1969年2月写给荀慧生的两首悼诗。还为老舍作悼诗两首。

二、椒园疾笔写"注释"

自到东坝河村租住以来，萧军每日除与夫人王德芬种树、栽花，辛勤劳作外，就是整理旧诗作和创作大量的新诗作。然后从"椒园"开始注释鲁迅给他和萧红的信和注释萧红给他的信。

从1934年10月9日鲁迅先生给萧军写第一封信到1936年2月23日最后一封，在短短的一年零四个月的时间里，鲁迅先生在上海亲笔写给萧军、萧红五十三封信。其中单给萧军的是三十三封，单给萧红的是一封，给"二萧"共同的是十九封，他们可谓是那个时期收到鲁迅先生书信最多的年轻人了。实际上，无论是鲁迅先生给萧军单人的还是给他和萧红两个人的，都是"二萧"共同阅读、共同享用先生给予的无微不至的关怀和深刻的教益。萧军在注释录中说："这批书简尽管名义上是写给我们的，实际上是写给当时全中国万万千千类似我们这样的文艺青年的，我们没有权利据为'私产'，更没有权利失落或毁坏它们……"（《萧军全集·9卷》第5页）正因为萧军认识到这五十三封信简的重大意义，下决心绝不能因个人命运未卜而使鲁迅先生的这份心血遭遇不测，必须好好珍藏。于是，在八一三抗战爆发后，萧军亲手抄写了一份副本带在身边，在与萧红去武汉前，即1937年9月27日，"二萧"将鲁迅手迹书信的原件严密地包裹好，交给了留沪的鲁迅夫人许广平先生保存。他们坚信：无论发生了什么样的情况，许先生都会为鲁迅先生而战，为中国的新文学的进程而战，决不退缩。同时还将他们自己的心爱之物，如冒着生命危险由哈尔滨带出来的私人相册，青年爱国者、挚友们的信，还有他们成名作的手稿等等用两块手帕包好，一并交给了许先生，才使这五十三封信简和珍贵的历史文献得以免遭兵火和流失，一直能珍存下来。1956年3月21日，许广平先生将其交给了鲁迅博物馆保存。①

对这些信简，萧军曾先后三次进行过注释：第一次是1936年鲁迅先生逝世不久，《作家》杂志要出《哀悼鲁迅先生特辑》，萧军就从鲁迅给他的书简中选出九封加了注释，以《让他自己……》为题名刊载了；第二次是1947年—1948年间，萧军在哈尔滨主编《文化报》时，应读者们的要求，把这批书简加了扼要的注释后在该报连载了；第三次是1976年，萧军应鲁迅博物馆的要求，对书简中不明白的问题，写了两万多字的解释文章。尽管曾三次注释，但都没有注释完。这次在椒园开始全部、系统地注释，当属于第四次了。在这次注释中，除部分信简采用前注之外，作者又新注了十多万字，最后一并达二十万字的

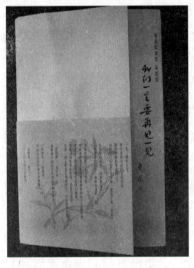

彩色版《鲁迅致萧军萧红信》封面。张国岩摄

《鲁迅给萧军萧红信简注释录》由黑龙江人民出版社于1981年6月出版，2011年10月由金城出版社、西苑出版社再版。2020年1月，中国青年出版社出版了文图并茂、彩色版的《我们一定要再见一见——鲁迅致萧军萧红信》。

1978年3月22日，萧军在京郊料峭的春寒中，当写完了《鲁迅给萧军萧红信简注释录》的《前言》，"心头松了一口气"。在文中他深情地回顾了鲁迅先生对他和萧红的百般呵护，高度评价了鲁迅先生的伟大贡献。《前言》结尾，他引录了1976年10月19日自己在鲁迅先生逝世四十周年时写下的两首七律：

鲁迅先生逝世四十周年有感

一

四十年前此日情，床头哭拜忆形容：
嶙嶙瘦骨余一束；凛凛须眉死若生。
百战文场悲荷戟；栖迟虎穴怒弯弓。
传薪卫道庸何易？喋血狼山步步踪。

---

① 参见萧耘、王建中《许广平与萧军萧红二三事》，《锦州晚报》2020年4月3日，据《北京晚报》。

二

无求无惧寸心参，岁月迢遥四十年！
镂骨恩情一若昔；临渊思训体犹寒！
啮金有口随销铄；折戟沉沙战未阑。
待得黄泉拜见日，敢将赤胆奉尊前。

　　《鲁迅给萧军萧红信简注释录》是萧军独自完成的，他以自己当年的处境，独特的切身感受，回忆那难以忘怀的岁月。他既然是以个人身份来注释的，难免要更多地带有个人的感情色彩。但萧军所代表的，不仅仅是个人，也不仅仅是他和萧红两个人，而是许许多多从日本帝国主义侵占的东北沦陷区流亡到关内以及多灾多难的中华爱国青年，代表了成千上万热爱文艺事业的青年。"鲁迅精神是伟大的，我们要用它来武装中国人民的灵魂，铸造中国人民的灵魂——特别是青年一代的灵魂，这是百年、千年、万年的大事！"（《萧军全集·9卷》第8页）这大概就是萧军注释鲁迅给他和萧红信简的目的吧！

　　注释录通过真实地记录鲁迅先生对"二萧"及东北作家群的关怀，画出了鲁迅先生伟大的灵魂，倾吐了作者这个"鲁门弟子"对恩师的淋漓真情，不啻研究鲁迅思想生平的珍贵文献。

《鲁迅给萧军萧红信简注释　　《鲁迅给萧军萧红信简注释录》
录》封面。黑龙江人民出版社　　金城出版社、西苑出版社版封面。
1981年6月版　　　　　　　　　2011年10月版

这二十万字的注释录，萧军对应着鲁迅先生的信简，纵横交错，穿插铺排，把悠远的时空和巨大的历史内容凝缩在回忆之内。说实话，讲实事，诉实情，用自己对鲁迅先生山高海深、天长地久的一往真情，将五十三封信笺铸造成了五十三篇文情并茂的散文，这在文学史上是极为鲜见的。

我们首先从鲁迅先生给"二萧"信笺的称谓谈起：

只要稍加注意我们就会发现，鲁迅给萧军第一封信的称谓是"萧军先生"，自己落款是"迅"。"先生"是一般礼节性往来的称谓，自不必说。但称谓"萧军"，这是首次。我们再对应鲁迅先生1934年10月9日日记记载，仍然是："得萧军信，即复。"我们查阅萧军在离开东北以前和到青岛以后所用过的笔名，有酡颜三郎、刘蔚天、刘蓓力、燕白、三郎、田倪、田军、刘军、刘均等等，却从未用过"萧军"这个名字，可见"萧军"是写给鲁迅第一封信时新启用的笔名，才有了鲁迅给萧军第一封信的称谓"萧军先生"。在以后鲁迅给萧军信的称谓虽然有刘先生、刘军兄、萧兄、萧军兄等，但对应鲁迅先生日记基本都是"得萧军信……"，有"即复"还有"下午复"等，仅偶尔几次在日记上写了"寄刘军信"。这是非常有意义的，所以，以后这竟成为使用频率最高乃至终生的笔名——"萧军"。

1881年9月25日（即农历八月初三）出生的鲁迅整整长萧军二十六岁，可以说是两辈人。但从信的称谓上看，鲁迅作为文坛巨匠和长辈，对青年人是何等的平等相待，对萧军的态度又是何等的谦虚、亲切。这样做使年轻人能够解除思想负担，拉近双方的距离，以便于坦诚相见，自由交流。从中可见，鲁迅先生是多么平易近人，可尊可敬啊！

接下来我们看到在注释录中，萧军披露了在与鲁迅先生交往中的三个"第一次"，即：第一次接到复信；第一次见到鲁迅先生；第一次应邀参加鲁迅先生的宴会。这三个"第一次"是本注释录的核心，以此为中心，串联起全部书简的内容。这三个"第一次"的内容、情景以及当时萧军的感受，本书已在第五章《上海左翼文坛的闯将》中叙述过了，这里不再重述。

萧军在注释录《前言》中声明，在注释过程中要"实事求是""公平、客观"，"尽我所能尽的力量"，对鲁迅先生"所奠基的中国革命文学事业，革命战斗精神，有所发扬和光大"。因此，萧军在娓娓叙述之中着重凸现鲁迅先生的伟大精神。这种精神，主要体现在鲁迅先生是站在革命的巅峰，鞠躬尽瘁，死而后已，以自己的心血培育文学新军。鲁迅先生在晚年，出于革命的使命感，为无产阶级文艺事业培养了整整一代作家。其中，萧军和萧红，这两颗20世纪30年代闪烁天际的文学明星，便是"当年曾被这位伟大的人所哺育、教育……过的千百万文艺青年之一，吮他的'乳'和'血'而长成起来的青年之一"（《萧军全集·9卷》第7页）。

萧军一生历经坎坷，在漫漫人生道路上积淀了太多的感情块垒，但岁月长河的波涛，并不能冲刷掉萧军心中的忆念。几十年前鲁迅先生对他的扶助始终历历在目，让他记忆犹新，以至到了耄耋之年，他依然能将鲁迅先生的恩惠如数家珍，如对萧军信中流露的"颓唐"心情给予及时纠正；对其性格中的"野性"给予肯定并主张应该张扬；对"二萧"初到上海时提醒其应注意的许多问题；对萧军与那些白俄侃几句俄语会产生的后果敲起警钟……特别是对"二萧"创作上的悉心指导和初到上海时生活上的关怀：先生为审阅"二萧"的稿件在灯下工作到夜阑更深，甚至是一个个改正错别字，一篇篇向中外介绍他们的作品，一次次语重心长的教诲，一次次邀请他们到自己家一起叙谈，一次次在饭店宴请，一次次捎寄稿费解决"二萧"捉襟见肘的生活困境……还给他们出书寻找保护人，可谓真正操碎了心！……萧军就是从与鲁迅交往这一视角观照和透视了鲁迅先生的伟大人格，呈现了鲁迅先生的伟大灵魂，为我们矗立起了一座永久的纪念丰碑。

萧军在第五封信的注释中，引用了毛泽东在1937年10月19日鲁迅逝世周年在陕北公学纪念会上讲话时对鲁迅先生的评价："我们今天纪念鲁迅先生，首先要认识鲁迅先生，要懂得他在中国革命史中所占的地位。我们纪念他，不仅因为他的文章写得好，是一个伟大的文学家，而且因为他是一个民族解放的急先锋，给革命以很大的助力。他并不是共产党组织中的一人，然而他的思想、行动、著作，都是马克思主义的。"（毛泽东《论鲁迅》）然后，萧军评价毛泽东对于鲁迅先生的评价是："我以为这正是运用马克思主义思想方法的评价，它是从全面的概括，历史的发展，本质的确定，客观的实践……这一辩证标准出发的，绝不是机械的、割离的、固定的……从那种形而上学的'标准'出发的。"（《萧军全集·9卷》第44页）为此，萧军得出一个结论："毛主席应该是最理解鲁迅的精神和灵魂，最懂得鲁迅的伟大人格对于中国人民所起的不可估量的影响和价值的唯一的人。"（《萧军全集·9卷》第46页》）

众所周知，萧军正是在鲁迅先生的抚育下成长起来的"具有民族气节的革命作家"，萧军的多部作品都塑造、讴歌了为了中国人民的解放事业而进行英勇斗争，直到献出自己生命的革命英烈。而鲁迅先生正是为了革命的文学事业，用如同匕首、投枪般的笔，一直坚持不懈地拼搏战斗，直到生命的最后一刻。这个"党外的布尔什维克"，他的斗争精神、牺牲精神，被毛泽东赞誉为"中国的第一等圣人""现代中国的圣人"。

为此，我们不难看出，注释录回答了萧军之所以"敬重鲁迅绝不是当年有人说的'拉大旗，作虎皮'，借以'抬高自己'，而是出自他对这位伟人的由衷钦佩和刻骨思念。'待得黄泉拜见日，敢将赤胆奉尊前'，正是这种感情，几乎缠绕了他大半生，也正是这种感情，将他对鲁迅先生书简的一般注释升华为具有很高价值的散文，以致我们今天在珍视其翔实的史料价值时，不能再忽视其深远的美学意义"①。

1978年7月12日，萧军偶然发现了当年萧红写给他的四十多封信，他不禁惊喜万分！这些信，掺杂在椒园小屋墙角处抄家归还的故纸堆中。他挑出这些信，把它们按时间顺序排列起来，从头看了一遍。其中，有的字迹漫漶，已经不好辨认，有的纸张破碎腐烂，很难再保存下去了。于是，萧军决定把这批信用毛笔抄录一份。尽管此时东坝河村的椒园已是"酷暑逼人，蚊蝇纷集"，破旧、低矮的老屋闷热得让人"汗流透衣"，他还是坚持将萧红书简一字字用毛笔抄录在毛边纸上，并决定加以适当注释。他知道，"它们将来对有志于研究这位短命作家的生平、思想、感情、生活……各方面，会有一定参考用处的"（《萧军全集·9卷》第199页）。

抄录中，一幕幕往事在他眼前迁缓浮荡、萦绕不灭，就像发生在昨天一样。夜阑人静，四野无声，他难以入眠，7月18日晨1时40分他为此赋诗一首：

> 偶是相逢患难中，怜才济困一肩拯。
>
> 松花江畔饥寒日，上海滩头共命行！
>
> 欣沐师恩双立雪，栖迟虎穴并弯弓，
>
> 钗分镜破终天恨，薄幸辜情两自清。
>
> （《录萧红故信有感并叙》，《萧军全集·14卷》第537—538页）

---

① 王科、徐塞、张英伟：《萧军评传》，第216页，中国社会出版社，2008年。

将萧红的书简抄清以后，从8月20日到9月25日，萧军奋笔疾书，夜以继日地注释萧红书简，三十五天成书十六万字，定名为《萧红书简辑存注释录》。

《萧红书简辑存注释录》中，收有四十四封萧红书简，是1936年7月18日至1937年5月15日间，"二萧"暂别不到一年的时间里[①]萧红写给萧军的。其中三十七封发自日本东京，七封寄自古都北平。对这些信简萧军做了极为认真的注释。同时，为了使读者能够窥见历史的全貌，还附上了自己四封回函和注释以及有关资料。从1979年2月开始在《新文学史料》第2期陆续发表，到1980年第6期全部载完后结集成书。1981年1月由黑龙江人民出版社出版。为纪念萧红一百周年诞辰，2011年8月，金城出版社出版了手稿本《为了爱的缘故——萧红书简辑存注释录》；2014年9月，香港的牛津大学出版社出版了《萧红书简》；2015年5月，上海人民出版社再版。

《萧红书简辑存注释录》手稿本封面 金城出版社 2011年8月

《萧红书简辑存注释录》收在《萧军全集》第9卷，文后并附萧军《侧面》第一章摘录；聂绀弩回忆萧红的《在西安》；聂绀弩悼萧红词一首，诗四首；萧军纪萧红诗十一首；丁言昭、萧耘辑录的《萧红生平年表》和《萧红已出版著作目次年表》；陈宝珍的《从迁墓说起》；王建中绘制的图示"萧红一生所走过的路"；萧耘辑录的《有关萧红研究中外文著作资料》；等等。可以说，这是研究萧红生平历史、创作生涯、萧红作品，最真实、最准确、最权威的资料文献了。

这里需要说明一点的是为什么萧军给萧红的信只收录四封。据萧军《萧红书简辑存注释录》的《前言》中介绍：这是因为，萧红去日本时，国内和日本

[①] 萧红先去东京，后去北京。具体时间：1936年7月17日离开上海乘船去日本东京，1937年1月9日乘船离开日本，13日回到上海。根据"二萧"来往书信，笔者推算是4月20或21日去的北京，5月15日回到上海。

的政治环境正十分恶劣，萧军寄给萧红的信不宜在萧红身边保存。倘若被日本"刑事"搜出，而发现她的左翼作家身份，这会增加无限的麻烦。所以，在萧红动身去日本之前，萧军就十分关切地叮嘱萧红，信读过以后立即焚烧或消灭掉，不要留下任何痕迹。因此萧军寄往日本东京给萧红的信一封也没保留下来。收进注释录中的仅存的四封信，全是萧军发往北京的。

说起萧红给萧军的这些书简能够保存下来，真是一个奇迹：从1936年7月17日萧红只身去日本，18日从船上给萧军写下第一封信开始算起，到1978年7月12日，萧军开始抄录萧红的这四十多封信，整整过去了四十二年，正如萧军所说："这期间，对于我们国家、社会……来说，是一个大动乱、大变革、大革命……的时代；对于我个人来说，在生活方面是东飘西荡，患难频经，生死几殆，……当时一身尚难自保，更何能顾及身外诸物？"可是它竟然保存下来了，"兴念及此"，"不能不怃然以悲，沧然而涕，悚然以惧，以至欣然而喜也！"（《萧军全集·9卷》第197页）

是呀，历经四十多年的人生风雨还能存留下萧红书信，可见萧军这位饱经风霜的老战士无时不在回首、呼唤自己革命战斗的青春；这位现已身处暮年的老作家，无时不在对自己当年的妻子、伙伴、战友深切地怀念！

注释录写完了，萧军却迟迟不愿收笔结稿，又在书后写下纪诗九首：

《萧红书简辑存注释录》书后纪诗

一

四十年前旧楮书，抄来字字认模糊！
松花江畔前尘影，故梦依稀忆有无。

二

生离死别已吞声，缘结缘分两自明！
尽有《白头吟》约在，陇头流水各西东。

三

文章憎命鬼欺人，一别何其剧委尘！
地北天南哀两地，已无只手再援君。

四

珍重当年患难情，于无人处自叮咛！

366

落花逝逐春江水，冰结寒泉咽有声。

五

薄幸多情已莫论，纲常道义总堪珍；

漫言犬马能忠主，况是衣冠队里"人"？

六

一代才人竟若何？饥寒贫病足风波！

世间尽有西江水，濡沫应难到涸辙。

七

飘零陈迹忆程程，喋血狼山几死生！

北辙南辕分异路，海天紫塞两冥冥。

八

万语千言了是空，有声何若不声声？

鲛人泪尽珠凝血，秋冷沧江泣月明。

九

负义辜恩贼莫论，高山流水几知音？

钟期死去哀千古，地老天荒一寸心！

如果说《鲁迅给萧军萧红信简注释录》凸显的是一个"实"字，那么，《萧红书简辑存注释录》凸显的则是一个"情"字。"情"，是这部注释录动人的本源。

刘勰在《文心雕龙》中说，"情者，文之经"，情者文之根。没有感情，便没有文学。情动于中才能情发于辞，情发于辞才能感染读者。这部作品充满的摄人心魄的情，首先体现在萧军忠于史实，对萧红、对自己，都遵循"不虚美，不隐恶"的原则，绝不借回顾历史文章打扮自己。"文如其人"，这位耿介、正直、率真的老人，他的文章也带有一种披肝沥胆的率真。其次，通篇充满了萧军对萧红的怀念之情……萧军怎能忘记：与萧红在松花江畔东兴顺旅馆中相识；在夜幕下的哈尔滨相知；在《八月的乡村》里牵手"跋涉"；在荆天棘地的"生死场"上并肩搏击……他们共同生活的六年，是他们文学创作的发轫之年，也是他们在文学史上驰骋才华的六年。"不思量，自难忘！"这种生死相依的感情，早已是刻骨铭心的了。可以说，十六万字的注释录它虽不是诗，然而字里行间却激荡着诗的韵律；它不是歌，却自始至终流淌着歌的激情！使读者惊奇地发现，它既是写真的史料，又是抒情的美文，它既有对历史的真实披露，也有对自己灵魂的严肃解剖，不愧文学评论家盛赞它是"史笔酿制的无韵《离骚》"。"一纸注释录、千古真情文，它竟成了有一定文学价值的散文。展读这些文字，无论是百字短录，还是万字长文，读者都将被卷入深情的海洋。我们甚至认为，它是萧军著作中最动人的另类之作"①。

三、"横戈跃马试新征"

1976年10月，"四人帮"覆灭后，萧军开始受到世人的注意。这是由批判张春桥的罪行引起的。

如前所述，1935年7月，萧军在上海，出版了高扬民族御侮大旗、我国第一部赞颂中国共产党领导人民武装抗战的、世界上最早的武装反法西斯战争题材的长篇小说《八月的乡村》，鲁迅先生不仅为之大加赞扬而且亲自作序并介绍到国外，在中外文坛上引起强烈的震撼。对此，混迹于"左联"的张春桥化名狄克写了一篇以《我们要执行自我批判》为题的文章，在国民党文化特务崔万秋主编的《大晚报》副刊《火炬》上发表了。张春桥诬蔑鲁迅赞扬萧军的《八月的乡村》是无原则的捧场；攻击《八月的乡村》"写得还不够真实""技巧内容都有许多问题，为什么没有人指出呢？"并指责鲁迅对萧军"如果只是鼓励，只是慰勉而忘记了执行批评，那就无异是把一个良好的作者送进坟墓去"云云。鲁迅先生一眼就看穿了狄克这个反革命文痞的内奸嘴脸，对狄克这种配合国民党反动派进行文化"围剿"的无耻行为十分义愤，当即写了《三月的租界》檄文，给张春桥以有力的反击。文章严正指出，狄克这样做是向敌人"献媚"，替敌人"缴械"。指出他以"左"的面貌，执行替敌人效劳的可耻勾当。显然，鲁迅这篇文章是揭批当年华蒂社特务分子狄克、今日"四人帮"狗头军师张春桥的重要武器。

为了进一步暴露"四人帮"干将张春桥一贯的反革命伎俩，1976年10月21日，《人民日报》和全国各大报为纪念鲁迅逝世四十周年，都重新发表了鲁迅的这篇杂文《三月的租界》，并加了编者按。文中涉及了这件与萧军有关的重要史

---

① 王科、徐塞、张英伟：《萧军评传》，第223—224页，中国社会出版社，2008年。

实。《三月的租界》重新发表后，萧军的名字和他的成名作《八月的乡村》也重新出现在全国人民面前。一些年轻人开始四处询问有关萧军的消息，如："萧军现在在哪里？""萧军是怎样一个人？"……

也许是为了回答这些问题，1979年1月18日，人民文学杂志社编辑王扶同志首次访萧军，嗣后在《人民文学》《简报》第1期发表了一篇文章《访萧军》，《出版工作》第4期又予转载。接下来香港《动向》第6期上也发表了一篇文章，题为《萧军现在怎么样了？》。这两篇文章都具体详尽地介绍了萧军这些年来的遭遇和目前的生活状况，热情地赞扬了萧军热爱生活和顽强不屈的斗争意志，在文艺界和广大读者中引起了强烈反响，在海内外引起了广泛关注，问候的信件不仅来自国内各地，也来自世界各地，不少人开始登门访问这位被文坛摒弃了三十多年的老作家，到此萧军的处境也就越来越好了。

1979年3月，《人民文学》首次发表了萧军的回忆文章《我们第一次参加了鲁迅先生的宴会》。文中他以深情的笔触描述了当年同鲁迅先生一家人的深厚情谊，也回忆了萧红、聂绀弩、叶紫等故世的文学家们动人的往事。

4月21日，北京市委宣传部干部刘景华带着党的关怀走进了后海鸦儿胡同6号，向萧军转告市委将要对他的全部历史进行复查，并暂请他到北京市文联任专业作家。年年想，月月盼，萧军终于在皓首之年归队了！

4月29日，萧军为《哈尔滨文艺》写了一篇《哈尔滨之歌三部曲》。

5月3日，又应蒋锡金之约，为《长春》杂志写了《忆长春》。

5月8日，萧军应邀参加了由茅盾、周扬发起成立的鲁迅研究学会筹备会。会上，萧军同周扬等文艺界老同志久别重逢，周扬看到萧军红光满面，精神矍铄，非常激动地握住他的手久久不放，感慨万千，赞叹地说："老萧哇！你可真够得上老当益壮哟！"

萧军也哈哈大笑说："彼此彼此，你也很好嘛！"大家执手相视，亲切问候，都激动得热泪盈眶，气氛友好而热烈。人已至白发苍苍，又都是劫后余生，对过去的恩恩怨怨，谁也不再去提了。

6月25日，萧军为吉林《江城》杂志写了《江城诗话》。

6月27日，《体育报》刊登了该报国际部主任王禹时（后任《人民政协报》总编辑）的专访《何如六翻战秋风》，这是国内第一篇公开介绍萧军的文章。文章介绍了萧军历经磨难、老而弥坚的非凡风骨和现状，又一次在国内外引起了强烈的震动。一时间数百封书信飞向了后海北河沿鸦儿胡同6号海北楼，人们热烈地关怀着老作家萧军！读着那一封封热情如火的信，萧军的眼睛湿润了。人民、历史是最公正的法官！

7月10日，刘景华二次来访，同行的还有胡新民同志，他们将北京市委初拟的关于萧军的"政治结论"文稿交萧军一阅，征求他本人的意见。萧军阅后，根据实际情况写了书面意见上呈北京市委……

8月7日，应黑龙江人民出版社的邀请，萧军在二女儿萧耘、次子萧燕陪同下，带着"解放"后的欢笑和喜悦，来到了久违的东北大地。8日，他先到辽宁省朝阳县松岭门公社探望了唯一健在的亲人、三十多年音讯皆无的同父异母的老姐姐。

8月10日，萧军回到阔别五十年的故乡——哺育他成人的第一故乡——下碾盘沟村。半个世纪过去了，这日思夜念的故土"不独人事全非，而村貌改变，已难复识"。当萧军听说他的第一任妻子许淑凡还健在，改嫁后现已子孙满堂。自1932年解除夫妻关系已经四十七年过去，这次回到了家乡颇想一见，终因对方子女反对未能如愿，萧军长叹一声驱车离去。一路上，萧军不能自已，赋诗三首以抒还乡之情：

由锦州城去下碾盘沟村道中

五十年寄迹江湖老，三千万人民故日情！

白发赢将双鬓雪；丹心余得落霞红。

古塔凌霄萦旧梦；凌河流水去无声，

云迷雾掩家山路，荒村似是辨难明。

书 怀

红叶经霜艳逾花，苍松雪岭挹朝霞。

河山故迹依然是；风雨归舟渡莫嗟。

千仞振衣云过眼；青天明月净于纱。

九流百派一沧海，道是无涯又有涯。

下碾盘沟村

家山无恙故情违，败井残垣认旧楣；

似是似非迷往迹；疑真疑幻赋来归。

阳关有路开新陌；驿柳迎风闪翠薇。

未改乡音人不识，纷纷遥指问阿谁？

（《萧军近作》第33页）

探望家乡后，萧军于8月中旬到达了哈尔滨。8月15日，萧军在哈尔滨东北烈士纪念馆参加了"金剑啸烈士殉国四十周年纪念大会"。会上，萧军沉痛地回忆了金剑啸烈士短暂光辉的生平，朗诵了自己于1979年5月20日为金剑啸烈士写下的祭诗《遥奠金剑啸烈士》二首。诗中写道：

一

金风故垒忆年年，半付行云半化烟！
刎颈交情同水火；危舟共济战狂澜。
时逢祖国千千劫；各历周天九九寒。
白发萧疏人老矣，心香一瓣奠君前。

二

松花江水昔犹今，苍狗几瞵幻白云！
萍梗生涯浮四海；如荼岁月黯长林。
余有悲欢残梦影；已无啼笑到歌吟！
血碧龙沙芳草路，孤冢何处赋招魂？

（《萧军近作》第7页。龙沙指齐齐哈尔市，金剑啸被害于此）

会后，萧军访问了金剑啸烈士唯一的女儿金伦同志的家。又同省、市文艺界人士座谈，应邀为其做报告，等等。历史走了一个圆形，谁能料到，当萧军已成鹤发苍髯的老翁之时，又重新回到三十多年前他文学事业开端的故地，也是曾一度毁掉他文学事业的故地。如今东北人民像欢迎久别重逢的亲人一样欢迎萧军，热情地把萧军称作"出土文物"，这虽然是一种调侃，但也不失真实、贴切，同时也充满了辛酸！

此时的萧军，已经还原成一个真正的激情奔放的诗人了，他把对祖国、对人民、对家乡、对战友的深情都酿成优美的诗篇，在哈尔滨南岗和平邨的不眠之夜，他都是用诗来迎接朝霞的。

"萧军在哈尔滨受到的欢迎，是任何一位作家不能比拟的"，所到之处他总是被众人簇拥着，包围着。8月16日，在省展览馆剧场，两千多群众参加的欢迎大会上，萧军向欢迎他的同志们进行了两个多小时的演讲。他憨厚质朴的东北乡音、风趣幽默的言谈话语，激起了全场一阵阵掌声和笑声。他讲到自己四次来哈尔滨的经过；讲到中国共产党领导中国人民从战争到和平所取得的胜利；讲到祖国翻天覆地的变化；讲到自己五十多年的战斗历程和三十一年的坎坷遭际；讲到自己是一个"会说话的出土文物"……人们都被深深地吸引了，许多人流下了心痛激动的热泪，都为这个忍辱负重、百折不回、赤心不变的文坛硬汉而啧啧称奇。[1]

哈尔滨之行萧军是难忘的，他在为《哈尔滨日报》而写的《第四次回到哈尔滨》一文中说：

> 那悠悠流去的松花江水，那绿蓬蓬的太阳岛，那一望无际的细沙滩，那充满诗情画意的松花江边和水上俱乐部，那横架在江流上的松江大桥……它们曾经留下过我的行踪和足迹。那喇嘛台上传来的悠扬钟声，中央大街上的卖花声，大街小巷的手风琴声、钢琴声、提琴声……它们曾经慰藉过我寂寞的感情和灵魂！尽管几十年的时间逝去了，这一切它们还依然留在我的记忆中！和青年时期共同战斗的伙伴们，那忘我的激情，那一幕幕的场景，……它们也依然留在我的记忆中！(《萧军近作》第260页)

是呀，萧军他怎能忘记那难忘的时代，那铭心的往事呢？他怎能不去寻觅自己的旧踪？怎能遗忘商市街和"欧罗巴"呢？特别是，他多年来有一桩未了心事：想看一看萧红的故乡，看一看萧红《呼兰河传》中所写的乡土风情。

1979年8月16日，虽然天灰蒙蒙的，小雨淅淅沥沥地下着，却遮掩不住呼兰小城的古朴和美丽。呼兰河两岸蔓生着的各色野花，竟然像一条五彩斑斓的

---

[1] 参见《萧军四次来哈尔滨》，黑龙江省作协《创作通讯》，1980年第5期。

彩带在雨中舞动，好像在欢迎亲人一样地欢迎着萧军的到来！萧军在黑龙江省文联同志陪同下，驱车去呼兰县城，县委派人专程到县界上迎接，礼遇十分隆重。萧军拄着粗大的藤杖，走进了铅灰色的萧红故居，他在这里看到当年萧红儿时玩耍、游戏的花园；他参观了萧红就读的龙王庙小学校舍；还有东二道街那个带有传奇色彩的"大坑"……回到县委招待所后，萧军应主人之邀提笔书写了1932年中秋节，他赠给萧红的三首诗（见本书第四章第三节《東病中悄悄》）。萧军以此表达了对自己在艰难的人生征途上最初的爱侣的深切怀念之情。

此次东北之行，萧军还造访了森林城市伊春，跨越了小兴安岭林海，泛舟黑龙江、镜泊湖，重游了长春、吉林、沈阳、抚顺等地，行程万余里，演讲十九次，受到各地的热情接待。心中装满了东北故乡人民的深情，萧军于9月21日回到了北京。

10月19日，萧军第一次接待外宾，参加了"日本国中国文学研究者访华团"座谈会。

10月30日，第四次文代会在北京隆重开幕，萧军收到了大会请柬。这是新中国成立以来他第一次参加文艺界的盛会，标志着他真正地、光荣地归来了！会上，萧军被选为大会主席团成员、中国文学艺术界联合会（简称中国文联）委员、中国作家协会（简称中国作协）理事，并以《春天里的冬天》为题做了热情洋溢的讲话。

据全国政协委员、著名女作家叶文玲在《老钟——怀萧军》（《萧军纪念集》第254页）一文中说："萧军的发言，被安排在第一轮。……萧军站在台上了，整个身姿犹如一门钢炮，敦实的身躯，红润的脸膛，硕大的头颅直梗梗地竖在粗壮的脖颈上，一头寸把长的银发，宛似愤怒的钢针根根直立。萧军本人并没有愤怒。是的，他是中国文坛的又一本'历史'，只有深沉的记载，却无愤怒的咆哮，只要他往台子上一站，即使不开口，也能映示许多许多问题。萧军确实不愤不怒，也没像许多作家那样涕泪纵横，对着台下黑压压的一群人，他像一截

"挥戈跃马试新征"。1979年10月31日，萧军出席第四届全国"文代会"。弥松颐摄

铁塔，一门钢炮般静默稍许，便朗朗讲道："

> 我是三十年代的人物，想不到三十年来竟埋在了土里……从一九四九年起，我就被埋在土里了，现在从土里爬出来，东北老乡叫我"出土文物"，我是会说话的"出土文物"。……

在回忆了自己三十多年春天里的冬天后，萧军慷慨激昂地说：

> 粉碎"四人帮"后，不仅是整个文艺界的春天，也是我个人的春天的开端。……最近，北京市委给我落实了政策，把我的所谓"罪状"都给否定了，使我得到了真正的"解放"。这次我回东北，走访了二十几个城市，做过二十多次讲演，听讲者一万多人次，所到之处，受到新老朋友和党组织、行政负责人的热情接待。有的开玩笑还称我为"出土文物"，真有点"衣锦还乡"的味道，我最近对日本朋友说："一个真正为人民所需要的作家，是打不倒，骂不怕，诅咒不死，压不垮也淹没不了的。如果人民不需要他，他就完了。"我再次声明，我绝不算旧账，但是，有一天，我写回忆录，这笔账总要记录出来的。[①]

虽然萧军直言不讳，快言快语，尖锐辛辣，幽默风趣，锋芒不减当年，似乎仍是三十年前那个萧军，但是他的通篇发言，却充满了一个革命作家以革命大业为重，不计个人荣辱的精神力量，显示了他数十年屡遭挫折而不悔的广阔胸怀，在会上引起了轰动，赢得了骤雨般的掌声，受到了人们的普遍赞扬。

参加第四次文代会。左起萧军、姚雪垠、骆文、于黑丁、蒋锡金、黄药眠

---

① 第四次文代会《简报》第49期。

年底，他又当选为北京市政协委员。外事活动多了，约稿索文的也多了，每天高朋满座，有时要接待十多批客人。

1980年，春风彻底拂去了萧军身上的历史风尘。经中共中央组织部、宣传部2月20日批复同意，中共北京市委组织部、宣传部于4月21日做出了《关于萧军同志问题的复查结论》。结论为萧军彻底平反，完全推翻了几十年来强加给萧军的种种罪名，并对萧军的革命业绩和文学成就给予了充分的肯定和公正的评价。结论全文指出：

萧军同志于九一八事变后开始文艺创作，在我党影响下曾参加北满抗日活动。1934年初入关，同年底（应为1935年）其描写抗日题材的小说《八月的乡村》，经鲁迅先生作序出版。1935年至1937年参加左翼文学的创作活动。1938年到延安，不久离去，到西安、兰州、成都等地任报刊编辑并参加"文抗"（中华全国文艺界抗敌协会）活动。1940年夏第二次到延安，任"文抗"理事、鲁迅研究会主任干事等职。1946年至1948年曾任东北大学鲁迅艺术文学院院长，在哈尔滨主办鲁迅文化出版社并主编《文化报》，1951年来北京。

萧军同志早年投身于民族解放运动，并以自己的文学创作宣传抗日救亡，反对国民党反动派的卖国政策和独裁统治。他为了追求进步和光明，两次去延安。萧军同志拥护中国共产党、拥护社会主义，是一位有民族气节的革命作家，为人民做过不少有益的工作。

1948年东北局《关于萧军问题的决定》，认为萧军"诽谤人民政府，诬蔑土地改革，反对人民解放战争，挑拨中苏友谊"，这种结语缺乏事实根据，应予改正。1958年2月《文艺报》"再批判"的《编者按语》中，说萧军在延安与某些人"勾结在一起，从事反党活动"，这种提法，与当时的实际情况不符。"文化大革命"中将萧军同志作为"老牌反党分子"关押、批斗是错误的，应该平反。1967年阶级异己分子姚文元在《评反革命分子周扬》的黑文中，定萧军是"反党分子"，这种诬蔑不实之词应予推倒。其后，某些出版物中沿用萧军是"反党分子"的错误提法，不足为据。现应为他恢复名誉，使萧军同志重返文坛，发挥所长。

这一结论，洗刷了泼在他身上的一切污泥浊水！从此，萧军的生活发生了可以想见的戏剧性变化，他在诗中写道：

　　春回大地瞻前程，行待花开万里红；

　　雪岭苍松千载翠；沧江一苇去来轻。

　　经天丽日依稀是，喋血狼山步有踪。

　　漫莫咨嗟书呫呫，挥戈跃马试新征。

（《萧军近作》第35页）

此时的萧军虽已到古稀之年，但对过去，他没有太多的瞻顾，仍同当年一样，只有"挥戈跃马试新征"了！

四、文学外交家

在古稀之年，恢复了本来面目的萧军，得到了人民的极大的崇敬和欢迎！除了在第四次文代会上被选为中国文联委员、中国作家协会理事外，嗣后，又被选为北京市文联常务理事、北京市作家协会副主席、第六届和第七届全国政协委员等。还被聘任为中国作家协会顾问、中国作家协会中华文学基金会顾问、中国鲁迅研究学会理事、北京市老舍文艺基金会副会长、中华诗词学会顾问、中国煤矿文化宣传基金会顾问、（香港）东方文化发展中心顾问、北京市关心青少年教育协会顾问、北京海淀老龄大学顾问、中国书画函授大学教授、北京人文函授大学名誉教授等。

从此，他的生活内容更加丰富了，他的生活节奏骤然加快了。如同当年在延安一样，他直言不讳地对党和政府的工作提出了许多宝贵的建议。他以顾问和委员的身份多次参加北京市和全国文联、作协会议，为繁荣社会主义文学事业畅谈自己的感想、提出自己的主张，以自己的创作体会来宣传马列、毛泽东文艺思想。

他如古莲发芽般地焕发了革命青春，他的文思亦如地下熔岩般喷薄而出，他陆续不断地出版了一部部著作，发表了一篇篇诗作和文章。同时他又花大量心血，重新整理并再版了当年的旧作。这期间，萧军频频答复读者来信，接待媒体来访，参加演讲、座谈及各种纪念活动。在繁忙的政务和紧张的创作之余，他屡次应邀前往全国各地进行讲学活动，河北、山东、江苏、山西、湖北、湖南、广东、新疆、内蒙古等地都留下他的足迹，所到之处受到各界群众的热烈欢迎。同时他以饱满的政治热情从事繁重、积极的文学外事活动。他应邀出访新加坡、日本、美国并率团出访港澳，为中外文化交流，为祖国文化、文学事业的大发展贡献了自己的力量，被赞誉为"文学外交家"。

我们不妨检视一下萧军复出后几年中的活动日程表，谁都会为这位返老还童的老作家那勃发的生命力而感到惊奇！文学史上很少有萧军这样的作家，他生命的烛火在古稀之年还能旺盛地燃烧！这里，我们在他那令人眼花缭乱的日程表上选择了几个有代表性的镜头，看看这位"文学外交家"的匆匆步履是何等的精彩！

1981年9月25日，是我国伟大的文学家、思想家、革命家鲁迅先生诞辰一百周年纪念日，无论是在国内还是在世界各地，包括同我国建立外交关系不久的美国，都举行了纪念活动。1981年8月21日，萧军应美国印第安纳大学和伯克莱大学的邀请，在二女儿萧耘的陪同下，与北京大学教授吴组缃、著名翻译家戈宝权、中国社会科学院文学所研究员濮良沛、作家林非等人一道，前往美国加利福尼亚州三藩市南的蒙特利海滨会议中心阿西罗玛，出席由多所美国大学发起的"鲁迅遗产会议"。三十三位来自欧、美、亚三大洲的学者参加了会议。会议在友好热烈的气氛中对鲁迅先生的思想、创作和对后世的影响进行了热烈的讨论。作为鲁迅先生的学生、人称"鲁门弟子"的萧军，在会上讲述了鲁迅先生与他和萧红的交往；讲述了自己亲身参加鲁迅先生葬仪，担任万人送葬队伍总指挥，并在落葬现场如何发表演讲；讲述了抗日战争时期在延安成立的鲁迅研究会，及日本投降后在张家口成立的鲁迅学会，在哈尔滨创立鲁迅文化出版社等宣传、研究鲁迅的一些工作情况。并向大会捐赠了数十本《鲁迅纪念史料辑存选录》。

会议充满了对鲁迅先生的怀念和敬仰之情，也洋溢着各国人民之间的友好气氛。但由于国情不同，学者们研究的立场、方法、角度也不同，特别是文化背景的迥异，也难免常常发生思想的碰撞和观点的交锋。每当遇到这种情况，萧军常常是态度平和地据理力争，维护国家的尊严。比如，有一位外国学者说鲁迅先生的文学活动充满了功利性，他提拔青年，支持刊物，都是从私利角度出发的。

这时，萧军不慌不忙地站了起来问道：请问今天在座的诸位，谁没有功利性？接着又说，如果说鲁迅先生有功利性的话，那也是从我们无产阶级劳苦大众的利益出发的，从全民族的利益出发的。他不但用笔，而且是用自己的鲜血和生命唤起民众，正因如此，他被称为"民族魂"，得到了广大民众发自内心的崇敬！

还有的人认为，中国人把鲁迅太神化了。萧军马上据理力驳：我们并没有神化鲁迅，神化鲁迅的人，正是想打倒鲁迅的人。中国人之所以尊重鲁迅先生，是因为他是为了全民族利益呼啸着前进的斗士，是我们中华民族的灵魂。真正热爱鲁迅先生的人，从来都是把鲁迅先生作为有血有肉的人来看待的。有位外国代表不无惋惜地说，鲁迅先生的晚年，如果不写杂文，他会写出更伟大的作品。对此，萧军说，鲁迅先生首先是个战士，其次方是文学家。阶级斗争到了白热化地步，坐在房子里写小说已经不行了。一切为了斗争的需要，一切为了政治宣传的需要！杂文如同匕首和投枪，必须投入战斗。拿我写《八月的乡村》来说，当时，完全是作为政治宣传来写的。我从来没想过拿这本书当作家，那是因为日本帝国主义压迫我们太深了，逼得我们不写不行，非写不可！世界上没有什么绝对的艺术家，任何人都脱离不开社会，脱离不开政治，这就是我们的观点。萧军严正指出，不是鲁迅先生太刻薄，太不留情面，而是他的敌人太可恶，他们的凶恶促成了鲁迅先生痛打落水狗的战斗精神！萧军的这些发言，有力地维护了祖国的利益，维护了中国人民的利益！

闭幕式上，全体代表向鲁迅先生默哀，当时萧军的心情十分激动。反思一下：鲁迅先生终生所要消灭的愚昧与落后，我们如今奋斗得怎么样了呢？想到此，他的心潮如同窗外太平洋拍岸的波涛连天而起……

1983年1月13日，萧军在二女儿萧耘的陪同下，同萧乾、艾青飞往狮城新加坡，应邀去新加坡参加"国际华文文艺营"第一届会议。这次会议是由新加坡人民协会《民众报》、新加坡《星洲日报》、"新加坡写作人协会"、"新加坡文艺研究会"等单位联合举办的，并受到新加坡官方政务部、文化部、教育部的重视和支持。被邀请到会的除中国作家萧军、艾青、萧乾外，还有来自中国台湾、香港以及日本、美国、菲律宾、马来西亚、韩国等地区和国家用华文写作的著名诗人、作家和汉学家计二十四人，可谓世界华文精英聚集一堂。会议的宗旨是总结、研究和展望华文文艺创作。

"雪迹鸿泥信有缘，精钢百炼自成坚。如荼岁月如荼日，往事悠悠行做烟。"萧军75岁时

会议自1月13日至19日，历时一周，与会者共同研讨了华文文艺创作方面的各种问题。萧军在会上做了热情洋溢的发言。他说："作家和编辑、评论家是一家人，各自都应当设身处地想到对方的困难和处境，应当团结合作，这样才有利于文艺创作的发展。"针对世界各地华文文艺创作面临的重重困难，萧军鼓励大家说："华文文艺有着广阔灿烂的发展前景，因为全世界说华语写华文的人最多。中国十几亿人民就是华文文艺创作最坚强的基础和后盾。世界各国都有华侨和华裔，也就有华语华文的存在和传播。每个用华文写作的人，只要努力坚持下去，都可以为华文文艺事业做出伟大的贡献，为世界文化交流，为各国人民之间的友谊和团结做出贡献。"①萧军的话使到会的人们受到了极大的鼓舞。

回程路经香港，停留数日。一天晚宴过后，一位朋友问萧老说："萧老，香港可是个世界大港，耗电量之大，用水量之多，各行各业之繁荣，各项事业的管理之庞杂……以中国共产党的能力，接管得了吗？"

萧军嘴里叼着烟斗，静静不语，耐心地等他把话说完。

这个人继续说："现在，据我所知就有不少的人脚踩两只船，口袋里揣着多国的护照，只要有个风吹草动马上就跑。大量的资财就会随着他们外流世界啦！香港可能就会成为一个死港，而一切外汇的来源，也就……"

萧军略做沉思，磕了磕烟斗，笑了笑回答道："那么大个中国——九百六十万平方公里呀，中国共产党都接管了，难道还管不了一个小小的岛吗？……奴隶斗争，失去的仅仅是锁链，而获得的却是自由！我相信绝大多数香港人是不会跑的。一时想不开的，尽可以'跑'，但是，跑到哪里才算是一'站'呢？

---

① 萧耘：《国际华文文艺营有关报道》。

五星红旗我为你自豪。左起：艾青、萧军、萧乾。于新华社香港分社顶楼平台上。1983年萧耘摄

人，不能没有祖国呀！"

萧军的一席话，使侃侃而谈的那位朋友低头沉默了。①

1985年9月初，鲁迅先生的老朋友内山完造的侄子内山篱先生从东京到北京来，亲自面请萧军赴日本参加内山完造先生诞辰百周年纪念和内山书店成立五十周年纪念活动。萧军在女儿萧耘的陪同下，与鲁迅先生的儿子周海婴同志一同欣然前往。9月5日，当银灰色的巨型客机降落在羽田机场上，内山完造先生的后人及朋友一起向中国客人涌来。此时此景，让萧军回想起20世纪30年代和萧红在鲁迅先生身边与内山完造先生相处的诸多往事……更让萧军激动不已的是：如今，鲁迅先生与内山完造先生均已作古，但中日人民的友谊却如两位先生所企盼的那样与日俱增。萧军又想起了当年那硝烟弥漫的抗日战场，想起自己笔下的《八月的乡村》……现在，这个当年不屈的"奴隶"竟然作为日本人民的朋友堂堂正正地来到了东京，怎不叫他感慨万千呢?!

在日本，他参观了鲁迅先生当年留学时读书和居住的地方，参观了仙台鲁迅博物馆，拜谒了鲁迅先生纪念碑，并在鲁迅先生当年学习的课桌前端坐拍照。鲁迅先生的老师藤野先生的孙子、八十一岁的笹冈三郎，特意从福井县赶到东京和萧军相见。萧军赠他一张写有"缘缘"两个大字的条幅留作纪念。萧军对笹冈三郎说："您的祖父藤野先生是鲁迅先生的老师，是师生之缘。我是鲁迅先生的弟子，也是师生之缘。咱们两个是缘缘相因，缘上加缘，缘分不浅哪！我衷心祝愿中日两国人民的友谊源远流长，万古长青！"一席话说得大家热泪涔涔。

在日本期间，萧军还与鹿地亘、池田幸子的长女等日本新、老朋友相会。

鹿地亘等日本作家早在20世纪30年代就把萧军的作品译成日文，介绍给日

---

① 萧耘：《萧军港澳行》，《锦花》1988年第3期。

本读者。在上海八一三抗战爆发后，是萧军和萧红救鹿地亘夫妇于水火（本书第六章第一节已述）。应该说，萧军对于日本人民并不陌生。因此与日本友人交往的一些情景也是十分有趣的：如在杯觥交错的宴会上，宾主笑语喧喧。萧军不能按日本习惯席地而坐，日本朋友就请他坐

萧军在日本参加内山完造百年诞辰纪念大会 1985年9月

在小板凳上。他风趣地说："我这不是高高在上吗？看来你们也得改革呀！"逗得同席人哈哈大笑。

应当地报界之约，萧军为他们写了文章。并为内山完造先生百周年诞辰和内山书店建业五十周年赋诗四首，以为纪念：

一

一衣带水海天深，文史昭垂何大真；
历尽劫波兄弟在，江南塞北共秋春。

二

人海兴亡一逝波，强强弱弱待如何？
春花开罢秋花落，结子行看各几多。

三

大智无欺大勇忠，无求无恭寸心通，
茫茫大地曷私载，算尽机关反误卿。

四

午夜临窗惊骤雨，万端心事忙匆匆，

生离死别寻常事，坐对青灯听到明。①

五、八秩率团访港澳②

1987年4月28日至5月16日，萧军被
中国作家协会委任为团长，率领中国内地
作家代表团出访港澳。代表团成员计16人：
萧军、铁凝、何晓鲁、张一弓、李国文、
邓友梅、从维熙、叶君健、韶华、郑江萍、
张锲、吴泰昌、关木琴、范宝慈、萧耘、
周明。当他们这一行人飞抵香港启德机场，
便被一群早已等候的香港媒体的记者热情
包围。他们一个个和代表团的成员对号
"入座"，然后便抓紧时间采访……

80岁的萧军率团访港澳 1987年5月于澳门

自新中国成立以来，内地作家代表团
到香港、澳门参观访问这是首次。代表团成员都是当时活跃在文坛上的著名作
家，而且是老中青三代人。刚刚复出不久的八十岁的德高望重的萧军作为团长
这就更引人注目了，"这在当时本身就是一个大新闻"，因此，港澳的一些新闻
媒体都纷纷做了报导。

萧军团长在出访前夕发表了"就职演说"，他幽默地说："除了我没得过奖，
你们诸位的大作好像都得过奖，都比我光荣啊！……本人系'出土文物'，这可
是有生以来头一回当团长，这是个政治任务，不能不接受。请各位多帮衬点。
说老实话，我既不喜欢人家管我，我也不想管旁人，我只希望在不妨碍别人的
'自由'前提之下，做我自己想做的事……"

又说："公开场合的发言，如果你们不放心，我可以保持'沉默'，我老
了，头脑没有你们灵敏了。如果非说不可的话，我可以暂时'辞去'团长职
务，代表我自己临时说几句行不行？我是从来不习惯念讲稿的！"

"哈哈……哈哈哈……"大家被萧老的"就职演说"逗得大笑不止。

---

① 张毓茂：《萧军传》，第312页，重庆出版社，1992年。
② 本节参见周明《那年港澳行》，《中国艺术报》2018年8月13日。

一路上，萧老团长纪律严明，并带头执行。代表团全体成员既团结又活跃，人人心情舒畅。萧团长时不时指令女儿萧耘为大家清唱陕北民歌，活跃气氛。有时，他一高兴也独唱一曲，他说他对陕北一生难忘。

　　东道主是香港著名爱国人士、实业家霍英东先生，澳门著名爱国人士、实业家马万祺先生以及香港熊谷组建筑公司副董事长于镜波先生。在港、澳两地，霍先生和马先生都指派自己的助手热情接待作家团，全力负责安排作家团的参观访问和交流活动项目，既丰富又周到，使代表团成员天天都有新收获。

　　4月28日晚，香港《大公报》和《新晚报》两家做东，在别具特色的"乡村俱乐部"招待了作家团全体成员。《大公报》社长费彝民先生的女儿费斐小姐，不仅人长得曼妙玲珑、文静秀美，做事还爽快利落，一张笑口亲切热情，把宴会安排得圆圆满满、周周到到。出席作陪的均系香港文化界、新闻界和企业界的知名人士，诸如霍英东、徐四民、金庸、胡菊人、赵令扬、安子介、文楼，还有新华社香港分社社长张峻生等。在这里还有一个意外的收获就是见到了著名英籍华裔作家、社会活动家韩素音女士。

　　宴会的气氛极为热烈温馨，大家谈得自如，吃得可口，人人争相发言，笑声一阵接一阵。此时，突然有人提议，请萧团长讲话。萧老麻利地站起来风趣地说："今天本团长就不发表'演说'了，我想请女儿萧耘高歌一曲代为发言好不好？"大家同声说："好哇！好！"费彝民社长抢先为萧耘报幕说："诸位嘉宾，下面我们请萧老的女公子唱一曲草原情歌《在那遥远的地方》！"当萧耘唱到"我愿她拿着细细的皮鞭，不断轻轻打在我身上"时，费社长站起来猛一声喝彩："好哇！"带头鼓起掌来，引得全场哄笑。萧老这时却大声说："不行不行！这歌词得改两个字，皮鞭细细的不行啊，得要粗粗的，还要重重地打喽！""哈哈哈……"全场又是一阵欢笑。"萧老，人家这可是情歌呀，不能重重地打呀！"费社长在为情歌"讲情"。"是呀，说明你懂情，我这个人不懂情。问问你老伴是应当重重地打呀，还是轻轻地打？""哈哈哈……"刹那间，宴会大厅变成了笑语的海洋。

　　香港东方文化发展中心的朋友们，想邀内地的作家们吃顿"肥牛火锅"，这种吃法，当时在内地还是很新鲜的。可是作家团的日程排得满满的，只好婉拒了。为了不负朋友们的盛情，萧老用休息时间和代表团秘书长张锲（时任中国作家协会书记处书记）赶往东方文化发展中心写字楼去看望大家。

在这里他们意外地遇见了周恩来总理的扮演者——特型演员王铁成同志。据介绍，王铁成同志虽然来香港不久，但在东方文化发展中心里，已负有一定的责任了！

"萧老，我是你忠心的读者，在北京没得机会见到您，今天可真是很荣幸！"王铁成对萧老谦恭有礼地说。

"'周总理'，我是您热心的观众，在北京没得机会认识您，今天也真是很荣幸！"思维敏捷的萧老和王铁成这一来一往的对话，使大家拉近了距离。张锲同志代表中国作家协会和他个人，对东方文化发展中心的诸位朋友为作家团此行港澳所做的许许多多工作表示感谢……萧军很关切地问起了东方文化发展中心的业务进展情况，然后推心置腹地说：

> "我们既然以天下为己任，那么就要为天下人贡献而贡献，不要总算自己的小账，越算越会觉得自己吃亏，吃不好，也睡不着！一个人的眼睛为什么长在了前面，而没长在后脑勺上？就是让你永远往前看的！"

"哈哈哈……"大家为萧老独特的比喻和联想而开怀大笑了起来。他接着说："……香港是个很复杂的地区。这如同个医生，越是病情复杂，就越需要聪明的医生。如果只是个头疼脑热的，一片阿司匹林就解了病，要你医生干什么！疑难的杂症显高明啊！我是反对垂头丧气悲观失望的。但每做一件事，困难和失败一定要估计在前面，然后认准了方向，认定了真理，就要百折而不回！我从不发牢骚，也从不抱怨，不拉客观，那都是没有用的！

> "人，不要势利眼，添一块砖也好，添一块瓦也好，这种辛苦，要能理解，就如同百万富翁的100块钱固然重要，寡妇的一个小钱也同样重要哇！没这点谅解精神是办不成事的！

> "总之，你们东方文化发展中心既然是做文化交流工作的，就要一分为二，一分为三，一分为五地来看待事物。只要有一分是倾向于进步的，就应当团结起来！要拉得宽，360°地拉开网，要抓得紧，横向纵向都要联系，经度、纬度都要编织，调动一切积极因素，这样才能

做成些事情。好！祝你们顺利！"①

萧老到此打住了话题，王铁成等东方文化发展中心的朋友们都感动不已。"青山一道同云雨，明月何曾是两乡？"大家依依不舍，一路送萧老回宾馆下榻……

就这样，萧军无论走到哪里，所言所行，总是给别人带去欢乐和鼓舞，总是满满的正能量，处处体现出"具有民族气节的革命作家"的气度和风范。

在港澳参观访问，萧老和作家团的成员处处受到欢迎和尊重。当他们应邀参观香港庄士集团、访问香港工商界的领军人物庄重文董事长时，更是受到了热烈的欢迎。

这位庄先生与文学还真有历史渊源呢！早在20世纪30年代，他在厦门老家曾有一次偶然的机会，用滑板送鲁迅先生去集美学校讲课，这件事他一生都保留着珍贵的记忆。因此在祖国改革开放后，于1987年他出巨资由中华文学基金会发起并主办"庄重文文学奖"，以奖励卓有成就的青年文学家。这个奖项陆续举办了十四届，几乎当前活跃在文坛的主力军、知名作家大多是"庄奖"的获得者。这项活动，使一大批有才华、有实力、有潜力的青年作家得到了扶持和鼓励，同时也圆了庄先生自己的文学梦。

本来进入庄士集团大厦，按规定是必须要着西服、戴领带、穿皮鞋的。但从不喜欢穿西装，而是身着民族式藏蓝色粗布灯笼裤、藏蓝色夹克衫，头戴紫红色伊犁老汉小圆绒帽，脚蹬圆口软底布鞋的萧军却可以破例进入庄氏大厦，说明庄先生对萧老格外尊重。

在港澳，令第一次"走出来"的年轻作家们吃惊的是：竟有那么多的港澳"老总"，团团围住萧老不住声地说，当年参加革命都是受了《八月的乡村》的影响……

在澳门还发生一件有趣的事，让萧老和大家都很意外。一天，代表团在澳门参观，有位中年男人一直尾随他们……经盘问才知道，这个人"发现"了萧军。他觉得这位老人家眼熟，那灯笼裤，那压发的小圆帽，那大手杖，那炯炯有神的眼睛……和照片上看到的差不多，就惊喜地一直"跟踪"下去，他想要

① 萧耘：《萧军港澳行》，《锦花》1988年第3期。

好好看看萧老，原来这人青年时正是《八月的乡村》的忠实读者……还有澳门的几位长辈作家也都是萧老《八月的乡村》的粉丝呀！这件事使萧老很感欣慰，作家团的作家们也备受鼓舞。

在香港、澳门，萧老团长带领内地作家团除了和文化界、新闻界、企业界有较多接触和交流外，同时，还重点访问了港澳的几所著名的大学。因为在港澳地区，大学的图书馆在人们心目中的地位很高，所以和这些大学的交流，大都在该校的图书馆进行。

香港中文大学图书馆馆长颜达威博士一见到作家团的作家们，便抱歉地说他普通话讲得很不好，不能和大家畅所欲言，遗憾得很。果然十几分钟的开场白，他竟用了广东话、英语和"令人听不太明白的"普通话三种语言。经"翻译"，才知道他的意思是很高兴见到内地这么多作家来访中文大学，并说他们和内地的大学也建立了友谊，相互增进了了解，相互都不断有所提升，等等。他还热情地带领大家到图书馆和校园进行了参观。

五一国际劳动节作家团正好在香港。这一天，香港大学校园里热闹非凡，内地作家代表团向香港大学的赠书仪式在这里隆重举行。代表团将内地百多位著名作家，诸如冰心、巴金、丁玲、艾青、萧军、杨沫、王蒙、从维熙、邓友梅等亲笔签名、制作精美的一套优秀而珍贵的丛书赠予香港大学。当萧军团长和叶君健副团长亲手赠给王庚武校长时，王校长激动地紧握萧老和叶君健两位团长的手说：这对于我们学校图书馆来说是珍贵的宝藏；对青年学生来说，是特大的喜事。有了这些经典著作阅读，会大大丰富他们的文学修养，也增进香港和内地文学界的相互了解。为此，港大图书馆还专门设置了展书台，方便师生读者翻阅。代表团在澳门东亚大学（现更名为澳门大学）同样举行了隆重的赠书仪式。该校图书馆馆长林佐瀚先生是位中年学者，他在座谈会上首先代表澳门东亚大学欢迎作家团访问该校。听说林先生在公众场合和在家里从来不敢讲普通话，而今天为了欢迎北京来的作家，他决意要用普通话致辞。他一开口，便幽默地说：虽然有人说天不怕、地不怕，就怕广东人讲普通话，我今天高兴啊！见到了自己从小就仰慕的心仪已久的老作家、老前辈萧老，同时又得到了这样一套由著名作家亲笔签名的名著，真是我们东亚大学的福气！无价之宝哇！他的讲话，由于讲的是费劲的普通话，引起了一阵阵的掌声和不断的笑声。随后，他主持了作家团和该校学生及文学爱好者的交流座谈会，萧老团长以他通俗生动的语言讲授了他的创作经历和经验，受到学生们如潮的好评。

作家团在离开香港的头两天，萧老突然说："你们几个年轻人不老问我萧红的事吗？萧红当年在香港生活了两年多，最后不幸英年早逝病故于香港。我今天领你们去寻访当年萧红的墓葬地，就在浅水湾海滩的一处。萧红的遗骨，新中国成立后已经移葬在广州烈士陵园。现在我们去看看当年的墓葬地吧。"于是，大家一边走一边听萧老讲当年他和萧红的故事……

"找到了，找到了！"大家按照萧老回忆的地方，在海滩的一片树林子里找到了萧红的墓葬地。作家们在这里虔诚地向萧红的墓地三鞠躬，然后人人都默不作声，良久沉思。他们也许是思索着、咀嚼着萧老的《遥奠萧红墓》中的诗句：

> 又是春归桃李秾，萧萧苦竹几篁篰？
> 天涯骨寄荒丘冷，故国魂招紫塞空。
> 芳草绵芊新雨绿，烟波浩淼乱云封。
> 乡心一片鹃啼血，十里山花寂寞红。

（《萧军全集·14卷》第534页）

此刻，萧老伫立着、凝视着，大家看到老人家两眼已经蒙上了一层泪水，挡住了那平日的炯光……那真情的思念给青年作家们留下难忘的一幕。

此次萧军率团访港澳，增强了大陆与港澳文化界、新闻界、企业界等的交流和友谊，扩大了中国作家协会和中华文学基金会的影响。霍英东先生、马万祺先生以及于镜波先生等，不仅热情地接待了萧军率领的中国大陆作家代表团，还都分别捐赠巨款给北京中华文学基金会，支持祖国文学事业的发展。这次港澳之行，是萧军最后一次为祖国的文化发展和交流做出自己的贡献……

六、党和人民的珍视——四次创作学术讨论会

党和人民珍视萧军，文学界以极大的崇敬欢迎这位蒙冤三十二年的老作家，越来越多的文学研究工作者和文学机构对萧军创作学术研讨活动产生了极

高的兴致，并形成了一个高潮。1983年5月、8月、9月，东北三省分别在吉林省的长春市、黑龙江省的哈尔滨市和萧军故乡——辽宁省的锦县，召开了"萧军创作学术讨论会"。1984年3月6日，中国作家协会北京分会在北京民族文化宫又召开了"庆祝萧军文学创作五十年大会"。萧军，他得到了历史和人民的公正评价，他得到了当代作家少有的礼遇和殊荣。

1983年5月16日至20日，萧军与夫人王德芬、二女儿萧耘从北京赴长春，参加由吉林大学主办的国内首届"萧军创作学术讨论会"。来自北京、上海、四川、福建、湖南、山东、辽宁、黑龙江和吉林等省市大专院校、科研单位及新闻、文艺、出版界的代表七十余人参加了会议，会议提交学术论文、相关资料三十多篇。会议就萧军创作道路、艺术风格、美学意识进行了广泛讨论。在开幕式上，萧军做了《我是怎么走上文学道路的》报告。他说：

> 东北作家群出现在中国20世纪30年代的文坛上，是当时历史的产物。因为这些人要倾诉国土沦丧的苦难，要表达人民反抗的强烈愿望和呼声，自然在作品里充满着抗日内容和强烈地方色彩。所以得到鲁迅先生的肯定和扶持。因此，在现代文学史上必然占有特殊的一页。今天，我也和大家一样，是研究萧军来了，看看他为祖国为民族做了些什么，还有哪些缺点毛病。所以，你们大家对他不要客气，对他的毛病"骂"几句也可以……

萧军这一番豪爽风趣的话语引起一阵阵笑声。
他在介绍自己创作经验体会时说：

> 文艺创作一定要有生活，我之所以写出《八月的乡村》《第三代》《羊》《五月的矿山》等作品，是因为自己亲眼见过军阀、汉奸、日本兵、胡子……头脑里储存了那些生活，有活生生的人物，非写不可，一写既出。文艺创作绝不能靠坐在屋子里编造过日子。那种整天在屋子里编造"别人的丈夫比自己的好""别人的媳妇比自己的好"，三角或多角恋爱式的作品是没有生命力的！现在有些文艺作品假，主要是缺乏生活。文艺工作者，尤其青年作者应多深入生活……

萧军切中时弊的讲话使全场掌声雷动。①

会议期间，吉林省委领导到长白山宾馆看望萧军，并祝贺他为中国革命和文学事业做出的贡献。萧军还抽暇寻访了自己当年在长春的故居。

这次，锦县广播站记者张栋和县文联副主席宋海泉等五名同志作为家乡的代表也应邀参加了会议，带去了县委、县政府领导和故乡人民对萧军的问候和敬意。萧军非常关心故乡文艺的繁荣，当他听取了宋海泉同志的汇报后，立即为锦县文联刊物《锦花》

萧军在吉林大学，左起：胡绍祖、萧军、公木 1983年5月

题写了"百花文艺开满园"几个大字。并勉励编辑部的同志们尽心尽力把家乡文艺办得更好。

1983年8月31日至9月4日，美丽的江城哈尔滨风光怡人，和兴路的黑龙江大学招待所，迎来了全国各地的专家学者一百二十多人。黑龙江省在黑龙江大学隆重举办了"庆贺萧军从事文学创作事业五十周年学术会议"。本来萧老是要到会的，大家也都在翘首企盼，可因身体不适，他只好临时决定不来了。与会同志都感到十分惋惜……虽然萧老因病未能到会，但经过大家的努力，会议把对萧军作品的研究推向一个新的阶段，至此掀起了方兴未艾的东北作家群研究热潮。

这次会议，作为萧军家乡图书馆馆长的宋力军，争取到了参加会议的机会，并在会议中有了令她惊喜的意外收获，那就是和萧老的官方秘书、二女儿萧耘女士得以结识并进行了亲切交谈。萧耘热情地握住宋力军的手说："你写给萧老的信收到了，萧老让我转告你，他要把自己的作品送给家乡图书馆收藏，让家乡的父老乡亲们批改！""太好了！谢谢萧老！那就在9月份锦县的会议上赠书吧，作为会议的一项重要内容。"这是萧军纪念馆建馆的源头。

---

① 萧军讲话，张栋记录整理，载于锦县文联《锦花》1983年《萧军专刊》。

萧军在大庆油田 1982年

9月24日—27日，辽宁省的"庆祝萧军创作五十周年学术讨论会"在萧军的故乡辽宁省锦州市所属的锦县如期举行了。会议由辽宁省文联、辽宁省作协、辽宁社会科学院、辽宁大学、锦州师范学院（现渤海大学）、沈阳师范学院（现沈阳师范大学）、辽宁师范学院（现辽宁师范大学）等13个单位联合发起，除此之外，还有北京市作协、新华社、人民日报社、人民文学出版社、《文学评论》杂志社、中国煤炭开发总公司、北京市机械局，辽宁省和锦州市各家新闻媒体等三十多个单位的专家、学者和外国友人二百多人出席，交流了五十多篇学术论文，可谓盛况空前。会前因萧军患病未愈，萧军夫人和子女及在京的老友都曾阻止他亲身赴会。可萧军却闪着泪花说："我萧某何德何能，家乡人民如此厚爱于我！这个会我一定去！不去，对不起大家的一片盛情……"最后，他甚至发脾气说："死不了的！就是死了也要去。人生自古谁无死？死得其所，也就无憾了！"老人家终于抱病赴会。从锦州火车站一下车，萧老就对前来迎接的县委、县府领导说："我是带着氧气袋来的，一听回故乡，命也顾不得了！结果来了也就来了！"

在大会开幕式上，萧军激动地说：

我今天是悲喜交加。悲的是我当初离开东北时，东北是什么情况，能不能胜利？虽然知道最后能胜利，究竟我能不能赶上？我不敢确定。喜的是我毕竟是赶上了，而且是胜利地赶上了。不是说萧军会不会胜利，而是我们中国人民，特别是东北人民终究把日本帝国主义赶跑了，把各色欺辱中国的人也都赶跑了，实现了我一生所追求的四个目标，这就是："以求得祖国的独立、民族的解放、人民的翻身，建立一个没有人剥削人、人压迫人的社会制度。"这个胜利是千千万万的革命先烈抛头颅、洒热血换来的。我们要安不忘思危，要常想想过去，这些年我们是怎样走过来的。

今天诸位来开会，不是单单开个庆祝萧军的会，而是开个庆祝东北人民和全中国人民胜利的会，因为我和诸位一样都是中华民族的子孙。我有些微小的成就，那是因为我不甘心做奴隶。如果你们感觉到有些骄傲的话，那就是在下碾盘沟村这个小小山疙瘩里头，在这石头堆里产生了这么一个"小卒"，他不甘心做奴隶！我希望我们的将来，任何时代，任何子孙应该有这种不甘心做奴隶的气魄。

没有帝国主义压迫，没有各种各样压迫，不会产生抗日的东北作家群，也不会产生我萧军，我是走向反抗这条路的，我能够用枪的时候我就用枪，不能用枪的时候我就用笔。但我的目的只有一个——打倒日本帝国主义和他的走狗们。

我不是共产党员，但是共产党领导的方向我是衷心拥护的。有人说，共产党没给你一官半职，我说，一官也有过，半职也有过，这都不是我的目标，我一生的目标就是实现前面说的四个目标。在中国没有一个政党能像中国共产党那样经历过这么曲折、复杂的历史过程，并能领导人民前进，所以我拥护它。俗话说，"大道不能直若发，羊肠久坂事寻常"，历史就是曲曲折折的路……

今年吉林大学开了个会，黑龙江大学又开了个会，这次辽宁召开会，我的老同志、老朋友、新朋友，我的老乡都能见一见，我是很高兴的。我今年七十七岁，将来能回来的话我还是要回来看一看。回顾过去，我丝毫没有什么值得骄傲的感情……我作为一个中国人，我没有做过侮辱中国人民的事情，对得起我的祖国、我的民族、我的故乡，我就满足了……

希望大家根据我一生追求的四个目标，对我的作品进行充分的批评和评论，欢迎诸位提出各种意见，那么将来我再写也好，改正也好，就有了借鉴……①

萧军的讲话充满着拳拳爱国心，炙炙故乡情，博得一阵阵热烈的掌声！

---

① 萧军讲话，张栋记录整理，载于《锦州日报》1983年9月28日。

萧军向家乡图书馆赠书 1983年9月24日

大会主持人宣读了著名老作家舒群、骆宾基等人的贺电后，辽宁省作家协会主席马加讲述了萧军在九一八事变后走上抗日救国道路的历程，以及东北作家群的产生和贡献。

在大会赠书仪式上，萧军首先将自己已正式出版的十四种著作，以及它们的各种版本，共计几十册书赠给了锦县图书馆，其中有各种版本的《八月的乡村》，以便家乡人民阅读，馆长宋力军同志接受了赠书。然后萧军又将《我的童年》《第三代》赠给了与会者。

在小组讨论期间，萧军和各个小组的专家、学者们一一见面，并和大家及家乡各文化团体的同志们合影留念。9月25日晚上观看了锦县评剧团演出的评剧《窦娥冤》。演出后，萧军和夫人及老友们向演员们表示亲切问候并合影留念。

9月26日，萧军和与会全体代表乘汽车赴萧军的出生地——下碾盘沟村参观访问，探望家乡故旧。在去下碾盘沟村的途中，在故乡的山岗上，萧军扶病登山，曾在恍惚记得的当年的那片荒野上寻找着母亲的墓地。然而，七十五年过去了，岁月如梭，山河已变，哪里还能找到一点点踪影呢？他坐在一块山石上，任秋风吹动着根根白发，默默地沉思凝视着……是呀，经过一生艰难坎坷的老人，此时此刻面对生他养他的故土，心里该有多少话要向母亲倾诉哇！可是，举目四望，山野苍茫，地老天荒，母亲哪！你到底安葬在哪里?！

不仅母亲的墓地找不到

萧军和夫人及老友们与演员们合影留念。中间的小女孩为本书作者闫鹏 1983年9月25日

了，就连当年畅想与萧红一同"骑毛驴赶集"的美好也不能实现了！此时此刻，这位一生历尽艰难坎坷的老人，现在面对着生养过他的故乡山河，他怎能不心潮起伏？

他像一尊石像，一动不动地默默地沉思、凝视……与会者不忍打扰老人家，大家都默默地关心地注视着，让老人家静静地徜徉在历史的风烟和无尽的怀念中

萧军坐在荒坡上，不知道自己母亲的坟墓在哪里 1983年9月26日

吧！让老人家把久藏内心的话向不知名字的母亲倾述吧！

这天，下碾盘沟村像过节一样热闹，男女老幼约一千多人涌上街头，热烈欢迎萧军和会议代表，并以萧军最爱吃的羊肉片粉汤招待大家。萧耘代表父亲和全家做了热情洋溢的讲话。

萧军热泪纵横，亲切地与乡亲们交谈，并将自己新近出版的几种著作和五百元稿酬赠给了村里，还与发妻许淑凡老人见了面……

东北三省在一年之内相继召开的"庆祝萧军创作五十周年学术讨论会"，是遵循党的十二大精神，本着"百花齐放，百家争鸣"的文艺方针，以萧军的文学创作为重点，围绕总结萧军的创作道路、萧军作品的思想艺术价值及特色和他在中国现代文学史上的地位、贡献等问题开展的文艺研讨会。与会代表广泛地交换了意见，展开了热烈的讨论。与会代表一致认为：萧军是20世纪30年代涌现出来的东北作家群的领军人物。他从少小就富有正义感，青年时期开始孜孜不倦地追求国家的独立、民族的解放和没有剥削没有压迫的美好社会。当他找到中国共产党以后，几十年如一日，忠心耿耿，把自己的命运同党的事业紧密相连，从无懈怠。他追随"五四"新文学的伟大旗手鲁迅先生，努力探索，辛勤创作，对新文学做出了多方面的重大贡献。

五十年来，他虽处巨变，临奇险，但气节却从不可夺；对中国共产党的信任和对共产主义的信仰从未改变。他的作品无论是小说、散文，还是戏剧、诗歌，都深深地植根于东北大地，鞭挞旧社会的黑暗，揭示人民的苦难，表现人

民的反抗精神，为中国现代文学史留下了璀璨的一页。总而言之，是时代哺育和造就了萧军，萧军也是属于整整一个历史时代的。他五十年的创作历程和所取得的成就清楚地表明：他不愧是一位"具有民族气节的革命作家"。

为了积累和交流会议成果，弘扬萧军和他作品的精神，吉林大学、黑龙江大学、辽宁大学社会科学学报编辑部将会议论文编成《萧军创作研究论文集》并公开出版发行。

1984年3月6日，北京市作家协会在北京民族文化宫宴会厅隆重举行"萧军文学创作五十周年庆祝大会"，在京各大机关、新闻和文艺单位、大专院校共计三百多位领导、专家、学者参加了会议。雷加主持会议，阮章竞、周扬、丁玲、胡风、冯牧等同志做了感人肺腑的发言。会场气氛十分热烈。

北京市作协主席阮章竞首先在会上致辞："综观萧军同志整整半个世纪的文学创作活动……不愧是一位具有高尚民族气节的革命作家。萧军同志坦率直爽，是我们党的一位刚直不阿的好朋友。我们庆祝萧军同志文学生涯五十年，就要学习他高尚的民族气节和坚定的革命信念，学习他在任何条件下勤奋创作的刻苦精神和坦率直爽的可贵品格。在这美好的日子里，我们真诚地祝愿萧军同志健康长寿，为人民写出更多更好的作品。"

周扬同志亲自到会祝贺，表明了两位老文艺战士已经尽释前嫌。周扬略带歉意又颇具哲理意味地说："认识一个人得经过长期的考察，认识自己也是这样，也不是一下子就认识清楚的，得经过长期的考察，甚至要经过长期的折磨，才能够认识一个人。我和萧军同志的认识经过几十年啦，我们的友谊也可以说是在特殊条件下的友谊，我是很珍视这种友谊的，因为过去我们缺少这种友谊，这种友谊就更加珍贵了。对于萧军同志，我现在不只了解了他在创作上的贡献，而且更了解了他的为人刚直不阿。所以我今天很高兴来向萧军同志祝贺，诚心诚意地祝贺！我不只代表中国文联，也代表我个人向萧军同志祝贺！"

丁玲在发言中高度评价了萧军的成名作《八月的乡村》。她说："《八月的乡村》是一部不朽的作品，是打不倒的！那时候有些人对《八月的乡村》有意见，这些人眼睛看得太浅了，只从那里挑毛病。……那时候，'左联'是很沉寂的萧条的，鲁迅是很寂寞的，在那样的时代，《八月的乡村》这部稿子拿出来了，怎么能够不令有心的人，有感情的人，对革命忠诚的人感到高兴呢！所以我说，鲁迅不是从他个人的欣赏，个人的喜爱出发，不是因为萧军找了他，而是鲁迅认为这样的作品是这个时候最需要的作品！所以鲁迅花了那么大的力气帮助这部作品出版，而且亲自写了'序'，这绝不是萧军个人的事。鲁迅先生是充分重视这部作品将会产生的深远影响和重大意义的。我希望，我们现在的文学作品，要像《八月的乡村》那样，及时地反映时代，及时地反映人民的愿望和意志！"

萧军的亲密战友胡风老人，虽健康状况很不好，但还是在夫人梅志和女儿晓风的搀扶下来到了会场。他实在无力讲话，写了书面发言稿子让女儿晓风替他宣读。他说自己先读了萧红的《生死场》的原稿，以后又读了《八月的乡村》，他觉得两部作品"生活内容和斗争气魄虽然有所不同，但生活和斗争的实感以及求真精神和现实主义的风格都是一脉相通的"。接着，胡风回忆了《八月的乡村》当年出版和流传的情况以及与张春桥等内奸围绕《八月的乡村》所展开的斗争。胡风说："这样一个张春桥，直到革命胜利后的二十多年，还结成了以他为军师的篡夺了党和国家大权的'四人帮'，在粉碎这个凶恶黑帮的大斗争中，还是以鲁迅先生的《三月的租界》打开了缺口的。而鲁迅先生在20世纪30年代那次先驱的战斗，是以萧军的诚实的追求和辛勤的劳动为根据的，只有凭着诚实的追求和辛勤的劳动才能走过了这么长的五十年的道路。"

这次会议后不久胡风就逝世了，但老友这个书面发言使萧军久久难以忘怀。

在冯牧、刘绍棠发言和北京市作协副主席雷加进行总结后，全场鼓掌欢迎萧军讲话。只见他站了起来，满含热泪发表了感想，他说：

> 我感情很激动……激动的是在今天这个会场上，遇到这么多老朋友，新朋友，很不容易，很不容易呀！
>
> 我今天来参加这样的会，算是第四次（前三次指东北三省的萧军创作生涯五十年研讨会）了。……在这里，我既没有什么骄傲，也没有什么自卑的感情。我是作为一个中国人，一个中国人民的子孙，在那个年龄，我要做的、能够做的，我都做了，我也不说是我做得不够，我也不说是我做得有什么骄傲，这是我的本分。
>
> 我的人生目的，我可以这样阐明一下：第一，我要求得我们祖国的独立，在今天来讲，我们祖国独立了。第二，我要求得我们民族的

解放，今天我们民族解放了。第三，我要求得我们人民的翻身，今天人民翻身了。第四，我要求得一个没有人剥削人、压迫人的社会制度的出现，今天我们的社会已经以法制的形式出现了。我的人生四个目的都达到了。

人民，对我这种热情和评价那是至高的，我衷心地感谢！记得我少年当兵以前写过一首诗："读书击剑两无成——读书，我没有读好，击剑，我也没有击好，两样都没有做好。空把韶华误请缨——那时我正当兵，是请缨了。但得能为天下雨——只要能做天下的雨，白云愿自一身轻——云彩嘛，下完了雨就完了。

由此，诸位可以看到我年轻时是多么狂妄多么自负，但是我对这狂妄和自负也没觉得有什么不好意思……①

萧军话音未落，全场为之喝彩和鼓掌，欢笑一堂，他的潇洒、超脱、无惧无求的精神品格，感染了每个人，令与会者为之倾倒！

七、我国第一个在世作家资料室——萧军资料室

记得萧军曾说："历史是无情的，现实是严峻的，人民的眼睛是雪亮的，人民的评价是公平的。"对于向人民奉献了近一千多万字、给家乡增光添彩的"有民族气节的革命作家"，历史必将给他以应有的地位，家乡人民必然给他以极大的珍视。

1986年9月，在各级领导和专家、学者、萧氏全家的大力支持下，锦县图书馆经过三年多的努力筹备，"萧军资料室"在新图书馆大楼第四层落成了。著名书画家黄苗子为萧军资料室题写了匾额，北京市文联、作协共同捐资，中央美术学院著名雕塑家张德华教授为萧军雕塑了铜像……萧军资料室里的所有珍藏，都是萧军无偿献给家乡的，并于1986年8月26日，由萧耘、王建中押车运抵锦县。（详见附录二：宋力军《萧军纪念馆建馆追记》）

这批珍贵文献有萧军已出版发行的全部著作；有萧军数百万字的手稿，其

---

① 阮章竞、周扬、丁玲、胡风、雷家、萧军发言均见王德芬《萧军简历年表》，梁山丁主编《萧军纪念集》，第840—845页。

1986年4月23日晨，萧军第三次回故乡，带来黄苗子手书"萧军资料室"。并在锦县图书馆新馆，与县领导研究建馆、建室的相关工作

中《八月的乡村》手稿是萧红抄写的；有萧军与毛泽东、邓小平、彭真、董必武、鲁迅、萧红等来往信函；有萧军创办并亲任主编，于1947年5月4日在哈尔滨创刊，到1948年11月2日被迫停刊，一共发行了计八十期的《文化报》（正式发行七十二期，另有半月增刊八期）；有萧军多年搜藏、保存的孤本、绝版的报刊、线装书籍；有宋、元、明、清的古字画、文玩、玉器；有外国著名文学家、艺术家、友好人士赠送的礼品；有国内外萧军研究的文字、录音、录像、图片资料等等达四千余件。

那是1986年的中秋节，辽西走廊的明珠之城——锦县大凌河镇，天蓝水碧，菊蕊流金。大街上彩旗飘飘，花团锦簇，全城呈现一派节日般的喜庆景象。"锦县图书馆暨萧军资料室落成典礼"大会在锦县图书馆新建大楼举行。来自全国各地的作家、学者，各方领导二百多人参加了盛会。这是中国现当代文学史上一次空前壮举，是萧军和文学家们及故乡人民的盛大节日！各方领导和与会者都表现出极大的关注和热情。中国文联，中国作协，北京市文联、作协，辽宁省文联、作协，辽宁省文化厅，省社科院的领导来了；萧军和夫人及子女们来了；萧军的一位位老朋友来了；著名作家、评论家和相关院校的教授来了；各方媒体的编辑、记者来了……真可谓少长咸集，群贤毕至。

萧军资料室落成之际萧军与辽宁省、市、县文化部门领导合影。前排左起：张恩华、萧军、刘孝炎、周海婴，后排左起：刘东培、易仁寰、王春森、刘福庭、宋力军

会场四周挂满了装裱一新的贺诗、贺联、贺画，那盛不下的友情和贺赠给会议增添了更加红火热烈的气氛，翻腾起喜悦的浪潮。

当省、市领导为图书馆和资料室剪彩，萧老和黄苗子题写的牌匾挂出时，全场欢声如雷。锦县主管文化工作的副县长王春森致开幕词后，锦县第四小学五十名花枝招展的少先队员，手捧美丽的鲜花，向萧军爷爷、向大会做了精彩的献辞。鼓乐齐鸣，童声朗朗，孩子们深情地表达了对为祖国立功、为人民立言的中外闻名的革命作家萧军爷爷的深深敬仰。他们朗诵道："尊敬的萧爷爷：／您是挺拔的青松，屹立在辽西大山上；／您是碾盘沟里的石头疙瘩，摧不垮打不烂，忠耿无私的美名四海传扬！／……您脉管里流淌着凌河村农民的骨血；／胃囊中消化着辽西沙土地的大豆高粱。／您的作品展现着人民反帝反封的刚强，／承载着烽火东北的沉重与沧桑……／您热血融为墨，以笔做刀枪！／在那血雨腥风的战斗年代，／您不畏惧杀头坐牢汗流血淌；／在和平年代您忍受那不该得到的心灵巨伤！……／您'胸藏万汇凭吞吐'，／笔有千钧任抒张！／您是文学之子，正义之子，东方之子！／故乡因您而骄傲，／我们因您而欣狂！／我们看见：在现当代文坛耸向蓝天的一座座山峰，／有一座就是您——我们的萧爷爷，令我们世世代代景仰……／您把自己的全部作品献给了家乡，／让我们从小就能饱受您文学雨露的滋养，／畅游您品德、才华的长江！／我们学习您：正气浩浩，铁骨铮铮，不阿不屈无媚骨，忠党爱民奉炎黄！／为了继承您这笔宝贵的文学财富；／为了再创祖国的辉煌，／我们一定好好学习，天天向上……／祝萧爷爷，祝与会的诸位爷爷奶奶，寿比南山松不老；／文如东海水流长……"

红领巾们情真意切，话语甜甜，加上优美动听的配乐，使萧老和与会者都被感动得泪光闪闪，心旌摇荡……

与会的各方领导祝词、讲话后，时任锦县图书馆馆长的宋力军同志做了建馆、建室经过的汇报。萧老被鲜花和掌声相拥着健步走上讲台，他激动得热泪盈眶，抚今追昔，讲了他的感受和对家乡的谢意。

萧军资料室展厅迎门屏风

共捧圭璋玉璧，文坛齐赞萧公。与会者更是有感于萧军对党、对祖国胸怀坦荡、忠贞不贰的品格；有感于他与人民血肉相连、息息相通的爱心；有感于他的文品与人格的统一。大家纷纷发言，朗诵自己赞扬萧军的作品，如中华诗词学会副会长、辽宁省诗词学会常务副会长、秘书长，著名作家、诗人姚莹先生即席赋得七绝九首，其中一首是："文武兼长气若红，夺人最是骨铮铮。身经水火刀兵后，赢得诚忠直正名！"会议上每个人的发言讲话都是那样精彩感人，博得一阵阵的掌声。

会后，大家参观了设在图书馆大楼第四层的"萧军资料室"。它包括展览厅、资料库、接待室、办公室等。展厅的门上高悬黄苗子的手笔"萧军资料室"的牌匾。进入展厅，迎面有一幅高大的紫红色金丝绒屏风，屏风上镶嵌着萧军满含微笑的巨幅照片和几行烫金大字，是萧军手书五十年前创作的那首言志诗。东墙上挂着萧军的油画像、"萧军足迹图"、"下碾盘沟村鸟瞰图"，与之相呼应的是"萧军故居沙盘模型"，完全按照萧军《我的童年》中所述制作，再现了辽西农村民居的历史风貌。

萧军在萧军资料室中的"萧军工作室"。二十四史就在挨墙的书箱里 1986年9月18日

展厅西南角上设置着"萧军工作室"，这是按其在京的故居工作室原貌，用萧军曾经用过的实物布置而成的。有萧军生前专用的写字台、太师椅、二十四史书籍、文房四宝等等。紧靠西墙有三个展柜，内中陈列着了萧军出版的主要著作，还有萧红用自己的稿费给萧军购买的土红色鹿皮

外套和高加索绣花上衣，以及萧军习武、健身用过的刀剑、棍棒和一些器具等。展厅的南面和北面的窗垛上分别挂着萧军各个时期有代表性的历史留影照片。

展厅中央设有"E"字形展墙和十八张展桌。中组部、中宣部《关于萧军同志问题的复查结论》放在最前面，然后是"前言"。展览内容分为《萧军的文学生涯》和《游子故乡情》两大部分，以大量的图片、实物、文字、模型，介绍了萧军的生平和创作道路，以及他对故乡的拳拳深情。具体生动地揭示萧军一生不懈的追求和艰难坎坷的生活历程，集中展示了这位"东北抗日汉，文坛坎坷人"爱国爱民、刚骨一身的无私品格。

展厅四周遮光用的窗帘是萧耘亲自选购的东北麻花布，深蓝色底配上白色的花，为展厅增添了几分古朴、简洁、高雅。

资料库收藏了萧军的手稿，不同时期的作品版本及研究资料。无疑，它既是故乡人民对萧军的纪念，也是研究萧军及东北作家群创作的宝库。萧耘同志自愿做了第一届解说员，萧老自己一边看也一边为大家做讲解。

晚饭后在图书馆三楼大厅召开了"中秋赏月联欢会"，先由锦县评剧团的演员演出几段折子戏，后来的节目几乎全被"萧家班"包场了，吹打弹拉唱无一不能，老少皆上场，人人有绝活，让与会者赞不绝口，兴奋不已。诗人们赞美说："月到中秋圆复明，一楼歌舞敬萧翁。大家儿女高才调，不信嫦娥不动情。"

萧军资料室是我国第一个在世作家资料室，《人民日报》等二十几家新闻媒体都对此做了重要报道，新华社还向国外发了专稿。嗣后，锦县图书馆萧军资料室，迎来了全国各地的萧军和东北作家群研究的专家、学者以及参观的干部、群众、大中小学的学生。萧军资料室不仅为研究者创造了得天独厚的研究条件，而且成为名副其实的爱国主义教育基地。

1988年5月，萧军资料室单独建制为锦

萧军被锦县第四小学聘任为名誉校长。本书第一作者闫鹏向萧老献花后，老小亲切交谈。王建中摄 1986年9月19日

凌海市萧军纪念馆新馆外景（萧军纪念馆提供）

县萧军资料馆，宋力军任首任馆长。萧军仙逝后，县委、县政府决定将萧军资料馆列为文博系列，并向有关领导部门递上了请文。1988年10月，宋力军调任锦州市工作，接任她的马劲宇同志积极努力，1989年6月29日，萧军资料馆正式更名为"萧军纪念馆"。后来彭真同志为纪念馆题写了馆名。

经过1995年和2006年两次改建，萧军纪念馆新馆建筑面积三千五百平方米，占地面积两千二百平方米，展厅面积两千八百平方米。新馆设计比较新颖，建筑风格比较独特，而且设施齐全。内部设计借鉴了国内外先进博物馆、纪念馆设计理念，将现代化展示手法和高科技展示技术相结合。设有萧军生平厅、文物收藏厅、音像资料厅等十多个展厅。现在的萧军纪念馆已经成为一座蕴含浓厚文学气息的标志性建筑，集展览、收藏、学术研讨、观光旅游于一体的综合性文化场所，是全面展示著名作家萧军人生轨迹和创作道路、思想风格的一座主题性纪念馆。萧军纪念馆较早地被评为爱国主义教育基地，并被辽宁省列为第一批省级红色之旅建设工程，国家AAA级旅游景区。还被列为辽宁省爱国主义教育示范基地、锦州市爱国主义教育基地以及一些大中小学的爱国主义教育基地、学习实践基地、德育教育基地等等。

第十章 屹立在凌河畔的丰碑

一、萧军最后的时日

1987年4月28日至5月16日，半个多月的港澳之行，萧军这位八十岁的作家代表团团长，每天从清晨忙到深夜：开会、座谈、参观访问、接待各方人士和记者来访。尽管劳累，睡眠不足，但仍然神采奕奕精神头儿十足，未表现出丝毫的倦意。谁也不会料到，这竟是萧军人生旅途的辉煌终结！恶性肿瘤已经开始侵袭着这位关东硬汉。回京的当日，细心的二女婿王建中在为他倒便桶时发现了端倪——"柏油便"……

5月28日，萧军在家人的陪同下入同仁医院，6月10号确诊为"贲门癌"，而且是一种非常险恶的"低分化腺癌"，菜花状，发展很快……对这种恶性肿瘤，及早手术切除是较好的医疗方案，但由于萧老年纪大了，又有心脏病、高血压、糖尿病，加之老人家身体很胖，手术后贲门和胃部的缝合难度会很大。天气又十分炎热，难免刀口感染。再说，八十岁的老人，手术台上发生险情也是不可排除的，这一点必须要考虑进去……儿女们经讨论、研究、商议的结果是先保守治疗，采用气功疗。在彭真、伍修权等领导的关心下，萧军住进了医疗条件比较完善的海军总医院。

入海军总医院后，各项检查进行着，尽管气功做了几次，但感觉都不够灵敏，可萧老对气功师的诚恳治疗态度和辛勤劳动一直很尊重，总是说："谢谢您了！谢谢！"

萧老一直张罗着出院回家，为了让他配合治疗，儿女们决定责成萧耘把实情告诉他，因为瞒是瞒不住的，"他是个太敏感的老人，偌大岁数，耳聪目明；

察言观色，机敏得让人吃惊！他那双眼睛更是，正气得使人藏不得半点龌龊，只有坦诚对坦诚……"①

当萧军知道自己病情真相的时候，同时也明白了人生的终点离自己很近了。对于死，萧军从来都是毫无畏惧的。他自己曾多次阐明：我不过是碾盘沟里的一个"石头疙瘩"，大不了变成粉末罢了。我一生追求的四个目标在中国共产党的领导下，全都实现了；我该写的都写了，我该说的都说了；我的孩子们也都长大了。因而，我即使死了，也没有什么遗憾的了。人哪，"死也要死的艺术！死得有气派！"②他还对子女们说："一个人为自己而生、而生活就会苦恼，处处会碰到死角！一个人为社会而活，前赴后继是自然规律，就会乐观，如同鲁迅先生，仍活在人们心中！"③

1987年6月18日，即农历五月二十三，是萧老八十岁生日。五年前，几位老友，陈隄、方未艾（方靖远）、梁山丁等就约好一起来京相聚，为萧老庆贺八十岁寿辰。因为萧老患病，儿女们决定6月21日周日自己家人小聚，就不惊动亲戚朋友们和作家协会领导了。可是，北京市委宣传部，中国作协，北京市文联、作协，北京电化教育馆，鲁迅博物馆，中国现代文学馆，东北三省等地的朋友们都"闯"上门来了，萧军资料馆馆长宋力军还带来了锦州市委书记王宝纯代表家乡人民，为萧老亲书的条幅"寿尔康"和斗大"寿"字。

经医院主治医生特批，给了萧老二十四小时的假。夫人王德芬和子女们热情地接待大家，告诉诸位说，萧老一大早就起床了，坚持自己收拾房间，挂上自书的条幅："篆筋隶骨行为体，超于象外得环中"。从八点多钟开始，萧军就亲自接待客人，特别是那些喝过延河水的老朋友们。彭真同志派秘书送来了特制的生日大蛋糕。书法家、画家、作家、教授、学者、名流送来的贺诗、贺联、贺画，琳琅满目，屋里屋外弥漫着墨香。

这天，什刹海微浪拍岸，芙蓉池清风徐来，在古柳蔽天的鸦儿胡同6号的小楼里传出一阵雄壮激越的歌声："风在吼，马在叫，黄河在咆哮！黄河在咆哮……"萧老和几十位老者庄严地肃立着，引吭高歌，就像当年一样潇洒、英武！

---

① 萧耘、王建中：《写给父亲爱的记忆》，第7页，中国书店，2010年。
② 萧耘、王建中：《写给父亲爱的记忆》，第2页，中国书店，2010年。
③ 萧耘、王建中：《写给父亲爱的记忆》，第13页，中国书店，2010年。

萧老拿出一柄用炮弹壳制成的大手杖亲吻着，并让大家传看着。这是老山前线的将士们送给萧老的生日礼物，太珍贵了！它让萧老感受到了作为一名老战士的自豪和骄傲。

原来1986年的夏天，老山前线的青年军人们，在潮湿的"猫耳洞"里创办了自己的"和平鸽诗社"。1986年6月10日，当他们将创刊号几经辗转，传到他们景仰的老作家萧军手中的时候，有的诗作者已经在惨烈

萧军手捧老山前线将士们赠给他的80岁生日礼物——用炮弹壳自制的手杖 1987年6月21日

的战斗中牺牲了……萧军手捧"和平鸽诗社"创刊号，这用硝烟与热血写成的诗，使他热泪滚滚，当即挥毫洒墨，为新一代保卫和平的壮士们，即全体指战员写下赞颂的诗句：

为老山前线《和平鸽》诗社题

允文允武允真诚，为国为民作干城。

百历艰辛忠大道，英雄至斯更英雄。

（《萧军全集·14卷》第615页）

萧老还请在新疆的老友，"民歌之王"王洛宾老先生为战士们的诗歌谱曲……

21日这天，萧老格外高兴，他站在锦州市委书记王宝纯的题字前让萧燕给他拍照留念，他向众人说："这是我家乡父母官代表我的父老乡亲们给我写的，一字千金哪！"他又向宋力军询问：眼下锦州的庄稼长势怎么样？还向大家解释说："我那辽西老家好干旱，还常下雹子！"当宋力军告诉他说，今年雨水勤，庄稼长势喜人，特别是西北山区今年没旱情时，老人家朗声地笑着说："好！这就好！"然后，他让萧耘拿出自己率团出访港澳的照片，请宋力军转交家乡领导，并祝家乡五业兴旺，人民生活步步高！还让宋力军转交他为向他索文求字的家乡领导、各方人士书写的条幅……

萧老在人世上最后一个生日，竟过得如此精彩，确实与众不同！

党和人民关心萧军，千方百计挽救这位老作家的生命。全国人大常委会委员长彭真、海军政委李耀文等，在百忙之中亲赴医院探望萧军，中国作协、北京作协全力以赴，北京医疗界的著名医生，同仁医院、海军总院的相关医护人员也都为这位老作家的康复呕心沥血，儿女们更是精心陪护……

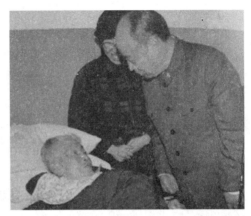

彭真同志到海军总医院探望萧军 1988年2月3日

他们尝试了气功疗法、滴"干扰素"，1988年3月2日进行了手术，并对术后的萧军进行了特护……

但是，萧军的病情仍然每况愈下……

癌细胞大面积转移，无情地吞噬着萧老的生命。在一年多的时间里，萧老与病魔进行了顽强的斗争。后期，由于饮食困难，每天输液，滴的抗生素的剂量在不断增加，往往一次输液就是十八九个小时。再后来，由于血管越来越干瘪，扎针竟找不到可用的血管。两只手、两只脚，统统地扎了一次又一次，换了左边换右边，渗液、起包，青青紫紫，四肢没有一块好皮肤。当扎针的护士急得双手颤抖，一个劲儿心疼地带着哭声说："气死人了！真对不起！萧老，让您挨了这么多针……""是我的血管长得不好哇！"他不仅不哼一声"疼"，而且还安慰、鼓励着扎针的护士。他以惊人的顽强抗争着病痛。

在医院里他每天仍然坚持学习——"天天读"，生活很有规律，晨起听中央人民广播电台新闻，自己看报纸；翻看、处理友人

海军政委李耀文于海军总医院探望萧军 1988年2月27日

们的书信；还让轮班护理他的儿女给他念一些文章；接待国内外来访的朋友和新闻媒体；常与探望他的老友及医护人员亲切交谈；给曾经向他索字的报纸杂志、出版社、书店、读者、集邮爱好者及老友新朋们"还字债"（给在住院前曾向他索字的人们题字）；还辅导朋友的晚辈如何做作文；关注病友们的安危；思念在海外学习的次子萧燕，给他录音说："如果你们一家在国外生活得太为难的话，就归国吧！人，不能没有祖国呀！"他常与子女、孙辈倾吐肺腑，留下了许多警句箴言，直到弥留之际……

在极度的病痛之中，他还关心着要节约医药费。他告诉医护人员，不要用价格昂贵的药品，花公家的钱，他心疼啊！他说："公家的钱从哪来？还不是人民的钱吗！"萧军的开朗乐观、无私精神给医护人员的感触极深。

1988年2月3日晚七时许，由锦州开往北京的列车携带着锦县人民对家乡著名老作家萧军的隐忧与思念，驶进了浓墨般的暗夜……

"萧老病了！"当这不幸的消息传到大凌河畔的时候，家乡父老的心都被紧紧地牵动了。县委、县政府责成副书记韩中贵、副县长王春森、县委宣传部部长卫明元以及县文化局、县文联的负责同志，代表全县人民去北京探望正在住院治疗的萧老，萧军资料馆馆长宋力军同志随同前往。

5日下午，家乡来人去海军总医院看望萧老。他们轻缓地推开房门，只见老人家躺在床上，清癯、苍白，只有那双深陷的眼睛仍旧炯炯有神。他一看到家乡人，眼中的光显得更加明亮。没等介绍，老人家已起身向大家致意了。县领导同志热情地上前问候萧老："家乡人民非常惦记您，听说您身体不适，特意让我们来看望您！"宋力军告诉萧老："县委正开常委会，听说您病了，会议都停开了，韩书记、王县长带着我们专程赶来北京看望您……""向家乡父老乡亲们问好，祝家乡龙年腾飞万里！"老人家非常激动，热泪盈眶地说。他的声音还是那么淳朴、浑厚，如果不是在这散发着药味的雪白的病室里，听着这健朗的声音，谁还能以为他是个病人呢？然而，无情的事实是：老人家患了药石不治之症，每日靠药品、血浆和顽强的毅力在同病魔搏斗着。

萧老的二女儿萧耘告诉大家，萧老非常想念家乡，想念辽西。他走过许多国家、许多地方，怎么比还是觉着家乡好。萧老深情地接过话题说："等春暖花开的时候，我还要回家，碾盘沟的每一棵草、每一块石头都和我有感情！我怀念那小城啊，土亲人更亲！"说到这里，他眼中的热泪竟流向了腮边，他哭了，哭得很伤心……

"好，家乡人民欢迎您！到时候我们来接您！"县领导诚恳热情地安慰萧老说。可谁也不敢多说一句，因为张嘴就落泪……

"不！"萧老屏住泪水执拗地回答，"不用接，我自己去！"

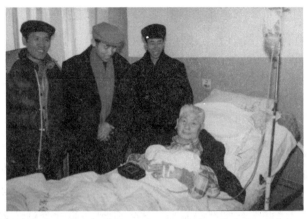

家乡领导探望萧老　左起：王春森、韩中贵、卫明元　1988年2月5日

"胡马依北风，越鸟巢南枝。"萧老不会忘记，八十年前的那个风雨凄迷的夜，自己出生在那贫瘠荒凉，然而民风强悍的山沟里，他吸吮着家乡苦涩的乳汁，那粗粝的水土，铸造了自己铁骨铮铮的性格，是辽西给他上了人生的第一课。他从这荆天棘地的荒谷中走出来，怀着报国报民的愿望，在白山黑水间闯荡，在抗日的风雨中搏击……从他的《八月的乡村》到《第三代》，哪里不见家乡的山水、家乡的人民哪！他对故乡怀有刻骨铭心的依依深情，他怀念家乡的山山水水，关心故里的人民生活，故乡的一切都牵动着他的情愫，"每一思及，未尝不忠心耿耿焉！"他复出后，满怀拳拳深情，接连四次回故乡，把自己的所有著作、所有珍藏都无偿献给了家乡人民……

随着病情的一天天加重，他清楚地预感到，死神叩门的时刻就要来了……1988年5月14日，萧军召来了全家人，郑重地进行了一次谈话，立下了遗嘱。他特别谈道：自己笔耕六十年，积蓄仅有四千元，决议全部捐给锦县萧军资料馆，"买买邮票之用吧！"[1]

5月22日，东北挚友到医院探视，还带来了其他老友的慰问信，萧老非常感动，用他颤颤抖抖的手写下："大家关心我，我关心大家，如此大吉！"[2]

6月8日，他向二女儿萧耘和女婿王

---

① 王德芬：《我和萧军风雨50年》，第346页，中国工人出版社，2004年。
② 王德芬：《我和萧军风雨50年》，第348页，中国工人出版社，2004年。

建中正式下达了"委托书"，不仅郑重地钤印，还用颤抖的手签上自己的名字"萧军"两个字。并叮嘱萧耘拿到公证处去公证，要多复印几份，再送到《文艺报》去发表……以正视听。当他完成了这一切，脸上露出了轻松的表情，如释重负般地躺了下来，长长地平舒了一口气。《委托书》全文是：

委 托 书

我是一个文艺作家，从事写作生涯的近六十年来，为人、为文的目的就是：求得祖国的独立；求得民族的解放；求得人民的翻身；求得一个没有人剥削人、人压迫人的社会制度的实现。如今这目的基本都达到了，以我所处的那个时代，以我那样的年龄，无论用笔、用口以至用手，该做的、能做的，都做了。我没什么遗憾，也没什么骄傲。我在病中，有几件事要责成我的二女儿萧耘（她是作家协会派给我的秘书）和她的丈夫王建中来完成。

首先，是我的《日记》。虽然它已经不完全了，可是在那里真实地记载了我的一段人生奋斗的历史过程，我珍惜它们。此后我所存下的这批《日记》，就全部交由他们二人保管和处置。任何人无权随意动用或以任何借口毁坏它们。

其次，是有关我的一切手稿，各种版本的原著、图片、资料、信件、书籍（藏书和赠书）、文物（包括文具、砚台、瓷器、佛像、香炉、印章、古今墨迹书画、宝剑等）和亲人、朋友们馈赠的玩具、摆设、纪念品及我所用过的器物，也全部交由他们掌管。能保存就保存；该捐赠哪里，捐赠哪些，捐赠多少具体则由他们商定。谁也无权任意扣留和变卖。

第三，就是我的"文集"。能出版则出，不能出版也不要勉强。关于我的事业，他们一直是热心的，一直是出力的，也较比其他儿女们更熟悉些，这件事也全权交给他们夫妻管。至于改编我的作品拍电影、电视、戏剧一类，我希望他们不介入，不要参与这些工作里去，要洁身自好。

第四，凡与我有关的版权、版税、稿酬一类的事宜、款项，均由他们负责。钱款全部作为萧军研究之用。

第五，关于我的故乡——辽宁锦县——已建成的萧军研究室，争取把它进一步完善吧。建中和萧耘也应该兼任一定的负责工作，再接再厉，依靠当地的党政组织，辅佐那里的负责人宋力军同志把工作做好。团结东北作家和研究者，要做到任劳任怨。

第六，对王建中我是把他当子女一样看待的。二十几年相处，我相信他的品质和办事认真负责的态度。我完全相信他和萧耘一起能把我委托给他们的工作尽力地做好。

萧军

1988年6月8日

于海军医院606

委托书①是萧军留在世上的最后一份文件，也是他最后一份心愿。而委托书上的签名则是萧军留下的最后的墨迹。萧耘、王建中果然不负萧军之托，萧军逝世后，立即双双提前办理退休，全力以赴、不眠不休地整理萧军遗作，经过千辛万苦，在萧军百岁诞辰之际，由萧耘、王建中主编的二十卷《萧军全集》终于面世了，这九百多万字的皇皇巨著为祖国文化宝库留下了灿烂的萧军传章。

6月10日开始，医院派护士对萧老开始了特殊护理。可当护士长带领七八个护士早巡视时，萧老却不让护士小刘和小王进他的病房，因为她俩是孕妇，萧老怕他用的麝香会影响她们腹中的胎儿……

萧老还要求陪护的儿女们绝对要遵守医院的规章制度；不许提任何过分的要求；要爱护公物；要讲究环境卫生；不允许在医生查房时随意插话；等等。自己已经生命垂危，还处处为别人着想，这是一位多么品德高尚的老人哪！

二、人品文章标青史

1988年6月22日凌晨零点五十分，萧军同志与世长辞了！"既无遗憾，也无骄傲"地静静地合上了双眼。到"黄泉拜见"他终生爱戴的鲁迅先生，去"将

① 萧耘、王建中：《写给父亲爱的记忆》，第255—256页，中国书店，2010年。

赤胆奉尊前"了。亦如他自己曾平心静气地说过的："我活过了，我反抗过了，我追求过了，活得值个，活出了一个生龙活虎的自己！"然而，中国文坛却失去了一位具有世界声誉的大作家。"他的逝世是我国文坛的重大损失"，迅即中央各新闻单位向国内外进行了报道，海内外报刊在显著位置上发表了数十篇悼念诗文。

1988年7月8日，向萧军同志遗体告别仪式在北京八宝山革命公墓礼堂举行。杨尚昆、李先念、陈云、彭真、万里、乔石、姚依林、习仲勋、宋任穷、田纪云、李铁映、李锡铭、胡耀邦、伍修权、康克清、巴金、赵朴初、谷牧、王忍之、周扬、冰心、夏衍、曹禺等同志及全国政协、中央统战部、文化部、中国文联、中国作协等单位送了花圈。芮杏文、阎明复、胡乔木、杨静仁、杨成武等党和国家领导人参加了萧军遗体告别仪式。

中共锦州市委、市政府、市政协、市文化局、市文联，中共锦县县委、县人民政府、县政协、县文化局、县文联、萧军资料馆等送了花圈。锦县县委原书记韩永山参加了治丧委员会，原副县长王春森等代表家乡人民参加了萧军遗体告别仪式。中共锦州市委原书记王宝纯还亲书挽幛："过去的年代艰苦跋涉奋笔耕耘举国怀豪士，八月的乡村我的童年忽成遗作故乡悼人杰。"八宝山革命公墓几千名群众挥泪送别了萧军这位坦荡一生的老作家（详见附录一：长工《萧军同志告别侧记》）。

萧军走完了他八十一年的坎坷路程。"纵观萧军的一生，是革命奋斗的一生，也是历经坎坷的一生。他始终坚信马克思主义，一贯拥护中国共产党的政治理想，以鲁迅先生战斗的硬骨头精神和治学为人的态度，指导自己的一切。他以求得祖国的独立、民族的解放、人民的翻身，建立一个没有人剥削人、人压迫人的社会制度作为自己为人为文的方向；他热爱祖国、热爱人民，执着于革命的文学事业。他的作品反映了时代的

萧军家属和亲友在告别会礼堂门前 1988年7月8日

精神、民族的命运，受到了广大读者的欢迎，影响了一代爱国的知识青年，为中国现代文学事业的发展，做出了重大贡献；他从不文过饰非诿过于人，他坦荡磊落、个性鲜明、无求无惧、铁骨铮铮，是我们党的一位刚正不阿的好朋友。"这是萧军治丧委员会对萧军的盖棺论定，也是历史对萧军的真实的、公正的评价！

设在萧家的灵堂 1988年7月8日

是呀，萧老走过了八十一年的坎坷人生道路，无愧无悔地休息去了。他在辛劳的一生中不屈不挠地建树了经天纬地的业绩。在风雨如晦的旧中国，他义无反顾地投身救国救民的伟大斗争中。他为了实现自己人生的四大目标，追随着鲁迅先生，紧跟着中国共产党，在白山黑水间战斗，在大雾弥天的上海滩拼搏，在延安宝塔山下奋战，在松花江边蒙冤，他用自己的一支笔为人民大众献出了凝聚着他的血汗、喷吐着忠诚火焰的九百多万字的皇皇巨著！人们不会忘记：作为一个身处逆境三十多年的作家，他是在著作出版完全无望，生活极端困难的情况下，在那不足四平方米的"蜗蜗居"里，以惊人的毅力，炼字著文……这是何等的无私无畏、丹心照人哪！

东北文坛，因萧军而光芒闪耀！中国现代文学史，因萧军而增彩添光！

萧军是从辽西的山野中走向中国，走向世界，走到自己生命顶端的。是家乡下碾盘沟的山野生活，人文环境，培育了他思想性格的特质：粗犷、豪放、豁达、刚烈，扶弱抑强、桀骜不驯，仇恨暴虐者，愿管不平事。几十年来，他以辽西人特有的执着、精勇对革命忠心耿耿，"虽九死而不悔"。他革命的一生为故乡赢得了荣誉，他的名字是故乡人的骄傲！

三、永恒的悼念——萧军墓和修缮后的萧军故居

按照萧军生前留下的"死后将自己骨灰放在下碾盘沟的母亲坟旁或葬在凌河公园"的遗愿，锦县人民政府决定在凌河公园建造萧军墓。1989年11月破土

动工，1990年6月22日，萧军去世两周年之时，举行了骨灰安葬仪式。从此，萧军实现了他最后的夙愿，永远安息在故乡的土地上，他的灵魂与故乡的山山水水融在一起，他的精神深深植根于家乡人民的心中。

坐落在故乡凌海市的萧军墓碑（凌海萧军纪念馆提供）

　　萧军的陵墓坐落在锦县凌河公园（现凌海市萧军公园）北部的密林深处，在绿地、青松的怀抱中。墓园占地八百平方米，地面全部用花岗岩铺就，墓园四周的护栏也采用花岗岩材石雕凿而成，墓地两侧由苍松翠柏组成围墙。墓园正中面积八十一平方米，象征老作家萧军终年八十一岁。墓园中央南面，竖着二米多高的墓碑，墓碑由碑体和基座两部分构成：碑体高1.6米，宽0.7米，是用一整块白色花岗岩雕琢的，前后都镶装着黑色大理石。"作家萧军之墓"几个行书大字的字体，是从鲁迅手迹书稿上辑字放大的，凹刻在正面大理石上。碑阴刻有墓志铭，全文是：

　　作家萧军（一九〇七——一九八八）本名刘鸿霖，笔名三郎、田军等。锦县下碾盘沟人。生前曾任第六届、第七届全国政协委员，中国文联委员，中国作协北京分会副主席等职。

萧军早年投身民族解放运动，九一八事变后开始文学创作，用笔唤起民众反满抗日。后，去上海，在鲁迅先生指导下，从事左翼文学活动，参加《海燕》《作家》《七月》等刊物的编辑工作。一九三五年出版的《八月的乡村》被誉为抗战文学的一面旗帜。萧军先后两次去延安，参加了延安文艺座谈会，毛泽东同志称他是"极坦白豪爽的人。"

一九四八年至一九八〇年，萧军蒙受不白之冤，在艰难环境下创作出《第三代》《五月的矿山》和《吴越春秋史话》等文学著作，丰富了祖国文化宝库，得到国内外读者们的敬重，他是鲁迅先生忠实的学生。

萧军同志的一生，是战斗、光辉的一生，虽历经坎坷仍光明磊落、刚直不阿。他对故乡充满深情；对党、对祖国忠贞不渝，是一位有民族气节的革命作家，是我们党的真挚朋友。

锦县人民政府

一九九〇年元月立

墓碑碑体立在花岗岩基座上，基座是用一整块棱角分明的花岗岩雕刻而成，图案装饰得简洁明快，线条洗练，体现着萧军的性格——刚正不阿。在基石下安葬着萧老的骨灰。

此碑北部约三米处立着高大的屏壁，也是花岗岩材质，一排整齐的浮雕图案嵌在屏壁上方，令人感到深沉、威严。屏壁底部是用凹凸不平的"蘑菇石"砌筑，象征着萧老粗犷豪放和倔强不屈的性格！萧老那首著名的言志诗，就刻写在屏壁中央："读书击剑两无成，空把韶华误请缨。但得能为天下雨，白云原自一身轻。"一行行仿萧军手迹的阴刻大字，使屏壁熠熠生辉。绿树环绕，浓荫掩映，整个萧军陵墓建筑得庄严、肃穆。现萧军墓已被定为锦州市级文物保护单位。[①]

为弘扬萧军的爱国主义精神，传承萧军思想和文化，繁荣萧军故乡的文化

---

① 凌海萧军纪念馆提供相关数据、简介及照片。

事业，更好地建设社会主义新农村，2006年10月，凌海市沈家台镇恢复、修缮了萧军故居。修缮者本着"以旧修旧""修旧如旧"的原则，使修缮后的萧军故居，古朴而凝重，有着岁月厚重的积淀，俨然一座整洁的农家小院呈现在瞻仰者的面前。

修缮后的萧军故居东厢房陈列着珍贵的照片和文字版面，翔实地介绍了萧军童年和青年时期多灾多难的生活……西厢房的陈列，让参观者了解到他青年之后的人生经历，了解到萧军是我国现代东北作家群的杰出代表、领军人物，是"鲁门弟子"，是闻名海内外的抗日大作家，是一位深怀民族大义、有着强烈爱国救民之心和坚定的共产主义理想信念的革命者。他以凛然风骨，留下了不朽的文学巨著。萧

修葺后的萧军故居（本书作者摄）

军又是撰写世界武装反法西斯小说的第一人。

复修后的萧军故居，萧军的半身雕像屹立在萧军故居的大门口，黝黑的石材，透着真实的纹理。这雕塑源于萧军高尚的人格、坚毅的风骨，把一位刚骨等身、英豪正气的萧军呈现在拜谒者的面前，展现出萧军是中国现当代作家中骨头最硬的一位，是为文者的骄傲与楷模！让人肃然起敬。

在萧军故居的北侧，兴建了以《八月的乡村》为主题的萧军文化广场，萧军的成名作《八月的乡村》的大型石雕屹立在广场正中。广场的南侧是一座别致的建筑，陈列着有关萧军事迹的一些展品。广场的西侧，大理石镶砌的文化墙上，刻着锦州市文联主席白雪生为萧军文化广场作的赋，洋洋洒洒的大赋赞颂了萧军一生为祖国、为民族所做出的辉煌贡献，同时深切地表达了故乡人民对萧军的缅怀和景仰。

2007年，在萧军百岁诞辰之

坐落在萧军出生地——下碾盘沟村的萧军文化广场

际，萧军故里——凌海市举行了各种纪念萧军的活动。7月2日，凌海市纪念萧军百岁诞辰文化节大型庆祝活动在县城隆重举行，邀请国内外专家、学者几百人参加了盛会；同时召开了纪念萧军百岁诞辰学术研讨会；拍摄、播映了《百年萧军》大型纪实专题片；成立了萧军研究会；原"凌河公园"正式更名为"萧军公园"；萧军纪念馆新馆正式对外开放；等等。辽宁省、锦州市十二家新闻媒体齐聚凌海，展开全方位宣传报道，助阵萧军故乡，弘扬萧军热爱祖国、热爱家乡的精神，和为人为文的高尚品质，为建设文明富裕的新凌海而努力奋斗。《锦州日报·艺苑大观》栏目，从3月至7月连载了宋力军、闫鹏的《人品文章标青史 百岁诞辰悼萧军》悼念文章十九篇；《锦州晚报》《辽西商报》等都做了萧军诞辰百年侧记系列报道。

"挺然一倔竹，雪里更苍青。久识天地心，从不怨风雨。"①

萧军同志虽然离开我们已经三十二年了，但他献给人民的文学遗产永留人间！他的人格和品质已成为一个传统永留人间！

萧军，从辽西大山走向文学世界！

萧军——永远是屹立在故乡人心中的丰碑！

---

① 管桦：《挺然一倔竹》，《人民日报》1988年6月22日。

萧军同志告别侧记

长 工

1988年7月8日，数以千计的人们向北京八宝山革命公墓礼堂聚集着、簇拥着，他们要最后再见萧老一面，为这位鲁迅先生的忠实弟子、文坛上令人崇敬的铮铮铁汉送行。

大礼堂迎面的门额上，高悬着"沉痛悼念萧军同志"的大字横幅，近五丈长的巨幅挽联从横幅的两侧自上拖地而下——

以正气还天地正道至今犹在
将身心献人民清名终古常留

《东北作家》编辑部送来的黑底素纸挽幛，嵌在大门的正中：

仗剑问苍穹血火铸忠肝侠胆八月乡村战未休长忆壮士歌啸余音在
挥毫驰疾电虚静获锦字华章十年坎坷身犹健最惜文星陨落风范存

过厅中大门的两侧，是萧老家乡辽宁省锦州市委书记王宝纯同志，受锦县县委、县政府、全县人民的委托作联并亲书的挽幛：

过去的年代艰苦跋涉奋笔耕耘举国怀豪士
八月的乡村我的童年忽成遗作故乡悼人杰

萧军同志的儿女们，护送着灵柩，将他们最慈爱的父亲，安放在大礼堂的花丛中。

他睡了，睡得那样的平稳、安详。人们静立着，唯恐惊扰了这位久经忧患、历尽风霜的老人。

他的眉，仍旧是不驯服地上扬着；双目微闭，一副假寐的神态；一柱鼻悬，挺立正直；短髭在微笑的上唇边横向一字排开；红润的面庞，一如既往……丝毫也显现不出顽疾折磨的痕迹。

最心爱的紫红色丝绒新疆小帽，放在头侧。依然是平日里所喜爱的式样。一身藏蓝色的外衣，宽松的灯笼裤。外出时片刻不离的竹杖，放在他伸手可以取到的地方；雪白的罩单上，落英缤纷，撒满鲜花。

灵柩的前面，是儿女们敬献的花篮，遗像的正上方悬挂着"向萧军同志遗体告别"的巨幅横标，冬青翠柏，生机勃勃。

党和国家领导人杨尚昆、李先念、陈云、彭真、万里、胡耀邦、乔石、伍修权、康克清、李铁映、倪志富、赵朴初、周培源……以及全国政协、全国文联、辽宁省委、辽宁作家协会等等赠送的花圈，排列在大厅的两侧。

礼堂前的空场上，挂满了挽联，在晨风中缓缓拂动。敬献花圈的名单挂在临时拉起的一道又一道的长绳子上。北京人文函授大学的周校长，终于找到了学校的名条，他敬重而又激动地说："这是代表我们全国三十五万学员怀念萧老！"

与萧老告别的规定时间还没有到，等候的人群早已把大厅前的空场充得满满的了。

他们庄重地在签到册上写好自己的名字，然后，便开始细心地拜读着萧军同志的纪念卡。

到底还是比预定的时间提前了！

人们，随着肃穆的哀乐声缓缓向前行进。走过去，看上敬爱的老人最后一眼，再近些，向这位坎坷一生、慷慨半世、自有豪情留人间的勇士敬礼！

芮杏文同志来了，他的嘴角紧闭着，深切地望着萧军同志的遗体，他不忍又看到一位老同志的离去，党再次失去了一位刚正不阿的好朋友。

阎明复同志来了，表情是沉郁的，他向着萧老深深地鞠躬致意。

胡乔木同志望着结交四十余年而今已成亡友的萧军同志遗容，无声地哀悼着。

杨成武同志，眼睛里噙满着泪水——他是同时代表着在老山前线与敌人刀兵相见的独生儿子赵文龙来敬谒萧老的。

杨静仁同志来了。

陈昊苏同志来了。

…………

中国作家协会的同志们，北京市委，市政府，市委宣传部、组织部，市文联的领导同志们都来了，他们握住萧老亲人们的手，紧紧地，紧紧地握着，还有什么语言能表达尽无限的情思呢？

朋友们见面了，没有了往日的寒暄，默默地点头招呼着——人们痛惜斯人！站在了萧老的夫人和孩子们面前，就再也控制不住地痛哭出声。

低沉庄严的哀乐，在大厅萦绕，悲伤的氛围压抑着每一个人的心，凭吊者的泪，止不住地流着。

"向中国文坛的传奇英雄——萧军同志致军礼！"清明透彻、情感挚深的心声。

香港东方文化发展中心的几位先生，静静地站立在萧老身旁，情思无限。他们悼念这位倍受尊敬的老顾问，他的人品和精神，值得后人永记。

"学鲁迅精神一生奋斗到底；走坎坷道路至死忠贞不屈"，北京鲁迅博物馆送来了全体同志钦仰、哀悼的真情。

锡金同志是萧老几十年的挚友，因患腿疾未愈不能南下吊唁，一幅电波传递的挽联恰恰为萧军同志的轩昂气宇、高风亮节深刻入神地做了一幅画像般的写照：

斯世颇有欲杀怜彼卑怯未尝介意
行文决不谀媚恃我大勇一贯忠诚

大厅里，照相机、摄像机，二三十架闪光灯不停地忽闪，抢下每一个镜头，拍下每一场感人的情景……记者们顾不上抹那挂满汗珠的脸，不时地擦着流向腮边的止不住的泪水和时时因心酸模糊了的眼睛……

家属的队伍，怎么一下子排了这么长？一直快到门口了，仍不见队尾！看吧，不少胸佩工作证的人已经又在使这队伍向长里延续呢！

确实，萧老子女众多，他艰苦地抚养他们长大成人，如今，老人家要"轻装前进"了，自然是众人相"送"，感谢老人家的养育之恩，报答老人家的抚育之情。第三代的孙辈们更是忘不了儿时绕着爷爷嬉戏笑闹的情景和爷爷对他们每个人谆谆教诲。

从巴黎飞回，为的就是再看萧伯伯一眼的徐三边，跪在萧老灵前泣不成声；甩下中医研究院的一摊子事，专从哈尔滨赶到北京的滕正乾是滕国栋的儿子，他为萧老施东北人的大礼，他，最钦佩萧伯伯的为人和胆识；扛着相机的冯羽，是哈尔滨牵牛坊主人冯咏秋的后代，他不停地拍摄着，记录下每一个重要的场面，表达着他的哀思，是萧伯伯鼓励他，继承父志全心全意为人民服务的；苟令莱，始终是把萧老视为亲人的，她的父亲苟慧生（著名京剧表演艺术家，"四大名旦"之一）去世后，是萧老给了她们母女以生活的勇气，鼓励她发扬"苟派"传统，前年母亲作古，而今萧伯伯也"弃"她而去了，她捶胸顿足、痛不欲生……

老友情深

方未艾，是与萧军同志结交六十年的老友。20世纪20年代，他们同在一个军队里当兵，同样爱好新文学。"九一八"以后，为反满抗日，他们积极地呼号奔走，亲如兄弟一般。

> 男儿处世要天真，莫做登台傀儡人。
> 疑友莫交交莫弃，相怜不过慰风尘。

这，是他们订交、互勉的写照。

萧军同志患病住院的消息，使他心急如焚，他顾不上暑热、年迈，立即执意赶到北京。他要亲自看护亲如兄弟的挚友，然而，终究是晚了。萧老处于后期的昏迷之中，他每天必去医院，不管是否探视时间。他把自己与萧军的真情实感，作为畅行无阻的通行证。

陈隄教授，两年来五进北京城。在繁忙的教务工作之余，与萧老书信往来、倾心相见。萧军同志病重，他想方设法把托人买到的十几盒药从哈尔滨拎到了萧老病榻前。与萧老告别的日期一确定，他又不顾一切地赶来。1979年，为了伸张正义，他早忘了自己是年近古稀的老人，四处奔波，寻找知情人，为萧军同志的平反落实政策做证。当萧老踏上阔别了三十年的故土，景物依稀、人情如旧，大家都为萧老的重返文坛而庆幸，陈老始终伴着他所敬爱的萧军同志，直到萧老"东北之行"完满结束。

梁山丁同志与萧老结交半个多世纪，1933年共同为《夜哨》写稿。萧老逝世前，他曾特意从沈阳来北京探病。他带着女儿、女婿、儿子来到萧家，在萧老遗像前默哀，饱含激情地写道：

石城道上送别万里跋涉驰骋文场志似铁
松花江边重逢半生坎坷抗击武斗气如虹

他以七十五岁高龄受《东北文学研究史料》编委会和萧家的委托，决意主持《萧军纪念专辑》和《萧军纪念集》的编辑工作。亲自组稿，亲自审编，表达对老友的无限悼念。

著名电影翻译家陈涓，抱病离沪北上。站在老友的遗像前，只是不住地叨念着：萧老，我来晚了，来晚了！一腔情愫，老泪纵横。

高原夫妇听到萧老逝世消息的当晚就跑到南京火车站，急匆匆地来到了北京。三年前，他还陪着萧老同游玄武湖，共赴"海棠诗会"，谈萧红，谈延安，谈他们的几十年友情……而今，站在萧老的遗像前，一切景象历历在目，老友却已成故人。他饱蘸浓墨，凝重地写下了"萧军不死！"四个大字。

七十三岁的关晨教授，受四平师专千余名师生的委托，在火车上站了十数个小时，于7月8日之前赶到北京。他痛惜萧老去之匆匆，在萧老遗像前鞠了深深的一躬。

周海婴夫妇自从得到萧老去世的消息，已经几次到家里看过萧老的家人了。此时此刻，海婴的心境是最悲凉的！他失去了一位可亲可敬的老兄长，失去了一个可以倾诉衷肠的好朋友。他似乎又想起了五十二年前他的父亲鲁迅先生逝世当天的情景，想起了萧军指挥万人送葬游行队伍的神情……

艾青同志在儿子的搀扶下来了！——他病着，家人原本是不想让他参加这种过分伤神的活动的。实在拗不过，请他坐在轮椅上看看生前老友，也算是尽了一份心。他却执意不肯，谁也劝不住！

听到萧老染病，他就要夫人高瑛同志不断地打电话询问情况，能找到的药千方百计想尽一切办法找。实在为难，哪怕是托人情呢！

"我的身体支持不住，纪念萧军的挽联，还没有写完——但是我一定要写完！"他自语着，像是在起誓。

刘开渠、程丽娜老夫妇率女儿、女婿来了。这一对与萧军有着五十年友谊的老艺术家，在寻思着半个世纪以来的一幕幕历史情景，在他们的心底，或许又在彪炳着一个新的丰碑。

> 五十年情谊海深，今日痛失萧军。
> 声貌历历犹在，奈何顽疾夺君？
> 哭君肠断。却慰雪洗，刚直一生。
> 一生一生文章天地共存。

画家张仃早早就来了，心里空落落的。当年创建延安鲁迅研究会者，而今还有几人？望着老友的灵柩，须发皆白的他默不作声……

在萧军同志遗体的近旁，直立着一个完全由鲜花结成的硕大花圈。它的位置、它的形式，以及那醒目的白缎带，引起人们的瞩目："萧军老友千古 新加坡李豪敬挽"。

内山篱先生是听到萧老逝世的当天就拍来传真电报的，这是海外拍来的第一份唁电。他是鲁迅先生的好友内山完造先生的侄儿。1984年他来中国时专门拜望了萧军先生。萧老送一台刚从古都西安带回的龙尾砚给他，砚盖上刻有萧老的诗，他视为至宝。

1985年夏秋之际，萧老飞赴日本，参加"东京内山书店建业五十周年"的大典。两代人之间的亲情"一衣带水海天深"，确实非同一般。

萧老，被誉为"矿工的知音人"。"中国煤矿文化宣传基金会"的煤炭部老部长张超同志，站在萧老的遗体前，他与夫人早已控制不住内心感情的激动……

与萧军同志遗体告别的消息，在社会上不胫而走。著名舞蹈家贾作光特从外地赶回北京，他径直跑到市文联办公室。不客气喊了起来："哎哎，我可是萧老的生前友好，为什么不发给我讣告？"

他不许任何人做任何解释，拿起一份讣告走了。其实他还没有来得及回家，当然也就见不到发到家的那一份了！

决心矢志不渝地以萧老"为人为文"做榜样的《北京工人》记者部主任胡

冠亚，又开始背着相机忙碌着了。"工作起来决不许流眼泪！"他努力地克制着自己……

非同一般的关注

住在海军总医院的两个多月过去了，萧军同志自我感觉良好，他不认为自己会有病，非要出院不可。

一个秋天平安地过来了。

入冬以后，萧老进食日渐困难，而且不停地呕吐。一月底，又重新住进了海军医院，被安排在高干病房。

海军政委李耀文同志，要求医院的曹凤楼院长每三天之内必须通一次电话，汇报萧老病情，有紧急情况随时汇报。

作为解放军三军的高级领导，用日理万机来形容他的工作，恐怕不算过分。可是，即使再忙，稍有空暇李政委必定要去医院，进病房探望萧老——哪怕是星期天！

有几次，他如同下命令般地指示医护人员："要想尽一切办法，抢救和维持着萧老的生命。他是革命的前辈，是有影响的著名文学家，是我们的'国宝'！我参加革命，就曾经受到过他的《八月的乡村》的影响……要不惜一切代价，破格加强重点保护。"

这一切，在医护人员平日的工作中充分地体现出来了。对李政委的热切关注，萧军同志生前几次谈到，他是铭感于心的。

以护士长为首的一班护士们，个个胜似亲人般地照料着可亲可敬的萧老。

她们来了，近一年来与萧老朝夕相处的医生、护士们，带着对萧老的无限思念，带着心底的无比悲恸……她们捂着脸失声痛哭。

李政委来了，院长和主治医生们都来了。他们带来的不仅仅是领导的深切关怀和海军战士的亲切慰问，更重要的是真诚的热爱、崇敬和军民的情谊。

向萧老敬礼时，他们的手在随着心脏一起颤动。眼睛模糊了，那花丛中安睡着的，毕竟真的就是昔日那谈笑风生、坦荡睿智的老作家。

哀乐在大厅里搅人心弦地回响，在成百上千吊唁的人群里，军服显得格外醒目，而这些身着军装的人，他们对逝者的哀悼也格外地令人难忘……

心香瓣瓣

几乎所有熟识萧军的同志，都为"遗体告别会"整容师的化妆技艺所折服。

——萧老是微笑着的！

——萧老神情坦然，无求无惧！

——他的眉、眼、鼻、唇以至短齐的胡髭都是生前的样子呢，面色红润得自然，这就是一个堂堂正正的萧军！

马燕龙，这位北京医院的著名整容医生，曾经为多少名人和伟人化过妆，为恢复萧老留在人们心目中的美好印象，他说："无论如何得让我来为萧老尽最后一份心意！"

为保证告别仪式的场内外秩序，也为了记者工作的方便，急需赶制一批大会"工作证"。艺联美术公司的汤传杰经理亲自设计，精工细作，提前一天把一百个做工考究的进口树脂胶工作卡送到"萧军同志治丧委员会"办公室。他说："萧老的事，就是我们大家的事。我们只讲奉献不讲报酬！"

一份"作家萧军"的纪念卡，包括了萧老的生平、格言、结论和生活照，准备在告别会颁发。北京外文印刷厂、北京新华印刷厂、第二印刷厂、第三印刷厂、中国艺术研究院印刷厂、文物出版社印刷厂，以及《北京工人》杂志社的同志们，加班加点，连夜工作。时间紧迫，又值酷暑，工人们挥汗如雨，有的干脆赤膊上阵，如期保质保量出色地印出了精美的纪念卡。

夜已经深了，几位发讣告、写挽联的书法家们还在挑灯夜战、挥毫疾书。王建秀铺开四尺整纸，仔细地看了挽联的底稿词句，略加思索，一张纸一个字，秀劲的魏碑体，笔笔顿挫有力，二十四个字的一副挽联把层楼道盖得满满的。他没有了往日完成一幅作品后的舒心和惬意，他沉思着。今天这腕下的笔底功夫呈献给萧老，表达对老作家的无比敬意，抒发自己的耿耿心声。

连着几天了，文联的老邵、老宁、老王，作协的老郑、小陈、小李、小熊，吃不好，睡不着，他们都在为告别萧老的一桩桩具体事宜操劳着。作协负责人赵金九和曾韬更是里里外外忙得不可开交。曾韬同志已经是连着几夜了，这整个大会的指挥、安排是他掌管的。他动员了文联各部门的人员，参加到工作人员的行列，会场内外各有专人负责。项项工作，井井有条。

守卫在萧老灵旁的四个英武的公安战士，是公安局长亲自指派、亲自挑选、亲自安排的。今天，他们没有穿那身严肃的橄榄绿色的军服，他们一样的姿势、一样的神态、一样机敏而带有忧伤的眼神、一样钢浇铁铸般地纹丝不动，他们要为最敬爱的老作家站好最后一班岗。

情思缕缕

曹禺同志听到萧军逝世的消息怅然概叹："萧军同志是现代中国文学的重要作家，他的逝世使我失去了一位可亲可近的朋友，他的人品和著作受到我们的钦佩和喜爱。"

他特别叮嘱治丧委员会的工作人员说："我是治丧委员会主任，必须单独给我订一个花圈送给萧老，我们是老朋友！"

年近九旬的董竹君老人，率子女、孙辈共挽老友，"文坛猛士德高世重；艺苑松柏劲挺常青"。

画家裘沙、王伟君夫妇，一纸梅花图献给萧老，"萧老不朽永垂文史，白花一束灵前致哀"。

> 塞北梅花何处寻，余将松柏立森森；
> 时人漫道江南好，雪满关山胜似春。

王伟君吟读着萧老的诗，早已泣不成声了……

听到萧军同志遽然逝世消息的当晚，马少波同志立即写了八尺长联送到萧老家中。

> 关东大地椽笔横挥八月甘霖润乡土
> 海北小楼英姿宛在一生刚骨作铜声

王蒙同志刚刚从英国出访回来的第一天，就请市文联的宋汛同志陪同来到萧老家中表示慰问。他对萧老的遗像深深地鞠了三个躬。他写道："萧军老：您的乐观奋斗精神，永远是我的楷模！您的坦直豁达开朗的性格，永远充满着力量。"

他挑着右手的大拇指感慨地说："萧军就是萧军，谁也不能比！他是中国文坛的骄傲，这才叫作家！他所主张的'文坛上的布尔巴精神'——后辈应当超过前辈，提得有气魄！"

胡絜青同志自从听到萧老生病，心里就始终放不下，她甚至亲自买药，找偏方……

爱国投笔争民权尘劫历尽铲妖魔
嗜书广搜超万册长啸嚣达谢苍天

这秉言直陈的挽辞，似乎是在同时怀念着两个不屈的魂灵——萧军和老舍先生。

老作家苗培时在去往吊唁萧军同志的路上写出了这副悼念萧老的挽联：

雾气沼沼萧老成仙去，一生坎坷前往黄泉说真理；
天日朗朗朋辈送知音，半世慷慨自有豪情留人间。

当年，萧老的《五月的矿山》写成后出版社不敢付印，把稿子交到全国总工会审阅。苗培时和张修竹同志看后，认为这是一部好书。他们据理力争，终于使这部第一次反映新中国煤矿工人，为迎接五一国际劳动节"大献工"的长篇小说与读者见面。苗老重复说："萧老就是我们矿工的知音！"

中国作家协会的同志们时时都在关注着萧军顾问的身体情况，鲍昌、唐达成、韶华、张锲……诸位领导同志在紧张的工作之余以不同的形式对萧老表示慰问，最后见到萧老的一面，就是告别萧老遗体的大会。

鲍昌同志为萧老留下美好的祝愿，他是亲笔写悼文的第一人。唐达成同志一想起与萧老相处的时光，总是忘不了在山西太原为筹备"中国煤矿文化宣传基金会"成立而共同讨论、共同进餐、共同散步和谈话的十几天。

韶华同志对去年为萧老祝贺八十大寿时与大家引吭高歌大唱"风在吼，马在叫，黄河在咆哮——"的场景难以忘怀，他总是说："萧老是中国新文学事业的一代伟大作家，对我们这些后辈有重大影响，他的人品和文品永远值得我们学习。"

张锲同志自听说萧老患病以来，已经探望过几次了，他对萧老的感情不同一般。去年5月，由萧军同志任团长的中国作家代表团访问香港、澳门，他是秘书长，他更能体会到这位老人所特殊具有的优秀品德和博大宽宏的境界……他在萧老的留言簿上写着：

萧老：

您的无私，您的坦诚，您的乐观向上的精神，不仅是我，也是我们这一代作家的榜样！

"唯大英雄能本色，是真名士自风流。"我将永远记住您的叮嘱。

…………

冯牧同志在"庆祝萧军文学创作活动五十年"大会上称颂萧老"用自己的作品鼓舞了和教育了一代爱国知识分子"。他怀着无限的敬意，凝视着鲜花丛中的萧老，他怎么也不肯相信，距离上次会面仅仅相隔了短短四年时间……

"逝者如斯！时代留给这一代人的任务，将是更为艰巨的。"

起灵了。

"让我再看看他吧！"萧老的夫人王德芬抚摸着共同生活了整整五十年的丈夫的面颊，眼泪又止不住地滚落下来。

人们，静静地看着，突然意识到，这将是永诀！又忽地一下子向已经启动的灵车簇拥去……

萧老，您安息地去吧，这后来的历史由我们来书写；您休息休息吧，这一生您走得太艰辛、太疲倦了，我们将把历史赋予我们这一辈人的重担承接过来，沿着您们所希望的路继续不断地走下去。

萧军精神不死！

萧军同志永远活在我们心中！

1988年7月31日于北京

（作者长工即萧耘的爱人王建中，北京工人杂志社记者。引者注）

全文载《萧军纪念集》第593—606页，春风文艺出版社，1990年10月版

萧军纪念馆建馆追记

宋力军

1979年，党的十一届三中全会的春风吹绿了祖国的山野，拨乱反正的热浪流贯中华大地，人们景仰的沉寂三十多年的我们锦州籍的著名革命作家萧军，终于从烟锁尘封中走了出来。10月31日，他参加了全国第四次文代会，被选为大会主席团成员，中国文联委员、中国作家协会理事、中国作家协会北京分会副主席。并以《春天里的冬天》为题做了热情洋溢的讲话。他说："我是20世纪30年代的人物，想不到三十年来竟埋在了土里……现在从土里爬出来，东北老乡叫我'出土文物'，我是会说话的'出土文物'。……我最近对日本朋友说：'一个真正为人民所需要的作家，是打不倒，压不垮也淹没不了的……'"

1980年4月，经中宣部、中组部批复同意，中共北京市委为萧军做出了政治结论，彻底否定了1948年以来对萧军的错误批判和"文革"中对他的诬陷不实之词。春风拂去了历史的风尘，萧军恢复了他的革命作家面目！

我当时任锦县图书馆馆长，当得知萧老原是我们锦县大碾乡下碾盘沟（现凌海市沈家台镇大碾村）人的时候，非常高兴。谁说我们塞外文化土层薄，只出土匪、军阀、伐木者、淘金汉？我们辽西不是就出了萧军这位大作家吗？其间，我看到了萧老为我们锦县文联文学季刊《锦花》的题词，那风骨独具的苍劲大字，令人叹服。于是我想应该赶快搜集萧老的作品，丰富馆藏，满足广大读者阅读萧老作品的需要。国家规定，公共图书馆有搜集、保存地方文献的任务，而当地作家的作品是地方文献的一项重要内容。也就是说，收藏萧老的作品是家乡图书馆责无旁贷的重任，我们应该主动承担。在和大家认真研究之后，我代表全馆同志给萧老写了一封信，请他老人家提供一个作品细目，以便我们搜集他的大作。

1983年，东北三省分别召开了萧军创作生涯五十年作品研讨会。从此，对于东北作家群、"二萧"，特别是对萧军及其作品的研究热潮在国内外文学界掀起。

吉林大学率先于1983年5月16日至20日，在长春市长白山宾馆召开了萧军创作学术讨论会。来自北京、上海、四川、福建、湖南、山东、辽宁、黑龙江和吉林等省市大专院校、科研单位及新闻、文艺、出版界的代表共计七十余人参加了会议。我们锦县广播站记者张栋和县文联副主席宋海泉也都出席了会议。说来也巧，张栋同志回县后向时任县委宣传部部长宋继业同志汇报会议盛况时，我也正在宋部长那里汇报工作。当我听到张栋同志说，黑龙江大学将在本年8月份召开萧军作品研讨会时，立即向宋部长表示自己要求到会，以便当面向萧老征集其全部作品的想法，得到了宋部长的肯定和支持。

1983年盛夏，美丽的江城哈尔滨风光怡人，和兴路的黑龙江大学招待所，迎来了全国各地的专家学者。黑龙江省萧军创作学术讨论会隆重召开了。本来萧老是要到会的，大家也都在翘首企盼，可因身体不适，他临时决定不来了。与会同志都感到十分惋惜。但令我高兴的是，我得以和萧老的秘书、二女儿萧耘同志进行了亲切交谈。她着装朴素，一双乌黑的眼睛炯炯有神，浑身上下透发出过人的聪慧、机敏和坦诚。听说我就是锦县图书馆馆长，萧耘热情地握住我的手，告诉我："你写给萧老的信收到了，萧老让我转告你，他要把自己的作品送给家乡图书馆收藏，让家乡的父老乡亲们批改！""太好了！谢谢萧老！那就在9月份锦县的会议上赠书吧，作为会议的一项重要内容。"我兴奋极了。

1983年9月24日，辽宁省萧军创作学术讨论会在锦县举行。七十六岁的萧军神采奕奕地踏上了故乡的大地。在大会开幕式上，第一项议程就是老人家郑重地把自己创作的十几种著作，赠给家乡图书馆，其中有《八月的乡村》的各种版本。当我代表图书馆接过这些不同版本的著作时，全场掌声雷动。看着这些著作，我的心激动得波涛滚滚。这岂止是血汗凝成的书籍，这是作家对祖国、对家乡的赤子之情啊！这是一批传之后代的珍贵的精神财富哇！第二天下午，萧老在锦县招待所亲切地会见了图书馆全体同志，并和我们合影留念。

这次萧军学术讨论会的召开，使我们对家乡这位大作家又有了全新的认识。萧军，这样一位具有崇高民族气节的、对中国现代文学做出卓越贡献的革命大作家，应该在历史上占有他应有的地位，他的名字是故乡的光荣、故乡的骄傲，应该为世世代代所铭记。参加会议的感悟和与会作家、学者的提示，使我心里萌生一个大胆的想法：既然公共图书馆有收藏当地作家的作品，即收藏地方文献的任务，萧老及众多作家学者又这么支持，如果在我们馆建一个特藏室，将萧老的作品和研究资料乃至东北作家群的作品和研究资料搜集齐全，那将为研究中国现代文学，特别是东北现代文学，以及东北作家群的创作，提供多么便利的条件！这肯定是一项不无重大意义的、值得开展的工作。

在征得全馆同志的同意后，1983年11月10日，我起草了《锦县图书馆关于筹建萧军资料特藏室的请示》，经县文化局同意，呈报给县委、县政府。

为引起县委、县政府领导对建立萧军资料特藏室的重视，1984年伊始，我给时任锦县县委书记的韩永山同志写了一封长信，诚恳地陈述了建立萧军资料特藏室的重要性、必要性、可行性、迫切性，希望能得到县委、县政府领导的支持。韩书记阅后，当即把我的信批给了主管文化工作的副县长王春森同志。

1984年2月的一天上午，王副县长打电话找我到他的办公室，拿出信来笑呵呵地对我说："你写给韩书记的信，韩书记批示了，让我支持你工作。现在你说说，我怎么支持你？"见领导这样热情支持，我当时就把我们的想法一股脑儿地向王副县长做了汇报。王副县长对我们的想法予以首肯。这样，在县委、县政府领导的支持下，在筹建锦县图书馆大楼的同时，建立我国第一个在世作家资料室——萧军创作资料特藏室的蓝图开始勾画了。

1984年3月4号，一封电报拍到了大凌河畔，3月6日，中国作家协会北京分会庆祝萧军创作生涯五十周年大会在北京民族宫召开。萧老不忘故乡人，特意让萧耘邀我作为家乡的代表参加盛会。

3月的北京什刹海北岸，阳光和煦，冰雪消融，依依杨柳在春风中轻轻地吟唱。5日，这个宁静的早晨，我第一次叩开了北京后海鸦儿胡同萧老家的门。当我谈到要建萧军资料特藏室时，萧老说："把我的作品集中放在家乡这个想法挺好。不过要建就建资料室吧，千万不要叫什么'特'！更不要叫什么'馆'！我是个普通作家，在过去的年代里，只不过跟着中国共产党干了我应干的一点事。"萧老谦虚的话语，使我十分感动，这位胸怀坦荡、无私无畏的老作家是多么值得敬重啊！

回县后，我及时向有关领导汇报了这一情况。1984年4月末，锦县人民政府召开了常务会议，研究并呈请辽宁省文化厅、锦州市计委批准，定于1984年

11月拆迁图书馆旧馆，1985年初动土施工建设新馆，计划建楼四层，一千五百七十二平方米（实际建楼一千九百八十四平方米，萧军资料室四百四十平方米），预计需要资金七十万元，其中萧军资料室占整个四楼。锦县自筹十五万元，省文化厅计划拨款十五万元，尚有四十万元的缺口。

光阴荏苒，转瞬又是一年。在这一年中，为争取建馆、建室的资金，我带着县政府给省、市的请文和给我馆建楼拨款的文件，上京赴省，从文化部图书馆局、文化部计财司到省文化厅图书馆处、计财处，从中国文联、中国作协、北京作协到有关大学，相关单位，四处游说，陈述建设新馆和萧军资料室的重要意义：国内外研究萧军及东北作家群的专家学者们，热切盼望锦县图书馆能为他们的研究工作提供方便，速速建立萧军文学作品收藏室，并在此基础上建立东北作家群研究中心。鉴于锦县图书馆目前馆舍窄小、破旧，不能承受此任务的现状，建图书馆新馆舍同时建立萧军资料室已势在必行，非常需要各级领导和有关单位的支持、帮助。

为了搜集资料，我馆与萧军研究的专家学者，在世的东北作家群的各位老作家，有关大学中文系现、当代文学教授，萧军的老友，早年的萧军崇拜者，等等，建立了广泛的书信、电话联系。

1984年8月，文化部计财司财务处处长李继元和文化部图书馆局办公室主任张一千，在省、市文化部门领导陪同下来我馆检查指导工作，认真听取了我馆重建馆舍并设置萧军资料室需用资金的汇报。10月29日又接见了我县进京请款的副县长王春森等同志，转达文化部领导对我们这项工作的肯定，并表示1985年将给予适当拨款。

从1984年冬天开始，我陪同县委副书记韩中贵、副县长王春森、文化局局长刘福庭等同志又几次赴京、到省汇报工作，争取上级拨款、各方资助。

1985年寒假的一个早晨，朔风凛冽，严霜铺地，我带着女儿闫鹏到后海向萧老汇报建馆、建室的进程。刚进房门，赶上老人家围着围巾，提着竹篮要出去买早点。一看见我们，老人家就笑着说："你和你伯母先待着，我去买吃的！"不一会儿，老人家健步上楼，摆了一桌子早点，看到萧老和夫人王德芬伯母这样热情，我也不客气了，我们一边吃一边谈。萧老对我说："等大楼建好了，来辆大卡车把我的东西拉回去，放在故乡。"吃完早点，应我的请求，萧老铺展纸墨，为即将竣工的新馆舍题写了"锦县图书馆"五个大字，那遒劲而圆润、奔放而严谨的笔势，全然不像七十八岁老翁所作。当晚，我带着萧老的题字高高兴兴地返回故乡。在萧老的鼓励下，大家建馆、建室的信心更足了。

1985年11月9日，我又起草了《锦县图书馆关于筹建萧军资料室的请示》。12月28日，县委、县政府下达了批复，并成立了由副县长王春森、县委宣传部副部长李春元分别任组长、副组长的萧军资料室筹建领导小组，成员由文化局局长刘福庭，图书馆馆长宋力军、书记李树成组成。同时以萧军资料室筹建领导小组的名义，聘请萧军、萧军夫人王德芬予以全面指导，并聘请黑龙江大学中文系教授陈隄，吉林大学中文系副教授庐湘，辽宁大学中文系教授张毓茂，锦州师范学院图书馆馆长徐塞，北京作协副秘书长萧耘，北京工人杂志社编辑王建中，鲁迅之子周海婴，著名学者方未艾、梁山丁等为资料室顾问。

1986年4月23日，不顾春寒料峭，萧老在秘书、二女儿萧耘和女婿王建中的陪同下第三次返回故乡。在新建的图书馆大楼前，萧老仔细端详，连声赞叹。他说：我们故乡不愧是辽西的明珠之城啊！大楼挺漂亮，家乡有这样的文化设施，四化有希望！说完，萧老拾级而上，登楼参观。他走一处看一处，指指点点，谈笑风生。来到四楼资料室时，萧老说："这地方好哇，把自己的作品存在这儿，我放心！我高兴！"

萧老这次回故乡，还带来了全国著名大书法家黄苗子题写的"萧军资料室"的匾额，带来了北京市文联、中国作家协会北京分会共同捐资，由中央美术学院雕塑系教授、著名雕塑家张德华精心雕塑的萧军铜像。

为使资料室如期建成，县里抽调本县著名的书法家、画家、摄影师马劲宇、张栋、刘沛舟、徐天成、何良、李红军等同志，组成了一个强有力的工作班子。身患重病的马劲宇同志担任展览厅陈列布置的总设计、总指挥。我撰写了展览厅的全部解说词。与我馆军民共建单位81197部队首长，给我们派来了美工、木工和力工。

8月13日，萧耘、王建中从北京来馆，同展览厅设计、指挥马劲宇等同志，精心研究展览厅陈列的总体布局和有关细节，参与了庆祝大会的全部筹备工作。在萧耘、王建中具体指导帮助下，布置展览厅的全体同志废寝忘食，日夜奋战，为全国第一个在世作家资料室展厅的布置、装潢做出了积极的贡献。

1986年8月26日，一辆大卡车满载萧老作品的手稿、珍贵的文物，从北京出发，风驰电掣般地驶往锦县。萧耘、王建中风尘仆仆押车出京，经历了千辛万苦，使资料安全无损。

这批萧军资料是极其珍贵的，有萧军已出版发行的全部著作；有萧军数百万字的手稿，其中《八月的乡村》是萧红抄写的；有萧军与毛泽东、邓小平、彭真、董必武、鲁迅、萧红等来往信函；有萧军创办并亲任主编，于1947年5月4日在哈尔滨创刊，到1948年11月2日被迫停刊，一共发行了七十二期的《文化报》（另有半月增刊八期，计八十期）；有萧军多年收藏、保存的孤本、绝版的报刊、线装书籍，宋、元、明、清的古字画、文玩、玉器；有外国著名文学家、艺术家、友好人士赠送的礼品；有国内外萧军研究的文字、录音、录像、图片资料，等等，达四千余件。

图书馆楼竣工后，整个四楼计四百四十平方米辟为萧军资料室，它分为两大部分：一是资料库；二是展览厅，还给来馆查阅资料的研究者们提供了休息室等。

1986年中秋，大凌河畔云澄水碧，金菊绽放。锦县图书馆暨萧军资料室落成典礼大会隆重举行。省、市、县领导，专家，学者云集小城，共庆这个图书、文艺战线上的大事。当省、市领导为图书馆和资料室剪彩，萧老和黄苗子题写的牌匾挂出时，全场欢声如雷，与会者都对资料室做出了高度评价。《锦州日报》《辽宁日报》《人民日报》《文艺报》等都做了报道。嗣后，锦县图书馆萧军资料室迎来了全国各地的萧军和东北作家群研究的专家、学者以及参观的干部、群众、大中小学的学生。萧军资料室不仅为研究者创造了得天独厚的条件，而且成为名副其实的爱国主义教育基地。

1987年4月28日至5月16日，八十岁高龄的萧军出任团长，率领中国作家代表团成功地出访了港澳。回京后即发现胃部不适，经检查，确诊为贲门癌，虽经医学专家们千方百计地挽救，但终难奏效。

1988年初，这不幸的消息传到大凌河畔。2月3日，我陪县委、县政府的领导去北京海军总医院看望萧老。老人家虽然深知自己将不久于人世，却十分爽朗乐观，表示把自己全部的遗资、所有的遗物、文稿献给故乡。5月，经上级批准，萧军资料室从图书馆中分离，独立建制为"锦县萧军资料馆"，由我任首任馆长。

1988年6月22日凌晨零点四十八分，萧军同志与世长辞了。中国文坛失去了一位具有世界声誉的作家，中央各新闻单位迅即向国内外进行了报道，海内外报刊在显著位置上发表了数十篇悼念诗文。

1988年7月8日，向萧军同志遗体告别仪式在北京八宝山革命公墓礼堂隆重举行。锦县县委原书记韩永山参加了治丧委员会，原副县长王春森等同志代表家乡人民参加了萧军遗体告别仪式。中共锦州市委原书记王宝纯，让我带去他亲书的挽幛："过去的年代艰苦跋涉奋笔耕耘举国怀豪士，八月的乡村我的童年忽成遗作故乡悼人杰。"八宝山革命公墓几千名群众挥泪送别了萧军这位坦荡一生的老作家。

从北京回来，我立即起草了《关于萧军资料馆更名为萧军纪念馆的请示》，县委、县政府决定将萧军资料馆列为文博系列，并向有关领导部门递上了请文。1988年10月我调任锦州市工作，接任我的马劲宇同志积极努力，1989年6月29日，萧军资料馆正式更名为"萧军纪念馆"。彭真同志为纪念馆题写了馆名。

1995年和2006年，马劲宇与其子马颂同志先后任馆长，锦县人民政府两次在萧军公园建萧军纪念馆。现馆2008年竣工，建筑面积三千五百平方米，占地面积两千二百平方米，展厅面积两千八百平方米，新馆设计新颖、风格独特、设施齐全。

2009年2月，罗铁梅同志接替马颂同志任馆长。几年来，又使该馆在内部设置等方面上了一个新台阶。

萧军纪念馆内部设计借鉴了国内外先进博物馆、纪念馆设计理念，将现代化展示手法和高科技展示技术相结合。馆内设有萧军生平厅、文物收藏厅、多功能展厅、东北作家群展厅、音像资料厅等十多个展厅，并在生平厅安装了由鲁迅美术学院设计制作的萧军创作《八月的乡村》的幻影成像；鲁迅、萧军、萧红在上海的生活情景蜡像；延安宝塔山的场景复原；萧军故乡的半景画；先进的电子图表等高科技设备。文物展厅主要展示了萧军捐赠的古字画、古籍以及大量的珍贵手稿。展馆内还设有全楼报警设备、配备温度、湿度调控设备，为方便到馆参观游客，馆内还设置了游客服务中心、游客购物中心、游客参观指南、医务室等。

萧军纪念馆现有的众多藏品，都具有较高的历史价值和文物价值。如今，萧军纪念馆已被评定为国家三级博物馆，是最早被评为爱国主义教育基地的纪念馆，并被辽宁省列入第一批省级红色之旅建设工程。

2017年4月19日
全文载锦州政协《建言·文史天地》2017年第2期

附录三

一张珍贵的照片——怀念萧姥爷

闫　鹏

1988年6月22日晚上，我和妈妈正坐在电视机前，兴致勃勃地收看中央电视台的新闻联播节目。忽然，播音员叔叔用沉痛的声音播出一则消息：我国现代著名作家萧军同志因病医治无效，于6月22日凌晨零点五十分在北京逝世，终年八十一岁。噩耗传来，我和妈妈都惊呆了，我蹒跚着走进屋里，捧起萧姥爷和我的合影，眼泪犹如潮水般涌出来，往事一幕幕浮现在我的眼前……

那是1983年，我当时七周岁。9月22日—28日，萧姥爷怀着对家乡的思念回到了离别多年的锦县。家乡人民热情地欢迎老人家，特意为他准备了一台文艺节目，定在25日晚上演出。

担任县图书馆馆长的妈妈，平时总是对我们全家人说："萧军是我们家乡的大作家，他紧跟中国共产党，追随鲁迅先生，用他手中的笔写下了许多不朽的著作。他为人刚正、无私，对人热诚、直率。为中国革命做出很大贡献，为家乡人民赢得了荣誉……"应该说，对萧姥爷的崇敬之情早就在我幼小的心灵扎下了根。

那天晚上，我和外祖父、外祖母、妈妈去剧场看招待萧姥爷的评剧。路上，妈妈对我们说："萧老这次来是参加辽宁省的'萧军创作学术研讨会'，在会上他把自己创作的全部作品都赠给了家乡图书馆，我上台接过来的……"言语间妈妈的脸上洋溢着自豪和喜悦。这时我对妈妈说："我想和萧姥爷照张相可以吗?"妈妈说："萧姥爷是大作家，怎能和你小孩子合影呢!"我听了，不满意地噘起了小嘴，眨了眨眼睛，计上心来……

评剧快开演了，这时，人们簇拥着一位年过七旬、鹤发童颜的老人走进剧场。噢，他就是萧军哪！我挣脱了妈妈的手，跑到萧姥爷面前深深施一礼，说："萧姥爷，萧姥爷，我叫闫鹏，我想和您照张相行吗？"萧姥爷乐哈哈地答应："那太好了，等戏一散我们就照。"这使我万分高兴，直盼戏快点演完。

戏终于演完了，萧姥爷果真把我领上了台，让我站在他和王姥姥（萧军的夫人王德芬）中间，咔嚓一声拍下了一张照片。回到县招待所，萧姥爷把我拉到身边，问我上几年级啦，功课怎么样，爱好什么。我一一做了回答，萧姥爷听了满意地点了点头，接着说："我们小时候可真苦哇！可不像你们现在这么幸福。你们可得努力学习，为祖国争光，为革命事业多做贡献，做一代新人。我离家乡多年，没能为家乡做多大的贡献，你们长大了可别忘了哺育你们成长的家乡啊！"我听了这语重心长的话，心中涌起一股热流，我说："萧姥爷，您放心，我绝不辜负您的期望。"萧姥爷拍了拍我的肩膀说："好孩子，有志气。"我们俩都笑了，周围的人也笑了，整个屋子回荡着笑声……

从这以后，因为建"萧军资料室"的缘故，妈妈常去北京见萧姥爷，赶上假期，我也跟随妈妈去北京看望他老人家。百忙之中，萧姥爷带我到后海去滑冰，还给我做了一个冰车呢！当我摔倒了，萧姥爷鼓励我要做一个坚强的人，要自己摔倒自己爬起来……去年他听说我获得了市三好学生的光荣称号，高兴极了，特意叫王姥姥送我一本小相册做纪念……

如今慈祥的萧姥爷与世长辞了，十二岁的我生命中第一次懂得什么叫悲痛，我望着这张珍贵的照片，耳边又回响起萧姥爷对我的教诲："要好好学习，为国家做贡献，为家乡争光。"我擦去腮边的泪水，将这张珍贵的照片郑重地放在我的案头……

锦县第四小学六年二班　闫鹏（12岁）

1988年6月

全文载《东北文学研究史料》第七辑《萧军纪念专辑》1988年12月

萧耘、王建中《读后记》

捧在手上的这本沉甸甸的大书，是宋力军、闫鹏母女经年费时联袂合作撰写成的——母亲负责所有资料的汇总及大的框架；女儿核实润笔最后配图成书。俩人的合作严丝合缝、珠联璧合。当年那个戴红领巾的小姑娘在妈妈的培养熏陶和自己不懈的努力之下，俨然成熟干练起来。

认识宋力军，是20世纪80年代初期。为了"萧军资料室"的筹建，她不辞辛劳，几次到北京、赴沈阳、去锦州与各级有关领导商谈、请款、协调、请示……个中艰辛，恐怕只有她能够隐忍下来！

萧军资料室与县图书馆的申请报告，终于是审批下来了，宋力军为首任馆长。1986年中秋节当天，萧老携全家男女长幼十数人共同出席并见证了这隆重的盛会，与家乡父老欢聚一堂。嗣后，资料室扩建为纪念馆，宋力军厥功至伟。

而今，矗立凌河公园占地八百一十平方米的萧军墓地和端庄宏伟的萧军纪念馆业已是辽沈大地凌海市区的一处重要景观，并作为青少年红色教育基地对外宣示。每逢清明时节或萧老的"祭日"，总有一束束的鲜花敬献在老人家的塑像下或墓碑前。特别是那些精致的小花环和稚嫩的笔迹："萧爷爷，我们来看您！"格外让人感动！

宋力军的执着，成为我们的助力。

她亦是年届古稀之人，又身体多病，近四十年对"萧军研究"的不辍精神令人感佩。尤其是鼓励女儿与自己比肩同行，承继未来。她们母女都和萧老有过切切实实的接触，对萧军情感的真挚几近家人。

感谢为这部书的出版尽过力的所有朋友；感谢出版社编辑的慧眼独具，使

"萧军的故事"流传开来，让中华民族的浩然之气弘扬华夏大地。

萧耘　王建中
2021年春分于北京十三陵
温馨老年公寓仙人居

后　记

　　满怀无比崇敬和无限怀念的心情，历经一年又五个月的时间，三十五万余字的母女合集《萧军传》结稿了。心里是三分喜悦，七分不安。喜的是母女多年的心愿总算完成了……不安的是，胸无点墨又名不见经传的区区小人物，竟然给名闻海内外的大作家写传，这不是不自量力、异想天开、"天方夜谭"吗？甚至大有"暴殄天物"之嫌……然而我们却写了，我们用心意饱蘸泪水，不遗余力，曾认认真真地写了近四十万字的第一稿！为什么呢？这是因为——

　　我是1976年元旦出生在锦县县城的，四十四年来的人生有许许多多的经历，该忘却的早已忘却，该记得的却永远记得……

　　我永远不会忘记：我七周岁那年，即1983年的9月，辽宁省的"萧军创作学术研讨会"在萧军的故乡——我们锦县县城召开了，萧老回到了阔别几十年的家乡，受到了故里人民的热情欢迎。9月25日晚饭时我听母亲说：他们文化系统的同事们都打扮起来，争抢和萧老合影。我受到了启示，也是出于少年的懵懂、好奇，当天晚上去剧场看县评剧团演出时，我自己竟然跑到萧老面前，要求和他老人家照张相，没想到老人家不仅没拒绝，反而满口答应，立即兑现……

　　我不会忘记，由于筹建萧军资料室和图书馆新馆工作的需要，母亲时常跑京赴省，赶上寒暑假，我也跟着母亲去北京，就吃住在萧老家里。在京期间，得到了萧姥爷和王姥姥无微不至的关怀。白天，母亲要到文化部图书馆局请示工作，两位老人家坚持把我留在他们家里。萧姥爷对我母亲说："你去机关办事，不要带着孩子。一是显得对人家不够尊敬，二是孩子容易跑丢了，这么大的北京，你上哪儿找去？一旦孩子出了问题，那可是得不偿失、悔之晚矣呀！"王姥姥接着说："你办公事的时候，就把孩子交给我俩，我们看孩子！等你办完公事再专心带着孩子去欣赏北京的风景名胜。"怕我寂寞，萧姥爷给我做了一个冰车，带我去后海滑冰。不仅指导我怎么滑，还鼓励我要做个坚强的人，不要怕困难，要自己摔倒自己爬起来……萧姥爷不时拍手鼓励我，一直陪着我，让我玩个尽兴。那可是1985年的深冬，朔风凛冽，严霜铺地的日子呀！回到屋子里，王姥姥给我讲童话故事听，当我困倦了，王姥姥给我盖得严严实实，坐在床边守候着我，直到看我进入甜甜的梦乡……

我不会忘记，当母亲与萧老谈到要建"萧军资料特藏室"或叫什么馆时，萧老严肃地说："把我的作品集中放在家乡这个想法挺好。不过要建就建资料室吧，千万不要叫什么'特'！更不要叫什么'馆'！我是个普通作家，在过去的年代里，只不过跟着中国共产党干了我应干的一点事。"萧老谦虚的话语，使我们十分感动，尽管当时我才十岁，但我听明白了，他是一位胸怀多么坦荡、多么无私的老作家呀！

我不会忘记，当母亲向萧老谈到工作中遇到困难和不被人理解时，萧老说："我一生有四个追求：第一是为求得中国的完全独立，第二是为求得中华民族的解放，第三是为了求得人民的彻底翻身，第四是为求得能出现一个没有人压迫人、人剥削人平等的社会制度。伟大的中国共产党领导中国人民斗争半个世纪，这些目标实现了，我知足了。至于革命之中个人受点委屈那有什么！我一辈子深深体会到两点：一个人对革命事业要任劳任怨，可是，任劳容易，任怨难哪！第二点体会是，人生的道路充满了曲折、坎坷、险阻和颠簸，但曲中有直，直中有曲，最终才能通向革命的大目标。因此一个革命者或有志青年在顺境中要经得起艰苦考验，在逆境中要通达乐观。'乘长风破万里浪'只不过是年轻气盛时的幻想而已……"萧老又说："任何时候，出了什么问题，都不要怨天尤人。对同志能忍则忍，能容则容，退一步天高地阔呀！但在原则问题上不能让步，胸怀坦荡，一身正气，宁折不弯，'饥寒历尽雄心老，未许人前摇尾生'！"这些金石铿锵的话语该是多么地感人至深！它表现了一个革命作家的坚毅人格和高风亮节。我无论是在大学读书期间，还是参加工作以后，每每回想起这些教导就激动不已。这些教导，成了我终生的座右铭。

我不会忘记，萧老仙逝后，1993年中秋节，萧耘阿姨和王建中老师来锦县祭奠萧老。他们说，此行是私出，不愿烦劳县里领导招待，就住在了我外祖父母家里，和我们一家人过中秋。一位是北京市作协的副秘书长，一位是北京工人杂志社的资深记者，竟然不嫌弃农家院条件简陋，竟然与我那目不识丁的外祖父母相处得十分亲近，谈笑得热热闹闹。记得在外祖母的热炕头上，在小院的大鹅身边，在果实累累的山楂树下，在外祖父的毛驴车上，在大凌河桥头，都回荡着他们的欢声笑语。是萧耘阿姨和王建中老师给孤寂的两位老人（我母亲是独生女）带去数不尽的快乐和幸福！他们朴素的装扮，朴实的为人，深得我外祖父母和周围邻里的喜爱，他们赞扬说：萧军的女儿、女婿也像萧军那样贴心百姓，热爱人民！

我不会忘记，1991年我正在读初三时，在班主任老师的鼓励下，我参加了中学生杂志社举办的全国第七次中学生作文大赛，凭《在萧军爷爷墓前》一文，获得了一等奖；2007年萧老百岁诞辰，我和母亲合写的《人品文章标青史百岁诞辰悼萧军》十九篇文章，从3月至7月在《锦州日报·艺苑大观》连载。以后我们母女又接连写了一些萧军研究的文章见诸报刊，尽管如此，但仍有意犹未尽的感觉……

我永远不会忘记……

在这次写作过程中，在重读萧老作品、查实各种史料文献时，我总是感慨万千，尤其对萧老的敬仰之情更加强烈……萧老一生曲折多舛，坎坷艰辛，饱受磨难，他人生的每一步都富有传奇色彩和惊人的与众不同……当他复出、重新启程以后，生命之光就更加耀眼夺目；百折不挠的革命意志和为共产主义奋斗终生的信仰更加坚定。铮铮铁骨，炎炎赤心，他是鲁迅精神最真诚的继承者！写文章要学萧军，做人更要学萧军！遗憾的是，由于实在是才疏学浅，无论我们怎样努力，始终没有写出一个真正的"特立独行"的萧军，只能向天堂中的萧老表示深深的歉意……

天地英雄气，浩然壮国魂。习近平总书记教导我们说："不忘初心、牢记使命"。"一切向前走，都不能忘记走过的路，走得再远、走到再光辉的未来，也不能忘记走过的过去，不能忘记为什么出发。""多学党史、新中国史，自觉接受红色传统教育，常学常新，不断感悟，巩固和升华理想信念。"我们写这部传记，就是为了让更多的青少年进一步了解萧军，以便于他们追寻前辈们那绚丽的革命旅迹，体味前人在中国共产党的领导下为国家独立、民族振兴所付出的艰辛和努力，坚定中华民族伟大复兴的壮美理想。这，就算是我们写这部传记的初衷和目的吧！

在写作过程中，我得到了萧耘阿姨和王建中老师的全程指导和相关重要史料的提供；得到了亲人们对我积极的支持和帮助！我由衷地感谢你们！这里，闫鹏——在辽宁工业大学国际交流合作处（国际教育学院）向你们敬礼了！

闫　鹏

2020年5月于锦州

参考文献

1. 《萧军全集》，华夏出版社，2008年6月版。

2. 《人与人间——萧军回忆录》，中国文联出版社，2006年6月版。

3. 《萧军近作》，四川人民出版社，1981年6月版。

4. 王德芬：《我与萧军风雨50年》，中国工人出版社，2004年1月版。

5. 萧耘、王建中编著：《萧军与萧红》，团结出版社，2003年7月版。

6. 萧耘、建中著：《萧军：自许多情歌慷慨》，大象出版社，2004年4月版。

7. 萧耘、王建中著：《写给父亲爱的记忆》，中国书店，2010年1月版。

8. 张毓茂：《萧军传》，重庆出版社，1992年7月版。

9. 张毓茂：《跋涉者——萧军》，辽宁人民出版社，2000年11月版。

10. 王科、徐塞：《萧军评传》，重庆出版社，1993年9月版。

11. 王科、徐塞、张英伟：《萧军评传》，中国社会出版社，2008年1月版。

12. 徐塞：《萧军的文学世界》，春风文艺出版社，2008年9月版。

13. 徐塞、王科：《驰过天际的星群》，远方出版社，1999年版。

14. 庐湘：《萧军萧红外传》，北方妇女儿童出版社，1986年11月版。

15. 梁山丁主编：《萧军纪念集》，春风文艺出版社，1990年10月版。

16. 政协锦县委员会文史资料委员会、锦县萧军纪念馆合编：《锦县文史资料·第八辑（萧军史料专辑）》，1990年2月版。

*文中照片均为萧耘 王建中文化工作室提供（标明来源的除外）。